Ilja Mieck

Europäische Geschichte der Frühen Neuzeit

Eine Einführung

Fünfte, verbesserte Auflage

Verlag W. Kohlhammer
Stuttgart Berlin Köln

Die Deutsche Bibliothek – CIP-Einheitsaufnahme

Mieck, Ilja:
Europäische Geschichte der Frühen Neuzeit : eine Einführung / Ilja Mieck. –
5., verb. Aufl. – Stuttgart ; Berlin ; Köln :
Kohlhammer, 1994
ISBN 3-17-012630-X

Umschlag:
Jakob Fugger mit seinem Hauptbuchhalter Matthäus Schwarz in seinem Kontor.
Miniatur von Narziß Renner um 1520.
(Quelle und Foto: Schwarz'sches Trachtenbuch, Herzog Anton Ulrich-Museum, Braunschweig)

5., verbesserte Auflage 1994

Stuttgart Berlin Köln
Verlagsort: Stuttgart
Umschlag: Studio 23
Gesamtherstellung:
W. Kohlhammer Druckerei GmbH + Co. Stuttgart
Printed in Germany

Inhalt

Vorwort

zur 4. Auflage

Der Versuch, Schwerpunkte und Entwicklungslinien der europäischen Geschichte zwischen dem ausgehenden Mittelalter und den Revolutionen des 18. Jahrhunderts in einem handlichen und preiswerten Buch darzustellen, wollte vor zwei Jahrzehnten, als die Erstauflage dieses Bandes erschien, als eine Art Zwischenbilanz methodischer und didaktischer Reflexionen verstanden werden, mit deren Hilfe sich der Verfasser seit einer Reihe von Jahren um die Lösung eines Problems bemühte, das den Historischen Instituten aller Universitäten bekannt war: Es handelte sich um den unbestreitbaren, bei den Studienanfängern allenthalben beobachteten Rückgang des ›Grundwissens‹, der ›Faktenkenntnisse‹ oder wie immer man diesen Katalog selbstverständlicher allgemeiner Kentnisse zur historischen Orientierung nennen will. Das galt insbesondere – wenn auch nicht ausschließlich – für die der Französischen Revolution vorausgehenden Epochen, deren Behandlung im Geschichtsunterricht der Gymnasien infolge der Neugestaltung der Lehrpläne mehr und mehr in den Hintergrund trat.

Daß zwanzig Jahre später eine vierte Auflage des Buches nötig ist, zeigt zweierlei: erstens besteht das Problem, um das es damals ging, unverändert fort; zweitens hat sich die mit diesem Einführungsband in die Geschichte der Frühen Neuzeit angebotene Lösung offensichtlich bewährt. Dem Buch, das aus mehrjährigen Erfahrungen erwachsen und zugleich als Lehrbuch, Arbeitsmittel und Lernhilfe konzipiert war, lagen folgende Überlegungen, die nach wie vor Geltung beanspruchen, zugrunde:

Wichtigstes Kriterium der Stoffauswahl war die Relevanz der Themen unter gesamteuropäischem Aspekt. Dabei war es weder angemessen, ausschließlich die politisch-diplomatische Geschichte zu behandeln noch ließ sich der von der französischen Historikergruppe um die ›Annales‹ propagierten Priorität einer wirtschafts- und sozialhistorisch geprägten Strukturgeschichte vorbehaltlos folgen. Es mußte vielmehr versucht werden, eine mittlere Linie zu finden, um die Komplexität und Interdependenz europäischer Geschichte in einem möglichst breiten Spektrum zu erfassen, wie es in dem verhältnismäßig ausführlichen Einleitungskapitel erkennbar wird: Durch die Skizzierung der im Spätmittelalter einsetzenden Strukturwandlungen in Wirtschaft und Gesellschaft, Staat und Politik, Religion, Kirche und Geistesleben liefert es eine für das Verständnis der neuzeitlichen Probleme unentbehrliche, tragfähige Basis.

Aufbau und Umfang des im Universitäts- und Schulunterricht inzwischen bewährten Buches haben keine Änderung erfahren. Die Darstellung gruppiert sich um zwölf Themenkreise, die quer- und längsschnittliche Betrachtungsweise kombinieren. Zahlreiche Querverweise stellen die Verbindung zwischen beiden und zu anderen Themenkreisen immer wieder her. Dem gleichen Zweck dient die vergleichende Zeittafel im Anhang. Als chronologisches Gerüst und als Leitfaden gedacht, enthält sie nur stichwortartige Angaben ohne nähere Erläuterungen und soll über das Namen- und Sachregister die Erschließung des Textes erleichtern. Auch die vergleichende Regententafel hat sich als Hilfsmittel zur optischen Erfassung historischer Gleichzeitigkeit bewährt und bleibt deshalb in der Neuauflage erhalten.

Da Verlag und Autor sich einig waren, an der Grundkonzeption des Buches festzuhalten und die einzig denkbare Alternative, ein ganz neues Werk zu planen, nicht realisiert werden konnte, war es geboten, die bibliographischen Hinweise einer gründlichen Neubearbeitung zu unterziehen, um dem Leser den Einstieg in die aktuelle Forschungsdiskussion auf dem Feld der frühneuzeitlichen Geschichte zu erleichtern. Hierfür sind insbesondere die neueren Einführungswerke geeignet, die in der Bibliographie an erster Stelle genannt werden. Einen guten Zugang bieten auch die Sammelrezensionen oder Forschungsberichte, die ebenfalls aktualisiert wurden und am Schluß der Bibliographie aufgeführt sind.

Unverändert bleibt die dem Buch beigegebene recht kleine Auswahl von Karten und Diagrammen. Ihre sparsame Dosierung ist auch als Hinweis zu verstehen: erstens kann die graphische Veranschaulichung mancher Sachverhalte als Anregung zum Griff nach Spezialwerken aufgefaßt werden; zweitens sollte sich jeder Studienanfänger an die Arbeit mit einem historischen Atlas gewöhnen.[1] Auch die Aufnahme von Quellen, so instruktiv sie im einzelnen sein können, ist nur in sehr eingeschränktem Maße möglich gewesen. Es gibt aber eine ausgezeichnete Quellenauswahl zur Geschichte der Frühen Neuzeit, deren ständige Benutzung parallel zu der vorliegenden Darstellung nur empfohlen werden kann.[2]

---

[1] Für die Frühe Neuzeit gut geeignet ist der Große Historische Weltatlas, hg. v. Bayerischen Schulbuch-Verlag, Dritter Teil: Neuzeit, München ^{4}1981. Interessante Spezialkarten enthält auch der Atlas zur Geschichte, Bd. 1, Gotha-Leipzig 1973.

[2] Renaissance, Glaubenskämpfe, Absolutismus, bearbeitet von Fritz Dickmann (= Geschichte in Quellen, Bd. 3), München ^{2}1976.

Seit dem Erscheinen der ersten Auflage dieses Buches sind die damals beklagten Lücken in der Einführungsliteratur zur Geschichte der Frühen Neuzeit kleiner geworden. Daß die vor Jahren als ›Kleine Geschichte der europäischen Frühen Neuzeit‹ konzipierte Darstellung dennoch ihren Platz behauptet und nach wie vor als nützliches Mittel der historischen Unterrichtung gilt, kann der Autor nur mit Befriedigung feststellen. Daß der Band über den akademischen Bereich hinaus auch einen breiteren Leserkreis anspricht, ihn mit Stand und Richtung der frühneuzeitlichen Forschung etwas vertraut macht und vielleicht dazu beitragen kann, alte Klischees und Vorurteile auszuräumen, ist ein Wunsch, den der Verfasser seinem Buch auch bei der vierten Auflage gern mit auf den Weg gibt. Zu danken habe ich Angelika Schaser für ihre umsichtige Hilfe bei der Überarbeitung der Bibliographie.

Berlin, im Juni 1989 Ilja Mieck

Vorwort zur 5. Auflage

Im Laufe der letzten zwei bis drei Jahrzehnte hat sich die Etablierung der Frühen Neuzeit als eigenständige historische Epoche im akademischen Lehr-, Forschungs- und Prüfungskanon vollzogen. Diese bemerkenswerte Tatsache brachte nicht nur eine ständig wachsende frühneuzeitliche Forschungsliteratur hervor, sondern führte auch zu Diskussionen über methodologische Fragen, über Periodisierung und Terminologie, über spezielle Forschungsansätze und über langfristige Perspektiven der Frühneuzeitforschung. Diese neue historiographische Situation konnte bei der überraschend schnell erforderlich gewordenen Neuauflage dieses Buches nicht unbeachtet bleiben. Deshalb wurden die bibliographischen Hinweise einer umfassenden Aktualisierung unterzogen, der einige ältere Titel zum Opfer fallen mußten, weil sie in dem vorgegebenen Rahmen nicht mehr unterzubringen waren. Für ihre engagierte Mithilfe bei der Neufassung der bibliographischen Hinweise möchte ich Ursula Fuhrich-Grubert und Katharina Gudladt herzlich danken.

Berlin, im Januar 1994 Ilja Mieck

Europa um 1500

In vielfacher Hinsicht bereitete sich die europäische Neuzeit im ausgehenden Mittelalter vor. Alte Kräfte, die jahrhundertelang das politische, wirtschaftliche und kulturelle Leben im Rahmen einer festgefügten Sozialordnung geformt und beherrscht hatten, verloren ihren originären Schwung, ermatteten und büßten den Anspruch allgemeiner Verbindlichkeit ein. Einige gingen zugrunde, verfielen oder wurden verdrängt, andere erfuhren durch die Aufnahme frischer Impulse eine Erneuerung und konnten mit den emporstrebenden neuen Kräften konkurrieren, die im politischen und (im weitesten Sinne) sozialen Bereich die traditionellen Kategorien in Frage stellten, überkommene Formen abstreiften, größere Dimensionen entwickelten und eine tiefgreifende Veränderung der geistigen und materiellen Struktur Europas einleiteten.

In diesem Sinne verstanden, kann die Skizzierung der europäischen Verhältnisse um die Wende vom 15. zum 16. Jahrhundert nicht nur eine genau fixierte Momentaufnahme sein. Sie soll vielmehr konkrete Anhaltspunkte zum Verständnis späterer Abläufe und Probleme liefern und die Interdependenz der für die Grundlegung des modernen Europa ausschlaggebenden Faktoren verdeutlichen; sie muß daher in manchen Teilen weiter ausholen, in anderen über das als Orientierungspunkt gewählte Jahr 1500 hinausgreifen.

Bevölkerungszahl und Wirtschaftsverfassung

Die demographische Situation

Die Bevölkerungszahl Europas wird für die Zeit um 1500 auf 60 bis 70 Millionen geschätzt und entsprach damit knapp dem Stand, der schon einmal – um 1300 – erreicht worden war. Die annähernde Identität beider Zahlen ist jedoch keineswegs Ausdruck einer bevölkerungspolitischen Stagnation in diesen zwei Jahrhunderten, sondern kennzeichnet die Situation vor und nach der schwersten demographischen Krise, die Europa jemals erschüttert hat.

Seit der »European Famine« (Lucas), der großen Hungersnot der Jahre 1313–17, waren die zyklischen Wechselbeziehungen zwischen

Mißernten, Hungersnöten und Seuchen immer stärker in Erscheinung getreten. Die biologische Widerstandskraft der durch Unterernährung geschwächten Bevölkerung ging zurück; den wiederholten Epidemien, deren Wucht durch die unzulänglichen Bekämpfungsmaßnahmen und die mangelhaften allgemeinen hygienischen Verhältnisse verstärkt wurde, fielen immer mehr Menschen zum Opfer. Die Dezimierung der arbeitsfähigen Bevölkerung bildete wiederum eine wichtige Ursache erneuter Hungersnöte in den anschließenden Phasen eines demographischen Ausgleichs. So waren das biologische Potential Europas schon erheblich unterminiert und die Bevölkerungszahl bereits im Rückgang, als 1348 die nach Europa übergreifende Beulenpest, der berüchtigte ›Schwarze Tod‹, die Krise verschärfte und die vorhandenen Bevölkerungslücken in ungeheurem Maße vergrößerte. Die Regeneration wurde durch spätere Epidemien (1360, 1371) von neuem in Frage gestellt, so daß im ganzen 14. Jahrhundert die absteigende Linie dominierte. Am Ende dieses Zeitraumes dürfte die Bevölkerung Europas um 30–50 % zurückgegangen sein.

Im folgenden Jahrhundert blieb es zunächst bei diesem niedrigen Stand, die rückläufige Tendenz wich infolge einer geringeren Intensität der Krisenfaktoren einer Stagnation. Das Wachstum mancher Städte resultierte aus der starken Landfluchtbewegung und änderte nichts an der Tatsache der Gesamtkonstanz der Bevölkerungszahl. Erst seit dem letzten Viertel des 15. Jahrhunderts zeichnete sich ein neuer Aufstieg ab. Von einigen Ausnahmen abgesehen, verlief die demographische Entwicklung Europas von nun an bis ins frühe 17. Jahrhundert in einer zwar ruhigen, aber stetigen Aufwärtsbewegung.

Obwohl so gut wie alle Zahlenangaben, die von der Forschung bisher aus den spärlichen Quellen erschlossen wurden (Russel, Bennet, Abel, Reinhard u. a.), nur als Annäherungswerte gelten können, bestätigen sie doch trotz aller Unterschiede im einzelnen die Gesamttendenz (vgl. auch Abb. 5, S. 145). Danach betrug die Bevölkerungszahl (in Millionen) in

um	Europa		Frankreich		England		Deutschland		
1200	47,8*	61	9,2	12	1,9	2,2	7	8	
1340	69,9		17,6	21	3,7	4,5	11	14	
1400	41,9	45			2,1				
1470				14		3		10	
1500	56,8	69	14,6				7		12
1600		89	16		4		10		20
1620				21		5		16	

* Unter Berufung auf Russel, von dem die Angaben der ersten Spalte stammen, werden meist höhere Zahlen genannt. Dabei wird jedoch übersehen, daß die Tabelle bei Russel, Late Ancient and Medieval Population, 1961, p. 148, auch die Bevölkerungszahlen für Kleinasien, Syrien, Ägypten und Nordafrika enthält.

Die Entwicklung der Landwirtschaft

Besonders im Bereich der Landwirtschaft, die im Spätmittelalter Hauptfaktor der Wirtschaftsproduktion und wichtigste Erwerbsquelle war, hatte die demographische Entwicklung weitreichende Konsequenzen. Neben dem allgemeinen Bevölkerungsrückgang, der in manchen Gegenden den Charakter eines Aussterbens annahm, führte eine verstärkte Landflucht zur Verödung weiter Gebiete und zur Entstehung zahlreicher Wüstungen. In England sind im Laufe des 14. Jahrhunderts etwa 20 % der ländlichen Siedlungen aufgegeben worden, in Mitteldeutschland zwischen 40 und 68 %. Ähnlich war es in Frankreich, Italien, den Niederlanden und den skandinavischen Ländern.

Tiefgreifender als diese Entvölkerung des flachen Landes, die im Lauf des 15. Jahrhunderts wenigstens teilweise wieder rückgängig gemacht werden konnte, waren die gleichzeitig eintretenden strukturellen Wandlungen der europäischen Landwirtschaft. Trotz vieler regionaler Unterschiede, deren genaue Erforschung noch längst nicht abgeschlossen ist, lassen sich einige gemeinsame Tendenzen erkennen.

Der Mangel an Arbeitskräften konnte trotz höherer Löhne und niedriger Pachtsätze, zu denen sich die Grundherren notgedrungen verstehen mußten, nicht überwunden werden. Aus der verminderten Anbaufläche ergab sich ein Rückgang der Getreideproduktion, ehemals reiche Überschußgebiete waren gezwungen, zur Versorgung der Bevölkerung neue Handelswege einzuschlagen. Dem Rückgang des traditionell wichtigen Getreidehandels im Mittelmeerraum infolge geschrumpfter Exportmöglichkeiten einiger Anliegerstaaten stand die wachsende Bedeutung des Ordensstaates gegenüber, dessen Getreideüberschüsse seit dem 14. Jahrhundert von Danzig aus nach Nord- und Westeuropa verschifft wurden.

Ein zweites Moment der landwirtschaftlichen Strukturveränderung liegt in der Ausdehnung der Viehzucht. Nicht nur in England gingen die Grundherrn mehr und mehr zur Schafzucht über, auch in Spanien intensivierte man diesen Zweig der Landwirtschaft, der seit etwa 1300 eine Rolle zu spielen begann. Wachsender Fleischkonsum, Exporte von Käse und Wolle aus Süditalien, norwegische Butterausfuhr und Lieferung dänischen Schlachtviehs nach Hamburg und Lübeck zeigen, daß es sich bei dem Vordringen der exportorientierten Viehzucht um ein allgemeines Phänomen handelte.

Zukunftweisend wurde die Aufnahme von Ausgleichskulturen in die landwirtschaftliche Produktionsskala. Das waren besonders Erzeugnisse, die sich zur gewerblichen Nutzung (z. B. bei der Textilfabrikation) eigneten. Hanf-, Flachs-, Waid- und Krappanbau, arbeitsintensive Gartenkulturen (Obst, Gemüse), Weinbau in klimatisch wenig begünstigten Gegenden, Maulbeerbaum-Anlagen (zur

Seidenraupenzucht) kennzeichnen die Erweiterung und Verfeinerung der Bodennutzung.

Parallel zur demographischen Erholung begann seit dem späten 15. Jahrhundert ein allgemeiner Aufschwung der Landwirtschaft. Bei zunehmender Getreideproduktion und Vergrößerung der Anbauflächen durch Wiederbewirtschaftung und Neulandgewinnung kam es auch zu einer schärferen Ausprägung der inzwischen eingetretenen strukturellen Wandlungen.

Dabei ist charakteristisch, daß die Methoden der landwirtschaftlichen Erschließung nicht mehr im Rahmen des Lehnssystems durchgeführt, sondern durch Kapitalinvestitionen ermöglicht wurden — ein für ganz Europa neues Phänomen. Viele Städter, meist Kaufleute, erwarben Grundbesitz, legten neue Kulturen an und sorgten auch für Entwässerung und Bewirtschaftung von Sumpfgebieten, weil sie in einer Zeit agrarischer Hochkonjunktur hierdurch eine gute Verzinsung ihres Kapitals erwarten konnten.

Diese Bodennutzung unter spekulativen Aspekten brachte zusammen mit der verbesserten wirtschaftlichen Gesamtlage und der steigenden Nachfrage das Preisgefüge, das im 15. Jahrhundert stabil geblieben war, in Bewegung. Seit etwa 1480 läßt sich ein allmählicher Preisanstieg beobachten, der sich im folgenden Jahrhundert durch die Einfuhr amerikanischer Edelmetalle beschleunigte und zur ›Preisrevolution‹ führte (vgl. S. 76 f.).

Weitreichende Konsequenzen hatten die demographischen und landwirtschaftlichen Veränderungen im sozialen Bereich. Der Bevölkerungsrückgang des 14. Jahrhunderts hat der feudalen Wirtschaftsverfassung (›Bodenbearbeitung mittels der Ausübung von Rechten über Personen‹) einen schweren Schlag versetzt, da der Arbeitskräftemangel den Grundherren die personelle Basis ihrer ökonomischen Privilegierung entzog. Die Leibeigenschaft nahm ab, und die Grundherren gingen entweder zur Eigenbewirtschaftung über (und stellten sich dabei häufig auf die weniger personalintensive Weidewirtschaft um) oder waren zur Beschäftigung bezahlter Arbeiter gezwungen.

Aus dieser Krise des Feudalismus resultierte eine frühe Form der Bauernbefreiung, die jedoch gleichzeitig zu einer sozialen Differenzierung der Landbevölkerung führte. Einigen Bauern gelang es, ihre wirtschaftliche Position auf Kosten der verfallenden grundherrlichen Gewalt wesentlich zu verbessern; aus dieser Schicht rekrutierte sich in den folgenden Generationen der neue Typ des ursprünglich nichtadligen, ›modernen‹, selbstbewußten und aufstrebenden Grundbesitzers, der als homo novus selbst zum ›Herrn‹ wurde, auf der sozialen Stufenleiter zu den alteingesessenen landbesitzenden Familien emporstieg und sich schließlich mit diesen vermischte.

Unterhalb dieser neuen und alten Herren angesiedelt, erfuhren die

Bauern, die sich aus der grundherrlichen Gewalt gelöst hatten und den sozialen Abstieg vermeiden konnten, eine deutliche materielle Besserstellung. Das lag nicht nur an der wachsenden Getreidenachfrage, sondern war auch in der Erweiterung der landwirtschaftlichen Produktion und einer Verfeinerung der Methoden begründet. Der Anbau neuer Nutzpflanzen, die Anfänge einer nicht mehr ausschließlich am persönlichen Bedarf orientierten bäuerlichen Gewerbetätigkeit, der selbständige Verkauf der erzeugten Güter und zusätzliche Einkünfte aus Nebenbeschäftigungen (Seidenbau) sind Ausdruck des steigenden wirtschaftlichen Standards dieser bäuerlichen Schicht.

Auf der anderen Seite entstand eine breite Schicht von Landarbeitern. Sie waren zwar persönlich frei, doch blieben ihre Lebensbedingungen durch die Unsicherheit des Einkommens äußerst prekär, da die ›homines novi‹ keineswegs weniger anspruchsvoll als die alten Grundherren waren und obendrein durch die Anwendung neuer, rationellerer Methoden Arbeitskräfte freisetzten, so daß die Abwanderungsbewegung vom Land zur Stadt nicht aufhörte. Andererseits war es trotz der Expansion von Gewerbe und Handel unmöglich, in den Städten Arbeitsplätze in ausreichender Zahl zu schaffen. Das Überangebot von Arbeitskräften führte über die Senkung der Löhne zur Bildung eines Proletariats von starker Mobilität, das oft genug dem Abstieg ins städtische Lumpenproletariat wenig entgegenzusetzen hatte oder als Heer arbeitsloser oder saisonbeschäftigter Landstreicher die Straßen Europas unsicher machte.

Der Aufschwung von Gewerbe und Handel

Seit der zweiten Hälfte des 15. Jahrhunderts stand die Entwicklung der gewerblichen Tätigkeit im Zeichen eines unter verschiedenen Aspekten bemerkenswerten Aufschwungs. Auffallend sind die quantitative Steigerung in den bisher führenden Produktionszweigen (Edelmetallgewinnung, Textilherstellung) und das Entstehen neuer Gewerbe mit einer relativ hohen Beschäftigtenzahl (Buchdruck). Daneben erlangten ältere Gewerbezweige wachsende Bedeutung: durch modische Einflüsse (Seidenproduktion), durch die Bedürfnisse der größeren Heere und der neuen Kriegstechnik (Eisengewinnung und -verarbeitung, Waffenherstellung), auch durch die Anforderungen der Architektur (Glasindustrie). In geschickter Anpassung vollzogen manche Städte (Venedig!) eine Umstellung ihrer bisher überwiegend am Handel orientierten Wirtschaftsstruktur zugunsten der verarbeitenden Industrie. Als typisches Kennzeichen der positiven konjunkturellen Entwicklung kann der allgemeine Aufschwung des Bauwesens in ganz Europa gelten.

Gegenüber dem Mittelalter hatte das europäische Gewerbe um 1500 außerordentliche Ausmaße erreicht, doch kommt es auch hier wie bei der Landwirtschaft nicht so sehr auf die quantitativen Veränderungen an, die sich aus der steigenden Nachfrage fast von selbst ergaben. Wichtiger ist, ob es sich bei dem allgemeinen Aufschwung nur um eine immens vergrößerte gewerbliche Tätigkeit auf der Basis überlieferter Formen und Strukturen handelte, oder ob bereits neue Prinzipien zum Durchbruch kamen, die Konsequenzen für die künftige gewerblich-industrielle Entwicklung implizierten.

Es charakterisiert Bedeutung und Ausmaß des Umbruchs im gewerblichen Bereich, daß derartige qualitative Wandlungen, wenn auch erst in Ansätzen, nachweisbar sind. Dem Ersatz der Holzkohle durch die Steinkohle und der Einführung des Hochofen-Verfahrens zur Eisengewinnung kommt ohne Zweifel eine solche Funktion zu. Das noch unvollkommene Schmelzverfahren – im Mittelalter wie die Steinkohle zwar bekannt, aber praktisch kaum ausgenutzt – beeinträchtigte infolge der stärkeren Hitzeentwicklung der Steinkohle die Güte des Materials, dadurch beschleunigte sich der Übergang von der stark qualitätsbezogenen Mentalität zu der ›modernen‹, mehr auf die Quantität gerichteten Einstellung des Produzenten (vgl. S. 154).

Die Umstellung auf die Steinkohle, die vereinzelt in England und Wales seit dem frühen 16. Jahrhundert zu beobachten ist, war übrigens nicht nur ein marktmechanischer Reflex auf die steigende Nachfrage, sondern die zwangsläufige Folge einer seit Jahrhunderten rücksichtslos betriebenen Entwaldung zur Befriedigung zahlreicher Bedürfnisse (Holzkohle, Schiffsbau, Bau- und Brennholz u. a.).

Dieser ohne jeden forstwirtschaftlichen Gesichtspunkt durchgeführte Raubbau hatte in vielen Gegenden Europas schwerwiegende Konsequenzen, die von der landschaftlichen Umgestaltung bis zur Klimaverschlechterung reichen. Besonders im sommertrockenen Mittelmeergebiet erfuhren die naturgeographischen Voraussetzungen für Wirtschaft und Siedlung in den Höhenlagen durch verstärkte Erosion, Sinken des Grundwasserspiegels und Versteppung oder Verkarstung weiter Landstriche höchst nachteilige Veränderungen, die wohl kaum jemals wieder rückgängig gemacht werden können.

Die Hinwendung zur Quantität auf Kosten der Qualität (im Vergleich zur mittelalterlichen Produktion) zeigte sich nicht nur bei der Eisenverarbeitung, sondern auch in den Textilgewerben.

»Auf lange Sicht gehörte der Erfolg den Ländern, die, wie England und die Niederlande, ihr Gewerbe auf Produkte geringerer Qualität einzustellen verstanden, während Länder wie Italien, die weiterhin hochwertige Erzeugnisse herstellten, immer weiter ins Hintertreffen gerieten» (Romano).

Ein anderer, qualitativ zu bewertender Faktor des gewerblichen Aufstiegs lag in der Veränderung der Beziehungen zwischen Arbeitgebern und Arbeitnehmern, wie sie sich im Verlagssystem, der frühindustriellen Organisationsform des Produktionsprozesses herausbildeten. Das landwirtschaftliche und städtische Proletariat ermöglichte eine Ausschöpfung von Arbeitskraftreserven wie sie das Mittelalter nicht gekannt hatte, da der Verleger sehr viel mehr Personen als früher beschäftigen konnte und den bäuerlichen Arbeitern nicht nur die Textilherstellung anvertraute, sondern den Verlag auf andere Produktionszweige, etwa die Anfertigung von Metallwaren, ausdehnte. Manche Spezialbranchen, beispielsweise die Schwarzwälder Uhrenindustrie, nahmen von daher ihren Anfang.

Von entscheidender Bedeutung wurde, daß durch die Verlagsorganisation das Produktionsmonopol der städtischen Zünfte, das schon durch die Entstehung größerer bäuerlicher Gewerbe im 14. und 15. Jahrhundert durchbrochen worden war, weiter durchlöchert wurde. Die Reaktion bestand in einem verschärften Kampf gegen alle Außenseiter, in dessen Verlauf die Zunftverfassung fast völlig erstarrte. Das Instrument zur wirtschaftlich-sozialen Sicherung der aufstrebenden handwerklichen Schichten, als das es im hohen und späten Mittelalter geschaffen worden war, wurde nun zur Behauptung errungener Privilegien und Monopole eingesetzt, die angesichts der dynamischen Bevölkerungsentwicklung immer weniger zu rechtfertigen waren. Durch ständig steigende, oft schikanöse Formen annehmende arbeitstechnische, finanzielle und ständische Anforderungen an neue Mitglieder suchten die Zünfte ihre Exklusivität gegenüber aufstiegswilligen Kräften zu wahren, um – bei wachsendem Einkommen der etablierten Familien – die Preisgestaltung diktieren und den gesamten innerstädtischen Gewerbebetrieb kontrollieren zu können.

Es war nicht nur eine Frage der Zeit und der sich ausbildenden wirtschaftstheoretischen Lehrmeinungen, wann die Blockierung der wirtschaftlichen Entwicklung durch die Zünfte beseitigt werden konnte. Wichtig wurde vor allem die Haltung des Staates, der sich – und damit wird ein weiterer Faktor qualitativer Natur angesprochen – wirtschaftlich zu engagieren begann und dem daran gelegen sein mußte, die Zünfte unter Kontrolle zu bringen. Tatsächlich gingen die frühmerkantilistischen Maßnahmen (Produktionsprämien, Anwerbung ausländischer Fachleute, staatliche Beteiligungen an Wirtschaftsunternehmen) über die Zunftverfassung hinweg und verhalfen in zahlreichen (neuen) Gewerbezweigen der unzünftigen Arbeit zum Durchbruch – freilich ohne damit vorläufig das Zunftsystem im ganzen ernsthaft erschüttern zu können.

Zusammenfassend kann festgestellt werden, daß für das europäische Gewerbe um 1500 ein Aufschwung charakteristisch ist, der sich in einer Erweiterung und Erhöhung der Produktion ausdrückt, gleichzeitig aber tiefgreifende Wandlungen erkennen läßt, die in Überwindung mittelalterlicher Strukturen ›neuzeitliche‹ Akzente setzten und als Voraussetzungen des späteren Übergangs zur technisch-industriellen Moderne von großer Bedeutung sind.

Der gewerblichen Entwicklung in mancher Hinsicht vergleichbar, stand der europäische Handel um 1500 in einer Phase der Expansion. Der mit der allgemeinen wirtschaftlichen Krise des 14. Jahrhunderts und der darauf folgenden Stagnation eingetretene Rückschlag konnte seit etwa 1480 als überwunden gelten. Die traditionellen Handelsstraßen, Messezentren und Kaufmannsstädte erlebten eine neue Blüte, andere kamen hinzu und überzogen Europa mit einem immer engmaschigeren Netz von Handelsverbindungen. Zweifellos hat der einsetzende Überseehandel für manche Städte (Sevilla, Lissabon) eine stimulierende Rolle gespielt, doch stand ihnen das Entwicklungstempo anderer Handelsplätze kaum nach (Antwerpen, London, La Rochelle). Auch im Mittelmeergebiet erfuhren entgegen der früher verbreiteten Ansicht alte und neue Handelsstädte (Genua, Barcelona; Messina, Ragusa) einen raschen Aufschwung (vgl. S. 75).

Die Voraussetzungen dieses bemerkenswerten Aufstiegs lagen in noch stärkerem Maße als beim Gewerbe in den qualitativen Veränderungen, wie sie vor allem im Handelsstil jener Epoche zu beobachten sind. Dabei steht an erster Stelle die Ausbildung einer neuen Mentalität der Kaufleute und Handelsherren. Ihr Geschäftssinn wurde präziser, die Begriffe von Zeit, Sicherheit, Kalkulation, Risiko und Vorausschau nahmen konkretere Gestalt an, wurden zu neuen Leitgedanken und führten zur Entwicklung rationaler, übersichtlicher Geschäftstechniken. Dazu gehörte neben einer korrekten Buchführung mit sauberer Bilanzierung auch die Vereinfachung des Geldverkehrs durch die Einführung bargeldloser Zahlungsanweisungen. Von größter Bedeutung für die Finanzierung von Handelsgeschäften wurden die damals entwickelten und ständig verfeinerten Methoden der Kreditschöpfung durch Wechsel (vgl. S. 76). Sie erlangten in kurzer Zeit bis hinunter zum kaufmännischen Mittelstand große Popularität, und bedeutende Börsenplätze und Wechselzentren wie Lyon, Antwerpen, Genf, später Frankfurt verdankten ihnen zu einem guten Teil ihren Aufstieg.

Gleichzeitig mit der Modernisierung des Waren- und Geldhandels erfolgte eine soziale Differenzierung der Unternehmerschicht. Ehrgeizige Kräfte aus dem mittleren und kleinen Bürgertum, mit unverbrauchter Energie und neuen, von Traditionen kaum belasteten Geschäftsmethoden drängten nach oben, kombinierten Produktion und Vertrieb, investierten und modernisierten und schafften in zwei oder drei Generationen den Aufstieg zur Höhe der etablierten patrizischen Familien.

Die zwischen 1450 und 1550 stattfindende Kapitalakkumulation beschränkte sich jedoch keineswegs auf diese neue Unternehmerschicht, deren klassischer Repräsentant die aus zünftlerischen Anfängen bis zur Nobilitierung gelangte Familie Fugger war. Sie betraf auch die alteingesessenen Kaufmannsgeschlechter, die infolge der steigenden

Preise den Realwert ihrer oft aus Grundrenten fließenden Kapitalverzinsung schrumpfen sahen und infolgedessen eine Kompensation durch die Erzielung andersartiger Profite anstrebten. Der Weg dahin führte nur über eine aktive Teilnahme am Aufschwung von Gewerbe und Handel. Das setzte Kapital, Investitions- und Risikobereitschaft voraus, verlangte angesichts der wachsenden Konkurrenz Anpassungsfähigkeit, Elastizität und die Anwendung der modernen Methoden und Techniken des Geschäftsverkehrs.

Aus vielfältigen Ansätzen, die zum Teil weit zurückverfolgt werden können, entstand so eine neue Wirtschaftsgesinnung, deren verschiedene Aspekte der weitreichende Begriff ›Frühkapitalismus‹ ebenso umschließt wie die persönlichen und sachlichen Qualitäten der neuen Unternehmergeneration. Nur der Kaufmann ›neuen Stils‹ durfte, ungeachtet seiner groß- oder kleinbürgerlichen Herkunft, hoffen, im Geflecht des europäischen Waren- und Geldhandels künftig eine Rolle spielen zu können.

Im Rahmen der allgemeinen Expansion des Handels (die übrigens fast nur den internationalen Warenaustausch betraf, da der Ausbau des Binnenhandels durch zahllose Hindernisse wie Wege- und Brükkengelder, Zölle und andere kostenerhöhende Faktoren noch lange blockiert blieb) bildete der Ostseehandel keine Ausnahme, doch vollzog sich hier in enger Verflechtung mit den politischen Ereignissen eine Neuformierung der bisher von der Hanse beherrschten wirtschaftlichen Konstellation. Die skandinavischen und russischen Handelsinteressen, schon mit deutlich nationalstaatlichen Akzenten, bereiteten dem locker organisierten Städtebund, der seine politischen Ambitionen noch nicht ganz aufgegeben hatte, erhebliche Schwierigkeiten. Die Aufgabe einer grundlegenden Neuorientierung, wie sie sich etwa aus der Schließung des Hansekontors in Nowgorod (1494) ergab, wurde nur zögernd und unter vorwiegend konservativen Gesichtspunkten zu lösen versucht, so daß die Hanse in einer Phase allgemeinen Aufschwungs ihre führende Position im Ostseehandel verlor. Dennoch kann nicht von einem generellen Niedergang gesprochen werden, eher von der Entstehung eines handelspolitischen Gleichgewichtssystems, in dem auch die Hanse ihren Platz hatte.

Besonders die Schwerpunktverlagerung des europäischen Getreidehandels und der Ausbau der englischen Verbindungen halfen bei der Überwindung der schwierigen Umstellungsprobleme. Seit der Mitte des 16. Jahrhunderts begann sich ein erneuter Aufschwung der Hanse abzuzeichnen, die damit, etwas verspätet, doch noch an der allgemeinen Expansion des europäischen Handels partizipierte.

Früher als auf wirtschaftlich-sozialem Gebiet begann der Übergang von der mittelalterlichen zur modernen Welt im staatlich-politischen Bereich sichtbar zu werden. Nachdem das jahrhundertelange Ringen der beiden Mächte mit universalem Charakter und Anspruch bis zur gegenseitigen Erschöpfung geführt worden war und im Grunde trotz der Niederlage des Kaisertums die Frage nach Sieger und Besiegtem offenließ (auch weil sie inzwischen fast überholt war), vollzog sich seit dem 13. Jahrhundert eine Verlagerung des politischen Kraftzentrums Europas. Während beiderseits der Alpen fürstliche und städtische Partikulargewalten das Machtvakuum auszufüllen suchten und zahllose Kämpfe zu politischer Zersplitterung und allgemeiner Rechtsunsicherheit führten, zeichnete sich im Westen Europas der Aufstieg ganz neu strukturierter staatlicher Gebilde ab: starke Monarchien, die ihre Kraft aus der dynastischen Kontinuität, dem erwachenden nationalen Zusammengehörigkeitsgefühl der Untertanen und dem elementaren Machtwillen ihrer Herrscher schöpften.

Allgemeine Tendenzen

So unterschiedlich die Ausgangspositionen waren und so differenziert die Entwicklung im einzelnen verlaufen ist, ohne Anspruch auf Vollständigkeit können einige typische Merkmale für die Begründung des modernen Nationalstaates genannt werden: einmal das Vorhandensein einer zwingenden außenpolitischen Aufgabe, die zur Zusammenfassung aller Kräfte zwang und als konstitutives Element des entstehenden Nationalgefühls nicht hoch genug eingeschätzt werden kann; dann die Erweiterung der territorialen – und damit der finanziellen und militärischen – Machtgrundlage; drittens der Kampf gegen die feudalen Traditionen im Innern, der, praktisch und theoretisch ausgefochten, die Ablösung des mittelalterlichen Herrscherbildes zugunsten frühabsolutistischer Vorstellungen anstrebte und den Ersatz von Gefolgschaft und Vasallentreue durch Gehorsam verlangte; schließlich das sich wandelnde Verhältnis der weltlichen zur geistlichen Gewalt. Die zwei letztgenannten Merkmale sind dabei von so großer Wichtigkeit, daß einige Erläuterungen gerechtfertigt sind.

Der Konflikt zwischen einer in neuem Sinne starken Zentralgewalt und den noch in lehnsrechtlichen Traditionen denkenden feudalen Zwischengewalten ist von der Entwicklung des neuzeitlichen Staates nicht zu trennen. Die Zusammenfassung aller öffentlichen Gewalt in einer Hand unter Ausschaltung und Entmachtung aller konkurrierenden Instanzen war ein weitgestecktes Ziel, das sich zwar anstreben, aber angesichts der Kommunikationsverhältnisse, die geradezu antizentralistisch wirken mußten, nicht erreichen ließ. Wir wissen heute, daß selbst das Frankreich des klassischen Absolutismus diesem Idealbild nur sehr unvollkommen entsprach. Der Spannungszustand zwischen königlichem Autoritätsanspruch und feudaler Reaktion blieb daher – von wenigen Ausnahmen abgesehen – in der Geschichte Kontinentaleuropas bis zur Französischen Revolution (der übrigens eine ständische Revolte vorausging) ein konstanter Faktor.

Daß sich dieser Dualismus in den einzelnen Ländern sehr unterschiedlich ausprägte und in seiner Intensität durch traditionelle, landschaftliche und persönliche Einflüsse sowie andersartige soziale Voraussetzungen stark differenziert wurde, bedarf keiner Erläuterung, doch erfordert die Thematik dieses einleitenden Kapitels eine Antwort auf die Frage nach den spezifischen Akzenten der Auseinandersetzung zwischen Krongewalt und Feudalansprüchen im ausgehenden Mittelalter.

Ohne Zweifel begünstigte die demographisch-wirtschaftliche Situation des 14. und frühen 15. Jahrhunderts die zentralistischen Tendenzen. Das Königtum konnte sich gegen die wirtschaftlich und damit politisch geschwächten Feudalherren der aufsteigenden Kräfte in Landwirtschaft, Gewerbe und Handel bedienen, deren Interesse naturgemäß auf eine Absicherung der neu gewonnenen Positionen gerichtet war. Überall dort, wo die Krise heftig genug auftrat, die Macht des Adels zu schwächen, läßt sich dieses Bündnis beobachten, dessen Dilemma freilich darin lag, daß die neuen Kräfte noch zu sehr im Bann der herkömmlichen Sozialordnung standen: einmal arriviert, wollten sie die Privilegien der alten Aristokratie erben. Hatten sie das erreicht, löste sich das Bündnis mit der Krone zwangsläufig, und der Konflikt zwischen Zentralgewalt und Privilegierten erneuerte sich.

Eine wesentliche Voraussetzung zur Überwindung des Feudalismus bildete die Umwandlung des Heerwesens und der Kriegstechnik. Bisher hatten, bedingt durch die lehnsrechtlich verankerte Heeresfolge zu Pferde, die adligen Vasallen den Kern der militärischen Macht gestellt. Dieser Kriegsdienst und die Form seiner Entlohnung durch Verleihung von Grundbesitz und Privilegien war der Ausgangspunkt der politischen, wirtschaftlichen und sozialen Herrenstellung des Adels und bestimmte die ganze Staats- und Sozialverfassung der Feudalzeit.

Noch bevor die Handfeuerwaffen und die Artillerie kriegsentscheidende Bedeutung erlangten, war in den großen Schlachten des 14. Jahrhunderts deutlich geworden, daß die adligen Reiterheere keine Zukunft mehr hatten. In der berühmten Sporenschlacht von Courtrai (1302) bezwang das Fußvolk der flandrischen Zünfte die französische Adelskavallerie, bei Crécy (1346) triumphierten die englischen Bogenschützen über das wohl glanzvollste Reiterheer des Jahrhunderts. In immer stärkerem Maße wurde das Fußvolk schlachtentscheidend – bis schließlich die spießestarrenden Carrés der Schweizer Bauern mit den Siegen über das burgundische Reiterheer einerseits, der gezielte

Einsatz von Artillerie durch die Türken andererseits endgültig die neuen Maßstäbe festlegten.

Kriegsdienst zu Fuß wurde fortan ein wichtiges Handwerk, das sich lernen ließ und an das keine materiellen Vorbedingungen mehr geknüpft waren, so daß sich Bürger- und Bauernsöhne genug fanden, um dem Meistbietenden gegen eine verabredete Entlohnung zu dienen. Neben diese infanteristischen Truppen traten bald besoldete Kavallerie-Einheiten, sie ersetzten – soweit notwendig – das adlige Aufgebot und wurden als eine Art Elite besser bezahlt.

Das Aufkommen des Söldnerwesens beendete die militärische Vorrangstellung des Feudaladels und entzog ihm damit die moralische Rechtfertigung seiner privilegierten Stellung im politischen, wirtschaftlichen und sozialen Bereich – was allerdings nicht bedeutete, daß der Adel die sich daraus ergebenden Konsequenzen widerstandslos zu ziehen bereit war. Die Vernichtung oder zumindest drastische Einschränkung der alten Feudalmacht wurde eine der wichtigsten Aufgaben des sich konsolidierenden modernen Staates. Die unterschiedlichen Lösungsversuche und ihre politischen und sozialen Konsequenzen, die teilweise bis in die Gegenwart hineinreichen, werden in einem späteren Kapitel behandelt.

Weiter fortgeschritten als die Domestizierung des Adels war in den sich bildenden westeuropäischen modernen Monarchien die Neuordnung des Verhältnisses zwischen Staat und Kirche. Dabei ging es vor allem um die Klärung der Beziehungen zum Papsttum, dessen universaler Anspruch noch von Bonifatius VIII. in grandioser Verachtung der realen Gegebenheiten in der Bulle ›Unam Sanctam‹ proklamiert worden war (1302).

Seitdem Philipp IV. der Schöne von Frankreich (1285–1314) die Verlegung der päpstlichen Residenz nach Avignon erzwungen und damit die ›babylonische Gefangenschaft der Kirche‹ (1309–77) eingeleitet hatte, war das Papsttum in den Augen der europäischen Herrscher zum gefügigen Werkzeug national-französischer Interessen geworden und nahm durch die zunehmende Verweltlichung obendrein moralischen Schaden. Seine finanziellen Schwierigkeiten, die den Anlaß zu dem immer raffinierteren kurialen Steuer- und Gebührensystem gaben (vgl. S. 39 f.), rührten zum Teil daher, daß die mit Frankreich verfeindeten Fürsten das Abfließen der verschiedenen Kirchensteuern nach Avignon unterbanden. Dementsprechend gingen sie dazu über, wichtige Bereiche päpstlicher Hoheitsrechte selbst zu übernehmen. Auf diese Weise verlor das Papsttum Macht und Einfluß in England, wo seit dem Beginn des Hundertjährigen Krieges bei Dynastie, Volk und Klerus betont nationalkirchliche Tendenzen sichtbar wurden. In der Mitte des 15. Jahrhunderts befand sich die englische Kirche ziemlich fest in der Hand des Staates, das päpstliche Recht auf Stellenbesetzung und die geistliche Gerichtsbarkeit waren auf ein Minimum reduziert, fast ausnahmslos verfügte die Krone über Kirchengut, Pfründenvergabe und Einkommen des Klerus.

In Frankreich, wo sich seit der Rückkehr der Päpste nach Rom Tendenzen zur Lockerung der Abhängigkeit zeigten, bedeutete die auf einem Nationalkonzil beschlossene Pragmatische Sanktion von Bourges (1438) einen wichtigen Schritt auf dem Wege zur gallikanischen Kirche. Sie sah eine weitgehende Selbstregierung und Selbstergänzung des hohen Klerus unter Oberhoheit des Königs vor, führte aber nach der Niederlage der konziliaren Bewegung, die das Abkommen ermöglicht hatte, zu Differenzen mit dem Papsttum, das die Sanktion nicht anerkannte. Mit dem Konkordat von Bologna (1516) erreichte Franz I. einen Kompromiß, der bis 1789 in Kraft blieb. Gegen die Anerkennung des päpstlichen Primats überließ die Kurie dem französischen König das Recht, alle 10 Erzbistümer, 83 Bistümer und 527 Abteien nach Belieben zu besetzen. Dieses Privileg garantierte die vollkommene Unterwerfung des hohen Klerus, machte alle Anwärter auf diese Stellen von der königlichen Gnade abhängig und bildete die Grundlage für die Entwicklung der Kirche zum Machtinstrument der Monarchie.

Die nationalkirchlichen Bestrebungen in Spanien erhielten ihren besonderen Akzent durch eine gleichzeitige Reform des Klerus, die auf eine gründliche Erneuerung des innerkirchlichen Lebens zielte. Verweltlichung und Entartung wurden energisch bekämpft, die Orden und Klöster reformiert. Die Besetzung der Bistümer, für die dem König seit dem Konkordat von 1481 das Vorschlagsrecht zustand, erfolgte nicht mehr aufgrund hochadliger Abkunft oder Familientraditionen, sondern orientierte sich an Lebenswandel und soweit möglich theologischer Bildung der Kandidaten. Mit dem von neuem religiösen Eifer beseelten Klerus im Hintergrund und der (staatlich kontrollierten) Inquisition als Beweismittel christlicher Loyalität konnte sich die spanische Krone ein selbstbewußtes, oft kritisches Auftreten gegen das Renaissance-Papsttum erlauben; seit 1493 wurden päpstliche Bullen nur noch nach königlicher Genehmigung im Lande bekanntgemacht.

Die europäischen Staaten

Die exemplarische Darstellung der für die Umstrukturierung des Staates grundlegenden Entwicklungstendenzen im Verhältnis der Krone zu Feudalität und Kirche bedarf zum Verständnis der komplexen innerstaatlichen Probleme sowie der internationalen Beziehungen einer Ergänzung. Die folgende Übersicht soll in einer tour d'horizon die spezifische Situation der wichtigsten europäischen Länder umreißen, um ihren Standort um 1500 zu bestimmen und damit die Ausgangspositionen für die künftige Entwicklung abstecken zu können.

Im Königreich *England,* wo die normannischen Eroberer zunächst die lehnsrechtlichen Bindungen straff zu konzentrieren wußten, kam es erst im Zusammenhang mit den Versuchen, ein großes Festlandsreich aufzubauen, zur Ausbildung einer eigenwilligen adligen Opposition. Ihr größter Erfolg war die dem glücklosen Johann abgetrotzte ›Magna Charta‹ (1215). Zu einer Feudalanarchie entarteten die Verhältnisse jedoch nicht. Seit der Entwicklung des Parlamentes bildete die im (späteren) *House of Commons* organisierte Vertretung von niederem Adel *(gentry)* und Bürgertum ein gewisses Gegengewicht gegenüber dem im *House of Lords* repräsentierten feudalistischen Hochadel *(peers).*

Der Hundertjährige Krieg (1339–1453, davon 53 Kriegsjahre und 61 Jahre echten oder scheinbaren Friedens), vom dynastischen Konflikt in einen englisch-französischen Nationalkrieg übergehend, hatte tiefe Rückwirkungen auf die innenpolitische Entwicklung Englands. Das Parlament erlangte aufgrund des zur Kriegsfinanzierung ständig steigenden königlichen Geldbedarfs wachsende Bedeutung und erzwang von Eduard III. (1327–77) die jährliche Einberufung. Es beteiligte sich an zahlreichen Feudalrevolutionen, setzte 1399 Richard II. ab und blieb auch im 15. Jahrhundert ein zuverlässiges Instrument der antizentralistischen Kräfte.

Die Niederlage gegen Frankreich, der Verlust des gesamten Festlandbesitzes außer Calais, der viermalige Wechsel der Dynastie und der »ganze Wirrwarr von Rechtsbrüchen und Thronräubereien« (Ritter) bildeten Ursache und Hintergrund der sich über drei Jahrzehnte hinziehenden Rosenkriege (1455-85), in denen sich die Häuser York und Lancaster gegenseitig fast ausrotteten und damit dem Sieger von Bosworth (1485), Heinrich VII. Tudor, die Chance gaben, die Kronautorität wiederherzustellen und zu stabilisieren.

Unter Heinrich VII. (1485–1509) begann der innere Ausbau der englischen Monarchie. Der Einfluß des ›gesäuberten‹ Parlaments wurde beschnitten; Bürgerliche rückten in wichtige Stellungen ein; gegen Fehdewesen, Unruhestiftung, Korruption und Rechtsbeugung ging ein königlicher Sondergerichtshof, die Sternenkammer, vor. Ein ausgedehntes Denunzianten- und Spitzelwesen spürte die echten und vermeintlichen Krebsschäden der Feudaltradition auf. Durch Zwangsanleihen und umfangreiche Konfiskationen von Gütern rebellischer Adliger wurde die wirtschaftliche Basis der feudalen Opposition geschwächt und der König zum reichsten Grundbesitzer.

Die Krone wußte sich bei ihrer antifeudalen Politik in Übereinstimmung mit den Wünschen von niederem Adel und Großbürgertum. Die frühmerkantilistische Handels- und Wirtschaftsförderung unter Preisgabe der kostspieligen kontinentalen Eroberungspolitik zugunsten einer Verständigungsdiplomatie entsprach den wirtschaftlichen Interessen der Mittelschichten. Der Verlust an politischem Einfluß wurde durch die schonungslose Ausbeutung der bäuerlichen Bevölkerung vor allem durch die wollproduzierenden Großagrarier der *gentry* zusätzlich kompensiert. Bei Feudaladel und Bauerntum war das Regime Heinrichs VII. gleichermaßen verhaßt. Der Aufbau einer starken Monarchie erfolgte gegen die Feudalität und zum erheblichen Teil auf Kosten der unteren Klassen, aber in Interessenkoinzidenz mit dem adlig-bürgerlichen Mittelstand.

Am Beispiel *Spaniens* treten die Elemente neuzeitlicher Staatsbildung in noch schärferen Konturen hervor. Die Entwicklung der iberischen Königreiche stand seit Jahrhunderten im Zeichen der Reconquista. Die Wiedereroberung der von den Mauren beherrschten Landesteile, bei der sich echter Glaubenseifer mit handfesten materiellen Interessen verknüpfte, wurde – nicht zuletzt durch die literarische Glorifizierung heroischer Kreuzzugsaktionen – für das Entstehen eines Nationalgefühls von geradezu konstitutiver Bedeutung.

Daß die Reconquista zum großen Teil von privaten Interessengruppen (Granden, städtischen Korporationen, Siedlergenossenschaften) getragen wurde, hatte die Überlassung lokaler Sonderrechte im (sich nach Süden verschiebenden) Frontbereich durch Privilegierung geistlicher und weltlicher Herren oder Organisationen zur Folge. Die im Spätmittelalter fest verankerten ständischen Rechtstraditionen, wie sie etwa in den kastilischen und aragonesischen Ständeversammlungen *(cortes)* zum Ausdruck kamen, trugen dazu bei, daß der allgemeinen Expansion ein zunehmender politischer Einfluß der Privilegierten entsprach. Er führte in Kastilien, begünstigt durch eine Reihe schwacher Herrscher, in der Mitte des 15. Jahrhunderts zu einer regelrechten Feudalanarchie.

Mit die wichtigste Voraussetzung für eine Erneuerung der königlichen Autorität lag in der Überwindung der politisch-staatlichen Zersplitterung. Die Bildung des spanischen Einheitsstaates war am Ende des Mittelalters im wesentlichen abgeschlossen. Die Etappen der territorialen Konzentration verdeutlicht folgende Übersicht:

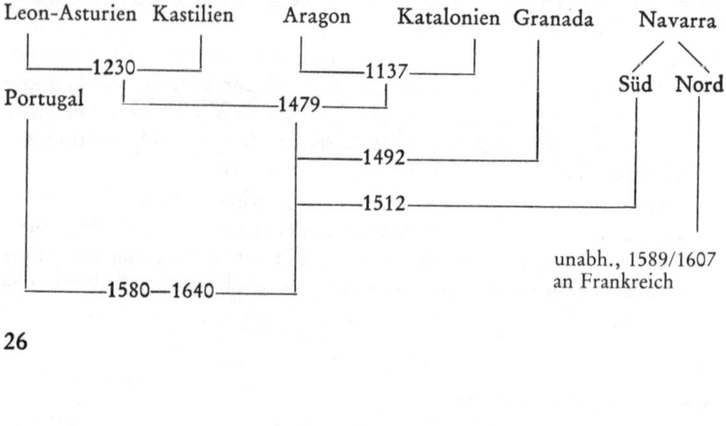

Mit der 1469 geschlossenen Ehe zwischen den Thronfolgern von Aragon und Kastilien, Ferdinand (1479–1516) und Isabella (1474 bis 1504), der Zurückweisung portugiesischer Thronansprüche (kastilischer Erbfolgekrieg 1474–79) und der vertraglichen Einigung über eine gemeinsame Regierung (1479) der beiden in Personalunion verbundenen Königreiche (staatsrechtliche Verschmelzung erst 1516 unter Aufrechterhaltung der administrativen Trennung) war eine solide territoriale Basis des nationalen Staates vorhanden.

Nach außen dokumentierte sich die Stärke der ›katholischen Könige‹ (1494 vom Papst verliehener Ehrentitel) im glanzvollen Abschluß der Reconquista. Das Emirat von Granada, seit 780 Jahren von den Mauren beherrscht und am Ende des 15. Jahrhunderts ihre letzte Bastion, wurde erobert (1492) und Kastilien einverleibt. Neun Monate vor der ersten Indienfahrt des Columbus konnte die historische Aufgabe des christlich-mittelalterlichen Spanien als erfüllt angesehen werden. Während die außenpolitische Aufmerksamkeit der Folgezeit entsprechend der aragonesischen Tradition noch vorwiegend auf den Mittelmeerraum gerichtet blieb, wo Ferdinands Verschlagenheit und Tatkraft sogar Machiavelli Respekt abnötigte, blieb die zentrale innere Aufgabe die Zerschlagung der feudalen Kräfte. Die Mittel waren die gleichen wie in England, die Methoden vielleicht noch gewaltsamer: Beseitigung des Fehdewesens; Abschaffung der adligen Privatarmeen; Öffnung der Justizlaufbahn für Bürgerliche; Herstellung der Rechtssicherheit durch bürgerliche Milizen, die ursprünglich als kommunale Selbsthilfeorganisationen entstanden waren und nun, mit richterlichen Kompetenzen ausgestattet, als ›Heilige Hermandad‹ über das ganze Land organisiert wurden; Schaffung einer Söldnertruppe, deren Ausbildung nach schweizerischem Muster die Grundlage für die europäische Reputation der spanischen *tercios* schuf. Gestützt auf den niederen Adel *(hidalgos)* und das Bürgertum konnte die Krone trotz zahlreicher Komplotte die politische Macht der Granden brechen – ohne aber dabei deren soziale Privilegierung anzutasten.

Rechtssicherheit, Handelserweiterung und Aufstiegschancen bezahlte das Bürgertum mit hohen Steuerlasten, deren Festsetzung oft recht willkürlich vorgenommen wurde. Städtischer Widerstand gegen staatliche Forderungen blieb erfolglos, im Gegenteil: je länger desto mehr kam es zur Beschränkung der kommunalen Selbstverwaltung und ihrer Überwachung durch königliche Beamte; das Steuerbewilligungsrecht der *cortes,* in denen in Kastilien seit 1538 nur noch der Dritte Stand vertreten war, wurde zur inhaltlosen Formalität degradiert. Diese Beispiele zeigen, daß der Aufbau des zentralen Staates nicht nur unter dem simplifizierenden Schema des königlich-bürgerlichen Bündnisses gesehen werden kann; auf die Dauer duldete der neue Staat autonome Bereiche des Dritten Standes ebensowenig wie vorher die politischen Sonderrechte der Feudalität.

Die spanische Monarchie ist das erste Beispiel eines modernen Großstaates, der auch die Gesinnung seiner Untertanen unter Kontrolle zu bringen suchte. Der politischen Einheit sollte die konfessionelle folgen. Als Instrument dieses Bestrebens war in Kastilien schon 1478 die Inquisition eingeführt worden. Seit 1481 wirkten die von der Krone ernannten Inquisitoren unter dem Großinquisitor Torquemada als staatliche Beauftragte im ganzen Land und erstickten jede Möglichkeit innerer Opposition. Dabei richtete sich die Inquisition nicht gegen Angehörige nichtchristlicher Religionen, sondern verfolgte ketzerische Abweichungen von der als verbindlich festgelegten christlichen Glaubensnorm.

Missionskampagnen betrafen zuerst die Juden, die zwischen Bekehrung und Landesverweisung unter Vermögensverlust zu wählen hatten. Zahlreiche Konversionen erfolgten, doch wurde ihre Aufrichtigkeit oft angezweifelt, was der Inquisition mittels eines stark begünstigten Denunziantenwesens Ansatzpunkte zum Eingreifen bot. Öffentliche Ketzergerichte *(Auto da fé)* gegen die *conversos* oder *marranos* (= Schweine) genannten bekehrten Juden, Folterungen und zahlreiche Hinrichtungen waren das Vorspiel der sich 1492 vollziehenden brutalen Vertreibung der spanischen Juden.

Ein ähnliches Schicksal erwartete die Mohammedaner, denen bei der Eroberung von Granada Glaubensfreiheit zugesichert worden war. Die bekehrten Moslems *(moriscos)* gerieten allein durch die Tatsache ihrer Konversion in gefährliche Nähe der mißtrauischen Inquisition, die anderen erfuhren eine zunehmende wirtschaftliche und soziale Diskriminierung und wurden zum großen Teil vertrieben. Die jahrzehntelang angestauten Spannungen entluden sich schließlich im großen Aufstand der Moriskos 1568, der erst von Don Juan d'Austria niedergeworfen werden konnte. Es folgte die fast vollständige Entrechtung der Moriskos und schließlich ihre Vertreibung (1609).

Die innere Einheit der spanischen Monarchie wurde so auf zweifache Weise mit dem Verlust eines großen Teils ihrer wohlhabenden und fleißigen, gewerblich, technisch und wissenschaftlich qualifizierten Bevölkerung erkauft. In keinem anderen Land Europas stand die Religion so sehr im Dienst fürstlicher Machtinteressen. Ferdinand und Isabella bereiteten den Weg der gleichzeitigen Festigung von Politik und religiösen Anschauungen, indem sie die Religion als ideologischen Pfeiler der nationalen Einheit postulierten.

Zu Beginn des 15. Jahrhunderts bot *Frankreich* das Bild einer nahezu klassischen Vollendung feudaler Anarchie. Die Macht Karls VI. (1380–1422) reichte über die inselhaft verstreuten Krongüter, die kaum die Hälfte des Königreiches ausmachten, nicht hinaus. In den Händen mächtiger Vasallen waren Flandern, Burgund und die Bretagne zu faktisch unabhängiger Stellung gelangt, die Guyenne unterstand dem englischen König. Der Bürgerkrieg zwischen Armagnacs

(Anhänger des Herzogs von Orléans) und Bourguignons (Anhänger des Herzogs von Burgund) um die Regentschaft für den seit 1392 geisteskranken Karl VI., blutige Gemetzel, politische Morde, die englische Invasion, das Bündnis mit Burgund und der Sieg Heinrichs V. bei Azincourt (1415) bilden den Hintergrund des Vertrages von Troyes: Philipp der Gute von Burgund und die französische Königin Isabeau von Bayern erkannten den englischen König als Thronerben an und übertrugen ihm unter dem Vorwand der Krankheit Karls die Regierungsgeschäfte (1420). Zwei Jahre später wurde Heinrich VI., ein Kind von neun Monaten, zum König von England und Frankreich gekrönt.

Fast gleichzeitig trat der geflüchtete Dauphin als Karl VII. die Nachfolge seines verstorbenen Vaters an. Als ›König von Bourges‹ zunächst von aufreizender Entschlußlosigkeit und ohne Machtmittel, führte ihn Johanna von Orléans auf den Weg der Wiederherstellung des Landes und seiner Rechte. 25 Jahre nach dem ersten Erfolg bei Orléans endete der Hundertjährige Krieg – ohne Friedensschluß – mit dem Verlust aller englischen Besitzungen auf dem Kontinent außer Calais (1453).

Die zweite Hälfte des 15. Jahrhunderts stand im Zeichen der Ausweitung und Konsolidierung der königlichen Macht in dem nunmehr vorhandenen Rahmen des nationalen Staates. Ansätze dazu hatte es bereits in der Endphase des Krieges gegeben: die Aussöhnung mit Burgund, die Organisation einer fest besoldeten und disziplinierten königlichen Kavallerie, ihre Ergänzung durch die aus dem Bürgertum rekrutierte und im Bogenschießen ausgebildete Infanterie, die Einführung leichter, beweglicher Kanonen und die Erhebung einer allgemeinen Steuer *(taille)* haben zum erfolgreichen Ausgang des Krieges wesentlich beigetragen.

Die Neuregelung des Verhältnisses zu den mächtigen Kronvasallen war das dringendste Problem. Ludwig XI. (1461–83) führte den Kampf zielbewußt und grausam, brutal und verschlagen und vernichtete jeden aristokratischen Widerstand gegen die ›insolentia regum Francorum‹, er war, wie es Machiavelli wenig später empfehlen sollte, Löwe und Fuchs zugleich. Unnachsichtig setzte er seine Ansprüche durch, zog die angiovinische Erbschaft ein (Maine, Anjou, Provence), annektierte Armagnac, besetzte Roussillon und forderte die gesamtburgundische Erbschaft (vgl. S. 90). Mit der Eingliederung der Bretagne führte sein Nachfolger Karl VIII. die Politik Ludwigs zu einem vorläufigen Abschluß. Nur noch drei große Lehnsgebiete blieben bestehen: die Länder der Herzöge von Orléans, von Bourbon und des Grafen von Foix.

Im allgemeinen Wirtschaftsaufschwung machte Frankreich keine Ausnahme. Dabei ist die Erscheinung des ›königlichen Kaufmanns‹ Jacques Coeur (gest. 1456), der durch internationale Handelsgeschäfte zum reichsten Bürger und Finanzier der Krone aufstieg, weniger charakteristisch als die intensive Förderung von Gewerbe und Handel. Bergbau und Textilherstellung florierten, neue Fabrikate wurden entwickelt (Gobelins), italienische und deutsche Spezialisten führten die ›importierten‹ Gewerbezweige der Seidenindustrie und Buchdruckerei zu rascher Blüte. Ludwig XI. sorgte für einen Ausbau des Straßennetzes, begann mit der Eindeichung der Loire und förderte mit allen Mitteln die Messe von Lyon.

Baco von Verulam stellte Ludwig XI. neben Heinrich VII. von England und Ferdinand von Aragon in die Reihe der ›drei großen Magierkönige‹, die den nationalen Machtstaat moderner Prägung schufen. Für die Zeitgenossen war er »le plus terrible roi qui fût jamais en France«, Molinet nannte ihn »l'universelle araignée« und der Engländer Fortescue blickte entrüstet-mitleidig auf das tyrannische Regiment der französischen Könige herab, deren absoluten Herrschaftsanspruch die seit 1497 im Text aller königlichen Edikte erscheinende Formel treffend umreißt: »Car tel est notre plaisir«. Eine gerade Linie führt von hier zum Ausspruch Ludwigs XVI. am Vorabend der Revolution: »C'est légal, parce que je le veux«.

Entsprechend der Zielsetzung dieses einleitenden Kapitels, die im späten Mittelalter zu beobachtenden Anfänge einer strukturellen Wandlung der staatlichen Verhältnisse zu beschreiben, mußte die Entwicklung der westeuropäischen Monarchien relativ ausführlich dargestellt werden. Für die anderen Länder, in denen eine Anpassung an die neuen Prinzipien entweder gar nicht erreicht wurde oder in Ansätzen steckenblieb, genügt ein grober Überblick, der im wesentlichen die Einordnung in das Netz sozialer und politischer Koordinaten erleichtern soll.

Mittel- und Osteuropa

Im Herzen Europas ging das *Deutsche Reich* den seit dem Mittelalter vorgezeichneten Weg der Föderalisierung weiter. Die Zurückweisung päpstlicher Mitwirkungsansprüche bei der Kaiserwahl (Kurverein von Rense 1338), die Regelung des Wahlverfahrens (Goldene Bulle 1356), die relative dynastische Kontinuität (Luxemburger 1346–1400, 1410 bis 37, Habsburger seit 1438) gingen mit zunehmender Schwächung der Zentralgewalt und politischer Zersplitterung parallel. Geistliche und weltliche Landesfürsten eiferten dem Beispiel der sieben Kurfürsten nach und erstrebten eine nahezu uneingeschränkte Landeshoheit. Die Interessen der (reichsunmittelbaren) Freien Reichsstädte bewegten sich in der gleichen Richtung. Da es keine Reichssteuern gab, war der Kaiser auf die Einkünfte aus seinen eigenen Territorien angewiesen und bei jeder größeren außenpolitischen Aufgabe von der Steuerbewilligung des Reichstages abhängig. Die Harmlosigkeit der gelegentlich aus territorialen Kontingenten aufgestellten Reichsheere zeigte sich in den Hussitenkriegen.

Gegen die Gefährdung des Landfriedens durch Fehdewesen und Raubrittertum konnten die isolierten Aktionen einzelner Fürsten und Städtebünde wenig ausrichten, solange die koordinierenden Elemente von Reichsrecht und Reichsjustiz sowie eine starke Exekutivgewalt in der Praxis nicht existierten.

Friedrich III., der von allen Kaisern des Ersten Reiches am längsten regierte (1440–93), konzentrierte seine Aufmerksamkeit auf die habsburgischen Hausinteressen, erfand als geistreiche Vokalspielerei das anspruchsvolle Leitmotiv *Austriae est imperare orbi universo*, konnte aber nicht verhindern, daß Matthias Corvinus 1485 Wien eroberte und zu seiner Residenz machte. Dennoch schuf Friedrichs nüchtern-kluges Abwarten trächtige Ansätze für den weiteren Verlauf der europäischen Geschichte (vgl. S. 89 ff.). Sein illusionsloser, maßvoller Blick für das Mögliche, das Ausbleiben spektakulärer Erfolge in seiner Politik auf lange Sicht haben die ältere Forschung zu harten, bisweilen boshaften Bemerkungen über Friedrich III. veranlaßt, doch sind diese einseitigen Urteile ebensowenig wie das landläufige Schlagwort von »des Heiligen Reiches Erzschlafmütze« begründet.

Seit den 30er Jahren des 15. Jahrhunderts hatten zahllose Flugschriften (z. B. die berühmte ›Reformatio Sigismundi‹) und gelehrte Abhandlungen (Nikolaus von Cues: ›De concordantia catholica‹) eine Erneuerung des Reiches gefordert. An den gegensätzlichen Interessen von Kaiser und Ständen waren alle derartigen Versuche gescheitert. Am Ende des Mittelalters spielte das Heilige Römische Reich Deutscher Nation, wie es seit dem 15. Jahrhundert genannt wurde, als Machtfaktor keine Rolle. Die Überlieferungen der Reichsverfassung standen in schärfstem Kontrast zu dem sich vollziehenden politischen, wirtschaftlichen und sozialen Wandel; dringend wie nie zuvor stellte sich die Aufgabe einer Reichsreform (vgl. S. 229 ff.).

Die Ausgangsposition für die Bildung eines modernen Staates war in *Polen* nicht ungünstig. Die Personalunion mit Litauen (seit 1386) gab der nationalen Dynastie der Jagellonen eine territoriale Machtbasis, die von der Ostsee bis fast ans Schwarze Meer reichte. Sehr erfolgreich entwickelte sich der Kampf gegen den Deutschen Ordensstaat, der im Zweiten Frieden von Thorn (1466) Pommerellen mit Danzig, das Kulmerland, einen Teil Ostpreußens mit Elbing und der Marienburg, dem Hochmeistersitz, verlor. Der Reststaat war aufgrund seiner strukturellen Schwächen auf die Dauer nicht lebensfähig. Aus der politisch und wirtschaftlich unhaltbar gewordenen Situation zog der letzte Hochmeister, Albrecht von Brandenburg, die Konsequenzen: Er trat auf Luthers Rat zum neuen Glauben über und nahm den säkularisierten Ordensstaat als Herzogtum Preußen vom polnischen König zu Lehen (1525).

Der Schaffung dieses vielversprechenden äußeren Rahmens für die Errichtung eines zentralisierten Staates ging jedoch keine innere Festigung parallel. Den Sonderinteressen des polnischen und litauischen Adels, die sich in den Provinzialparlamenten und im Reichstag artikulierten, trat die Krone nicht mit der erforderlichen Entschiedenheit entgegen. Die verfassungsrechtliche Sanktionierung der politischen Zersplitterung (vgl. S. 227 ff.) öffnete schließlich den Weg in die Anarchie.

In ständiger Auseinandersetzung mit Habsburgern und Türken kam es in *Ungarn* durch Matthias Corvinus (1458–90) zur Errichtung eines nationalen Königtums. Der Sohn des legendären Türkensiegers Hunyadi konnte sich in seinem Kampf gegen die Ansprüche Friedrichs III. auf eine königstreue Aristokratie stützen. Begünstigt durch die Unterbrechung der türkischen Expansionsbewegung, eroberte er Teile der Erblande und besetzte 1485 Wien. Auch nach dem Übergang der ungarischen Krone an Habsburg (1526, vgl. S. 92) konnte die nationale Opposition bis ins 18. Jahrhundert wichtige ständische Privilegien behaupten. Unter Matthias' glanzvoller Regierung erlebte Ungarn eine Zeit wirtschaftlicher und kultureller Blüte. Als Mäzen und Wegbereiter der Renaissance öffnete er das Land den neuen Ideen; außerhalb Italiens war die *Bibliotheca Corvina* die größte europäische Bibliothek.

Erbvereinbarungen führten nach dem Tode Matthias' zur dynastischen Verbindung Ungarns mit *Böhmen,* das 1471 an den Jagellonen Wladislaw gefallen war. Mit seiner Thronbesteigung endete die kurze Periode eines böhmischen Nationalkönigtums unter dem Hussiten Georg Podiebrad (1458–71), der recht erfolgreich versucht hatte, die in den Hussitenkriegen (1419–36) kulminierenden, aus der Verflechtung politischer, wirtschaftlicher und sozialer Motive entstandenen Spannungen zu überwinden. Eine dauerhafte Domestizierung der großen Feudalherren gelang jedoch nicht. Die Verfassung von 1500 bestätigte die Vormachtstellung des böhmischen Adels, dessen oppositionelle Haltung den seit 1526 regierenden Habsburgern schwer zu schaffen machte. Aus der Überspannung der Ansprüche und der Überschätzung der politischen Möglichkeiten resultierte schließlich die Zerschlagung des ständischen Widerstandes ein Jahrhundert später (vgl. S. 140).

In *Rußland* ging die Bildung des nationalen Staates vom Großfürstentum Moskau aus, dem es seit dem Ende des 14. Jahrhunderts gelang, allmählich die Hoheitsansprüche der Tataren abzuschütteln. Von großer Bedeutung war der nach der türkischen Eroberung Konstantinopels gefaßte Entschluß, die Schutz- und Führungsfunktion für die orthodoxen Christen nunmehr auf Rußland übergehen zu lassen und Moskau zum ›Dritten Rom‹ zu proklamieren. Die russische Expansionsbewegung erhielt durch das sich daraus entwickelnde

Sendungsbewußtsein für Jahrhunderte ihre spezifische Akzentuierung. Die Übernahme des byzantinischen Herrschaftszeremoniells durch den Moskauer Großfürsten deutete im übrigen darauf hin, daß er sich auch im innenpolitischen Bereich den Traditionen des untergegangenen Kaiserreiches verpflichtet fühlte.

Unter Iwan III. (1462–1505), der mit der Nichte Zoë des letzten byzantinischen Kaisers verheiratet war, beschleunigte sich der bisher nur schrittweise vorangekommene Prozeß der Staatsbildung. Der Befreiungskrieg gegen die Tataren wurde energisch betrieben und endete mit der Zerstörung der Tatarenhauptstadt. Von Moskau ausgehend setzte das ›Sammeln der russischen Länder‹ ein. Die benachbarten Fürstentümer Twer, Pleskau, Smolensk und Rjasan wurden erobert und dem ›Moskauer Vatererbe‹ einverleibt, die unabhängige Handelsrepublik Nowgorod mußte sich 1478 unterwerfen (vgl. S. 20).

Parallel zur Bildung eines nationalrussischen Territoriums (von freilich noch beschränkter Ausdehnung) begann unter Iwan III. die Auseinandersetzung mit den Bojaren, den Repräsentanten feudaler Autonomie. Der mit äußerster Grausamkeit geführte Kampf konnte von Iwan nicht endgültig entschieden werden; er blieb bis ins 16. Jahrhundert der beherrschende Faktor der russischen Innenpolitik. Immerhin bleibt festzustellen, daß um 1500 wesentliche Voraussetzungen für die Bildung eines russischen Staates neuzeitlicher Prägung vorhanden waren.

Italien

Nach der Katastrophe der Hohenstaufen wurde Italien zum Betätigungsfeld partikularer Interessen von geradezu destruktiver Pluralität. Interventionen ausländischer Fürstenhäuser (Aragon, Anjou), dynastisch-familiärer Ehrgeiz kleiner Potentaten, Parteikämpfe und zahllose Umsturzversuche brachten das Land wie »ein steuerloses Schiff im Sturm« (Dante) in eine permanente Bürgerkriegssituation, die erst um die Mitte des 15. Jahrhunderts in eine Phase ruhigerer Entwicklung (wenigstens im Vergleich mit der Zeit davor!) überging. Das Ergebnis war eine Vereinfachung der politisch-geographischen Verhältnisse im nördlichen und mittleren Teil der Halbinsel und eine Konsolidierung der bereits vorhandenen staatlichen Gebilde (Kirchenstaat, Königreiche von Neapel und Sizilien). Das Verhältnis zwischen diesen mehr oder weniger gefestigten Schwerpunkten politischer Macht war »en un certo modo bilanciata« (Machiavelli), seitdem der Friede von Lodi (1454) die erreichte Konstellation sanktioniert hatte. Die fünf größeren Staaten Italiens hielten sich gegenseitig in Schranken.

Trotz starker Differenzierung im einzelnen kann hinsichtlich der inneren Verhältnisse der oberitalienischen Fürstentümer der Übergang der politischen Macht an eine Minderheit als allgemein gültiges Merkmal gelten. Der Ablösung der anarchischen Zersplitterung durch die bürgerlich- oder radikal-demokratisch verfaßte Signorie folgte die Entwicklung zum Fürstentum unter Ausschluß jeder echten Beteiligung der unteren Volksschichten. Die Herrschaft der zahlreichen ›Tyrannen‹, das Machtmonopol der venezianischen Oligarchie, das unauffälligere Regiment der Medici in Florenz und die ehrgeizige Politik der Visconti und Sforza in Mailand waren nur verschiedene Erscheinungsformen der Machtausübung durch einflußreiche Cliquen oder rücksichtslose Usurpatoren.

Eine typische Erscheinung des politischen Lebens war die Gestalt des *Condottiere.* Als Söldnerführer stellten sie sich dieser oder jener Regierung zur Verfügung, wechselten häufig die Partei (wobei z. B. Carmagnola einige im Dienste Mailands eroberte Gebiete für den neuen Geldgeber Venedig zurückgewann), stiegen aus kleinsten Anfängen zu Macht, Reichtum und Ansehen empor und erreichten mitunter wie Francesco Sforza (1450 Herzog von Mailand) die Spitze der Sozialpyramide. Die Zeit der großen Condottieri Colleoni, Malatesta und Gattamelata, dem Donatello mit seinem meisterhaften Reiterstandbild (der ersten Bronzestatue im Abendland seit der Zeit Justinians) ein bleibendes Denkmal schuf, ging mit dem Mitte des 15. Jahrhunderts im wesentlichen abgeschlossenen territorialen Arrondierungsprozeß zu Ende, doch fanden ihre zahlreichen Epigonen kleineren Formats auch in den folgenden Jahrzehnten noch ein reiches Betätigungsfeld.

Vor dem Hintergrund des allgemeinen Wirtschaftsaufschwungs und der glanzvollen Entfaltung des kulturellen Lebens boten die politischen Verhältnisse ein Bild von verwirrender Vielfalt. Nur in Umrissen soll daher die Situation der größeren italienischen Staaten skizziert werden.

Die Republik *Venedig* hatte seit dem 14. Jahrhundert ihren festländischen Territorialbesitz beträchtlich erweitern können. Vicenza, Padua, Verona, Brescia, Bergamo, Legnago und Udine wurden erobert und bildeten die Schwerpunkte der *terra ferma,* in der sich die Lagunenstadt nicht nur eine Machtgrundlage, sondern auch einen wirtschaftspolitisch wichtigen Ergänzungsraum zu den ›überseeischen‹ Besitzungen (Dalmatien, Kreta, Zypern, Stützpunkte auf Morea und in der Ägäis) schuf, die seit dem Auftreten der Türken im Mittelmeergebiet gefährdet waren. Eine bemerkenswerte innenpolitische Stabilität garantierte die streng oligarchische Verfassung.

In *Florenz* lag die Macht seit 1434 in den Händen der aus einfachen Verhältnissen aufgestiegenen Bankiersfamilie der Medici. Cosimo (1434–64) und Lorenzo der Prächtige (1464–92) lenkten die innen- und außenpolitischen Geschäfte mit Souveränität. Ihr Mäzenatentum sicherte Florenz für Jahrzehnte die Position einer geistigen und künstlerischen Metropole Italiens. Der 1494 einsetzende Umbruch (vgl. S. 95 ff.) beweist freilich, wie sehr Stabilität und Prestige der Stadt auf der Autorität und der überragenden Persönlichkeit Lorenzos beruhten.

Die Familie Visconti hatte die im 14. Jahrhundert von *Mailand* aus eroberten Gebiete nicht halten können. Beim Übergang der Herrschaft an die Sforza (1447/50) umfaßte das Herzogtum wenig mehr als die Lombardei und war durch Genua und Lucca vom Meer abgeschnitten. Die gefährlich kurzsichtige Politik des Ludovico il Moro führte schließlich zur französischen Intervention (vgl. S. 96) und zum fast vollständigen Zusammenbruch des italienischen Staatensystems.

Zwischen Nord- und Süditalien erstreckte sich in einem breiten Streifen der *Kirchenstaat*. Seinem fortschreitenden Verfall während des avignonesischen Exils hatte der Kardinallegat Albornoz erfolgreich begegnen können. Er trieb die zur Selbständigkeit drängenden ›membra disiecta‹ in den Staatsverband zurück und stellte die päpstliche Oberheit wieder her. Die *Constitutiones Aegidianae* (1357), in denen die Verfassung dieser Städte und Signorien niedergelegt wurde, blieben bis 1816 in Kraft.

Das Papsttum besaß infolgedessen eine solide territoriale Machtbasis, die es im 15. Jahrhundert ganz im Einklang mit den Prinzipien der modernen Staatsbildung zielbewußt ausbaute. Dazu gehörte die Errichtung einer funktionierenden Verwaltungs- und Finanzorganisation. Die Päpste wurden zu Landesfürsten, beanspruchten und erhielten ihren politischen Stellenwert in der Reihe der italienischen Machthaber. Zur Sicherung ihrer landesherrlichen Interessen begaben sich die Stellvertreter Christi in die Niederungen weltlichen Kriegshandwerks, engagierten Condottieri vom Schlage Malatestas oder zogen wie der streitbare Julius II. (1503–13) an der Spitze der päpstlichen Armee selbst in den Kampf. Die Auseinandersetzung mit feudaler Opposition und rebellischen Städten überließ Alexander VI. (1492 bis 1503) seinem Sohn Cesare Borgia (sein Vorgänger Innozenz VIII. hatte als erster Papst seine Kinder öffentlich geehrt; der 18jährige Cesare wurde 1493 Kardinal). Dessen kaltblütiges politisch-militärisches Kalkül und seine Erfolge bei der brutalen Unterwerfung der Romagna machten auf Machiavelli großen Eindruck (vgl. S. 48).

So sehr moralisches Ansehen und politisches Gewicht des Papsttums außerhalb Italiens sanken, so sehr wuchs seine weltlich begründete Machtstellung innerhalb der italienischen Staatenwelt. Seit der zweiten Hälfte des 15. Jahrhunderts übernahm der Papst in immer stärkerem Maße die zusätzliche und nicht selten dominierende Rolle eines weltlichen Landesherren. Die strukturelle Modernisierung des Kirchenstaates entsprach dabei in vielerlei Hinsicht der sich gleichzeitig in den westeuropäischen Staaten vollziehenden Neuordnung.

Der Zerfall der res publica christiana

Im Selbstverständnis des europäischen Mittelalters lagen die dominierenden sozialen Ordnungsfaktoren Kirche und Staat trotz ihrer vielfältigen Differenzen auf einer Ebene. Sie formten, will man ihr Verhältnis zueinander idealtypisch fixieren, nach einem anschaulichen Vergleich Gerhard Ritters zwei konzentrische Kreise, wobei die Kirche den größeren Kreis umfaßte. Auf dem dialektischen Spannungsverhältnis zwischen beiden Gewalten, die sich als die zwei Schwerter verstanden, mit denen Gott die Christenheit regierte, beruhten die moralische und materielle Struktur der universitas christiana mit ihren zahlreichen Verästelungen und die »unvergleichliche Regsamkeit geistigen Lebens, die das Abendland vom byzantinischen und islamitischen Osten unterschied«.

Lange vor der Ausbildung eines an nationalen Gruppierungen orientierten Staatsgedankens hatte die Zerstörung dieser Einheitskultur begonnen, war das Spannungsverhältnis in einen destruktiven Machtkampf umgeschlagen. Die beiden Kreise schoben sich ineinander und überschnitten sich. Machtverfall und Autoritätsverlust der universalen Gewalten unterhöhlten nicht nur die innere Geschlossenheit, sondern schwächten auch die Gemeinsamkeit der abendländischen Front gegen die außerchristliche Welt. Schon die letzten Kreuzzüge können nicht mehr als europäische Unternehmen angesehen werden.

Die in der politischen Praxis immer etwas fragwürdig gebliebene christlich-abendländische Aktionsgemeinschaft zerbrach vollends in den zahllosen Kriegen des späteren Mittelalters. Ehrgeizige und selbstbewußte Dynastien lösten sich von kirchlicher Bevormundung, ersetzten die theologische Herrschaftslegitimierung durch juristische Argumentationen und fanden in dem sich entwickelnden Zusammengehörigkeitsgefühl nationaler Gruppen eine neue Basis staatlicher Machtentfaltung. Weitgreifende Bündnissysteme umspannten das westliche und mittlere Europa, bezogen seit dem 14. und 15. Jahrhundert auch die östlichen und nördlichen Gebiete ein und führten zur Ausbildung eines Mächtesystems, das mit der christlichen Staatengemeinschaft des Mittelalters nur noch wenig gemeinsam hatte. »Die universalen Ideen des mittelalterlichen ›corpus christianum‹ brachen sich fortan an den neuen nationalen und partikularen Willenszentren« (Meinecke).

Der Entstehung dieses modernen Staatensystems, das ganz im Zeichen dynastischer und nationaler Machtinteressen stand, entsprach auf theoretischer Ebene der Versuch, das Wesen der Staatsräson, der Maxime zweckmäßigen staatlichen Handelns, zu durchdenken. Es ist kein Zufall, daß dies in Italien zuerst geschah, als Machiavelli der Politik des rationalen Machtstrebens, wie sie die italienischen Fürstentümer praktizierten, die Theorie sozusagen nachlieferte (vgl. S. 46 f.).

Das Schlagwort der *ragione di stato* hat Machiavelli allerdings noch nicht benutzt; es setzte sich erst seit den 20er Jahren des 16. Jahrhunderts durch.

Machterweiterung um jeden Preis, mit allen Mitteln und ohne Rücksicht auf Treu und Glauben – das sind die Kennzeichen der äußeren Politik der europäischen Staaten zu Beginn der Neuzeit. Natürlich waren Täuschung und Überlistung des Gegners im Bereich der internationalen Beziehungen keineswegs neu, »die naive und bedenkenlose Art aber, in der die europäischen Großmächte der Zeit um 1500 sich gegenseitig betrogen, hat von jeher Verwunderung erregt« (Ritter). Unbeschwert durch moralische Hemmungen und noch nicht durch empirisch gewonnene und völkerrechtliche Bindungen kanalisiert, feierte die Willkür zwischenstaatlicher Beziehungen Triumphe. Allianzen, Bündnisverpflichtungen, Eheversprechungen wurden bedenkenlos gebrochen; oft genug waren sie von vornherein nur als Täuschungsmanöver konzipiert. Dynastische Rivalitäten, persönliche Ressentiments und die aus nationalem oder territorialem Ehrgeiz resultierende Übersteigerung der Ansprüche führten zu ständig wechselnden Koalitionen, deren Partner echtes Staatsinteresse von politischem Abenteurertum noch nicht zu unterscheiden gelernt hatten.

Dabei entsprach der Überschätzung der eigenen Kräfte meist eine oft eklatante Ahnungslosigkeit hinsichtlich der militärischen und wirtschaftlichen Machtgrundlagen des Gegners. Solange es noch kein System fester Auslandsvertretungen gab, fehlten den Regierungen häufig die einfachsten Informationen (wobei allerdings anzumerken ist, daß keiner der europäischen Monarchen wußte, über wieviel Untertanen er eigentlich gebot). Man war im wesentlichen auf zufällige Angaben (Kaufleute, Reisende, Überläufer) und auf die Berichte einzelner Gesandter, die von Fall zu Fall mit politischen Missionen betraut wurden, angewiesen. So hat beispielsweise Machiavelli auf seinen 23 offiziellen Reisen zu italienischen Höfen, nach Frankreich und Deutschland viele Informationen sammeln können.

Ständige diplomatische Beziehungen bildeten sich seit der Mitte des 15. Jahrhunderts zwischen den italienischen Staaten aus. In den folgenden Jahrzehnten errichteten Mailand, Florenz und Venedig feste Vertretungen an den westeuropäischen Höfen und beim Kaiser. Am meisten Ordnung und Folgerichtigkeit im Ausbau seines diplomatischen Dienstes zeigte Venedig. Von den Brennpunkten europäischer Politik unterrichteten die Gesandten den Rat der Stadt regelmäßig über aktuelle Vorgänge; darüber hinaus legten sie nach Ablauf ihrer Tätigkeit zusammenfassende Generalberichte (Schlußrelationen) vor. Diese boten häufig einen faktenreichen Abriß der gesamten geographischen, wirtschaftlichen, sozialen, militärischen, innen- und außenpolitischen Verhältnisse des betreffenden Landes und machten die Regierung Venedigs zur bestinformierten Europas; für die Kenntnis der internationalen Beziehungen und der inneren Probleme der Staaten bilden diese Relationen heute eine Quelle von unschätzbarem Wert.

Das im 16. Jahrhundert nach dem Vorbild Venedigs von fast allen Ländern übernommene System fester diplomatischer Repräsentanten ist sozusagen ein innereuropäisches Symptom für die Priorität, die den nationalen oder dynastischen Interessen eingeräumt wurde. In einer Zeit skrupelloser Machtpolitik spielte der Informationsstand eine entscheidende Rolle. Dabei war nicht nur die möglichst frühzeitige Kenntnis von Bündnisverhandlungen, politischen Zielen und Stärkeverhältnissen von großer Bedeutung, auch die Möglichkeit ständiger Einflußnahme auf die Fürsten und ihre Berater durch gewitzte Berufsdiplomaten kann nicht hoch genug eingeschätzt werden.

In doppelter Hinsicht spiegelt sich die neue Auffassung vom Wesen der äußeren Politik im Verhältnis zu der einzigen nichtchristlichen Macht, die in Europa festen Fuß gefaßt hatte (die Araber in Spanien spielten als europäischer Machtfaktor keine Rolle mehr und können hier übergangen werden). Seit dem Ende des 14. Jahrhunderts stand der südosteuropäische Raum unter dem Druck der Osmanen. Nach der Eroberung von Adrianopel (1361) begann mit der Niederlage der Serben auf dem Amselfeld (1389) die Unterwerfung der christlichen Balkanvölker. Kleinere, kreuzzugähnliche Gegenaktionen scheiterten wiederholt. Auch die Erschütterung des asiatischen Reichsteiles (Anatolien) durch die schwere Niederlage gegen die Mongolen unter Timur Lenk (Tamerlan) bei Ankara (1402) konnte die Konsolidierung des europäischen Teiles (Rumelien) nur verzögern. Die Eroberung der Stadt Konstantinopel (1453), ein spektakuläres Ereignis, obwohl es seit einem halben Jahrhundert infolge der vollständigen Einschließung zu Lande vorauszusehen war, vermochte die europäischen Mächte ebensowenig zu gemeinsamen Aktionen zu bewegen wie vorher die zahlreichen Hilferufe der letzten byzantinischen Kaiser. In rascher Folge arrondierte Mohammed II. der Eroberer (1451–81) das Reich: Athen und der größte Teil des Peloponnes, Nordserbien, Bosnien und Albanien wurden erobert, die Walachei und die Krimtataren zur Anerkennung osmanischer Oberhoheit und Tributzahlung gezwungen.

Den Niedergang des Kreuzzugsgedankens konnten all diese osmanischen Erfolge nicht aufhalten. Die wiederholten päpstlichen Aufrufe fanden kaum noch Resonanz. Das Besteuerungsrecht auf diesem Gebiet wurde dem Papst grundsätzlich bestritten, und da die trotzdem aufgebrachten Mittel häufig anderweitig verwandt wurden (eine von Calixt III. mühsam zusammengestellte Flotte trieb 1456/57 Seeräuberei), sah man allenthalben, besonders in Deutschland, in den Kreuzzugskampagnen einen Vorwand zur Aufbesserung der kurialen Finanzen.

Die Bedeutungslosigkeit der gelegentlichen Aktionen gegen die

Türken führte schließlich – und das ist symptomatisch für den Zerfall des christlich-mittelalterlichen Einheitsgedankens – zu der Bereitschaft, das osmanische Reich als unvermeidliche Konstante des europäischen Staatensystems zu akzeptieren und auf der Basis des Status quo zu einer Art Koexistenz zu gelangen. Das gilt zuerst für Venedig, das wegen seiner Besitzungen im östlichen Mittelmeerraum und seiner prekären Getreideversorgung auf gute Beziehungen zu Konstantinopel angewiesen war; der *bailo*, ursprünglich Wirtschaftsvertreter der Republik, stieg zum wichtigsten aller venezianischen Botschafter auf. Im 16. Jahrhundert sollte dann der *rex christianissimus*, der das osmanische Reich als Bundesgenossen gegen seinen habsburgischen Gegner einzusetzen gewillt war (vgl. S. 84 f.), endgültig beweisen, daß von einer abendländischen Einheitsfront gegen den Erbfeind der Christenheit nicht mehr die Rede sein konnte.

Papstkirche und Christentum

In kaum einem anderen Lebensbereich waren die Diskrepanzen zwischen Anspruch und Inhalt, Fassade und Wirklichkeit so groß wie in der römisch-katholischen Kirche des späteren Mittelalters. Seitdem das Papsttum in seiner Stellung als Universalmacht angeschlagen und in die Abhängigkeit des französischen Königs geraten war, sah es sich einer immer heftigeren Kritik ausgesetzt, die nicht nur äußere Mißstände angriff, sondern auch die theologisch-dogmatische Substanz und damit die Grundlagen von Kirche und Hierarchie in Frage zu stellen bereit war. Von den zahlreichen Problemen, die im 15. Jahrhundert an Schärfe, Ausdehnung und Präzision gewannen, können hier nur die wichtigsten skizziert werden.

Die schwierige Aufgabe der finanziellen Sanierung hatten die avignonesischen Päpste mit so großem Erfolg eingeleitet, daß ein spanischer Theologe schreiben konnte: »Niemals habe ich den Papstpalast betreten, ohne dort Kleriker zu finden, die mit dem Zählen der auf Tischen vor ihnen angehäuften Goldstücke beschäftigt waren.« Für die Steigerung der Einnahmen sorgte ein ständig ausgebautes und verfeinertes, höchst ertragreiches System, das im 15. Jahrhundert ganz Europa überzog. Regelmäßige Abgaben, Sondersteuern, Erhebungen für Kreuzzugsprojekte und eine Vielzahl von Spezialgebühren, meist Dispensgelder, flossen in die päpstliche Kasse. Kein Bischof, Abt oder auch nur einfacher Pfarrer wurde ernannt, der nicht zuvor einen bestimmten Betrag entrichtet hatte. Alle Einkünfte während der Sedisvakanzen beanspruchte die Kurie ebenso wie den persönlichen Nachlaß verstorbener Amtsträger (Spolien). Damit nicht genug: Kumulation von Kirchenlehen, Entbindung von der Residenzpflicht, Pfründenvergabe an Laien auf dem Wege der Kommendation,

›Vormerkungen‹ für Vakanzen, Einsetzung fast Jugendlicher in höchste Kirchenämter – für alles war zu bestimmten Tarifen die päpstliche Ausnahmegenehmigung zu erhalten.

Eine Folge dieser kurialen Finanz- und Personalpolitik war der immer stärker ausgeprägte aristokratische Charakter der Hierarchie. Nur der Adel war reich – oder kreditwürdig – genug, die verlangten Summen aufzubringen; bezahlt wurden sie natürlich letzten Endes durch die eine oder andere Form der Abwälzung von der Masse des Volkes.

In direkter Form geschah das durch den Ablaß, der eine wachsende Verbreitung erlebte und zur Sicherung seines finanziellen Ertrages detailliert geregelt wurde. Die Erlaubnis, den Ablaß auch den Seelen der Verstorbenen zuzuwenden (1476), war ein wichtiger Schritt auf dem Wege zur materialisierten und vulgarisierten Auffassung des Ablaßwesens, gegen die Luther 1517 zu Felde zog und bei dem »die moralische Absicht mit dem wirtschaftlichen Nutzen weniger und der Leichtgläubigkeit der Menge eine Einheit bildete« (Tenenti).

Hand in Hand mit dieser kurialen Finanzpolitik ging ein weitreichender Prozeß, der mit dem Stichwort der Verweltlichung von Kirche und Klerus bezeichnet wird. Angefangen vom luxuriösen Lebensstil der avignonesischen Päpste in ihrem 1336 begonnenen Palast, den Froissart »la plus belle maison du monde« nannte, und einer zunehmenden Hinwendung zu weltlichen Geschäften, verbreitete sich in der hohen und niederen Geistlichkeit eine den moralischen Ansprüchen an die Kirche als Glaubensanstalt immer weniger entsprechende Haltung. Von der Entwicklung des Papsttums war schon die Rede; die Tendenzen griffen in konzentrischen Kreisen auf die unteren Ränge über. Bischöfe (manchmal ohne Lateinkenntnisse) in weltlicher Tracht pflegten in prächtigen Residenzen oder am Hofe des Königs eine fürstliche Haushaltung, zogen in den Krieg oder wurden mit diplomatischen Missionen betraut. Priester und Kapläne, oft ohne genügende Ausbildung, vernachlässigten ihre Pflichten, sicherten sich ihre Existenzgrundlage durch Nebenbeschäftigungen und lebten häufig im Konkubinat. Der Verfall der Klosterzucht, die Auflösung der Ordensdisziplin waren allenthalben offenkundig.

Die Probleme des kurialen Finanzsystems und der allgemeinen Verweltlichung waren um 1500 so aktuell wie nie zuvor. Alle Versuche einer durchgreifenden kirchlichen *reformatio in capite et membris* waren gescheitert, trotz mancher Ansätze auf den Konzilien von Konstanz, Basel und Florenz. Vor allem in Deutschland, wo die Hoheitsgebiete der Bistümer und Abteien etwa ein Drittel des Reichsgebietes umfaßten, gehörten die Beschwerden über die Anmaßung der Kirche zum festen Bestandteil der Publizistik, teils in der offiziellen Form der ›Gravamina deutscher Nation‹, teils in zahllosen Flugschriften und Pamphleten, die große Resonanz fanden.

Das Fünfte Laterankonzil (1512) erbrachte den endgültigen Beweis, daß die Kirche von sich aus zu einer Reform nahezu unfähig war. Dennoch war das Gefühl für eine Reform in den kritischen Schichten der geistlichen und weltlichen Gesellschaft durchaus vorhanden, doch blieben die Spitzen der Hierarchie, voran die glanzvollen Repräsentanten des Renaissance-Papsttums, von allen Reformtendenzen so gut wie unberührt.

Daß das Papsttum trotz aller Versäumnisse und ungeachtet der zahllosen Attacken am Ende des 15. Jahrhunderts noch immer einen Faktor von beträchtlichem religiösen und politischen Gewicht darstellte, hat mehrere Ursachen (ganz abgesehen davon, daß die Überwindung fest verankerter Traditionen oder Vorurteile durch konkrete Erfahrungen immer ein sehr langwieriger Prozeß ist). Erstens gelang eine gewisse Kompensierung des allgemeinen Prestigeverlustes durch die Schaffung einer soliden Machtgrundlage im Kirchenstaat (vgl. S. 35).

Entscheidend war zweitens der Ausgang der Auseinandersetzung mit den Verfechtern der Lehre von der konziliaren Suprematie, die in der ersten Phase des Konstanzer Konzils einen klaren Sieg errungen zu haben schienen: Die Beseitigung des Großen Schismas (1378–1415/17) fußte auf dem Grundsatz, daß dem Konzil, wenn es über den Glauben, das Schisma und die Kirchenreform bestimme, jedermann, auch der Papst, zu gehorchen verpflichtet sei (6. April 1415). Doch schon unter Martin V. (1415/17–31) wurde eine gegenläufige Bewegung sichtbar; die späteren Päpste traten allen konziliaren Ansprüchen auf Einschränkung der päpstlichen *potestatis plenitudo* immer energischer entgegen, bis schließlich der ehemalige Konziliarist Enea Silvio Piccolomini als Papst Pius II. (1458–64) die Theorie von der konziliaren Suprematie offiziell für ketzerisch erklärte (1459).

Um die Konzilspartei politisch zu isolieren, waren (und blieben) taktisch bestimmte Maßnahmen legitim; so konnte das Papsttum in geschickter Anpassung an national- und landeskirchliche Interessen die Bestätigung seines Primats durch Überlassung kirchlicher Hoheitsrechte (die ihm in praxi häufig längst entfremdet waren) an weltliche Fürsten erreichen. Auf die Konkordate mit Österreich (1445), Sachsen und Brandenburg (1447), dem Deutschen Reich (1448) und Spanien (1481) folgte schließlich auch die Einigung mit Frankreich (1516), das gegen die Anerkennung der päpstlichen Suprematie die schon seit der Pragmatischen Sanktion von Bourges erlangte, aber von der Kurie nie gebilligte nationale Verfügungsgewalt über die französische Kirche behauptete (vgl. S. 24).

Neben dieser auf den ersten Blick paradox erscheinenden Förderung nationalkirchlicher Bestrebungen durch das Papsttum hatte der konziliare Streit die Folge, daß die Päpste fortan allen Konzilsversammlungen, selbst in der dekretierten entschärften Funktion, skeptisch gegenüberstanden. Dieser ›Konzilskomplex‹ verschärfte die Entfremdung zwischen den Spitzen der Hierarchie und den lokalen Amtsträgern und trug dazu bei, das dynamische Gleichgewicht zwischen der päpstlichen Autorität und der Gesamtkirche, wie es in den vorangegangenen Jahrhunderten bestanden hatte, zu zerstören.

Ein Ausdruck dieser Tendenz ist die zunehmende ›Nationalisierung‹ der Hierarchie: die Mitarbeiter des Papstes rekrutierten sich immer mehr aus dem italienischen Klerus; mit den Ausnahmen des Spaniers Alexander VI. und des Holländers Hadrian VI. trugen seit 1458 nur noch Italiener die Tiara – bis 1978.

So nachlässig die Frage der Kirchenreform betrieben wurde, so unzureichend blieb die Auseinandersetzung mit der sich seit dem 14. Jahrhundert deutlicher artikulierenden Kritik am Kirchendogma, die durch eine religiöse Neubesinnung im urchristlichen Sinne die Kluft zwischen der Kirche als Idealbild und ihrer Realität zu überwinden trachtete. Ein wirklicher Dialog fand im Grunde nicht statt. Die indirekte Anklage gegen die Verweltlichung der Hierarchie und die kuriale Finanzpolitik, die in der Verherrlichung des Armutsideals durch die Fraticelli, einen Flügel der Franziskaner, enthalten war, glaubte Johannes XXII. dadurch aus der Welt schaffen zu können, daß er die Lehre von der völligen Besitzlosigkeit Jesu und der Apostel für ketzerisch erklärte (1323). Der Auseinandersetzung mit den Lehren Wiclifs entging die Kirche durch den glücklichen Umstand, daß die englische Regierung ihm nur bis zu dem Punkt folgte, der ihrer eigenen, nationalkirchlich orientierten Interessenlage entsprach und ihn dann wegen seiner weitergehenden Implikationen zum Häretiker stempelte. Daß man zu einer echten Diskussion nicht bereit war, bewies schließlich das Vorgehen gegen Jan Hus: Als er den Widerruf seiner Thesen verweigerte, wurde er ohne Prüfung seiner Argumente verbrannt (1415).

Spätestens die Erhebung der Böhmen nach dem ersten Prager Fenstersturz (1419) und die Hussitenkriege hätten die Kirche von der Notwendigkeit einer kritischen Bestandsaufnahme ihrer geistigen Grundlagen überzeugen müssen. Stattdessen führte man, im Bunde mit dem Kaiser, höchst erfolglos Krieg, der den in mehreren Schlachten siegreichen, aber inzwischen gespaltenen Hussiten einen Teilerfolg brachte. Dem gemäßigten Flügel der Kalixtiner (Utraquisten) wurde vom Baseler Konzil die Verabreichung des Abendmahls in beiderlei Gestalt (*sub utraque specie*) gestattet (Prager Kompaktaten 1433). Es war ein Ausdruck der neu gefestigten Stellung des Papsttums, als Paul II. die von Rom nie anerkannten Kompaktaten aufhob, den utraquistischen Böhmenkönig Georg Podiebrad bannte und Matthias Corvinus zum Kreuzzug gegen die böhmischen Häretiker aufforderte (1466). Nach dem Tode Podiebrads (1471) gab sich die Kurie schließlich damit zufrieden, daß der neugewählte Jagellonenkönig Wladislaw einen Ausgleich zwischen Katholiken und Utraquisten, die ihre eigene Kirchenordnung behalten durften, erreichte (Friede von Kuttenberg 1485). Daneben konnte sich auch die im radikalen Hussitentum der Taboriten wurzelnde Brüder-Unität (*unitas fratrum*) trotz zeitweiliger Unterdrückungsmaßnahmen behaupten. Die Duldung beider Richtungen bedeutete allerdings nicht, daß ihre religiösen Anschauungen von Rom grundsätzlich gebilligt worden wären. Wie sich beim Auftreten Luthers erneut zeigen sollte, war die Papstkirche nicht gewillt, in eine theologische Diskussion über ihre dogmatischen Grundlagen einzutreten.

Die Entfremdung zwischen der römischen Zentralgewalt und ihren lokalen Amtsträgern, die Abneigung der geistigen Elite der Laien gegen beide Instanzen und das Gefühl gesellschaftlicher Trennung zwischen den Gläubigen und ihren Priestern infolge der Verweltlichung ließen fast überall in Europa eine mißtrauische, feindselige Haltung gegenüber der kirchlichen Hierarchie aufkommen.

Dabei blieb die christliche Frömmigkeit im Volke äußerst lebendig und erfuhr im 15. Jahrhundert eine bemerkenswerte Ausweitung und Vertiefung. Volksprediger, Reformpublizisten und populäre Erbauungsliteratur fanden starken Widerhall, das kirchliche Vereinswesen in Form von Bruderschaften zu gemeinsamem Gebet und karitativer Arbeit ergriff einen großen Teil der Laienwelt; im Bibelstudium (bis 1521 bereits 18 Übersetzungen in Deutschland) suchte man das weitverbreitete Verlangen nach eigener Erfahrung der religiösen Wahrheit zu stillen.

Die seelische Erregbarkeit der Massen wurzelte in einer quälenden Angst um das Seelenheil, in der Furcht vor Tod und Teufel, Weltgericht, Fegefeuer und Hölle und in einer durch andere Erscheinungen noch gesteigerten Unruhe: politische und soziale Gärung, Hungersnöte, Seuchen, Überschwemmungen schienen auf das nahe bevorstehende Weltende hinzudeuten. Deshalb die allgemeine Suche nach kirchlichen Gnaden- und Erbauungsmitteln: Ablaßwesen, Heiligenverehrung, Reliquienkult, Prozessionen, Bußzüge und Wallfahrten nahmen nie dagewesene Ausmaße an; Kirchenfeiern, sakrale Aufführungen, Oster- und Totentanzspiele wurden allenthalben als neue Ausdrucksformen der Volksfrömmigkeit populär, die sich auch in Stiftungen (Kranken- und Waisenhäuser) und Weihgeschenken (Kapellen, Altäre, Heiligenfiguren, Bilder) manifestierte. Die Begeisterung für Astrologie und Prophetentum sowie der Hexenwahn beleuchten schließlich besonders deutlich das Krisenhafte der religiösen Situation am Ende des Mittelalters. Noch bildete das Christentum in ganz Europa den einzigen geistigen und geistlichen Rahmen, doch regten sich in seinem Innern auseinanderstrebende Kräfte und widersprüchliche Tendenzen, die von der Papstkirche nur noch mühsam unter Kontrolle gehalten werden konnten.

Die humanistische Bewegung

Die begrenzte Zielsetzung dieses einleitenden Abschnittes gestattet nicht, die Ausformung des neuen Kultursystems, das durch die Begriffe Humanismus und Renaissance umrissen wird, ausführlich darzustellen. Seit dem berühmten Buch Jacob Burckhardts über ›Die Cultur der Renaissance in Italien‹ (1860), in dem er die Renaissance als »Mutter und Heimat des modernen Menschen« darzustellen versuchte, ist die Erforschung dieses vielgestaltigen Problemkreises nicht zum Stillstand gekommen. Man entdeckte in Italien, aber auch in westeuropäischen Ländern weit zurückreichende Wurzeln der neuen Bewegung und wertete die Renaissance je länger desto mehr als eigenständige geschichtliche Epoche, in der sich mittelalterliche und neuzeitliche Kulturelemente in verwirrender Vielfalt überschnitten und verschränkten.

Ihren reichsten Ausdruck fand die Renaissance in dem europäischen Kunstschaffen, das um 1500 in Italien (Michelangelo, Leonardo da Vinci, Raffael) und Deutschland (Dürer, Grünewald) großartige Höhepunkte erreichte. Dennoch muß dieser ganze Komplex in der folgenden Übersicht ausgeklammert werden, weil seine Darstellung den Rahmen des Kapitels sprengen würde.

Als Teilbereich des umfassenderen Phänomens der Renaissance bezog sich die humanistische Bewegung urprünglich auf die gelehrten Studien. Sie entstand in Italien seit dem 14. Jahrhundert, als die ›oratores‹ oder ›poetae‹ genannten Lehrer der ›studia humanitatis‹ (Grammatik, Rhetorik, Poetik, später auch Moralphilosophie) sich intensiver mit der lateinischen Literatur des Altertums zu beschäftigen begannen und die klassischen Stilformen zur strengen Norm ihrer literarischen Gegenwart erhoben. Dabei führte die Lektüre antiker Autoren zwangsläufig zu Fragen, die über das rein Stilistische hinausgingen. Aus der Wiedererweckung des Altertums auf allen Gebieten des Geistes und seiner Gegenüberstellung mit Form und Inhalt der spätmittelalterlichen Welt wurde das neue humanistische Bildungsideal geboren.

Der Humanismus war eine offene, freie, dynamische und bewußt menschliche Kultur. Seine Forderung nach der Würde des Individuums enthielt die Bejahung des allgemeinen Wertes der Menschheit und der Natur und zielte auf den Ersatz des hierarchisch gegliederten Geistessystems der mittelalterlichen Gesellschaft durch eine Auffassung, die auf der einen Seite zum Individualismus, auf der anderen zur Verbindung der Menschen im kosmopolitischen Sinne neigte (Erasmus: »Ego mundi civis esse cupio«). Hatte das Mittelalter den Menschen wesentlich als Geschöpf Gottes, als erlösungsbedürftigen Sünder und Glied der Kirche verstanden, so sah der Humanismus den Menschen auch außerhalb dieser Bindungen, suchte seine individuelle Eigenart, die persönliche Würde und Freiheit zu fördern und leitete Modellvorstellungen für den Stil, das Denken und das Leben einer Gemeinschaft aus den antiken Schriftstellern ab. Dabei führte jedoch – von Ausnahmen abgesehen – die Liebe zur heidnischen Latinität nicht zu einer Preisgabe der christlichen Tradition; der Humanismus setzte in der gebildeten bürgerlichen Welt Europas zwar ein vorwiegend profanes, aber keineswegs antichristliches Empfinden durch.

Wichtigste Quelle des neuen Menschenbildes wurden die Schriftsteller der Antike, vor allem Platon (sog. Platon-Renaissance, um 1440 Gründung der Platonischen Akademie in Florenz), Plotin und Cicero. Es fand seinen vollkommensten Ausdruck in der ›Oratio de hominis dignitate‹ des Pico della Mirandola (1463–94):

»Alle anderen Geschöpfe«, sprach Gott zu Adam, »habe ich mit einer bestimmten Natur begabt und sie damit in feste Grenzen eingeschlossen. Dich allein engen keine Schranken ein ...; ich habe dich nicht als himmlisches und nicht als irdisches Wesen, weder sterblich noch unsterblich geschaffen, damit du dein freier Erzieher und Herr seist und dir selbst deine Form gibst. Du kannst bis zum Tier absinken oder in freier Wahl dich zum Göttlichen emporschwingen ... Du allein hast eine Entscheidung, die von deinem freien Willen abhängt; und du allein trägst die Keime allen Lebens in dir.«

Petrarca (1304–74), einer der einflußreichsten Vertreter des frühen Humanismus und wegen seiner Besteigung des Mont Ventoux (bei Avignon, 1335) immer wieder, obwohl nicht ganz berechtigt, als Kronzeuge der Entdeckung der Schönheit der Natur zitiert, hatte noch beklagt, Homer nicht im Original lesen zu können. Erst seit dem späten 14. Jahrhundert fand das Studium des Griechischen durch die Vermittlung byzantinischer Emigranten Eingang in Italien. Damit erfuhr die humanistische Bewegung zwar eine bedeutsame Ausweitung, behielt aber auch fernerhin, trotz der Florentiner Akademie, ihren lateinischen Grundcharakter.

Als eine besondere Erscheinungsform ist der kritisch-philologische Humanismus zu nennen, der in Lorenzo Valla (1407–57) seinen bedeutendsten Vertreter hatte. Bei einem textkritischen Vergleich des Neuen Testaments mit dem griechischen Original stellte er in der autorisierten Vulgata-Übersetzung viele Mängel fest. Berühmtheit erlangte er durch den Nachweis der Konstantinischen Schenkung als Fälschung. Auch im Bereich von Geschichte und Politik fanden die humanistischen Gedanken und Tendenzen ihren Niederschlag. Petrarcas Lebensideal der *vita contemplativa* verfiel seit der Wiederentdeckung des Staatsmannes und Philosophen Cicero der Ablehnung (Leonardi Bruni 1415: ›Cicero novus‹) und machte der Anschauung Platz, daß humanistische Bildung und politische Wirksamkeit zusammengehörten: erst in der *vita activa* könne sich die vollkommene Einheit der Persönlichkeit wahrhaft entfalten.

Ein neuer Abschnitt für die Geschichtsschreibung begann erst in der

Spätzeit des Humanismus. Nicht mehr Verherrlichung oder Verklärung, auch nicht nur erzählende Chronistik, sondern verständliche Erklärung der komplizierten Abläufe und Geschehnisse aufgrund einer gewissen Quellenkenntnis und einer scharfen Beobachtungsgabe setzte sich der größte Historiker der Zeit, Francesco Guicciardini (1483–1540) aus Florenz, zum Ziel. Seine ›Florentinische Geschichte‹ und die ›Geschichte Italiens‹ sind die ersten Werke moderner europäischer Historiographie, die allerdings in ihrer Gesamtheit noch nicht die unabhängige Kraft der Urteilsfähigkeit gefunden hatte, um sich dem Einfluß religiöser oder moralisierender Kriterien ganz entziehen zu können.

Die große Ausnahme dabei bildete Niccolo Machiavelli (1469 bis 1527). Seine Bemühungen, den rationalen Charakter der Geschichte unter Einbeziehung der menschlichen Natur als eine von festen Gesetzen geleitete und einem komplizierten, aber vernünftigen Mechanismus gehorchende Realität zu erfassen, ließ die äußerste Konsequenz des humanistischen Denkens in dem (bisher immer vermiedenen) Zusammenstoß mit dem religiösen Weltbild des Christentums sichtbar werden. Machiavelli postulierte die Existenz allgemein gültiger Regeln für das Handeln der Menschen und schloß von vornherein die Teilnahme oder das Eingreifen Gottes im historisch-politischen Bereich aus. Er analysierte und beschrieb in den ›Discorsi sopra la prima deca di Tito Livio‹ und dem ›Principe‹ (beide erst nach seinem Tode gedruckt) die Politik als eine Technik politischen Handelns unter Anwendung bestimmter Regeln zur Beherrschung der wechselnden, aber in ihrer Grundstruktur typischen Situationen. Machiavelli nahm sich vor, die objektiven Maßstäbe der Politik herauszuarbeiten und die Gesetze der politischen Wirklichkeit aufzudecken. Die Geschichte lieferte die Beispiele und wurde für ihn, indem er den Fluß der Ereignisse auf derartige Modellfälle zusammenzog, zur Lehrmeisterin dieser Technik des politischen Handelns.

Die erste Voraussetzung seiner Denkweise bestand in der Auffassung, die Menschen seien – politisch gesehen – grundsätzlich schlecht. Ihre hemmungslose *ambizione* und die allgemeine *corruzione* machten sie unfähig, vernünftig zu agieren und damit untauglich für die Schaffung einer politischen Ordnung. Die zweite Voraussetzung ist, daß die handelnden Subjekte entschlossen und bereit sein müssen, die sich ihnen stellende Aufgabe unter Einsatz aller Mittel zu lösen. Nur unter der Prämisse, daß in der Politik schlechthin alle Mittel legitim sind, gelten die von Machiavelli entwickelten und empfohlenen Regeln. Er selbst stand zu dieser Vorentscheidung; überzeugt, daß das politische Handwerk von jeher so und nicht anders betrieben worden war wie er es täglich in der italienischen Staatenwelt demonstriert sah: weder als Spiel, noch als Geschäft, sondern als Kampf. In diesem Sinne entwickelte er die Erfolgsrezepte für den arrivierten

Fürsten, der, nach dem berühmten Satz im 18. Kapitel des ›Principe‹, Löwe und Fuchs zugleich sein müsse: Grausamkeit, Wortbruch, Verschlagenheit, Heuchelei sind anzuwenden, wenn Treue und Ehrlichkeit der eigenen Machtstellung schaden würden. Dabei werden diese Handlungsweisen nicht etwa moralisch gerechtfertigt; sie haben in der Auffassung von der politischen Wirklichkeit als einer Summe typischer Situationen nur Funktionswert und beantworten die Frage, wie der Fürst sich mit Erfolg behaupten kann.

Daß die Beherrschung dieser Regeln den Fürsten noch nicht zum erfolgreichen Politiker schlechthin macht, führt in die tieferen Schichten von Machiavellis Theorie von der Politik. Er bedarf nicht nur der Fähigkeit, die Konstellationen zu erkennen und die sich bietende *occasione* unter richtiger Einschätzung der *necessità*, wie Machiavelli konstante Größen der politischen Realität nennt, auszunutzen, und er muß nicht nur die *qualità dei tempi* kennen, um seine Handlungsweisen der Eigenart des Zeitalters anzupassen; wichtiger ist, ob der Fürst im Bunde steht mit den abstrakten Größen der *virtù* und der *fortuna*.

Unter *virtù* versteht Machiavelli die rational gebändigte politische Energie und Fähigkeit eines politischen Führers, eine staatliche Ordnung aufzurichten und zu erhalten. Sie bezeichnet immer den aktiven Pol im politischen Geschehen, nämlich die Tatsache, daß irgendwo ein Potential politischer Energie vorhanden ist, dem es gelingt, Macht zu gewinnen und zu behaupten. Diese *virtù*, quantitativ ewig gleichbleibend, wanderte von den Assyrern über andere Kulturvölker nach Rom und verstreute sich dann auf mehrere Völker, so daß die Geschichte nunmehr von mehreren Zentren bewegt werde – wobei allerdings im Italien des 15. Jahrhunderts nur sehr wenig von dieser kostbaren Substanz zu finden sei.

Das Korrelat zur *virtù* findet Machiavelli im Begriff der *fortuna*. Sie umschreibt all das, was das menschliche Schicksal als Bedingung, Chance oder Zwang mitbestimmt, aber außerhalb der Reichweite seines Willens liegt. Die *fortuna* ist als äußerst variable Vielfalt von Faktoren »die Summe der wechselnden Umstände, der unabsehbaren Möglichkeiten und Verwicklungen, der zuhilfekommenden Glücksfälle und der unerwarteten Gegenschläge« (Freyer). Echte und dauerhafte Erfolge des Fürsten, so könnte man Machiavellis Auffassung resümieren, setzen eine klare Kenntnis und rücksichtslose Anwendung der Regeln politischen Handelns voraus, sind aber ohne *virtù* und *fortuna* kaum oder gar nicht zu erreichen.

Zum Verständnis der Lehre Machiavellis, der als erster das dämonische Wesen der Macht analysierte und mit der theoretischen Fundierung längst vorhandener Praktiken ein Novum schuf, ist die Einschätzung der politischen Situation Italiens um 1500 durch den an altrömischen Staatstraditionen orientierten, amtsenthobenen Florentiner Politiker entscheidend. »Abends«, so schrieb Machiavelli in dem berühmten Brief vom 10. Dezember 1513 an Francesco Vettori, nachdem er seinen trostlosen Tageslauf geschildert hatte, »ziehe ich mein Staatskleid an und halte in meinem Arbeitszimmer Zwiesprache mit den großen Männern des Altertums... Worüber sprechen wir? Natürlich über Staatsgeschäfte; das ist schließlich die Welt, für die ich geboren bin.« Der politischen Zerrissenheit seines Vaterlandes und der Herrschaft nichtitalienischer ›Barbaren‹ stellte Machiavelli die staatliche Geschlossenheit des Imperium Romanum gegenüber. Erst von Cesare Borgia, dessen politisches Abenteurertum er mit staatsbildendem Genie verwechselte, dann von den Medici erhoffte er die Befreiung Italiens von der Fremdherrschaft: »So liegt unser Land da, krank auf den Tod, und harrt auf den, der ihm Genesung bringt... und seine schon seit langer Zeit eiternden Wunden heilt« (26. Kapitel des ›Principe‹). Für den ersehnten Retter und Restaurator der italienischen Einheit (»Ich liebe mein Vaterland mehr als die Seele«) als Richtschnur politischen Handelns gedacht, verschrieb Machiavelli, nach dem treffenden Wort Rankes, seinem Vaterlande Gift als Medizin.

Die außerordentliche Wirkung der Lehre Machiavellis auf die politische Theorie und Praxis der Neuzeit beruht mit auf der Tatsache, daß er den damals entstehenden modernen Machtstaat proklamierte und rechtfertigte, der, sobald es um seine Souveränitäts- und Machtinteressen ging, alle anderen Instanzen ausschaltete und die politischen Entscheidungen einzig und allein der Staatsräson (vgl. S. 36 f.) unterwarf. Mit dem ›Machiavellismus‹ im herkömmlich gebrauchten Sinne hat das wenig zu tun; dieser Begriff beruht im Grunde auf einer von seinen Gegnern schon früh angewandten Methode, einzelne Sätze aus dem Werk Machiavellis herauszupflücken, um mit ihnen die politische Perversion und moralische Schwäche des Autors zu beweisen, ohne dabei der Relativität seiner zeitbedingten und zielgebundenen Empfehlungen Rechnung zu tragen. Fortan sah man in ihm in der Regel den Giftmischer des Fürstentums, man »schalt ihn öffentlich und benutzte ihn heimlich« (Meinecke). Selbst die Theoretiker des Absolutismus distanzierten sich von Machiavelli in aller Schärfe – obwohl gerade bei ihnen die Rezeption seiner wichtigsten Grundgedanken einsetzte, als sie sich anschickten, die Lehre von Fürstensouveränität und Staatsräson zur Legitimierung der absolutistischen Herrschaftspraxis theoretisch auszubauen.

Frühzeitig griff die humanistische Bewegung, zuerst besonders durch Studenten und Teilnehmer an den großen Konzilien des 15. Jahrhunderts vermittelt, auf andere europäische Länder über. Wichtigstes Mittel zur Verbreitung antiken und humanistischen Gedankengutes wurde die um 1445 von Johannes Gutenberg erfundene Kunst des Buchdrucks. Sie verbreitete sich binnen weniger Jahrzehnte über ganz Europa; infolge der Schaffung neuer, ungeahnter Informations-, Bildungs- und Unterrichtsmöglichkeiten kann sie zu den wahrhaft revolutionären Neuerungen der Weltgeschichte gezählt werden.

Die Vervielfältigung von Texten und Bildern, die man als Relief in Holztafeln gravierte (Xylographie), war schon früher bekannt. Die umwälzende Bedeutung des neuen Druckverfahrens bestand nicht nur in der Einführung der Druckpresse, sondern vor allem in der Verwendung beweglicher Lettern, die beliebig kombiniert werden konnten und, weil sie jetzt aus Metall gegossen waren, eine längere Benutzungsdauer gewährleisteten. Eine Berühmtheit unter den Inkunabeln (so nennt man alle Drucke vor 1500) bildet der wohl schönste Druck Gutenbergs, die 42zeilige Bibel (um 1453). Als eine Folge der neuen Drucktechnik ergab sich die Verdrängung des Pergaments durch das Lumpenpapier, das zwar seit langem bekannt, aber nicht sonderlich geschätzt war. Der Zwang, das teure und für den Buchdruck wenig geeignete Pergament zu ersetzen, führte zu qualitativen Verbesserungen des Papiers, das sich seit etwa 1475 endgültig durchsetzen konnte.

Wie in England die humanistische Bewegung in Unterricht (Oxford, St.-Paul's School in London), Staatsphilosophie (Thomas Morus 1516: ›Utopia‹) und Dichtung unter Heinrich VIII. ihren Höhepunkt erreichte, fand sie in Frankreich Unterstützung bei Franz I., der sein Land den italienischen Einflüssen bereitwillig öffnete. Das Collège de France und die Bibliothèque Nationale, beide begründet von dem Gräzisten Guillaume Budé, bezeugen das ebenso wie die Verpflichtung zahlreicher Künstler zur architektonischen Gestaltung der Schlösser im Renaissance-Stil. Leonardo da Vinci ist 1519 im Dienst des französischen Königs in Amboise gestorben.

Mehr noch als der italienische erfaßte der deutsche Humanismus nur eine dünne geistige Oberschicht der Nation. Bei dem ›poeta laureatus‹ Konrad Celtis, dem ersten Lehrer der Rhetorik und Poetik in Wien und Herausgeber der ›Germania‹ des Tacitus, wurde bereits die Tendenz sichtbar, sich gegen den Vorwurf germanischer Barbarei durch historische Beweisführung zu wehren. 1505 legte der Elsässer Jacob Wimpfeling den ersten Versuch einer deutschen Geschichte vor. Ihren Kulminationspunkt erreichte diese nationale Richtung in Ulrich von Hutten (1488–1523), der in lateinischen und deutschen Schriften die Mißstände der Papstkirche leidenschaftlich attackierte und zur Erneuerung des Reiches aufrief. In Budé und Erasmus erblickte er »zwei Herkulesse, die gegen die Pest der Unwissenheit zu Felde ziehen«. Das neue Lebensgefühl der deutschen Humanisten spricht aus seinen Worten: »O Jahrhundert, o Wissenschaften! Es ist eine Lust zu leben!« (Brief an Pirckheimer vom 25. August 1518).

Daneben läßt sich im deutschen Humanismus ein Zug zum Pädagogisch-Didaktischen beobachten. Er führt von Rudolf Agricola, der eine Reform der Lateinschulen und Universitäten erstrebte, zu Philipp Melanchthon (1497–1560), dem mit 21 Jahren als Professor der griechischen Sprache an die Universität Wittenberg (gegr. 1502) berufenen Neffen des Gräzisten und Judaisten Reuchlin. Als ›praeceptor Germaniae‹ bemühte sich Melanchthon um eine Neugestaltung des höheren Unterrichtswesens, gab Schulbücher heraus, inspirierte die erste staatliche Schulordnung in Deutschland (Kursachsen 1528) und wurde der geistige Vater des sich auf Latein und Griechisch aufbauenden humanistischen Gymnasiums.

Als ›König der Wissenschaften‹ galt der in Frankreich, England, Italien, Basel und den Niederlanden lebende Erasmus von Rotterdam (1466–1536). In seiner philologischen, auf sorgfältigem Quellenstudium fußenden Arbeit (Kirchenväter-Editionen, griechische Ausgabe des Neuen Testaments 1516) sah er eine Voraussetzung, antikes Menschentum und christliche Ethik in einem christlichen Humanismus zu versöhnen.

»Erasmus' Überzeugungen von der Identität des wahren Weisen und des wahren Christen, von vollentwickelter vernunftbestimmter Humanitas und echter Pietas erscheinen wie eine Brücke mit sicherem Geländer, die über den Abgrund der Erbsünde gelegt ist« (Hassinger).

Bei aller Skepsis gegenüber dem Zustand der Kirche war Erasmus eine versöhnliche Natur, der auch nach dem Beginn der Reformation und seinem Bruch mit Luther die Wiederherstellung der kirchlichen Einheit erhoffte.

Verhältnismäßig spät führte die neue Wissenschaftlichkeit zu Fortschritten auf naturwissenschaftlichem Gebiet. Dabei kommt der Freien Reichsstadt Nürnberg eine nicht unwichtige Rolle zu. Regiomontanus hatte hier eine Sternwarte und ein technisches Laboratorium errichtet und wurde durch seine ›Ephemerides‹ (vgl. S. 53) berühmt. Sein Schüler Martin Behaim schuf den ersten Globus (1492), und Peter Henlein (gest. 1542) konstruierte die erste Taschenuhr. Hier wie anderswo führte der erwachende Sinn für Zeit, Präzision, Maß und Erfahrung zu einer neuen Einstellung gegenüber den ›artefices‹. Die mechanischen Künste wurden nicht mehr verachtet, die Handarbeit erlangte Würde und Anerkennung. Der Maschinenbau erlebte um 1500 eine Blütezeit (Mühlenwerke, hydraulische Anlagen, Kriegsmaschinen), die Vorausberechnung der Statik von Bauwerken fand erstmals bei der Kuppel der Kirche Santa Maria del Fiore in Florenz (1440 vollendet) Anwendung.

In ständiger wechselseitiger Anregung und Befruchtung entwickelten sich Technik und Naturwissenschaften und bereiteten den völligen Wandel des geistigen Rüstzeuges Europas vor. Mehr und mehr ging man dazu über, den Glauben an die unbestreitbare Überlegenheit klassischen Wissens in Frage zu stellen. In fast allen Fachgebieten kam irgendwann in dieser Epoche der Augenblick, in dem Europa die antike Welt sozusagen einholte und einige kühne Männer trotz ihrer Achtung vor den Lehren der Alten bereit waren, deren Schlußfolgerungen nicht mehr widerspruchslos hinzunehmen. An zwei Beispielen soll diese Entwicklung sichtbar gemacht werden.

Der Flame Vesalius und der Italiener Fracastoro rückten in ihren 1543 und 1546 erschienenen Schriften über die Anatomie, das Sezieren und den Begriff der Infektion in zahlreichen Punkten von der bisher dominierenden Auffassung des Galenus (131–201) ab. Ihre Darlegungen, die am Beginn der modernen Medizin stehen, waren nicht das Ergebnis abstrakter Überlegungen, sondern beruhten auf praktischen Erfahrungen. Das gilt auch für Michael Serveto (1511-53), den Entdecker des kleinen Blutkreislaufes, und den berühmten französischen Chirurgen Ambroise Paré (1509–90). Auch Paracelsus (1493 bis 1541) hat, obwohl noch in manchen traditionellen Vorstellungen befangen, zukunftweisende Einsichten für Medizin, Pharmazie und Chemie beigesteuert.

Auf Beobachtungen und Messungen basierte das Werk von Nikolaus Kopernikus. Sein Buch ›De revolutionibus orbium coelestium‹ (1543) stellte nicht nur die gesamte biblische Überlieferung in Frage, sondern stand in krassem Widerspruch zu der Astronomie des Ptolemäus (um 100–180) und zu den aristotelischen Grundsätzen der Mechanik. Von den Protestanten angegriffen, von der katholischen Kirche auf den Index gesetzt (erst 1616), erreichte das wahrhaft revolutionierende Buch erst im 17. Jahrhundert seine große Wirkung, als Tycho de Brahe, Kepler und Galilei auf den kopernikanischen Fundamenten das Gebäude der modernen Astronomie errichteten.

Die Entdeckungen und ihre Folgen

»Vielleicht der wesentlichste Aspekt der Neuzeit ist jene Beweglichkeit, welche die geschlossenen Lebenskreise des europäischen Mittelalters durchbricht und das Gesichtsfeld, später auch den Lebensumfang Europas auf die gesamte Erde ausweitet. Sie hat in Verbindung mit dem politischen und technischen Herrschaftswillen des europäischen Menschen schließlich die Europäisierung der Welt im Gefolge gehabt« (Mirgeler).

Wichtige geistige Voraussetzungen waren das seit dem hohen Mittelalter entwickelte theoretische Bewußtsein und die mit den Kreuzzügen und Marco Polo einsetzende tatsächliche Erfahrung von der Weite der Erde. Der Schritt von passiver Kenntnisnahme zum aktiven Handeln erfolgte, als sich zahllose Einzelmotive zu mächtigen Impulsen verdichteten und Wissenschaft und Technik die nötigen Mittel zur Überquerung der Weltmeere bereitstellten.

Motive und Voraussetzungen

Eine enge Verflechtung verschiedenartigster Interessen führte zu der bemerkenswerten Erweiterung des Weltbildes seit dem 15. Jahrhundert. Die Portugiesen, denen der Sprung nach Afrika geglückt war (Ceuta 1415), suchten zunächst, noch weitgehend bestimmt von der Kreuzzugstradition, Kontakt zu dem sagenhaften Priesterkönig Johannes (Abessinien), um im Rücken der Ungläubigen einen christlichen Bundesgenossen zu gewinnen. Berichte, nach denen dieser Herrscher unermeßliche Reichtümer besitze, konnten sie in dieser Absicht nur bestärken. Sie segelten die afrikanische Westküste hinab und versuchten, entlang der Flüsse (Senegal) ins Innere vorzustoßen.

Die wirtschaftlichen Motive (Gold, Sklaven), schoben sich in den Vordergrund, als die Mohammedaner den Landweg nach Indien abriegelten, den Zwischenhandel mit Orientwaren übernahmen und dadurch die Preise in die Höhe trieben, nicht zuletzt für die Gewürze. Der enorme Gewürzbedarf des damaligen Europa erklärt sich aus der Eintönigkeit des Speisezettels, den man nur mit Hilfe von Kümmel, Muskat, Pfeffer, Ingwer, Zimt, Kardamom, Safran, Koriander, Nelken, Senf, Anis, Paprika usw. abwechslungsreicher gestalten konnte. Außerdem wurden manche Gewürze zu medizinischen und zu

Konservierungszwecken benötigt. Durch die Abhängigkeit vom arabischen Zwischenhandel stellte sich die Frage nach dem Seeweg nach Indien von selbst.

Die wissenschaftlichen Voraussetzungen gehen fast ausnahmslos auf antike Autoren zurück. Die Araber haben dieses Gedankengut übernommen, gesammelt, überprüft und ergänzt. Das gilt besonders von der Erkenntnis der *Kugelgestalt der Erde,* die sich in Griechenland durchgesetzt hatte (Aristarch von Samos) und auf der das Weltbild der arabischen Astronomen beruhte. Auch Ptolemäus, der bei den Humanisten mit seiner ›Geographia‹ und dem ›Almagest‹ als astronomische und geographische Autorität ersten Ranges galt, hatte diese Lehre übernommen, die seit dem späten Mittelalter auf allen maurischen Universitäten gelehrt wurde. Die antike Idee einer Westfahrt nach Asien wurde ergänzt durch die Annahme einer zwischen Europa und Asien liegenden unbekannten Landmasse (Atlantis-Sage).

Der *Berechnung des Erdumfangs* kommt eine Schlüsselfunktion für die Entdeckungsreisen zu. Nicht die Angabe des Eratosthenes (39 690 Kilometer), sondern die des Ptolemäus (28 350 Kilometer) blieb bis zum Ende des Mittelalters maßgebend. Aufgrund weiterer Irrtümer und Fehlberechnungen schätzte Columbus die Entfernung Lissabon—Ostasien auf rund 11 000 Kilometer (statt richtig rund 21 000 Kilometer). Die *Junta dos mathematicos* des portugiesischen Königs wies sein Angebot dementsprechend zurück. Columbus hielt hartnäckig an seinen Berechnungen fest; als er 1506 starb, glaubte er immer noch, Asien auf dem westlichen Seeweg erreicht zu haben.

Unabdingbare Voraussetzung der Hochseeschiffahrt war die Entwicklung der *astronomischen Navigation.* Mit Hilfe der Sternenkataloge und des vermutlich von Hipparch konstruierten Astrolabiums zur Messung der Gestirnshöhe war eine ungefähre Bestimmung der geographischen Breite möglich. Die Verbesserung der Meßgeräte durch die Araber und die ihnen zugeschriebene Erfindung des Jakobsstabes, eines Winkelmeßgerätes, führten zu exakteren Ergebnissen, die in Tabellen zusammengestellt wurden. Wichtig waren die sog. Toledanertafeln des Azarquiel, aus denen man die Sonnendeklination für jeden Tag des Jahres ablesen und so, zusammen mit der gemessenen Sonnenhöhe, auch am Tage die genaue Breitenlage ermitteln konnte. Solche astronomischen Almanache wurden auch in Kastilien (Alfonsinische Tafeln 1248—52) und Portugal ausgearbeitet. Bekannt, wenn auch mehr zu astrologischen als zu nautischen Zwecken gedacht, waren die ›Ephemerides‹ des Johannes Müller aus Königsberg (= Regiomontanus). Sie enthielten die für die Jahre 1475—1506 vorausberechneten Positionen von Sonne, Mond und den bekannten Planeten. Columbus benutzte sie zur Wettervorhersage. Während im Mittelmeer die astronomische Navigation bis ins 16. Jahrhundert nicht praktiziert wurde, war sie bei den Portugiesen seit etwa 1480 in Gebrauch. Der starke Kanarenstrom und die vorherrschenden Nordostwinde an der afrikanischen Westküste zwangen die Seefahrer, bei der Rückfahrt weit nach Westen auszuweichen, wobei die astronomische Navigation unentbehrlich war.

Ein Unsicherheitsfaktor blieb noch lange die Bestimmung der geographischen Länge, da sie eine genaue Zeitmessung voraussetzt. Erst die Entdeckung der Jupitermonde durch Galilei (1610) brachte einen Fortschritt, bevor die Erfindung der Pendeluhr (Huygens 1656) dieses Problem halbwegs zufriedenstellend löste.

Geographie und *Kartographie* lieferten den Entdeckungsfahrern die notwendigen Kenntnisse. Berühmt sind – neben den ptolemäischen Schriften – die ›Imago mundi‹ des Kardinals d'Ailly (1410), die Berichte Marco Polos und die ›Historia rerum ubique gestarum‹ des Aeneas Silvius (1477). Daß Wissen und Fabel noch eng verbunden waren, bezeugen die seit dem Ende des 13. Jahrhunderts gezeichneten Weltkarten. Als Seekarten gab es die Portulane (Segelkarten), die nur kleine Ausschnitte der Erdoberfläche darstellten und für landnahe Gewässer (Mittelmeer, Ostsee) aufgrund unmittelbarer Erfahrung gezeichnet wurden. Die Kartographenschule von Palma de Mallorca wirkte bahnbrechend für die moderne Kartographie. Neben den Karten des Angelino Dulcet (1339), der Weltkarte von Abraham Cresques (1375), darf die (nicht erhaltene) Weltkarte des Florentiner Kosmographen Toscanelli (1474) als die berühmteste gelten. Sie bestätigte Columbus in seiner Auffassung eines relativ kurzen Seeweges nach Ostasien.

Der ›Irrtum des Columbus‹ beruhte u. a. auf einer falschen Schätzung des Gradabstandes am Äquator. Diese Kernfrage blieb vorläufig ungelöst, obwohl schon Eratosthenes eine Gradmessung ausgeführt und Marinus von Tyrus (um 1000) erstmals die Breiten- und Längengrade als sich rechtwinklig schneidende Linien gezeichnet hatte. Wegen des noch nicht gelösten Problems der Projizierung einer Kugelfläche auf die Ebene ergaben sich jedoch bei größeren Ausschnitten der Erdoberfläche so erhebliche Verzerrungen, daß bis zur Erfindung der winkeltreuen Projektion (Gerhard Mercator 1569) jeder Versuch eines Gradnetzes auf großräumigen Karten fragwürdig blieb.

In enger Verbindung mit den wissenschaftlichen Voraussetzungen standen die technischen. Die Verbesserung der schon erwähnten *Instrumente* wurde ergänzt durch den Kompaß. Wann und wie er aus China nach Europa gelangte, ist ungeklärt. Obwohl schon länger bekannt, wurde seine Anwendung erst seit der Mitte des 15. Jahrhunderts allgemein üblich; abergläubische Furcht vor der geheimnisvoll nach Norden weisenden Magnetnadel hatte viele Seeleute lange von seinem Gebrauch abgeschreckt. Die magnetische Mißweisung (Differenz geographischer Nordpol/magnetischer Nordpol) ist wohl schon vor 1492 beobachtet worden.

Da die astronomische Navigation viele Kapitäne überforderte, bürgerte es sich ein, bei Überseefahrten Lotsen an Bord zu nehmen. Infolge der geringen theoretischen Vorbildung der Steuerleute, die sich nicht mehr auf Erfahrung und seemännischen Instinkt verlassen konnten, schuf Ferdinand I. das Amt des *Piloto Mayor* (1508), der die Lotsen zu unterrichten und zu prüfen hatte. Ohne dessen Navigationsschein durfte künftig niemand mehr ein Schiff nach Amerika steuern. Erster *Piloto Mayor* wurde der weitgereiste, theoretisch und praktisch gleichermaßen erfahrene Florentiner Amerigo Vespucci (dessen ›Mundus novus‹ von 1502 einem deutschen Kartographen Veranlassung gab, die Neue Welt nach ihm zu benennen).

Die Entwicklung von zwei neuen *Schiffstypen* erfüllte die wichtigste Voraussetzung für Überseefahrten. Die Kogge wurde durch den Einbau eines Hinterruders manövrierfähiger; das modernste Überseefahrzeug war die Karavelle, die sich durch außerordentliche Segeltüchtigkeit und Stabilität auszeichnete. In diesem Sinne muß der Legende von den ›Nußschalen‹ widersprochen werden: »Die Technik hatte das Beste geleistet, was für Segelschiffe dieser Größe möglich war« (Konetzke).

Entdecker und Eroberer

Es war kein Zufall, daß Spanien und Portugal als erste Nationen in den kolonialen Wettbewerb eintraten. Zu den wissenschaftlichen und technischen Voraussetzungen gesellten sich gute seemännische Tradition, eine ausreichende demographische Spannung und soziale Gegensätze im Innern. Nicht zuletzt durch die Reconquista (vgl. S. 26 f.) waren Kreuzzugsidee und Missionseifer hier lebendiger geblieben als anderswo.

Der Vorteil der geographischen Lage, günstige politische Verhältnisse und die Persönlichkeit Heinrichs des Seefahrers (1419–60) sicherten den Portugiesen zunächst einen Vorsprung. Die systematische und wissenschaftliche Vorbereitung und Auswertung jeder Reise durch einen Stab von Spezialisten war neu und einzigartig. Schritt für Schritt tasteten sich die Portugiesen nach Süden vorwärts, (wieder-) entdeckten die Kanaren, Madeira und die Azoren und gelangten über das gefürchtete Kap Bojador hinaus (1434) bis zur Guineaküste. Seitdem man 1441 die ersten Negersklaven nach Portugal gebracht hatte, wurde die Bucht von Arguin (südlich des Kap Blanco) erstes Sklavenhandelszentrum. Zur Sicherung dieses einträglichen Geschäftszweiges vor europäischen Konkurrenten wurde 1448 das Fort Arguin errichtet, die erste dauernde Niederlassung an der afrikanischen Küste. Mit Erreichen der Guineaküste (Pfeffer-, Elfenbein-, Gold- und Sklavenküste), die »zur Quelle des portugiesischen

Reichtums« (Verlinden) wurde, beschleunigte sich das Tempo; 1471 wurde der Äquator überschritten, 1482 die Kongomündung passiert.

Die Bedeutung dieser Fahrten liegt nicht zuletzt darin, daß die phantastischen Geschichten, die zur Abschreckung aller Handelskonkurrenten von den Phönikern ausgestreut und von den Arabern weitergereicht wurden, ein für allemal zu Ende waren. Weder gab es furchterregende Meerungeheuer, noch Magnetberge, die alle Nägel aus den Schiffen zogen; weder wurde das Meer zu einer dicken sirupartigen Masse, noch zeigte sich das berüchtigte ›Dunkelmeer‹, das Ende der Welt. In der ›heißen Zone‹ (wo die Sonnenhitze alle Menschen schwarz brenne) fand man – nach Durchquerung der Passatzone – die üppige Vegetation der Tropen. Wie sehr die Seeleute des 15. Jahrhunderts von diesen Legenden überzeugt waren, zeigt z. B. die Tatsache, daß nur auf sanften Druck Heinrichs (der übrigens nie mitfuhr) die Umsegelung von Kap Bojador in mehrmaligem Anlauf gelang. Das weitere Vordringen entlang der Küste war nur eine Frage der Zeit. Die Umsegelung des Kaps der Guten Hoffnung (B. Diaz 1487) widerlegte die alte Ansicht, daß der Indische Ozean ein Binnenmeer sei; der östliche Seeweg nach Indien war frei. 1498 erschien Vasco da Gama, von einem arabischen Lotsen übers Meer geführt, in Kalikut.

Zu dieser Zeit hatte sich der spanische Nachbar als kolonialer Konkurrent längst eingestellt. Von der Aufgabe der Reconquista seit 1492 endgültig befreit (vgl. S. 27), waren Ferdinand und Isabella auf die Vorschläge Columbus eingegangen. Am 12. 10. 1492 landete er auf der Insel Guanahani (San Salvador; Bahama-Gruppe) und entdeckte noch Kuba und Haiti (Hispaniola). Seine anderen drei Reisen führten Columbus nach Jamaica, in die westindische Inselwelt, zum südamerikanischen Festland (Orinoco-Mündung 1498) und nach Mittelamerika.

Die Führungsrolle war ihm schnell entglitten. Weder politisch noch wirtschaftlich konnte er in den eroberten Gebieten Ordnung halten. Meutereien, Beschwerden und Denunziationen führten zu seiner Verhaftung; in Ketten kehrte er von seiner dritten Reise zurück, verlor den Titel eines Vizekönigs, blieb aber Admiral. Nach der enttäuschenden vierten Reise ist er verbittert 1506 in Valladolid gestorben.

Die Erkundung der Umrisse der Neuen Welt schritt rasch voran. Vespucci erforschte die Küsten des nördlichen Südamerika, der Portugiese Cabral entdeckte – auf einer Indienfahrt zu weit ausholend – Brasilien (1500), und Balboa durchquerte 1513 den Isthmus von Panama. Die zwei Reisen des in englischen Diensten stehenden Italieners Caboto (Cabot), der 1497 den amerikanischen Nordkontinent als erster Europäer (nach den Wikingern) betrat, deuten an, daß die anderen europäischen Mächte einem spanisch-portugiesischen Kolonialmonopol kaum zuzustimmen bereit waren.

Die Abgrenzung der spanisch-portugiesischen Interessensphären durch ein Edikt Calixts III., das 1455 Portugal die Westküste Afrikas und alle atlantischen Inseln zugesprochen hatte, wurde 1479 revidiert. Der Vertrag von Alcaçovas verknüpfte mit der Beilegung politischer Streitigkeiten (vgl. S. 27) zum erstenmal die Regelung kolonialer Fragen. Portugal behielt zwar Madeira und die Azoren, mußte aber einer ostwestlichen Demarkationslinie zustimmen und sich mit dem Gebiet südlich der Kanaren begnügen.

Nach der ersten Reise des Columbus bekam das Problem größere Dimensionen. Alexander VI., aus dem spanischen Hause Borgia, schlug eine nordsüdliche Teilungslinie vor, deren Annahme selbst die Spanier den Portugiesen nicht zumuteten. Man einigte sich (Tordesillas 1494), daß alle weiter als 370 Meilen westlich der Kapverdischen Inseln liegenden Gebiete Spanien gehören sollten. Die ›divisio mundi‹ war vollzogen, allerdings nur für den atlantischen Bereich. Niemand wußte 1494, daß später einzig Brasilien in der portugiesischen Zone, das übrige Amerika in der spanischen liegen würde. In Unkenntnis der geographischen Gegebenheiten wurde der eigentliche Zweck der Abmachung, die Abgrenzung der Interessen im Indienhandel, nicht erreicht.

Die Fahrten von Columbus und Vasco da Gama hatten etwas Gemeinsames: beide erfüllten nicht die hochgesteckten Erwartungen. Ziemlich schnell war den Fachleuten klar geworden, daß Columbus nicht Asien, sondern bisher unbekannte Gebiete erreicht hatte, in denen es nur Eingeborene (Kariben) auf niedriger Kulturstufe (Kannibalismus) gab. Die Überführung einiger Exotika nach Spanien konnte nicht darüber hinwegtäuschen, daß die erhofften Goldmengen in diesem neuen Land offensichtlich nicht zu finden waren. Die verzweifelte Suche war zwar nicht ganz ohne Ergebnis geblieben, aber die goldenen Schmuckgegenstände, die Columbus besonders von seiner zweiten Reise mitbrachte, entsprachen nicht entfernt den Hoffnungen der katholischen Könige und ihres Admirals.

Die portugiesische Enttäuschung war anderer Art. Vasco da Gama bemerkte zunächst, daß Indien – trotz allen Reichtums – arm an Gold war, da es die Gewürzimporte aus dem Fernen Osten mit Edelmetall bezahlen mußte. Das Land war also nur Zwischenstation. Die zweite Beobachtung war noch beunruhigender: Die Araber betrachteten den Gewürztransport von Indien nach Europa als ihre ureigene Domäne und sahen in den auftauchenden Portugiesen höchst unerwünschte Konkurrenten. Tatsächlich verlief der ›Weltgewürzhandel‹ etwa auf folgenden Bahnen: Hauptstapelplatz war Malakka, dorthin lieferten die Molukken und auch Ceylon. Die Waren wurden nach Kalikut gebracht, von wo sie auf arabischen Schiffen ins Rote Meer kamen. Kamele trugen die Gewürze dann von Suez nach Kairo, Nilschiffe transportierten sie nach Rosette. Von dort gelangten sie auf dem Landweg nach Alexandria, wo sie Genueser und Venezianer unter strengsten Zoll- und Sicherungsmaßnahmen übernahmen.

Die Konsequenzen für Portugal ergaben sich von selbst: man mußte den Weg zu den Quellen des Reichtums finden. 1505 verließen 22 schwer bewaffnete Karavellen unter Francisco d'Almeida Lissabon, der ›Vizekönig von Indien‹ führte die erste Expedition mit erklärten militärischen Zielen: Sicherung des Seewegs zu den fernöstlichen Gewürzländern. Nach der Gewinnung erster Stützpunkte gelang die Eroberung des Handelszentrums Malakka (1511), wenig später die Festsetzung auf den Gewürzinseln (Molukken). Damit hielt Portugal den Schlüssel zum Gewürzhandel in der Hand; im kolonialen Wettbewerb hatte es noch einmal die Führung übernommen.

Die Spanier, durch die enttäuschenden Ergebnisse im karibischen Raum beflügelt, suchten ebenfalls den ›richtigen‹ Weg nach Indien. Von den Versuchen, den amerikanischen Kontinent zu durchqueren, ist der Marsch des Balboa bereits erwähnt worden, aber eine Wasserverbindung zwischen Atlantik und Pazifik schien es nicht zu geben. Erst die Weltumsegelung Magellans (1519–22), des Portugiesen in spanischen Diensten, bewies nicht nur die Kugelgestalt der Erde, sondern führte zu Konfrontationen mit den Portugiesen in Südostasien. Magellans erfolgreiche Fahrt ermunterte die Spanier zum Vorstoß nach Ostasien von Amerika aus. Als ihre Schiffe 1527 in den philippinischen Gewässern erschienen, gerieten sie in die portugiesische Einflußzone. Der koloniale Konflikt wurde in Europa entschieden: Karl V., schwer bedrängt von Türken, Franzosen und Protestanten, willigte ein, gegen 350 000 Dukaten Entschädigung eine nordsüdliche Demarkationslinie östlich der Molukken anzuerkennen (Saragossa 1529). Die Inseln blieben in der portugiesischen Zone, ebenfalls die Philippinen, was die Spanier indessen nicht hinderte, sich auf diesen festzusetzen (bis 1898) und später einen regelmäßigen Schiffsverkehr nach Amerika einzurichten.

Die Lösung von Saragossa kam den spanischen Interessen aus doppeltem Grund entgegen. Einmal waren die Chancen, einen Kampf um die Molukken von Amerika aus zu gewinnen, minimal, weil die Wind- und Strömungsverhältnisse im pazifischen Raum größte Schwierigkeiten bereiteten. Man brauchte vier Jahrzehnte, um die günstigste Reiseroute herauszufinden, und auch dann konnte die Rückfahrt sieben Monate dauern. Verluste von 40 bis 60 Prozent waren die Regel.

Der Verzicht auf die Molukken wurde außerdem dadurch erleichtert, daß sich in Amerika – endlich! – lohnendere Eroberungsziele als die karibischen Inseln boten. Schon lange hatten Gerüchte von benachbarten, sagenhaft reichen Goldländern kursiert. Als man ihnen nachzugehen begann, brach die große Zeit der Konquistadoren an; mit einer Handvoll Leute eroberten sie Gebiete von der Größe europäischer Staaten. 1519 landete Hernando Cortez an der mexikanischen Küste (Veracruz), verbrannte seine Schiffe und zog mit etwas über 600 Mann nach Tenochtitlan, der auf einer Insel gelegenen Residenz des Aztekenherrschers Montezuma. Er konnte sich – zunächst freundlich begrüßt – der Person Montezumas bemächtigen und begann, die Schätze des Landes zu plündern. Ein Aufstand der Azteken zwang ihn zum Verlassen der Stadt in der berüchtigten ›noche triste‹ (1. 7. 1520), doch konnte er sie 1521 nach langer Belagerung endgültig erobern. Das Aztekenreich brach zusammen. Auf den Fundamenten des Huitzlipochtli-Tempels entstand die größte Kathedrale der Neuen Welt. Daß Cortez aus strategischen Gründen den die Hauptstadt umgebenden See abließ und die zahlreichen Kanäle zuschüttete, bereitet den Fachleuten des 20. Jahrhunderts erhebliche Sorgen. Mit der zunehmenden Austrocknung des Bodens sinkt Mexiko City in die Tiefe, in den Außenbezirken bis zu 60 cm jährlich.

Während von Mexiko aus Guatemala unterworfen, Honduras erforscht und das südliche Kalifornien entdeckt wurden (La Paz 1536), stieß man vom Isthmus nach Nordwesten vor und fand in Costa Rica und Panama die Meister einer hochentwickelten indianischen Goldschmiedekunst, deren großzügige Geschenke die ›auri sacra fames‹ der Spanier nur steigerten. Zahllose Kunstgegenstände wurden der Einfachheit halber zu Goldbarren umgeschmolzen.

Francesco Pizarro landete, von Panama kommend, an der südamerikanischen Westküste und brach 1532 mit 62 Pferden und reichlich 100 Soldaten zur Eroberung des Inkareiches auf, das sich vom heutigen Ekuador bis nach Nordchile erstreckte. 1533 fiel die Hauptstadt Cuzco. Von Peru aus gingen Konquistadorenzüge nach Nordchile, Bolivien und Kolumbien. Die Suche nach dem vergoldeten Kaziken (›Dorado‹, erste Erwähnung 1539), der bald mit dem sagenhaften und nie entdeckten Goldland (›Eldorado‹) identifiziert wurde, führte zu weit in das Innere reichenden Vorstößen, zur Überquerung der Anden und zur berühmten Amazonasfahrt des Orellana (1544).

Die Erfolge der Konquistadoren erklären sich nicht allein aus der Benutzung von Feuerwaffen, deren psychologische Wirkung sich rasch abnutzte. Infolge der umständlichen Ladeprozedur und auch der klimatischen Einflüsse (feuchtes Pulver, Rost) waren Gewehre und Pistolen bei Gefechten den Hieb- und Stichwaffen klar unterlegen. Bedeutender war ohne Zweifel das bis dahin in Amerika unbekannte Pferd, »dieses unvergleichliche Kampfinstrument der amerikanischen Eroberungszüge« (Romano); kavalleristische Attacken versetzten die Indios ausnahmslos in panischen Schrecken. Auch die fast immer mitgeführten abgerichteten Bluthunde verschafften den Spaniern Respekt bei diesen Völkern, die es (mit Ausnahme des Lamas) nicht zur Domestizierung von Tieren gebracht hatten.

Die ungeheuren Strapazen beim Marsch durch das von feindseligen Eingeborenen durchsetzte Land, durch Dschungel und Wüsten, über

Flüsse und Gebirge in einem oft mörderischen Klima mit Raubtieren, Schlangen, Insektenplage, Malaria, Höhenkrankheit – das alles konnte nur durchgestanden werden von relativ jungen Männern (Durchschnittsalter 30 Jahre) mit einer außergewöhnlichen physischen Widerstandskraft. Der heroische Charakter der Conquista besteht vor allem in der Auseinandersetzung mit der Natur.

Dieser »Triumph der Gesundheit« ist aber nicht denkbar ohne eine fest fundierte psychologische Basis, die mehr war als der elementare Wille zu überleben. Eine bedeutende Rolle spielte das christliche Sendungsbewußtsein, das keineswegs als bloße Verbrämung einer nackten Gewaltpolitik abgetan werden kann. Die Kreuzzugsidee des Heiligen Krieges, das christliche Ritterideal der Amadis-Romane, gefestigt in den Jahrhunderten der Reconquista, lebten im Amerika der Conquista weiter: »Santiago!« blieb der spanische Schlachtruf, »mezquitas« (Moscheen) nannte man die indianischen Tempel, und als Mamelucken bezeichnete man die brasilianischen Indianer.

Schließlich deutet das Motto der Konquistadoren an, worin die eigentliche, mächtige Triebfeder des amerikanischen Abenteuers zu erblicken ist: »ir a valer mas«. Die Formel bringt das Verlangen zum Ausdruck, »mehr zu gelten«, höheres Ansehen zu gewinnen, und zwar in wirtschaftlicher, moralischer und gesellschaftlicher Hinsicht. Die Realisierung dieser Devise beim Aufbau des spanischen Kolonialreiches zeitigte Konsequenzen, die in der Sozialstruktur Latein-Amerikas bis auf den heutigen Tag sichtbar sind.

Es muß auch darauf hingewiesen werden, daß die Konquistadorenzüge und Entdeckungsfahrten zumeist privat finanzierte Unternehmen waren. Die Krone vergab zwar Lizenzen, wohlklingende Titel und Rechte, überließ aber die Finanzierung interessierten Geschäftsleuten, so daß jeder Vorstoß ins Unbekannte gleichzeitig ein Unternehmen war, bei dem es um Amortisation und Verzinsung des Kapitals, um Rentabilität ging. Die Verflechtung des Abenteuerlich-Heroischen mit dem Ökonomischen, des Kreuzzugsgeistes mit der Rendite ist für die Conquista geradezu charakteristisch. Die zu erwartenden Gewinne waren hoch; die Gewürzladung des einzigen Schiffes, das von Magellans dreijähriger Weltreise zurückkehrte, reichte aus, alle vorgeschossenen Kosten der Expedition zur Zufriedenheit der Geldgeber zu decken. Ebenso groß war freilich das Risiko, betrugen doch die Schiffsverluste durchschnittlich 50 %: Von 1590 bis 1599 fuhren 33 Handelsschiffe von Lissabon nach Indien, nur 16 kehrten zurück. Zur Minderung des Risikos begann man, die Schiffe zu versichern; die Prämie richtete sich nach der Menge der zu ladenden Fässer (Casco).

Ein weiterer Faktor zur Erklärung der erfolgreichen Conquista liegt in dem relativ schwachen Widerstand der präkolumbianischen Kulturstaaten. Das lag weniger an der technischen Unterlegenheit

(Eisen, Rad, Pflug, Töpferscheibe waren unbekannt) als vielmehr an der historisch-psychologischen Situation zur Zeit der Eroberung. Azteken- und Inkastaat waren Herrschaftsbereiche mit streng feudaler Ordnung. Es genügte im Grunde, die Führungsschicht zu liquidieren; für die Beherrschten bedeutete es zunächst keinen großen Unterschied, ob sie ihre Abgaben dem Inka oder einem spanischen Eroberer zu zahlen hatten. Diese indifferente Haltung der Massen war eine der Hauptursachen des raschen spanischen Erfolges. Dabei ist bemerkenswert, daß jene Gruppe von Indios, die sich vorher nicht dem Joch der Inkas gebeugt hatte, nun auch den Spaniern erbitterten Widerstand entgegensetzte. Diese ›indios bravos‹ sind erst in einem bis ins 20. Jahrhundert dauernden Guerillakrieg ausgerottet worden.

Auch die Zerstrittenheit der Indianerstämme untereinander erleichterte den Konquistadoren die Eroberung. In Neu-Mexiko beruhte die spanische Herrschaft noch im 17. Jahrhundert so sehr auf dieser Tatsache, daß eine einzige gemeinsame Aufstandsaktion der sonst verfeindeten Pueblos und Apachen die Spanier zwang, das Land aufzugeben. Erst als das Indianerbündnis wieder zerfallen war, gelang die Rückeroberung.

Thronstreitigkeiten im Inkareich erleichterten die Aufgabe Pizarros; Cortez fand unerwartete Unterstützung bei den vom aztekischen Kriegerstaat unterworfenen Stämmen (38 Provinzen), die als Vasallen zu harten Abgaben, auch zur Abstellung von Menschen für die grausamen Opferriten verpflichtet waren (etwa 20 000 Menschenopfer jährlich).

Der Widerstandswille Montezumas war überdies durch eine alte Prophezeiung gelähmt: der weißhäutige Gott Quetzalcoatl würde eines Tages von Osten übers Meer zurückkehren, und zwar im Jahre ›Eins Rohr‹, das sich im aztekischen Kalenderzyklus alle 52 Jahre wiederholte. 1363 war er nicht gekommen, auch nicht 1415 und 1467, doch 1519, genau am vorausgesagten Tage, betrat Cortez mexikanischen Boden. Selbst die Kleidung der Neuankömmlinge entsprach ziemlich genau der des Quetzalcoatl. Kein Zweifel: Seine Söhne waren gekommen; als Ablenkungsmanöver fruchtlos blieben, machte sich Montezuma bereit, die Weißen Götter in seiner Hauptstadt zu empfangen.

Der Versuch, die Erfolge der Konquistadoren unter verschiedenartigen Aspekten zu begreifen, soll keineswegs die physische und militärische Leistung schmälern, mit einigen hundert oder auch tausend Mann den Grundstein für ein Kolonialreich von der 30fachen Größe des Mutterlandes gelegt zu haben. Der Hinweis auf die gesamthistorischen Zusammenhänge ist Teil der Verpflichtung, positive und negative Züge der Kolonialgeschichte aus den Kategorien der Glorifizierung oder der Verdammung herauszuheben, um gerechtere Perspektiven und ehrlichere Dimensionen zu entwickeln.

Bemerkenswert ist der überragende Anteil der Spanier an der Erforschung der Neuen Welt. Neben der Erkundung der süd- und mittelamerikanischen Küsten und Inseln und der Entschleierung der Binnengebiete ist ihnen auch die Erschließung weiter Teile Nordamerikas zu danken. Als erste haben Spanier die Felsengebirge und den Grand Cañon gesehen, die Prärien durchstreift, den Mississippi überquert und darüber erste Informationen gegeben. Sie sind bis ins nördliche Kansas vorgestoßen (Coronado, de Soto) und haben das Land etwa bis 38 ° n. Br. erkundet. Es war, so urteilt G. Friederici, die größte Leistung »an Umfang, Inhalt und Bedeutung für die Weltgeschichte, die *ein* Volk auf Erden aufzuweisen hat«.

Im Vergleich zu den Entdeckungs- und Eroberungsleistungen der Spanier und Portugiesen ist der Anteil der übrigen europäischen Nationen in der ersten Phase kolonialer Ausbreitung gering – mit Ausnahme der Italiener, die zwar nicht als Nation, aber als Individuen in der Entdeckungsgeschichte eine überragende Rolle spielten (Columbus, Verrazano, Caboto, Vespucci). Diese Zurückhaltung hatte ihre Ursachen in den innen- und außenpolitischen Belastungen, in den anderen demographischen Strukturen und den fehlenden nautischen Voraussetzungen der anderen atlantischen Anliegerstaaten. Dennoch bestand bei England und Frankreich ein echtes koloniales Interesse. Die Bemerkung Franz' I., daß die Sonne ebenso für ihn wie für die anderen leuchte und daß er gern das Testament Adams sehen möchte, um zu wissen, wie dieser die Welt aufgeteilt habe, deutet an, daß die europäischen Staaten auf die Dauer das spanisch-portugiesische Kolonialmonopol nicht akzeptieren würden.

Nachdem Giovanni Caboto (John Cabot) in englischen Diensten den nordamerikanischen Kontinent entdeckt hatte (1497), kam es zwar zur weiteren Erkundung der (Neuengland-)Küste, doch die Enttäuschung, nicht das reiche Asien gefunden zu haben (was Caboto wie Columbus zuerst angenommen hatte), stand einer zielstrebigen Kolonialpolitik entgegen. Ähnliches gilt für Frankreich. Weder die Fahrt des Florentiners Verrazano entlang der Virginiaküste (1524) noch die Entdeckung des St.-Lorenz-Stromes (1536) durch Jacques Cartier öffneten einen Weg zu den ersehnten Goldländern. Es war ein geringer Trost, daß Cartier das Gebiet von Kanada für Frankreich förmlich in Besitz nahm (1540) und sich ein bescheidener Pelzhandel zu entwickeln begann. Bedeutsamer war zunächst, daß die reichen Fischgründe um Neufundland zur Domäne normannischer, bretonischer und baskischer Fischer wurden, bis – in der zweiten Hälfte des 16. Jahrhunderts – englische Fangflotten dort ebenfalls auftauchten.

Als erste Versuche einer gezielten französischen Kolonialpolitik, freilich ganz auf dem Hintergrund der europäischen Politik, können die Siedlungen angesehen werden, die von Admiral Coligny in

Florida (Fort Carolina 1562) und in der Bucht von Rio de Janeiro (Fort Coligny 1555) angelegt wurden. Hier sollten verfolgte Reformierte eine Zuflucht finden; gleichzeitig waren die Niederlassungen als Stützpunkte in dem von Coligny angestrebten Krieg gegen Spanien (vgl. S. 132) vorgesehen. Nach einigen Jahren, durch den Bürgerkrieg in Frankreich sich selbst überlassen, fielen sie den massierten Angriffen der Spanier und Portugiesen zum Opfer. Die »Bartholomäusnacht des amerikanischen Kontinents« (Cartier), die Niedermetzelung der fast 500 Protestanten von Fort Carolina durch die Spanier (1565), war das größte Blutbad unter den Weißen der Neuen Welt bis zum Sezessionskrieg. Der letzte Widerstand im Fort Coligny brach 1572 zusammen.

Nicht als Träger eines nationalen Kolonialstrebens, sondern als Vertragspartner der spanischen Krone beteiligten sich Deutsche an der Erkundung und Ausbeutung Südamerikas. Das Handelshaus der Welser gehörte seit der Kaiserwahl zu den Gläubigern Karls V. und unterhielt, um wirtschaftlich am Puls der Zeit zu bleiben, eine Faktorei in Santo Domingo. Nach Bewilligung von Einfuhrlizenzen für afrikanische Sklaven wurde 1528 ein Konquistadorenvertrag im Stile der Zeit abgeschlossen: die spanische Krone übertrug den Welsern die westliche Küste Venezuelas mit ihrem Hinterland und das Monopol der geschäftlichen Nutzung. Sie sollten innerhalb zweier Jahre Siedlungen und Forts errichten und im übrigen das ›königliche Fünftel‹ abführen. Obwohl Sklavenjagden und das als Heilmittel begehrte Guaiakholz ansehnliche Gewinne abwarfen, galt das Hauptinteresse den Edelmetallen. Auf der Suche nach Gold erkundeten deutsche Statthalter (Ehinger, Hohermuth, Philipp von Hutten) und der Hauptmann Nikolaus Federmann mit meist spanischem Gefolge das Land in jahrelangen, verlustreichen Irrfahrten. Gold fanden sie dabei so gut wie nicht; als durch die Dezimierung der Indianer die Sklavenjagden gefährlicher und weniger lukrativ wurden, sich die Streitigkeiten mit der spanischen Aufsichtsbehörde, der *audiencia* in Santo Domingo, häuften und schließlich Hutten und der junge Bartholomäus Welser, der Erbe des Hauses, bei einer Expedition von Spaniern ermordet wurden, erlahmte das Interesse an Venezuela rasch. 1546 kam es praktisch, nach langwierigen Prozessen 1556 auch formell zum Erlöschen der Konzession, die wirtschaftlichen Nutzungsrechte fielen an die spanische Krone zurück; rechtlich ist Venezuela niemals weder eine deutsche noch eine private Welser-Kolonie gewesen.

Die ersten Kolonialreiche

Als erste europäische Mächte errichteten Portugal und Spanien Kolonien, teils als lockere Kette von Stützpunkten, teils als geschlossene Siedlungs- und Wirtschaftsgebiete. Die räumliche Ausdehnung dieser Besitzungen, die von 1580–1640 unter der spanischen Krone zusammengefaßt waren, darf allerdings für das 16. Jahrhundert nicht überschätzt werden. In Ostafrika und Asien kontrollierten 25 000 bis 30 000 Europäer etwa 220 000–230 000 qkm mit rund 800 000 Einwohnern. Das einzige größere zusammenhängende Gebiet waren die Philippinen (610 000 Einwohner), die etwa 90 % der Kolonialfläche ausmachten; der Rest verteilte sich auf den portugiesischen Streubesitz.

Amerika bedeutete bis zu Beginn des 17. Jahrhunderts fast ausschließlich Latein-Amerika; etwa 2 Millionen qkm mit gut 10 Millionen Einwohnern waren in spanisch-portugiesischer Hand. Zu 95 % handelte es sich dabei um das Amerika der zerschlagenen Hochkulturen, ergänzt durch die Westindischen Inseln und die schmale Siedlungszone entlang der brasilianischen Küste. Die Zahl der Weißen dürfte am Ende des 16. Jahrhunderts 120 000 betragen haben, stieg aber in den folgenden Jahrzehnten rasch an und erreichte um 1630 bereits eine halbe Million.

Das portugiesische Kolonialreich

Das portugiesische Kolonialreich in Asien (›Estado da India‹) war nicht mehr und nicht weniger als ein Handelsimperium. Dank der Überlegenheit der kanonenbestückten Flotte hatte man aus dem Asienhandel alle bisherigen Zwischenhändler verdrängt oder unter Kontrolle gebracht. Zahlreiche befestigte Plätze an den Küsten dienten zur Sicherung der Schiffahrtswege, als Flottenbasen und Umschlaghäfen: Sofala, Moçambique und Mombasa in Ostafrika, Sokotra vor dem Golf von Aden, Ormuz (1508) am Persischen Golf; an der Malabarküste vor allem das ›Goldene Goa‹, die Residenz des Vizekönigs. Stützpunkte an der Koromandelküste und auf Ceylon sicherten den Seeweg nach Malakka; weitere Forts kontrollierten die Molukken (Amboina, Timor) und sorgten für Flankendeckung des sich bald nach China (Macao 1557) und Japan ausdehnenden Handels.

Zwei einträgliche Routen wurden monopolisiert: die Schiffahrt von Japan nach China und von Indien nach Ostafrika betrieben namens der portugiesischen Krone staatliche Handelsfaktoreien. Auf *allen* Schiffahrtsstraßen lagen Pfeffer- und Waffenhandel ausschließlich in portugiesischen Händen. Der Handel mit anderen Gütern war an Lizenzen gebunden und hohen Transitzöllen (Malakka,

Ormuz) unterworfen. Trotz drakonischer Strafen gelang es indessen nicht, den gesamten Gewürzhandel über das Kap der Guten Hoffnung zu leiten; es fehlte eine ausreichende Flottenbasis, um die Einfahrt ins Rote Meer (Aden 1524–38 portugiesisch) dauernd zu blockieren und den arabischen Handel nach Ägypten zu unterbinden. Im Grunde war die portugiesische Präsenz durch dauernden Krieg gekennzeichnet: gegen die lokalen Machthaber und die einheimische Bevölkerung, gegen die Ägypter und (seit 1517) die Osmanen, gegen Piraten und Schmuggler. Das verlangte beträchtliche Opfer: Schiffe mußten gebaut, ausgerüstet und bemannt werden; Stützpunkte waren zu erobern, zu befestigen und zu verteidigen – in den Dimensionen des süd- und südostasiatischen Raumes war das nur unter äußerster Anspannung der Kräfte des Mutterlandes zu schaffen. Dazu kamen die Schwierigkeiten der Seefahrt: von 625 nach Hinterindien ausgelaufenen Schiffen kehrten zwischen 1497 und 1572 nur 315 zurück.

Die Eroberung und Behauptung des *Estado da India* war ebensowenig ein heroisches Kinderspiel wie die Conquista in Spanisch-Amerika. Die frühere Ansicht, die portugiesische Herrschaft habe nur auf Raub und Mord beruht, ist nicht aufrechtzuerhalten. Neben kriegerischer Eroberung und rücksichtsloser Gewalt hat bei dem Aufbau des asiatischen Imperiums ein abgestuftes System von Verträgen mit den einheimischen Fürsten eine wichtige Rolle gespielt.

Die Portugiesen haben niemals versucht, das Hinterland der befestigten Küstenplätze zu unterwerfen und geschlossene Territorien zu bilden. Nur der zweite Vizekönig Albuquerque dachte an eine Reichsgründung mit erweiterter Landbasis, fand aber keine Unterstützung. Die Politik der Krone entsprach der Unmöglichkeit, mit den relativ geringen Kräften die volkreichen Gebiete Asiens zu unterwerfen: Man baute Festungen, um den Warenhandel an den Küsten zu schützen, aber nicht, um Länder zu erobern.

Die Organisation der Handelsfaktoreien und die Vertretung der königlichen Handelsinteressen oblag dem Vizekönig, dem fünf Gouverneure unterstanden (Mascat, Ormuz, Moçambique, Malakka, Colombo). In ständigem Mißtrauen gegen die einflußreiche Machtstellung der Vizekönige benutzte die Krone die hohe Geistlichkeit (1557 Erzbistum Goa mit den Diözesen Malakka und Macao) als Gegengewicht gegen eigenmächtige Beamte. Seit dieser Zeit begann auch die Mission eine größere Rolle zu spielen, nachdem zuerst das Handelsinteresse dominiert hatte, weil man die geschäftstüchtigen islamischen Kaufleute nicht entbehren konnte. Der entscheidende Impuls kam von den Jesuiten. 1542 begann Franz Xaver, der ›Apostel Indiens‹, sein Bekehrungswerk, das ihn bis nach Japan und China führte. Dem Einfluß der Jesuitenpatres war es auch zuzuschreiben, daß die Überseeportugiesen bereit waren, ihre Beziehungen zu den Eingeborenenfrauen zu legalisieren und eine von ihnen, nach erfolgter Taufe, zu heiraten. Die Krone förderte diese Mischehen, da man in ihnen einen stabilisierenden Faktor erblickte: aus verwegenen Abenteurern wurden seßhafte Kolonisten und Kaufleute, die später den stärksten Rückhalt für die Verteidigung der Handelsstützpunkte bildeten. Im ganzen hat sich die Politik der europäisch-asiatischen Verschmelzung als vorteilhaft erwiesen, wenn auch die oft proklamierte völlige Gleichstellung von getauften Asiaten und Europäern der Praxis nicht immer entsprach.

Anders waren die Verhältnisse in Portugiesisch-Amerika. Es lag ganz in der Kolonialtradition, in Brasilien zunächst nur einen Stützpunkt für die Schiffahrt nach Ostindien zu sehen, doch erkannte man bald den wirtschaftlichen Nutzen des Brasilholzes, dessen rötlicher Farbstoff in Europa als wichtiger Grundstoff für die Herstellung von Purpur- und Scharlachstoffen sehr gesucht war. Mit der Monopolisierung des Farbholzhandels und seiner Verpachtung unter zusätzlichen Auflagen (weitere Erkundung des Gebietes, Anlage von Forts) an einen Privatmann (1502) begann die wirtschaftliche Erschließung. Eine planmäßige Kolonisation unter staatlicher Führung setzte seit den 30er Jahren ein, als man durch die Anlage großer Zuckerrohrplantagen das Defizit im Ostindienhandel ausgleichen wollte. Um dem Land eine Rechts-, Verwaltungs- und Wirtschaftsorganisation zu geben, verlieh die Krone an *donatários* Grund und Boden zu erblichem Besitz und stattete sie mit wichtigen Hoheitsrechten aus. Dieses System der Landschenkungen bewährte sich nicht. Die divergierenden Interessen der 12 Feudalherren, ihre kaum eingeschränkte Verfügungsgewalt über Land und Menschen, die ganze feudalistische Struktur standen einer zentralen Kolonialpolitik entgegen. Mit der Ernennung eines Generalgouverneurs (1549) begann die Errichtung einer festen Ordnung mit Hilfe einer königlichen Kolonialbürokratie. Die Privilegien der *donatários* wurden beseitigt, königliche Richter bestellt, staatliche Zollämter geschaffen, Finanz- und Steuerbeamte eingesetzt, kurz: der Staatsapparat des Mutterlandes folgte der Kolonisation und überzog das koloniale Leben in Brasilien mit dem Geflecht europäischer Verwaltungseinrichtungen. Strengste Kontrollen galten vor allem dem Zucker, dessen Weg von der Plantage bis nach Lissabon eine amtliche Buchführung ständig begleitete.

Bis zum Ende des 16. Jahrhunderts umfaßte Portugiesisch-Amerika nur den Küstenstreifen zwischen Amazonasmündung und São Vicente (Nähe Santos). Für den Zuckerrohranbau, der nur in dem feuchtheißen Klima der *tierra caliente* zwischen Meer und Küstengebirge möglich war, erwiesen sich Indianer wie Europäer gleichermaßen als ungeeignet. Die Lösung des Arbeitskräfteproblems ergab sich von selbst: Afrika bot den Portugiesen, die seit langem in Sklavenjagd und -handel Erfahrungen gesammelt hatten, ein unerschöpfliches Reservoir. Die Kaufgelder für Sklaven waren auf lange Sicht eine höchst gewinnbringende Kapitalanlage: Der Aufbau des brasilianischen Weltzuckermonopols, das seinen Höhepunkt im 18. und 19. Jahrhundert fand, ist eine direkte Folge von Sklavenimport und Zwangsarbeit auf den Plantagen.

Das spanische Kolonialreich

Mit dem Ausklingen der ungestümen, oft unkontrollierten und von Übergriffen, Raubzügen und Grausamkeiten durchsetzten Conquista wurde es notwendig, dauerhafte gesellschaftlich-wirtschaftliche Verhältnisse als Herrschaftsgrundlage der Erobererschicht zu schaffen. Waren die Entdecker und Konquistadoren der ersten Welle noch häufig arme Teufel aus den unteren Volksschichten, die ein echtes Siedlungsinteresse nach Amerika geführt hatte, so kamen schon mit der zweiten Welle zahlreiche *secundones*: jüngere Söhne aus allen Schichten des kastilischen Adels, die – ohne Chance einer standesgemäßen Versorgung im Kirchen- oder Staatsdienst im Mutterland – Glück, Ehre und Ruhm in der Neuen Welt suchten.

Eroberung und Besitzergreifung Amerikas hängen eng mit der Krise des spanischen Feudaladels zusammen. Man konnte vor der zentralistisch-absolutistischen Bedrohung und Einengung der ständischen Rechte (vgl. S. 27) in die überseeischen Gebiete ausweichen; Ehrgeiz und Suche nach einem besseren Leben waren hier leichter zu befriedigen. Häufig verarmt, durch das Erstgeburtsrecht von gesellschaftlicher Spitzenstellung ausgeschlossen, aber mit Lebensstil, Mythos, Tradition und Methoden des europäischen Feudalismus bestens vertraut, bauten diese *hidalgos pobres* in Amerika jene Feudalwelt auf, in der zu leben ihnen in der Heimat versagt war. Als der europäische Feudalismus seinen Höhepunkt längst überwunden hatte, gelangte er in der ›amerikanischen Feudalordnung‹ zu neuem Leben und zu neuer Blüte, freilich auch – infolge der besonderen Voraussetzungen – zu schärferer Ausprägung.

Da die Eingeborenen einer anderen Rasse angehörten, erst zum Christentum bekehrt werden mußten und den Europäern obendrein auch technisch weit unterlegen waren, waren sie in den Augen der stolzen Eroberer zu Arbeit und Diensten aller Art prädestiniert. Versuche der Krone, die Indianersklaverei in bestimmte Rechtsnormen zu lenken, scheiterten fast ausnahmslos am zähen Widerstand der neuen Herren Amerikas (»Gott ist im Himmel, der König ist weit, hier befehle ich«); ihr Land, meist durch Eroberung, Schenkung, Abfindung, selten durch Kauf gewonnen, war ohne Arbeitskräfte wertlos. Obwohl die Indianerversklavung nicht expressis verbis verboten wurde (das geschah erst 1530 und, nach der 1534 erzwungenen Rücknahme, endgültig 1542), regelte ein Erlaß Isabellas die Beschaffung von Arbeitskräften (1503): Da, wie es heißt, die Indios auch gegen Lohn nicht arbeiten wollen, die Spanier aber für Feldbestellung und Goldgewinnung Arbeitskräfte benötigten, sollte jeder Kazike eine bestimmte, ihm amtlich auferlegte Zahl seiner Indianer für Arbeitsleistungen bereitstellen; jeder Arbeiter erhielt angemessenen Lohn und Lebensunterhalt. Diese Zuteilung von Indios an spanische Siedler nannte man *encomienda*. Daneben gab es andere Formen der Zwangsrekrutierung, um Arbeitskräfte für Tuchmühlen und Bergwerke zu gewinnen. Die Ausbeutung der indianischen Arbeitskraft war in den ersten Jahrzehnten barbarisch. Auf den westindischen Inseln bedurfte es kaum der aus Europa eingeschleppten Blattern, um die Eingeborenen binnen zwei Jahrzehnten fast völlig aussterben zu lassen.

»Mit welchem Recht habt ihr die Völker der Insel unterdrückt? Sie zu Zwangsarbeit erniedrigt, sie verhungern und an Krankheiten zugrunde gehen lassen? ... Sind diese Unglücklichen nicht Menschen wie ihr? Haben sie nicht Seelen wie ihr? Hört ihr nicht, fühlt ihr nicht? Schläft euer Gewissen?«

Diese mutigen Worte, am 4. Adventssonntag des Jahres 1511 den zum Gottesdienst versammelten Sklavenhaltern der Goldgräberstadt Santo Domingo vom Dominikaner Antonio de Montesinos entgegengeschleudert, leiteten den ›Aufstand der Mönche‹ ein (Randa). Christliches Ethos stellten die Dominikaner gegen das Verbrechen und begannen, an Menschlichkeit und Ehrenhaftigkeit unübertroffen, ihre Glaubens- und Gewissensschlacht zur Rettung der Indios.

Auf die persönliche Intervention Montesinos bei König Ferdinand gehen die ›Gesetze von Burgos‹ zurück (1512); sie modifizierten das Encomienda-System und schrieben eine humanere Behandlung der Eingeborenen vor, doch war ihre Nichtbeachtung infolge der ganz anderen Interessen der Kolonisten vorauszusehen. Trotzdem gelang es allmählich, den persönlichen Arbeitszwang der Indios durch regelmäßige Steuerzahlung (Edelmetall, Naturalien, Gewerbeerzeugnisse) an den *Encomendero* abzulösen, dem seinerseits die Sorge für Sicherheit, kirchliche Betreuung und Verteidigung der Indios oblag, so daß schließlich das Encomienda-System aus einem Arbeitszwang zu einer politisch-militärischen Einrichtung des spanischen Kolonialreiches umgewandelt wurde, die bis 1720 bestand.

Der unerbittlichste Streiter für das Recht der Eingeborenen wurde Bartolomé de Las Casas, wie Montesinos Dominikaner, von grenzenlosem Idealismus, temperamentvoll und von faszinierender Einseitigkeit. Vom Kaiser sehr geschätzt, ließ Las Casas nicht nach, an höchster Stelle zu mahnen und zu drängen, anzuklagen und zu fordern. Die berühmten *Leyes nuevas* (Neue Gesetze, 1542) Karls V. sollten eine neue Kolonialpolitik einleiten: die Missionspflicht bekam den Vorrang, die Konquistadoren galten als kaiserliche Gesandte und

Verhandlungsbevollmächtigte, die Erblichkeit der Lehen wurde aufgehoben, strengste Strafen drohten bei Übergriffen und Mißbräuchen, die Nachkommen der ermordeten Inkas sollten zur »Union der beiden Kronen und zur Entlastung unseres königlichen Gewissens« als Stellvertreter des Kaisers fungieren.

Eine durchgehende Rebellion der Konquistadoren von Peru bis Panama war die Folge. Karl, in Europa gebunden, mußte nachgeben: 1545 nahm er einen großen Teil der Neuen Gesetze zurück. Die Katastrophe des Kaisers (1552) trieb den enttäuschten Las Casas zu verzweifelter Polemik: In tiefer Sorge vor einer Erneuerung der Indianerjagden veröffentlichte er seine sieben schärfsten Schriften; in wildem Haß gegen sein eigenes Volk verfaßt, lieferten seine glänzend geschriebenen, oft übersetzten, doch maßlos übertreibenden ›Tatsachenberichte‹ den kolonialen Neidern Spaniens der folgenden Jahrhunderte umfangreiches Material zum kunstvollen Aufbau der *Leyenda negra*, die das Bild spanischer Kolonialherrschaft völlig verzerren sollte. Aus Edelmut wurde Las Casas zum Verräter an Spanien. Jahrhundertelang erfuhr die Welt z. B. nichts von den Sozialgesetzen Philipps II. für Amerika: gerechter und genügender Lohn (1559), Gewinnbeteiligung der Arbeiterschaft (in Chile 1564), Erhaltung der Arbeitergesundheit (1581), gleitende Lohnskala (1590), Achtstundentag (1593) für die Arbeiter in Festungen und Fabriken.

Zweifellos sind diese Bestimmungen nicht überall gleichmäßig realisiert worden, doch wurde die Lage der Indios (die an der feudalistischen Gesamtstruktur kaum etwas änderte) erleichtert durch die zunehmende Einfuhr afrikanischer Sklaven (seit 1510).

»Nach Amerika«, berichtet Las Casas, »wurden Negersklaven entsandt, und ich war der erste, der den Rat hierzu gab. Ich tat es um der Indianer und um der Armut der spanischen Siedler willen, und hätte ich gewußt, mit welcher Ungerechtigkeit die Portugiesen sie in Afrika eingefangen hatten, nie hätte ich diesen Rat gegeben.«

Unmittelbarer Anlaß war das Aussterben der Indios auf den Westindischen Inseln. Die spanische Krone monopolisierte die Negereinfuhr (der Sklavenhandel ab Afrika lag in portugiesischer Hand) und verpachtete das einträgliche Geschäft, meist an Gesellschaften. Die Zahl der im 16. Jahrhundert nach Amerika gebrachten Neger wird auf 0,9 Millionen geschätzt (17. Jahrhundert: 2,75; 18. Jahrhundert: 7; 19. Jahrhundert: 4 Millionen). Man nimmt an, daß jeweils die gleiche Anzahl den Strapazen der Überfahrt zum Opfer gefallen ist.

Die Struktur der lateinamerikanischen Bevölkerung war (und ist) durch das Nebeneinander von drei großen ethnischen Gruppen in unterschiedlicher sozialer Stellung gekennzeichnet. Die Nachkommen der Einwanderer, amerikanische Spanier sozusagen, heute ›Weiße altspanischer Abstammung‹ genannt, sind die Kreolen (*criollos*); sie bilden fast überall die Oberschicht. Die Mestizen, Kinder aus meist freien Verbindungen der Spanier mit Indianerinnen (Heiratserlaubnis seit 1513), stehen zwischen beiden Gruppen; durch die lange beibehaltene Gewohnheit der spanischen Herren, indianische Mätressen zu halten, wuchs die Zahl der Mestizen trotz der relativ geringen Zahl spanisch-indianischer Heiraten beträchtlich.

Die Zahl der Indianer ging bis zur Mitte des 17. Jahrhunderts ständig zurück. Unmenschliche Behandlung, Arbeitszwang, Hungersnöte, Seuchen und die religiös-sozial-wirtschaftliche Entwurzelung überhaupt waren die Ursachen des Massensterbens. Daß in 150 Jahren bei der Arbeit in den Silbergruben von Potosi (4 000 m hoch, 160 000 Einwohner) ungefähr 8 Millionen Indianer umgekommen sind, ist eine sicher ungenaue, aber durchaus glaubwürdige Angabe. Das ethnographische Bild wurde durch Neger und Mischformen (Mulatten, Zambos) weiter differenziert. Asiaten spielten erst später und auch dann nur vereinzelt eine größere Rolle (Trinidad, Guayana).

Alle Versuche, eine einheitliche Gesellschaft zu schaffen, blieben an der Oberfläche. In den Städten wurde die Trennung der drei ethnisch und sozial unterschiedenen Gruppen auch räumlich deutlich, Lebensauffassung und Gewohnheiten gingen weit auseinander. Der Graben zwischen Indios und Weißen wurde nie, der zwischen Mestizen und Weißen öfter, der zwischen Indios und Mestizen selten überbrückt. Auch die Religion hat – trotz aller äußeren Adaption – eine echte Verschmelzung nicht erreicht.

Die demographische Struktur Lateinamerikas spiegelt bis in die Gegenwart die unterschiedlichen Konsequenzen, die sich aus Zeitpunkt, Intensität und Zielsetzung der Inbesitznahme der einzelnen Gebiete ergaben: Heute leben z. B. in (in %)

	Indianer	Mestizen	Weiße	Neger	Mulatten
Haiti			10	60	30
Kuba			70	12	17
Jamaika			1	77	19
Mexiko	30	60	10		
Panama		55	16		20
Bolivien	54	31	15		
Paraguay	2	95	3		

So weitgehend der Einfluß der Kreolen im Wirtschaftsleben war, den Handel von und nach Europa an sich zu ziehen, gelang ihnen nicht. Seit 1503 lag die Kontrolle über den gesamten Westindienhandel bei der *Casa de la Contratación* in Sevilla, dem königlichen Handelshaus, das die Schiffe ausrüstete, den Warenverkehr regelte, Aus- und Einfuhrregister führte, Lizenzen und Pilotenscheine vergab, sogar Handelskarten herstellte, Konquistadorenverträge abschloß und darauf achtete, daß Sevilla der alleinige Ausreise- und Rückkehrhafen blieb (bis 1717; einzige Ausnahme seit 1519 Cadiz).

Der gesamte Kolonialhandel lief ausschließlich über das Mutterland und auf spanischen Schiffen. Gold- und Silberexport in andere Länder war streng verboten; alles aus Übersee kommende Edelmetall ging durch die Bücher der *Casa*. Die Krone beanspruchte von den Edelmetallerträgen jeder Reise und jedes Konquistadorenzuges das ›königliche Fünftel‹, also 20%. Zur uneingeschränkten Durchsetzung des spanischen Handelsmonopols fehlten jedoch einmal die Mittel, zum anderen die Bereitschaft der amerikanischen Siedler; sehr bald entwickelte sich ein lebhafter Schmuggel, an dem sich Portugiesen, Holländer, Engländer und Franzosen beteiligten. Die Westindischen Inseln boten Stützpunkte und Schlupfwinkel genug für die berüchtigten *filibusters* und *buccaneers* (vgl. S. 246).

Neben der obersten Wirtschaftsbehörde wurde 1524 als höchste Verwaltungsinstanz der *Consejo Real y Supremo de las Indias* eingerichtet, der auch Gerichtsinstanz für Amerika war. Diesem Indienrat unterstanden die Vizekönigreiche Neu-Spanien (1535, Hauptstadt Mexiko), Peru (1543, Lima), später Neu Granada (1717, Bogotá) und La Plata (1776, Buenos Aires). Die Vizekönige, Beamte auf Zeit, beaufsichtigten die Provinzgouverneure, die als Generalkapitäne administrative, richterliche und militärische Gewalt ausübten.

Zur Stabilisierung der neuen politischen Ordnung, als Gegengewicht gegen selbstherrliche Konquistadoren und Vizekönige sowie im Interesse einer besseren Rechtssicherheit kam es (erstmals 1511, Santo Domingo) zur Errichtung der *audiencias*. Diese obersten Gerichtsbehörden in Amerika hatten weitreichende Vollmachten: als Petitionsinstanz konnten sie administrative Maßnahmen der Gouverneure aufheben oder bestätigen; zur Überwachung der Indianerschutzgesetzgebung waren sie von Amts wegen verpflichtet. Ihre Beschlüsse hatten Gesetzeskraft.

Bis ins 18. Jahrhundert blieb es üblich, die höchsten Beamtenstellen nur ausnahmsweise mit Kreolen zu besetzen, um einer Feudalisierung der Kolonialverwaltung vorzubeugen.

In den Städten, die schachbrettartig oder radial um die zentrale *plaza de armas* angelegt wurden, gab es eine halbwegs freie Selbstverwaltung. Der *cabildo*, die zum Teil gewählte Stadtobrigkeit, bestand aus Laienstadtrichtern (*alcaldes*) und Stadträten (*regidores*). Der *corregidor*, juristisch geschulter königlicher Aufsichtsbeamter, der die Sitzungen des *cabildo* leitete, bedeutete allerdings eine erhebliche Einengung städtischer Selbständigkeit. In den folgenden Jahrhunderten führten Korruption und Cliquenwirtschaft, Ämterkäuflichkeit und Gruppenegoismen zu einer völligen Pervertierung der Selbstverwaltung und damit zur Unmöglichkeit der Entwicklung eines selbstbewußten, emanzipierten Bürgertums. Darüberhinaus hat es – im Gegensatz zu Nordamerika – im spanischen Kolonialreich niemals Einrichtungen gegeben, die, etwa auf der ständisch-repräsentativen

Grundlage der spanischen *cortes*, eine Mitwirkung der Bürger an der Regierung vorsahen. Die fehlende politische Erfahrung sollte sich beim revolutionären Übergang zur demokratisch-republikanischen Staatsform im 19. Jahrhundert als ernste Belastung erweisen.

Die wirtschaftliche Erschließung Spanisch-Amerikas war ausschließlich durch das fiskalische Interesse der Krone bestimmt. Obwohl nicht ganz im Einklang mit den Gesetzen, entwickelte sich aus den *estancias* und *haciendas* die typische Eigentumsform des Großgrundbesitzes. Die aus Europa eingeführten Rinder, Pferde, Schafe und Schweine bildeten die Grundlage einer extensiv betriebenen Viehzucht; Zuckerrohr und Tabak, später Kakao und Kaffee waren die wichtigsten Plantagengewächse. Auch Leder war ein wichtiger Exportartikel. Größere gewerbliche Unternehmen waren nicht erwünscht, da die überseeischen Gebiete als Absatzmarkt spanischer Fertigwaren betrachtet wurden. Trotzdem entstanden hier und da Woll- und Baumwollwebereien; um die Textilversorgung breiter Bevölkerungsschichten decken zu können, wurden sie schließlich geduldet.

Im Vordergrund stand von Anfang an die Ausbeutung der Gold- und Silbervorkommen. Sie erfolgte – gegen Abführung des ›königlichen Fünftels‹ – durch Privatunternehmer und stieg seit der Entdeckung des berühmten Silberberges (Cerro) von Potosi (1545) und der Goldlager in Kolumbien, Ekuador und Honduras rapide. Wichtigstes Produktionsgebiet war ursprünglich Mexiko. Mit der Entdeckung der peruanischen Quecksilbervorkommen von Guanacavelica (1563) konnte das erst wenige Jahre zuvor entwickelte, rentable Amalgationsverfahren zur Edelmetallgewinnung aus Erzen eingeführt werden. Diese Lager, wegen ihrer Wichtigkeit im Staatsbetrieb ausgebeutet, konnten jedoch den Bedarf der amerikanischen Minen nur zu etwa zwei Drittel decken. Rund 150 Tonnen Quecksilber wurden jährlich aus Spanien eingeführt. Ihren Höhepunkt erreichten die amerikanischen Silberlieferungen in der Dekade 1591–1600. Die Rechnungsbücher der *Casa* nennen 2 707 Tonnen; setzt man die in Silberwert umgerechnete Goldmenge hinzu, ergibt sich eine durchschnittliche Lieferung von 400 Tonnen im Jahr, die durch die jeweils im März von Havanna absegelnde ›Silberflotte‹ nach Spanien gebracht wurden. Wegen der zunehmenden Piratentätigkeit begann man 1543, im Amerikaverkehr das Geleitzug-System einzuführen. Es hat sich – entgegen einer verbreiteten Ansicht – im ganzen bewährt; nur zweimal (1628, 1656) waren wirklich schwerwiegende Verluste zu beklagen.

Die wirtschaftliche Betätigung der Kirche stand zwar nicht im Mittelpunkt ihrer Aktivitäten, spielte aber neben Seelsorge, Caritas und Erziehung keine geringe Rolle. Entsprechend dem streng gehandhabten königlichen Patronatsrecht waren der kirchlichen Selbständigkeit in Hispano-Amerika klare Grenzen gezogen; die am Ende der

Kolonialzeit vorhandenen 10 Erzbischöfe und 38 Bischöfe trugen den Charakter von Staatsbeamten für geistliche Aufgaben und waren auch mit weltlichen Angelegenheiten betraut. Ursprünglich zur Erfüllung ihrer Aufgaben auf königliche Zuwendungen angewiesen, erwarben besonders die Mönchsorden im Laufe der Jahre durch Schenkungen und Erbschaften umfangreichen Grundbesitz, eine Entwicklung, die trotz wiederholter Verbote nicht einzudämmen war und schließlich gebilligt werden mußte.

Es war vor allem der Jesuitenorden, der seine sich ungeheuer ausdehnenden Besitzungen landwirtschaftlich und gewerblich in eigener Regie ausbeutete (Viehzucht, Getreide- und Weinbau, Fett- und Häuteverwertung, Gewerbebetriebe). Eine gute Betriebsorganisation, kaufmännische Wirtschaftsführung und Ausnutzung der technischen Fortschritte sicherten diesen Wirtschaftsunternehmen außerordentliche Erfolge.

Die bemerkenswerteste Verknüpfung von Missionsidee und Wirtschaftsdenken findet sich in den ›Reduktionen‹, die der Jesuitenorden im Laufe des 17. Jahrhunderts in den Randgebieten des spanischen Siedlungsraumes begründete und die sich inselhaft von Paraguay über Bolivien (1684, 1691) und Ekuador (1638) bis nach Ostvenezuela erstreckten.

Die berühmteste dieser Reduktionen entstand, als Philipp III. dem Orden die Mission der Guarani-Indianer im La-Plata-Gebiet übertrug (1609). Die in Massen bekehrten Indios wurden seßhaft gemacht, in Landwirtschaft und Gewerbe beschäftigt und von den Patres versorgt und beschützt. Den Spaniern war es verboten, in diese Missionsprovinzen einzudringen und die Indianer zu Tributen oder Arbeitsleistungen heranzuziehen. Obwohl die Reduktionen formell der Kontrolle der Gouverneure unterstanden, übten die Jesuiten eine fast uneingeschränkte patriarchalische Gewalt aus; zwei oder mehrere Patres bestimmten über 2 500 bis 8 000 Indios. Die Arbeitsanforderungen entsprachen der – hier durchgesetzten – humanen spanischen Kolonialgesetzgebung; die zahlreichen Feiertage wurden strikt eingehalten. Privateigentum gab es nicht, alle Produktionsmittel, auch die ganze persönliche Habe (außer dem Goldschmuck der Frauen) gehörten der Gemeinschaft, waren *tupambac*, Eigentum Gottes. Als Sklavenjägerzüge von der brasilianischen Küste aus ins Innere vordrangen und in die Reduktionen einzufallen begannen, gingen die Jesuiten zur Aufstellung einer kleinen Guarani-Armee über und konnten mit ihrer Hilfe die Gefahr abwenden (1641).

Die Reduktionen waren blühende, freilich isolierte Gebiete, in denen eine beträchtliche religiöse und kulturelle Erziehungsaufgabe geleistet wurde. Es waren die einzigen Regionen Latein-Amerikas, wo die Zahl der Eingeborenen nicht zurückging. Sie erlernten Ackerbau, Obst- und Gemüsekultur und Viehzucht, verstanden sich auf Ziegelei,

Weberei, Glocken- und sogar Kanonenguß. Eins aber brauchten sie nie zu lernen: alle Entscheidungen trafen die Patres. Positive und negative Konsequenzen dieser patriarchalisch organisierten, kommunistisch-kollektivistisch funktionierenden Sozialgemeinschaften wurden mit dem Verfall dieser Siedlungen seit der Vertreibung der Jesuiten aus Amerika besonders deutlich (1767).

Die Rückwirkungen der Entdeckungen auf Europa

Die Ausbreitung der europäischen Völker bedeutete für die Menschen in den überseeischen Kontinenten eine Umwälzung auf allen Gebieten des Lebens, die Europäisierung der Erde nahm ihren Anfang. Weniger radikal, doch tiefgreifend genug, waren die Rückwirkungen der Entdeckungen auf Europa.

An erster Stelle ist die grundlegende Wandlung des traditionellen Weltbildes zu erwähnen, bestimmt durch die Ausweitung der klassisch-historischen Kategorien zu universalgeschichtlichen Perspektiven und die wachsenden geographischen, ethnographischen, astronomischen und kosmographischen Kenntnisse und Erkenntnisse. Mit der Aufhebung der Identität von ›Oikumene‹ und ›christianitas‹ stellte sich die Frage nach der moralischen Bewertung und juristischen Stellung der neu entdeckten, heidnischen Völker. Las Casas, Vorkämpfer einer gerechten und humanen Behandlung der Eingeborenen, fand einen wissenschaftlich geschulten Helfer in Francisco de Vitoria (1480 bis 1546) von der Universität Salamanca. Er bahnte dem Gedanken einer Rechtsgemeinschaft *aller* Menschen den Weg, entwickelte aus naturrechtlichen Prämissen die Rechts- und Handlungsfähigkeit auch der nichtchristlichen Völker und wurde zum Begründer des modernen Völkerrechts. Die Ungleichheit der Rassen fand ihren Verfechter in Sepúlveda, dem Gegenspieler von Las Casas bei der berühmten Disputation von 1550.

Naturrechtlicher Argumente bediente sich auch die französische Diplomatie, um das iberische Kolonialmonopol anzugreifen. Der Grundsatz von der Freiheit der Meere, 1532 erstmals ausgesprochen, wurde bald von den anderen Nationen übernommen und fand endgültig seit Grotius (1609: ›Mare liberum‹) Eingang in die völkerrechtliche Diskussion.

Die Kritik an der Aufteilung der Welt in Tordesillas und Saragossa führte zu einer Verfeinerung der Rechtsbegriffe. Nur die tatsächliche Inbesitznahme (occupation effective) begründe echte Eigentumsrechte, nicht aber die bloße Priorität der Entdeckung (›oculis usurpare‹) oder die Zuweisung bestimmter Länder aufgrund fiktiver kartographischer Abgrenzungen. Die öffentlich-rechtliche Diskussion der Kolonialfrage war ein fester Bestandteil der habsburgisch-französischen

Auseinandersetzung in Europa, in allen Verträgen zwischen 1529 und 1559 (vgl. S. 99 ff.) ist davon die Rede. Seit dem Vertrag von Cateau-Cambrésis galt für etwa ein Jahrhundert als völkerrechtlicher Grundsatz, daß die europäischen Friedensschlüsse in Übersee keine Geltung hätten; »no peace beyond the line« formulierten es später die Engländer. Erst mit der Entfaltung der niederländischen, englischen und französischen Kolonialpolitik im 17. Jahrhundert wurden auch die Kolonialgebiete in die europäische völkerrechtliche Ordnung einbezogen.

Die stärkste Rückwirkung der Entdeckungen auf lange Sicht bildete die zwar zögernd einsetzende und nur langsam fortschreitende, aber unaufhaltsame Verschiebung des politisch-kulturellen und wirtschaftlichen Schwerpunktes von Süd- und Mitteleuropa zu den atlantischen Anliegerstaaten. Allerdings hat die neuere Forschung die frühere Auffassung endgültig widerlegt, daß diese Verlagerung für das Wirtschaftsleben im Mittelmeerraum sehr schnell katastrophale Folgen gezeitigt haben sollte. Es ist zwar richtig, daß die Portugiesen den Pfefferhandel an sich ziehen und über Lissabon leiten konnten, doch attackierte die venezianische Propaganda den Konkurrenten recht erfolgreich mit der Behauptung, der ohnehin zweitklassige portugiesische Pfeffer verlöre durch den langen Seeweg seine Qualität. Außerdem gelangten fast alle anderen Orientwaren (Korallen, Seide, Perlen, Teppiche, Essenzen, Zimt, Muskat usw.) nach wie vor über innerasiatische, dem portugiesischen Zugriff entzogene Landwege oder durch Schmuggel zur See ins Mittelmeergebiet. Der Versuch, diese asiatisch-osmanische Handelsachse wirksam zu unterbrechen, war seit dem Verlust von Aden (1538) zum Scheitern verurteilt.

Gleichzeitig profitierte der Mittelmeerraum vom allgemeinen Aufschwung des europäischen Handels im 16. Jahrhundert. Nicht nur Lissabon, Antwerpen und London entwickelten sich kräftig, auch Barcelona, Ragusa und Messina blühten auf; Livorno stieg am Ende des Jahrhunderts als Getreideumschlagplatz zum Rang Venedigs und Genuas empor. Geschickt paßten sich die italienischen Kaufleute den neuen Verhältnissen an, eröffneten Filialen in den wichtigsten westeuropäischen Waren- und Geldhandelszentren. Bis etwa 1570 war Antwerpen, ursprünglich Stapelplatz der Merchant Adventurers mit Messebetrieb, Weltzentrum für den Warenhandel und europäische Finanzmetropole. Unmittelbar neben dem neuen Börsengebäude von 1531 (»in usum negotiatorum cuiuscumque nationis ac linguae«) befanden sich die Häuser der Genuesen, Venezianer und Florentiner, und es ist bezeichnend, daß mit dem Rückgang Antwerpens das italienische Genua wichtigste Finanz- und Bankstadt Europas wurde. Dabei verdient Erwähnung, daß der zunehmende Einfluß italienischer Kaufleute in Westeuropa zur wachsenden Verbreitung der in Italien entwickelten Techniken des Geschäftsverkehrs beitrug. Hier spielte vor allem die Einführung des Wechsels als Transferinstrument zur bargeldlosen Zahlung und seine später hervortretende Funktion als Mittel der Kreditschöpfung eine wichtige Rolle.

Augenfälliger als rechtsphilosophische Denkanstöße oder langfristige Wandlungen im Wirtschaftsleben war für die breite Masse der Zeitgenossen ein anderes Problem, das ebenfalls – zu einem nicht unerheblichen Teil – eine direkte Folgeerscheinung der spanischen Kolonialpolitik in Amerika ist. Es handelt sich um die im 16. Jahrhundert zu beobachtende europäische Teuerungswelle, deren Intensität allerdings lange überschätzt wurde. Schon seit etwa 1480 zeigten die Preise eine steigende Tendenz, ausgelöst durch eine verstärkte Edelmetallförderung in Europa, Goldzugang aus den portugiesischen Guinea-Expeditionen und eine allgemeine Nachfragesteigerung (vgl. S. 15). Die Silberproduktion Europas verfünffachte sich zwischen 1480 und 1540 und erreichte um die Mitte des Jahrhunderts etwa 65 000 kg jährlich.

Diese Erhöhung der Edelmetallbestände wurde durch die Gold- und Silberimporte aus Amerika in ungeheurer Weise beschleunigt, vor allem seit den 40er Jahren, als ein systematischer Abbau der reichen Vorkommen die bisher übliche Beute- und Plünderungspraxis abzulösen begann. Um 1560 betrug die amerikanische Silber- und Goldproduktion das Vier- bzw. Fünffache der europäischen; die *Casa* in Sevilla registrierte folgende Einfuhren:

	Silber (kg)	Gold (kg)
1503—1520	—	14 000
1521—1540	86 000	19 000
1541—1560	488 000	67 000

Dem standen gegenüber eine weniger stark steigende Warenproduktion und -menge sowie ein – im Gegensatz zum Welthandel – stagnierender Binnenhandel. Die Konsequenz war eine Inflation, die sich zuerst und am energischsten in Spanien bemerkbar machte, aber bald auf die Nachbarstaaten übergriff, da die nach Spanien einströmenden Edelmetalle infolge der vielfältigen finanziellen Verpflichtungen der Krone in die anderen europäischen Länder weiterflossen und bis hin nach Osteuropa eine Verschärfung der allgemeinen Preissituation, freilich von unterschiedlicher Intensität, bewirkten. Daß sich die Geldwirtschaft gleichzeitig mehr und mehr durchsetzte, erhöhte infolge der höheren Zirkulationsgeschwindigkeit der Münzen die inflationären Tendenzen. Als Durchschnittswert kann für Europa gelten, daß die Preise zwischen 1480 und 1590 etwa auf das Fünf- bis Sechsfache gestiegen sind, wobei überall die Lebensmittelpreise die Führung übernahmen.

Besonders schwer betroffen waren von dieser Entwicklung die Lohnarbeiter ohne jegliche Naturaleinkünfte, eine zahlenmäßig noch

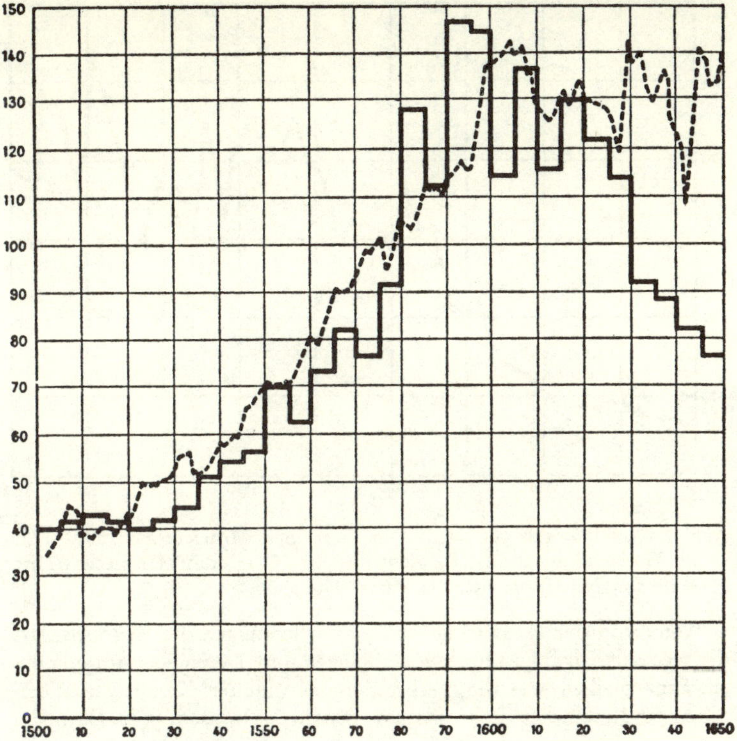

- - - - - Preise ———— Edelmetalleinfuhr

Abb. 1. Spanische Edelmetalleinfuhr und Preisbewegung in Spanien 1500—1650 (Nach E. J. Hamilton). Aus: R. Mousnier, Les XVIe et XVIIe siècles (= Hist. générale des civilisations, tom. 4), Paris 1956, p. 56.

recht kleine Schicht. Die Löhne wurden zwar überall angehoben, hielten aber mit den Preiserhöhungen nicht Schritt. Auch ein großer Teil des von Renten lebenden Adels ist dabei ruiniert worden, soweit er keine Naturalleistungen, sondern Geldrenten als Kapitalzins vereinbart hatte.

In Unkenntnis der ökonomischen Zusammenhänge machten die Zeitgenossen in zahllosen Traktaten vielerlei für die Preissteigerung verantwortlich: die Habsucht der Erzeuger, den Geiz und den Wucher der Händler, die Monopole und großen Handelsgesellschaften, die Einfuhr fremder Luxuswaren und die Münzverschlechterungen. Den entscheidenden Faktor, den Überfluß amerikanischen Edelmetalls in Spanien und den Kapitalimport infolge der aktiven Handelsbilanz erkannte am Beispiel Frankreichs als erster Jean Bodin (1568).

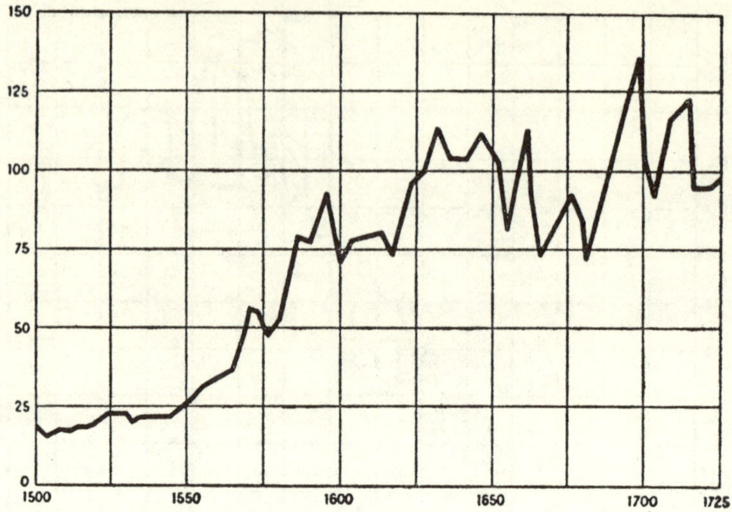

Abb. 2. Nominalpreis für Weizen in West- und Mitteleuropa 1500—1725 (Nach W. Beveridge). Aus: R. Mousnier, Les XVIe et XVIIe siècles (Hist. générale des civilisations, tom. 4), Paris 1956, p. 56.

Wenn von den Auswirkungen der Entdeckungen die Rede ist, darf der wechselseitige Austausch von Pflanzen und Tieren ebensowenig unerwähnt bleiben wie die Verbreitung bestimmter Kenntnisse, Techniken und mancher Lebens- und Ernährungsweisen. Die Europäer brachten nicht nur Pferde, Rinder und Schweine nach Amerika, sie führten auch Hammel, Hühner und Rentiere ein. Dagegen kam als einziges amerikanisches Nutztier der Truthahn nach Europa. Nutzpflanzen der Alten Welt gelangten in großer Zahl über den Atlantik: Wichtiger als Spargel, Sellerie und Salat waren bald Weizen, Zuckerrohr und – später – Kaffee. Orangen-, Zitronen- und Maulbeerbäume wurden ebenfalls sehr zeitig nach Amerika gebracht, ebenso Olivenbäume und Weinstöcke – letztere zum Mißvergnügen der spanischen Regierung, der an einer Konkurrenz für diese beiden Hauptausfuhrprodukte nicht gelegen war.

Umgekehrt gelangten viele Grundbestandteile der indianischen Küche nach Europa: Mais, Maniok, Erdnüsse, Kakao, Knoblauch, die Kartoffel. Auch Tabak, Ananas und Vanille sind in der Neuen Welt beheimatet; erst vor einem Jahrhundert begann die Bekanntschaft Europas mit der aus Mexiko stammenden Tomate. Daß mit den Pflanzen auch Schädlinge den Atlantik überquerten, beweist der Kartoffel-(Colorado-)Käfer, der in der Mitte des 19. Jahrhunderts in Europa auftauchte und schwere Ernteverluste zur Folge hatte.

Gaben die Europäer den Eingeborenen durch rationellere Arbeitstechniken, bessere Geräte und die Einführung von Haus- und Nutztieren die Möglichkeit einer intensiveren Wirtschaftsführung, so ergab sich andererseits, z. B. durch die Kartoffel, eine grundlegende Umgestaltung der Ernährungsbasis vieler europäischer Länder. Für die spätere Industrialisierung boten erst die überseeischen Rohstoffvorräte die Voraussetzung. Daß schließlich das Leben der Seeleute der ganzen Welt durch die Übernahme der indianischen *hamacas* (engl. *hamock*, frz. *hamac*, ital. *amaca*, span. *hamaca)* eine grundlegende Veränderung erfuhr, ist bekannt. Die Portugiesen sollen eine ähnliche Einrichtung in Indien kennengelernt und sofort auf ihren Schiffen eingeführt haben.

Wie das Beispiel der Hängematte zeigt, verdankt auch der europäische Sprachschatz den Entdeckungen manche Bereicherung. Das betrifft nicht nur das Weiterleben indianischer Namen für exportierte Nutzpflanzen wie *tomatl* und *tabaco* und manche Ausdrücke der Mode wie *Mokassins* und *Poncho*, sondern auch Begriffe zur Beschreibung von Vorgängen, die den Europäern zeigten, daß sie keineswegs in ein paradiesisches Land gekommen waren: die Stürme Westindiens waren von unvorstellbarer Gewalt; als ›Orkan‹ oder ›Hurrikan‹ ging das indianische Wort in die europäischen Sprachen ein. Durch ein Mißverständnis des Columbus hinsichtlich der menschenfressenden Kariben kam das Wort ›Kannibalen‹ nach Europa.

Die lange Liste der atlantischen Wechselbeziehungen enthält auch negative Posten. Pocken (Blattern), Typhus und Ruhr brachten die Europäer in die Neue Welt; dagegen ist die Syphilis nach neueren Forschungen eindeutig amerikanischer Herkunft. Sie gelangte wohl schon 1492 mit den Matrosen des Columbus nach Spanien und verbreitete sich rasch. 1493 in England erwähnt, wird sie 1495 in Deutschland als *malum frantzos* und in Frankreich als *mal de Naples* bezeichnet. Wenig später kennen sie die Polen als *deutsche Krankheit* (1496), die Russen als *polnisches Leiden* (1499). 1512 tauchte sie als *portugiesische Krankheit* in Ostasien auf.

Der Infektionsradius der Krankheit war unvorstellbar groß. Sie traf alle Bevölkerungsschichten, und nicht nur Franz I. und Ulrich von Hutten sind ihr zum Opfer gefallen. Dürer drückte in einem Brief aus Italien 1506 die inständige Hoffnung aus, »vor den Frantzosen« bewahrt zu werden, »wan ich weis nichts, so ich mehr fürcht«, und er fügte hinzu: »dann schier jedermann hat sye. Vil Leut fresset sy gar hinweg, daz sy also sterben«. Berücksichtigt man die rasche Verbreitung, den epidemischen Charakter und die hohe Todesrate der Seuche, kommt man an der Tatsache nicht vorbei, daß die am schnellsten weite Teile der europäischen Bevölkerung erfassende Konsequenz der Entdeckungen die Syphilis war. Dabei wußte man über Herkunft, Ursachen und Bekämpfung der Krankheit natürlich genauso wenig wie über die Hintergründe der Preisrevolution.

Die eben genannten Aspekte verdeutlichen, daß die europäische Welteroberung in mancherlei Hinsicht für die Eroberer ein kostspieliges Unternehmen war. Diese Tatsache legitimiert freilich weder die Vernichtung moralischer, künstlerischer und sozialer Werte, noch die wirtschaftliche Ausbeutung und politische Unterdrückung, wie sie mit der Europäisierung der Erde von Anfang an fast überall eng verbunden waren.

Europa und die Osmanen

Angesichts der tiefgreifenden Wirkungen der Entdeckungen, die im 16. Jahrhundert in Europa zu beobachten sind, ist es erstaunlich und symptomatisch zugleich, daß die überseeischen Gebiete nur zögernd in die traditionellen Bewußtseinshorizonte einbezogen wurden und z. B. in Frankreich von 1580 bis 1609 80 Bücher (ohne Flugschriften) über die Türken, 100 über andere Asiaten und nur 40 über Amerika erschienen. Wichtiger als die Ereignisse jenseits des Atlantik war für die Zeitgenossen das Problem der Auseinandersetzung mit dem osmanischen Nachbarn, der mit einer neu einsetzenden Expansionsbewegung seine Ansprüche auf Mitbestimmung der europäischen Verhältnisse anmeldete.

Die osmanische Expansion

Es sind im wesentlichen vier, oft ineinandergreifende Faktoren, an denen sich die türkische Außenpolitik orientierte: der Gegensatz zu den schiitischen Persern, das gespannte Freund-Feind-Verhältnis mit Venedig, die guten Beziehungen zu Frankreich und der Konflikt mit den Habsburgern.

1. Die zahlreichen Kämpfe der sunnitischen Osmanen mit dem Perserreich beeinflußten die Situationen in Europa mitunter entscheidend: Wie Soliman mehrfach von seinen europäischen Projekten infolge persischer Unruhen abgelenkt werden sollte, konnte auch Selim (1512–20) erst nach der Eroberung des persischen Nord-Mesopotamien daran denken, die Expansionspläne in europäisch-afrikanischer Richtung wieder aufzunehmen. Die Unterwerfung der perserfreundlichen Mamelucken in Syrien und Ägypten (1516/17) schuf die Voraussetzungen einer osmanischen Mittelmeerherrschaft und brachte den Gewürzhandel (aus Indien über den Ozean) und den Goldhandel (aus Afrika nilabwärts) unter türkische Kontrolle (vgl. S. 57 f.). Die Seeverbindung von Kairo nach Konstantinopel sicherte die Eroberung von Rhodos (1522). Den erst nach 145tägiger Belagerung überwundenen Johannitern gewährte Soliman ehrenvollen Abzug; nach vorübergehendem Asyl auf Kreta fand der Orden eine neue Heimstatt auf der Insel Malta, von wo ihn erst Napoleon (1798) vertreiben sollte.

2. Mit Rhodos gewannen die Osmanen eine Schlüsselposition innerhalb des traditionellen venezianischen Einflußbereiches. Schon vorher stand das Verhältnis Venedigs zum osmanischen Reich unter einem doppelten Aspekt. Einmal war die Stadt auf die Getreidelieferungen aus dem östlichen Mittelmeerraum angewiesen, zum anderen fürchtete sie um ihren Levantehandel und ihre Stützpunkte: die ionischen Inseln, Kreta (Kandia), die letzten festen Plätze auf dem 1481 verlorengegangenen Peloponnes (Morea) und das 1489 erworbene Zypern. Diese venezianische Präsenz bildete eine ständige Herausforderung des osmanischen Seemachtanspruches, selbst wenn Venedig weder willens noch – ohne Bundesgenossen – fähig war, die türkische Flotte entscheidend zu schlagen. Seitdem die portugiesische Konkurrenz die Einnahmen Venedigs aus dem Gewürzhandel beeinträchtigte (vgl. S. 75), war die Stadt umso stärker an einer störungsfreien Aufrechterhaltung ihres immer noch einträglichen Levantehandels (Getreide, Öl, Wein, Waffen, Orientwaren) interessiert. Sie verfolgte daher eine Politik der bewaffneten Koexistenz, von der sie sich angesichts der Verwundbarkeit ihrer verstreuten Besitzungen die bestmögliche Realisierung ihrer handelspolitischen Interessen versprach. Nur halben Herzens war man bereit, Koalitionen gegen den Erbfeind der Christenheit einzugehen. Der unglückliche Ausgang des Krieges von 1538/41, der Venedig Malvasia und Nauplia (beide in Morea), mehrere ägäische Inseln, zwei Plätze an der dalmatinischen Küste und obendrein 300 000 Dukaten Kriegsentschädigung kostete, bestärkte die Republik in der Meinung, daß es unklug sei, reale Handelsvorteile zugunsten zweifelhafter Kreuzzugsprojekte aufs Spiel zu setzen.

3. Der Konflikt mit den Habsburgern entzündete sich an zwei Fronten, da Soliman (1520–66) nicht nur die Expansionsrichtung seines Vorgängers fortsetzte, sondern auch die von ihm zurückgestellte Balkanpolitik wieder aufnahm.

Die Versuche der Spanier, an der nordafrikanischen Küste Stützpunkte zu gewinnen (Oran, Algier, Bidschaja und Tripolis), waren auf den Widerstand der einheimischen Barbareskenfürsten gestoßen, die nicht zögerten, osmanische Unterstützung in Anspruch zu nehmen, dabei aber ihre Unabhängigkeit verloren. Algier (1519), Tunis (1531) und Tripolis (1551) wurden osmanische Vasallenstaaten und bedrohten die Verbindung zwischen Spanien und seinen süditalienischen Besitzungen, so daß die spanischen Flotten künftig eine weit nach Norden ausweichende Route bevorzugten. Um die Durchfahrt osmanischer Schiffe durch die Straße von Sizilien spanischer Kontrolle zu entziehen, begann der gefährlichste Parteigänger des Sultans, Chaireddin Barbarossa, von nordafrikanischen Stützpunkten aus mit Piratenaktionen und Razzien an der neapolitanischen Küste. Karl V. konnte zwar Tunis und Biserta erobern (1535), doch Chaireddin gab sich nicht geschlagen: 1538 zwang er eine spanisch-venezianisch-päpstliche Flotte bei Prevesa zum Beidrehen; die algerische Expedition des Kaisers drei Jahre später endete mit dem Verlust von 150 Schiffen und 12 000 Mann. Das doppelte Problem, den osmanischen Schiffen die Einfahrt ins westliche Mittelmeerbecken zu sperren und die Seeverbindung von Spanien nach Süditalien zu sichern, blieb trotz vereinzelter Erfolge des Kaisers ungelöst.

Die Wiederaufnahme der osmanischen Balkanpolitik begann mit der Eroberung von Sabatsch und Belgrad (1521). Wenig später wurde die Drau-Donau-Linie überschritten, und 1526 erlag das ungarische Reiterheer dem vernichtenden Artillerie- und Gewehrfeuer der Türken bei Mohacz. Ludwig II. ertrank auf der Flucht; die mit der osmanischen Hypothek belastete Erbschaft fiel an Ferdinand, den Bruder des Kaisers (vgl. S. 92). Buda (Ofen) und Pest wurden im gleichen Jahr erstmals besetzt, der Weg nach Mitteleuropa war frei.

Unruhen im östlichen Teil des osmanischen Reiches konnten den Vormarsch nicht lange verzögern. 1529 erschien Soliman mit 200 000 Mann und 20 000 Kamelen in Ungarn und bedrohte nach der erneuten Kapitulation Ofens die Südostgrenze des Deutschen Reiches. Die Gefahr ließ die dort eben schroff zutage gekommenen Differenzen der Religionsparteien (vgl. S. 107 f.) zurücktreten. Luthers Schrift ›Vom Krieg wider die Türken‹ trug dazu bei, daß die evangelischen Reichsstände dem Kaiser Türkenhilfe zu bewilligen bereit waren, was Ranke »nicht klug, aber groß« nannte. Mitte September begann die erste, über drei Wochen dauernde Belagerung Wiens. Die Wachsamkeit der Belagerten gegenüber allen Versuchen, Breschen in die Mauern zu sprengen, Nachschubschwierigkeiten und nicht zuletzt die fortgeschrittene Jahreszeit veranlaßten Soliman am 15. Oktober zum Abzug.

Um diese offensichtliche Schlappe vergessen zu machen, unternahm er 1532 einen neuen Vorstoß. Karl V. konnte, gegen das Zugeständnis des Religionsfriedens (vgl. S. 108) auch von protestantischer Seite unterstützt, ein Heer von über 80 000 Mann aufstellen, doch nachdem die nur 700 Mann starke Besatzung der Festung Günz den Vormarsch aufgehalten hatte, zwang der wenig später aufflammende Krieg mit den Persern Soliman zum Abbruch seines Feldzuges.

Mit dem Woiwoden von Siebenbürgen (Transsilvanien), Johann Zápolya, dessen antihabsburgische Gesinnung sich auch in einer Unterstützung der Türken ausdrückte, hatte Ferdinand schließlich einen Erbvertrag aushandeln können (1538). Als er nach dem Tode Zápolyas auf Anerkennung drängte, rief eine Adelsgruppe Soliman zu Hilfe, der aber nach der Eroberung Ofens keine Anstalten traf, dem Sohn Zápolyas die Stephanskrone (die er übrigens 1526 erbeutet und nach Konstantinopel mitgenommen hatte) zu übertragen, sondern Ungarn zu einer osmanischen Provinz machte. Gegen die militärische

Überlegenheit konnten sich die ungarischen Magnaten nicht durchsetzen. Seit 1541 wird die Dreiteilung des Landes für rund anderthalb Jahrhunderte endgültig: Der größte Teil wurde dem osmanischen Reich einverleibt (Türkisch-Ungarn); dem Woiwoden von Siebenbürgen, türkischem Vasall, gestand der Sultan eine gewisse Aktionsfreiheit zu, die Habsburg späterhin oft genug als höchst störend empfinden sollte; nur ein schmaler, kaum mehr als 100 km breiter Streifen im Westen und Teile der Slowakei im Norden blieben im Besitz Ferdinands und seiner Nachfolger (Kaiserlich-Ungarn). Als alle Anstrengungen des Kaisers, durch Entlastungsaktionen an der Mittelmeerfront den Druck des östlichen Flügels der osmanischen Zange zu lockern, scheiterten, mußte sich Habsburg 1545 erstmals bequemen, die türkischen Ansprüche über seinen ungarischen Besitz durch eine jährliche Tributzahlung anzuerkennen.

Der türkische Druck ließ in der zweiten Hälfte des Jahrhunderts nicht nach. Ferdinand I. und Maximilian II. wurden zu wenig ehrenvollen Verträgen gezwungen (1562, 1568), und auch danach gingen der Kleinkrieg im Grenzbereich und größere Streifzüge ins habsburgische Land weiter. Erst nach einem erneuten 13jährigen Krieg brachte der Frieden von Szitva-Torok (1606) dem Kaiser gewisse Erfolge: er wurde als gleichberechtigter Verhandlungspartner des Sultans anerkannt und brauchte künftig keine Tributzahlungen mehr zu leisten.

Für das ganze 16. Jahrhundert gilt also, daß die Osmanen einen nicht geringen Teil der Aufmerksamkeit Habsburgs und seiner Kräfte banden und seine außen- und innenpolitische Bewegungsfreiheit empfindlich beschneiden konnten. Die Protestanten zogen (insbesondere bis 1555) aus dieser Zwangslage ebenso ihren Vorteil wie der größte Gegenspieler Habsburgs, Frankreich.

4. Schon früh hatte Franz I. in dem türkischen Sultan einen willkommenen Bundesgenossen gesehen. Die Aufforderung der Mutter des bei Pavia gefangenen Königs (vgl. S. 99), Soliman möge das habsburgische Imperium mit Krieg überziehen, hat den Angriff auf Ungarn sicher nicht provoziert, denn der Entschluß stand vorher fest, doch gingen von 1525 bis 1540 nicht weniger als sechs französische Gesandtschaften nach Konstantinopel, um der natürlichen Interessengemeinschaft einen festeren Rahmen zu geben. 1536 kam es zum Abschluß des ersten förmlichen Bündnisses zwischen dem *rex christianissimus* und dem Erbfeind der Christenheit. Das Abkommen, in die Form eines (schon 1528 abgeschlossenen und jetzt nur erneuerten) Handelsvertrages gekleidet, brachte den französischen Kaufleuten großzügige Privilegien im osmanischen Reich (Freizügigkeit, Gleichstellung mit den einheimischen Händlern, Rechtsschutz). Die französisch-türkische Kooperation erreichte ihren Höhepunkt, als das Gegenbündnis Karls mit Venedig und dem Papst bei Prevesa und Algier zerbrochen war: die osmanische Flotte, die 1543 das savoyische Nizza

erobert, geplündert und zahlreiche Einwohner versklavt hatte, überwinterte in Toulon. Ungeachtet der leidenschaftlichen Kritik von allen Seiten wird sich auch in der Folgezeit die französische Diplomatie erfolgreich bemühen, die Türkei als ›Kettenhund Europas‹ an ihre lange Leine zu nehmen.

Struktur des osmanischen Reiches

Das Osmanenreich befand sich unter Soliman auf dem Höhepunkt seiner Machtstellung, obwohl der endgültige Besitzstand noch nicht erreicht war. Der eindrucksvolle Aufstieg vom anatolischen Kleinfürstentum zur europäisch-asiatischen Weltmacht basierte auf mehreren Faktoren. Die allen Nomadenvölkern eigentümliche Kriegslust und Tapferkeit wurde durch eine strenge Militärverfassung für die Aufgabe des heiligen Krieges nutzbar gemacht. Die eroberten Länder wurden als Lehen *ad personam* vergeben, die im Kriegsfall eine bestimmte Anzahl meist berittener Krieger oder Matrosen zu stellen hatten. Der Gefahr, diese teilweise riesigen Landkomplexe zu gefährlichen Gegengewichten zur Zentralverwaltung heranwachsen zu sehen, beugte man vor, indem die Erblichkeit der größeren Lehen nicht zugestanden wurden.

Neben der Lehnsmiliz stand das fest besoldete infanteristische Elitekorps der Janitscharen, zur Zeit Solimans etwa 12 000 Mann stark. Es rekrutierte sich aus der alle vier bis fünf Jahre in den eroberten christlichen Gebieten durchgeführten ›Knabenlese‹: Die kräftigsten Jungen zwischen 10 und 20 Jahren wurden ausgesucht und als persönliche Sklaven des Sultans im islamischen Glauben für den Kriegsdienst erzogen. Sie lebten, unverheiratet, in klosterartigen Kasernen unter härtester Disziplin. Ihre fanatische Tapferkeit war allenthalben gefürchtet; verdienten Janitscharen war, wie allen Türken, da es keinen Geburtsadel gab, der Aufstieg nicht verschlossen: Der Grieche Ibrahim wurde 1523 Großwesir.

Weniger kräftige, doch intelligent scheinende Christensöhne wurden in ähnlich harter Schule für den höheren Hof- und Verwaltungsdienst ausgebildet, wie überhaupt der Militär- und Administrationsapparat mit ursprünglichen Nichtmoslems durchsetzt war. Die unzureichende demographische Grundlage erforderte einen dauernden Nachschub an qualifiziertem Personal. Von 48 Großwesiren (1453 bis 1623) waren nur 5 Türkensöhne, die anderen stammten u. a. aus Griechenland (6), Albanien und Syrien (11). Ähnlich war das Verhältnis bei den Wesiren und Generälen. »Das Reich wurde regiert, verteidigt und erweitert von Sklaven und Renegaten« (Mousnier).

Bereitwillig übernahmen die Osmanen alle europäischen Erfindungen und Techniken, die ihnen nützlich sein konnten. Als erste setzten sie in großem Maßstab Artillerie und Handfeuerwaffen ein. Geschützgießer, Belagerungstechniker, Schiffsbauer, Metallarbeiter, Kartographen kamen aus Europa, angelockt durch gute Bezahlung oder sorgfältig aus der großen Zahl der Gefangenen herausgefiltert.

Der Regierungsapparat, auf Lehnsmiliz und Janitscharen gestützt, bediente sich der byzantinischen Verwaltung, die man nicht zerschlagen hatte. Sie gab dem Reich eine klar gegliederte Reichs- und Provinzialverwaltung und garantierte ein geordnetes Finanzwesen.

An der Spitze des Staates stand der mit unbeschränkter Machtfülle ausgestattete Sultan (Großherr) als weltliches und (seit 1517) auch geistliches Oberhaupt. Er bestimmte aus dem Kreis seiner Söhne den Nachfolger. Um Thronstreitigkeiten auszuschalten, hatte Mohammed II. 1451 den Brudermord legalisiert: der neue Herrscher ließ nach Amtsantritt durch die ›Stummen‹ (Sklaven ohne Zunge) seine Brüder umbringen. Die schaurige Praxis fand ihren Höhepunkt, als Mohammed III. 1595 seine 19 Brüder erdrosseln ließ. Kaum weniger gefährdet waren alle Beamten und Heerführer. Je größer ihr Einfluß, desto leichter konnte die in Hofkabalen und Haremsintrigen geschürte Opposition das Vertrauen des Sultans gewinnen. Von neun Wesiren Solimans starben nur vier eines natürlichen Todes. Fehler und Mißerfolge konnten den Kopf kosten.

Kaum berührt von den Machtkämpfen am Hof lebten die unterworfenen christlichen Balkanvölker (Rajahs) unter türkischer Herrschaft »in durchaus erträglichen Verhältnissen« (Stadtmüller). Sie bildeten – im Gegensatz zur steuerfreien und waffentragenden islamischen Herrenschicht – eine politisch rechtlose, sozial und wirtschaftlich unterprivilegierte Masse, deren Situation aber, solange sie ihre Kopf- und Grundsteuern zahlten (Fronarbeit gab es nicht), nicht schlechter war als unter ihren früheren Grundherren. Handel und Wirtschaft erlebten einen bemerkenswerten Aufstieg.

Die Ausübung der christlichen Religion war nur unbedeutenden Einschränkungen unterworfen (Glockenläuten, Kirchenbau). Zwangsbekehrungen waren auch aus steuerlichen Gründen unerwünscht. Sprache und Kultur blieben im allgemeinen unangetastet, doch setzte durch das Verschwinden des alten Feudaladels eine allgemeine soziale Nivellierung ein. Ohne Bürgertum, ohne adlige Führungsschicht, ohne Intelligenz (Knabenlese!) traten die an kleinbäuerliche Lebensformen gewöhnten Balkanvölker später den Kampf um die nationale Befreiung an. Nur Griechen und Rumänen bildeten dabei eine Ausnahme.

Über diese bäuerliche Kultur legte sich ein gleichförmiger orientalischer Kulturfirnis. Die Struktur der balkanischen Basarstädte ist ein Beispiel für diese lange nachwirkende Orientalisierung. Die einzige Möglichkeit, sozialer Nivellierung und steuerlicher Ausbeutung zu entgehen, bot die Konversion; sie öffnete den Weg zum Eintritt in die osmanische Reichsnation. Albaner, Bosnier und einige Griechen nutzten diese Chance, wobei freilich das griechische Bürgertum als unentbehrliche Stütze des osmanischen Handels soziale Einebnung und Orientalisierung vermeiden konnte.

Die Disziplinierung von Armee, Verwaltung und Dienst-Aristokratie war im wesentlichen eine Frage der Persönlichkeit des Sultans, seines Charakters, seiner Fähigkeiten und Herrscherqualitäten insgesamt. Unter den Nachfolgern Solimans sollte sich zeigen, daß eben die Faktoren, die zu dem Aufstieg des Reiches entscheidend beigetragen hatten, den inneren Zerfall des Reiches einleiteten (vgl. S. 258 f.).

Lepanto

Das erste Ereignis, das die europäischen Mächte zu der Hoffnung berechtigte, der Höhepunkt der osmanischen Machtentfaltung sei überschritten, fällt noch in die Zeit Solimans. Der türkische Angriff auf Malta, durch den verzweifelten Widerstand der Festung San Elmo gebremst, wurde durch eine spanische Entsatzflotte abgeschlagen (1565).

Der Thronwechsel im Osmanischen Reich bestärkte Pius V. in seiner Absicht, mit einer europäischen Koalition einen Entscheidungsschlag gegen die Türken zu versuchen, doch scheiterte das Projekt immer wieder an der lavierenden Haltung Venedigs und den sich Philipp II. und Maximilian II. zu dieser Zeit stellenden, wichtigeren Aufgaben. Erst die Besetzung Zyperns (1570) räumte die venezianischen Zweifel aus; die Heilige Liga (Spanien, Papst, Venedig) kam zustande. Don Juan d'Austria, 24 Jahre alt, illegitimer Sohn Karls V., mit dem frischen Ruhm des Siegers im Morisko-Krieg, erhielt den Oberbefehl über die mit Söldnerinfanterie besetzte gemeinsame Flotte. Er drängte die türkischen Schiffe in die schmale Einfahrt des Golfes von Korinth (Straße von Lepanto); beim Enterkampf entging nur ein kleiner Teil der Vernichtung. Die europäische Koalition gewann die größte Seeschlacht des 16. Jahrhunderts (7. 10. 1571). Obwohl der Sieg von Lepanto ein ungeheures publizistisches Echo fand und beliebtes Motiv künstlerischer Darstellung (Tizian!) wurde, darf er nicht überbewertet werden, da eine konsequente Ausnutzung des Erfolges nicht gelang. Pius, die Seele der Liga, starb im Mai 1572, die erhoffte Aufstandsbewegung der orthodoxen Balkanchristen blieb aus, und Venedig mußte an die Getreideversorgung seiner 100 000 Einwohner denken. Im Sonderfrieden (1573) verzichtete die Republik auf Zypern, auch die anderen Zugeständnisse konnten fast an einen umgekehrten Ausgang der Seeschlacht glauben lassen. Als das eroberte Tunis wieder aufgegeben werden mußte, bequemte sich auch Philipp II. zum Waffenstillstand mit der Pforte.

Trotzdem bleibt zweierlei festzuhalten: Lepanto brachte den Osmanen die erste schwere Niederlage zur See und damit einen beträchtlichen Prestigeverlust. Das westliche Mittelmeerbecken wurde der osmanischen Kontrolle weitgehend entzogen. Spanien erreichte die seit Jahrzehnten erstrebte (vgl. S. 82 f.) Sicherung des Seeweges zu seinen italienischen Besitzungen (vgl. Abb. 3, S. 93) und festigte dadurch ein wichtiges Teilstück der geographisch-strategischen Brücke zwischen den habsburgischen Territorien in West-, Mittel- und Südeuropa.

Habsburg und Frankreich

Anfänge eines europäischen Antagonismus

Obwohl die osmanische Expansion eine gemeinsame Abwehrfront der res publica christiana geradezu herausforderte, verhallten alle Kreuzzugsappelle ungehört. Nationalstaatliche Ambitionen und dynastischer Ehrgeiz entzündeten sich an territorialen Streitfragen und veränderten in wenigen Jahrzehnten die politische Landkarte Europas grundlegend. Frankreich, seit dem Ende des Hundertjährigen Krieges in einer Phase wachsender innerer Konsolidierung, von ehrgeizigen und selbstbewußten Herrschern frühabsolutistischer Prägung regiert, sah sich mit den Großmachtansprüchen des aufsteigenden Hauses Habsburg konfrontiert. Die diplomatisch-militärischen Auseinandersetzungen, die seit dem späten 15. Jahrhundert in mehreren Konfliktzonen entstanden und fast alle europäischen Mächte zum Engagement zwangen, verdichteten sich schließlich zu dem französisch-habsburgischen Antagonismus, der die europäische Politik für zweieinhalb Jahrhunderte beherrschen sollte. Unter den auslösenden Faktoren dieses Säkulargegensatzes stand an erster Stelle die Ausweitung der territorialen Machtgrundlage der habsburgischen Familie.

Der Aufstieg des Hauses Habsburg

Der habsburgische Hausbesitz bestand im 15. Jahrhundert im wesentlichen aus drei Gebieten. Das Erzherzogtum Österreich und die Herzogtümer Steiermark, Kärnten und Krain bildeten ein geschlossenes Territorium. Westlich davon lag die Grafschaft Tirol. Der Streubesitz im sogenannten Vorderösterreich umfaßte den Sundgau, den Breisgau und mehrere kleinere Gebiete in der Umgebung des großen Rheinknies. Binnen eines halben Jahrhunderts wurde dieser recht bescheidene Familienbesitz als – teilweise unvorhergesehene – Folge der berühmten habsburgischen Heiratspolitik (»alii bella gerant, tu felix Austria nube«) beträchtlich erweitert: Durch die burgundische, die spanische und die jagellonische Erbschaft wuchs das Haus Habsburg in europäische Dimensionen hinein.

1. Seitdem der französische König Johann der Gute seinen Sohn Philipp 1363 mit dem Herzogtum Bourgogne belehnt hatte, war

durch Käufe, Verpfändungen, Erbschaften und Eroberungen der Territorialbesitz der burgundischen Herzöge zu einem Komplex angewachsen, der alle Anzeichen eines selbständigen politischen Gebildes trug. Das Zwischenreich Burgund * bestand um 1470 aus den ›Oberen Landen‹ (Bourgogne, Franche Comté) und den ›Niederen Landen‹ (Flandern, Artois, Picardie, Hennegau, Brabant, Namur, Holland, Seeland, Luxemburg). Bis auf die Bourgogne westlich der Sâone, das Artois, die Picardie und Flandern, die vom französischen König abhingen, gehörten die Territorien lehnsrechtlich zum Deutschen Reich. Obwohl die Sprachgrenze mitten durch die ›Niederen Lande‹ hindurchging, bildete das Gebiet im ganzen eine geistig-kulturelle Einheit, die an Frankreich orientiert war und deren einzigartige Blütezeit im ›Herbst des Mittelalters‹ Huizinga meisterhaft beschrieben hat.

Außenpolitisch auf riskantem, aber erfolgreichem Kurs, konnte Philipp der Gute 1435 für seine Person die Lösung des Lehnsverhältnisses zu Frankreich erreichen. Sein Sohn Karl der Kühne, *le téméraire,* erstrebte die völlige Souveränität und den Gewinn der Königswürde. Eine Verbindung mit dem habsburgischen Kaiserhaus schien ihm dafür eine gute Ausgangsbasis zu bieten.

Die Verhandlungen wurden auch nach dem Tode Karls in der Schlacht bei Nancy weitergeführt. 1477 heiratete Maria, Tochter und Erbin des letzten burgundischen Herzogs, den Kaisersohn Maximilian **. Der französische König mußte diese Verbindung umso mehr

---

* Man sollte den Begriff ›Burgund‹ wegen seiner dreifachen Bedeutung im deutschen Sprachgebrauch nicht undifferenziert verwenden, sondern das Herzogtum Burgund und die Freigrafschaft Burgund durch die französischen Namen Bourgogne bzw. Franche Comté bezeichnen. So wird im folgenden verfahren. Nur für das Gesamtreich wird der Sammelbegriff ›Burgund, burgundisch‹ gebraucht.

** Vereinfachte Stammtafel der Habsburger:

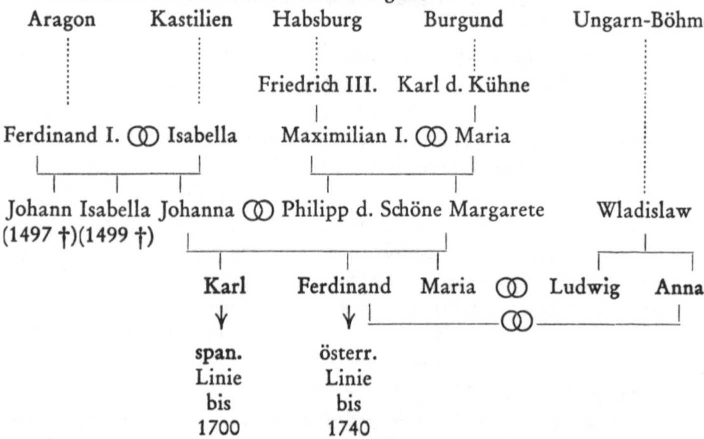

als einen Affront auffassen, da Maria bald nach der Hochzeit das burgundische Gesamterbe für den Fall ihres Todes auf den habsburgischen Erzherzog überschrieb.

In dem entstehenden burgundischen Erbfolgekrieg konnte Maximilian, seit 1482 Witwer, die Einheit des Erbes nicht bewahren. Obwohl er das von Karl dem Kühnen geknüpfte antifranzösische Bündnissystem durch diplomatische Verbindungen zu England, Savoyen und den Katholischen Königen weiter ausbaute, mit dem rebellierenden französischen Hochadel paktierte und sich 1490 sogar mit Anne, der Erbin der Bretagne, trauen ließ (allerdings nur *per procurationem)*, waren die Gegenkräfte stärker. Ludwig XI. fand Unterstützung bei den oppositionellen Partikulargewalten der Niederlande (Geldern, Lüttich, flämische Städte) und konnte 1482 eine erste Teilung des Erbes erzwingen. Die Niederschlagung der Adelsrevolte, die Besetzung der Bretagne und die Eheschließung Annes mit dem französischen König einerseits, die Ablenkung Maximilians durch die Kämpfe mit Matthias Corvinus (vgl. S. 31) und das Zerbröckeln des Bündnissystems andererseits führten schließlich zum Vertrag von Senlis (1493), der die Teilung des burgundischen Erbes besiegelte. Maximilian behauptete die Franche Comté, den größten Teil des Artois, die Niederen Lande, Luxemburg und die Enklave Charolles, Frankreich erhielt die Bourgogne und die Picardie.

Der Kompromiß, durch eine Interessenverschiebung Frankreichs (vgl. S. 96) zustande gekommen, sicherte die habsburgischen Positionen an der Ost- und Nordgrenze Frankreichs. Dadurch erhielt der Gegensatz beider Mächte eine erste Kristallisierungszone, denn die Idee der gesamtburgundischen Einheit war mit Senlis nicht begraben; bis ins 18. Jahrhundert blieben Teile der burgundischen Erbmasse Objekte gezielter Expansionspolitik Frankreichs und Habsburgs.

2. Der im burgundischen Streit regional noch recht begrenzte Rahmen des habsburgisch-französischen Gegensatzes erhielt durch das spanische Erbe europäisches Format. Maximilian und Ferdinand von Aragon hatten gegen die französische Intervention in Italien 1495 ein Bündnis geschlossen (vgl. S. 97), das durch eine doppelte dynastische Verbindung bekräftigt werden sollte. Johann, der Erbe der Katholischen Könige, heiratete die Kaisertochter Margarete; ihr Bruder Philipp, Erbe Burgunds, wurde mit Johanna, einer Schwester des spanischen Thronerben vermählt. Niemand dachte an einen gegenseitigen Erbanfall der Reiche, doch spielten Zufälligkeiten eine große Rolle. Johann starb bereits 1497; die nächst erbberechtigte Isabella, deren Ehe mit dem portugiesischen König Manuel kinderlos geblieben war, starb zwei Jahre später, so daß die Thronansprüche auf Johanna (die Wahnsinnige) übergingen. Beim Tode König Ferdinands 1516 wurde ihr Sohn Karl, seit dem Tode seines Vaters Herzog von Burgund (1506), Universalerbe des spanischen Reiches, das außer dem iberi-

schen Kernland und den Überseegebieten auch Sardinien, Neapel und Sizilien umfaßte. Dieser Besitz verknüpfte sich mit den österreichischen Stammlanden, als Karl I. von Spanien nach dem Tode Maximilians Chef des Hauses Habsburg wurde (1519). Seine Wahl zum Römischen König sicherte der Dynastie eine einzigartige Vormachtstellung in Europa.

3. Anders als bei den spanischen Heiraten verfolgten die Habsburger mit ihrer dynastischen Politik gegenüber Böhmen und Ungarn von Anfang an fest umrissene Ziele. Eine erste Erbvereinbarung wurde 1491 mit Wladislaw, dem Jagellonenkönig von Böhmen-Ungarn getroffen, der nach dem Intermezzo der beiden Nationalkönige Georg Podiebrad und Matthias Corvinus die zwei Reiche vereinigt hatte. Als Maximilian auf dem ›Wiener Kongreß‹ von 1515 den polnischen Jagellonen die Lehnshoheit über den Deutschen Ordensstaat zugestand, war der Weg zu einer familiären Verklammerung zwischen der jagellonischen Nebenlinie in Böhmen-Ungarn und den Habsburgern frei. Ferdinand und Maria, die Geschwister Karls (V.), heirateten die Kinder Wladislaws, Anna und Ludwig. Sieben Jahre nach dem Tod Maximilians brachte diese Doppelehe den erstrebten Erfolg: durch den Tod des kinderlosen Ludwig II., seit 1516 König von Böhmen-Ungarn, bei Mohacz (vgl. S. 83) trat der Erbfall ein: Die Königreiche Böhmen und Ungarn, das Herzogtum Schlesien und die beiden Lausitzen fielen an das Haus Habsburg (1526).

Innerhalb eines halben Jahrhunderts (1477/1526) hatte sich der Territorialbesitz der habsburgischen Dynastie in unvergleichlichem Maße vermehrt und übertraf an Quantität und Qualität – wie ein Blick auf die Wirtschaftskarte zeigt – den aller anderen europäischen Fürstenhäuser. Zur dynastischen Spekulation hatte sich Fortuna gesellt, und »Habsburg war ihr Lieblingskind: habsburgische Prinzen werden aus staatenverknüpfenden Verbindungen geboren und bleiben am Leben; die Konkurrenten nimmt der Tod hinweg« (Näf).

Die Hypotheken, die mit dem Eintritt in die große europäische Politik zu übernehmen waren, bildeten allerdings gewichtige Belastungen. Das Verhältnis zu Frankreich, durch die burgundische Frage schon gespannt, verschärfte sich durch die Konflikte um die Pyrenäengebiete (Navarra, Roussillon) und erhielt seinen Hauptakzent durch die aus der französischen Einkreisungspsychose resultierende Reaktion. Im Südosten mußte Habsburg die tragende Rolle in der Verteidigung Mitteleuropas vor den Türken übernehmen. In den neu erworbenen Gebieten artikulierten sich Widerstände der partikularen Gewalten; der Aufstand der *communeros* in Spanien, die organisierte Opposition der ungarischen Magnaten, das eigenwillige Beharren der Stände in den Niederlanden und in Böhmen auf ihren althergebrachten Rechten waren Ausdruck ständisch-national geprägten Widerstandsgeistes gegen eine landfremde Dynastie, die sich anschickte, der

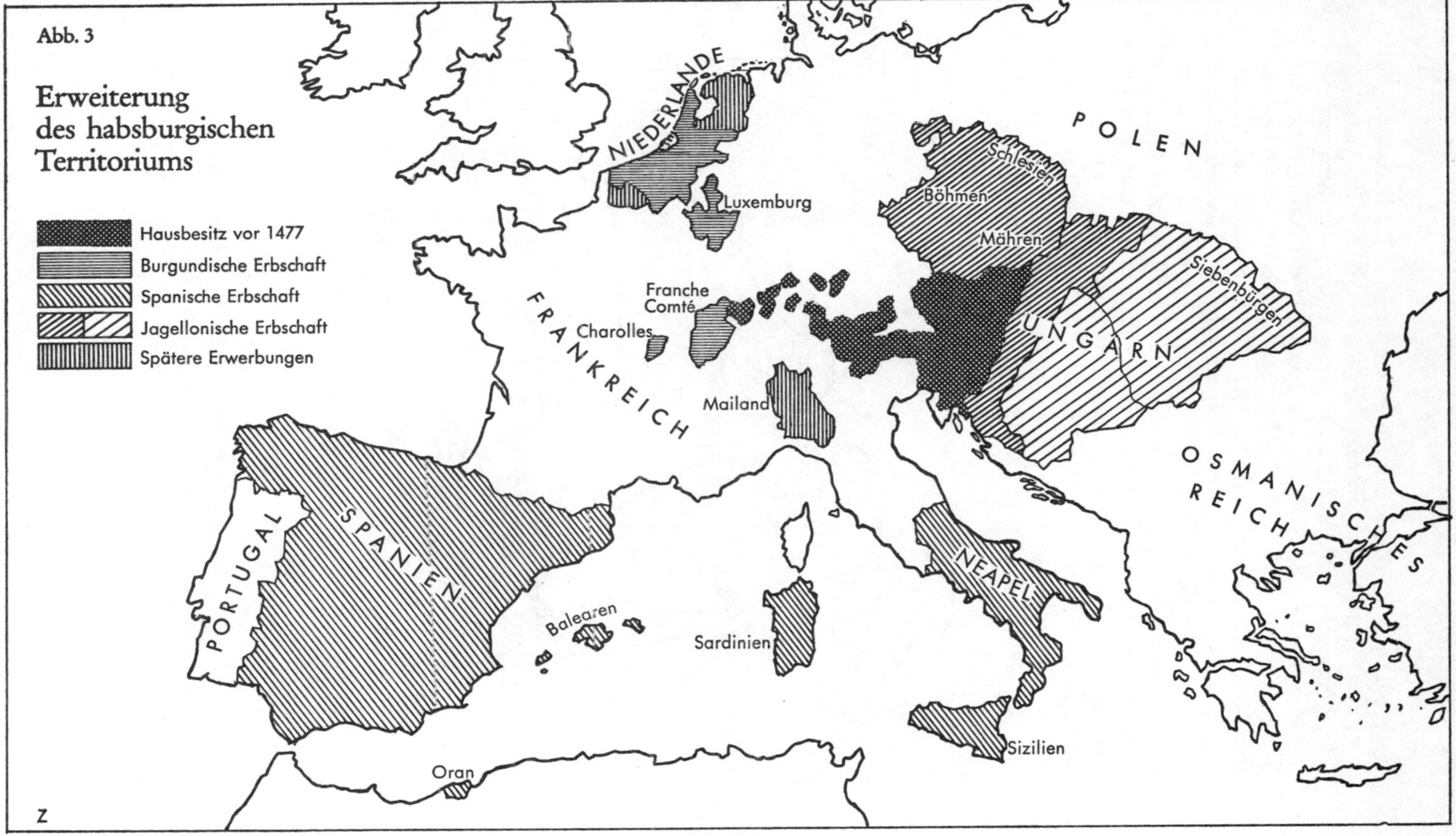
Abb. 3
Erweiterung
des habsburgischen
Territoriums
Hausbesitz vor 1477
Burgundische Erbschaft
Spanische Erbschaft
Jagellonische Erbschaft
Spätere Erwerbungen
NIEDERLANDE
Luxemburg
Franche
Comté
Charolles
FRANKREICH
Mailand
POLEN
Schlesien
Böhmen
Mähren
Siebenbürgen
UNGARN
OSMANISCHES
REICH
PORTUGAL
SPANIEN
Balearen
Sardinien
NEAPEL
Sizilien
Oran
Z

Ansammlung von Territorien unterschiedlichster Traditionen ihren politischen Willen aufzuzwingen.

Das Haupthindernis auf diesem Wege bildete die Struktur des Habsburgerreiches. Es beruhte – abgesehen von der Kaiserwürde, die aber keinen Anspruch auf irgendein Staatsgebiet begründete – auf der Addition zahlloser, nach Sprache, Rechtsüberlieferung, Verfassungszuständen und kultureller Prägung sehr verschiedener Länder, die einzig durch das Erbrecht in der Hand eines Herrschers vereinigt waren; allein dynastische Bande hielten das habsburgische Imperium zusammen. Seine geographische Ausdehnung läßt sich erst ermessen, wenn man die Langsamkeit damaliger Transportmittel in Betracht zieht. Als Anhaltspunkte können folgende Reisezeiten dienen:

Madrid–Paris: 15 Tage; Venedig–Calais: 12 Tage
Madrid–Cadiz: 15 Tage; Venedig–Brüssel: 9 Tage

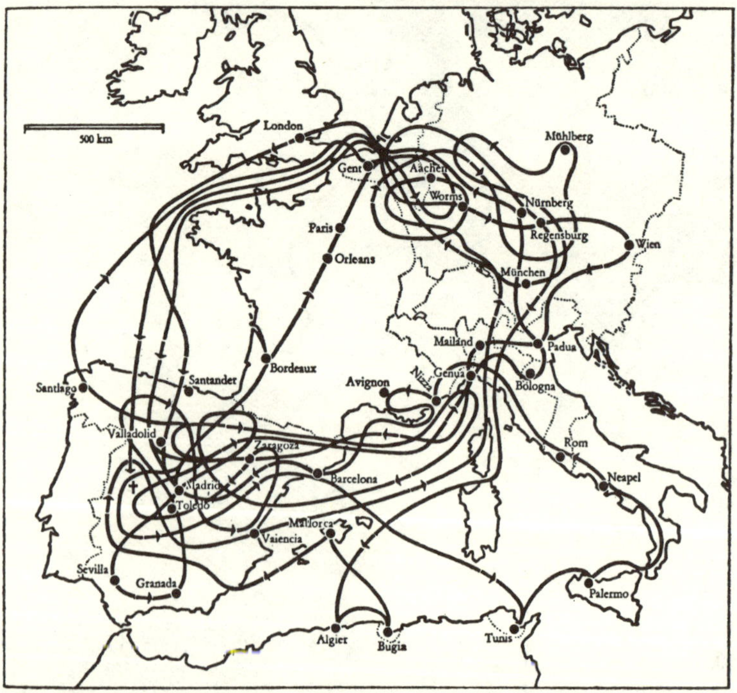

Abb. 4. Die vierzig Reisen und Feldzüge Karls V. (Schematische Darstellung nach Menéndez Pidal.) Aus: A. Randa, Das Weltreich. Wagnis und Auftrag Europas im 16. und 17. Jahrhundert, Olten - Freiburg i. Br. 1962, S. 55.

Für die Überseegebiete verschärfte sich das Problem noch durch die Ungleichmäßigkeit der Verbindungen infolge der Wind- und Strömungsverhältnisse und den großen Unsicherheitsfaktor. Für Hin- und Rückfahrt galten etwa nachstehende Zeiten:

Cadiz–Florida: 80/65 Tage; Cadiz–Santo Domingo: 55/100 Tage
Cadiz–Havanna: 65/70 Tage; Cadiz–Cartagena: 50/110 Tage

Das Habsburgerreich war ein Reich ohne Hauptstadt. Karl V. war fast ununterbrochen auf Reisen zu den Kriegsschauplätzen und den Brennpunkten des diplomatisch-politischen Geschehens (vgl. Abb. 4). Eine effektive Regierungspraxis war nur durch Delegierung von Verantwortung zu erreichen: die Hauptlast der Geschäfte ruhte während der Abwesenheit des Kaisers auf den Statthaltern. In den Niederlanden entledigte sich Margarete von Savoyen, eine Tante Karls, dieser Aufgabe mit viel Geschick; nach ihrem Tode führte die verwitwete Maria von Ungarn die ausgleichende Politik ihrer Vorgängerin fort (1530–1555). Philipp II. setzte seine Halbschwester Margarete von Parma als Statthalterin ein.

Während in Spanien bei Abwesenheit Karls seine Gemahlin Isabella als Regentin fungierte, kam es für den mitteleuropäischen Teil des Imperiums zu einer Sonderregelung. Statthalter war Ferdinand, außerdem erhielt er 1521 die volle Herrschaft über den ostwärts von Tirol gelegenen Hausbesitz zugesprochen. Die eingeleitete Teilung der Dynastie wurde durch die Verträge von Brüssel (1522) fixiert: Ferdinand verzichtete auf alle Ansprüche auf Burgund und Spanien und erhielt dafür auch Vorderösterreich bis zum Rhein als erblichen Besitz. Damit hörte Karl auf, Landesherr in den deutschen Besitzungen Habsburgs zu sein. Die Trennung in eine spanische und eine österreichische Linie wurde endgültig vollzogen, als Karl V. Mailand (1540), Neapel (1554), die Niederlande und Spanien (1555) seinem Sohn Philipp II. übertrug. Ferdinand behielt die deutschen und ehemals jagellonischen Gebiete und trat nach der Abdankung Karls die Nachfolge im Kaisertum an. Ein vorangegangener Versuch, die Einheit der ›Maison d'Autriche‹ doch noch zu erhalten, war am Widerstand Ferdinands und der deutschen Fürsten gescheitert (vgl. S. 233). Erst anderthalb Jahrhunderte später rückte die Chance, den habsburgischen Gesamtbesitz noch einmal zusammenfassen zu können, in greifbare Nähe (vgl. S. 277 f.).

Die Kämpfe um Italien

Die Ursachen der Auseinandersetzung um Italien lagen zuerst in den inneren Verhältnissen der italienischen Staatenwelt, deren wirtschaftliche Bedeutung in krassem Gegensatz zur politischen Struktur stand: Das seit der Mitte des 15. Jahrhunderts entwickelte, auf einem Gleichgewicht der Kräfte beruhende System kollektiver Sicherheit stand jedem Versuch einer territorialen Abrundung entgegen und hatte die Zersplitterung zementiert. Seit den 90er Jahren gerieten jedoch die Verhältnisse in Bewegung, nicht zuletzt durch den Tod des Lorenzo von Medici (1492), dessen Einfluß und diplomatischem Geschick die Bewahrung des Status quo wesentlich zu danken war.

Im Norden begann Ludovico Sforza, il Moro, der Herzog von Mailand, um seine usurpierte Herrschaft zu fürchten. Gegen die Vorwürfe seiner aragonesischen Verwandten suchte er Rückhalt bei Frankreich und bei Maximilian, dem er seine Tochter zur Frau gab. Im Süden war Neapel bis 1458 mit Sizilien vereinigt, dann an eine aragonesische Nebenlinie gefallen, Schauplatz einer erbitterten Adelsopposition gegen den absolutistischen Regierungsstil Ferrantes (1458 bis 94). In Erinnerung an das Haus Anjou, das erst 1435 vertrieben worden war, richteten sich die Blicke auf Frankreich.

Die Möglichkeit, in die italienischen Verhältnisse energisch einzugreifen, ergab sich aus der fortgeschrittenen Konsolidierung der westeuropäischen Mittelmeerstaaten. In Frankreich setzten sich durch die serienweise Einziehung erledigter Kronlehen die zentralisierenden Tendenzen mehr und mehr durch. Der Anfall des Anjou-Erbes (1480/81) brachte der Krone mit der Provence eine gute mediterrane Ausgangsposition; außerdem fielen die angiovinischen Rechte (besser Ansprüche) auf Neapel an die Valois. Kastilien-Aragon konnte 1492 mit der Eroberung Granadas die letzte Phase der Reconquista beenden. Die bis dahin gebundenen Kräfte wurden frei, im Falle Kastiliens mehr für die überseeischen Aufgaben, im Falle Aragons vor allem für den Ausbau der Vormachtstellung im westlichen Mittelmeer.

Obwohl andere Expansionsziele vom nüchternen Standpunkt moderner Staatsräson näher gelegen hätten, entschied sich Karl VIII. für das ›italienische Abenteuer‹. In einer umfassenden diplomatischen Aktion liquidierte er die anstehenden Konflikte durch großzügige Verzichte: England behielt Calais (1492), Maximilian bekam den größten Teil der burgundischen Erbschaft (vgl. S. 91), Ferdinand von Aragon wurden die umstrittenen Pyrenäengebiete zugesprochen. Den unmittelbaren Vorwand der Intervention bot Ludovico Sforza, der sich von seinen Verwandten bedroht sah und die Franzosen ins Land rief. Karl VIII. erschien 1494 in Italien, proklamierte einen Türkenkampf großen Stils, sprach von der Befreiung Konstantinopels und Jerusalems und begann dieses illusionäre Programm mit der sehr viel realistischeren Unterwerfung Italiens. Er eröffnete damit den Kampf, der mehr als sechs Jahrzehnte die europäischen Mächte vorrangig beschäftigte, der für die Entstehung des neuzeitlichen Staatensystems entscheidend wurde und der für Italien die Fremdherrschaft auf Jahrhunderte besiegelte.

Ohne auf die vielschichtigen Motive der beteiligten Mächte und

Interessengruppen und auf das komplizierte diplomatische Spiel näher einzugehen, lassen sich für den ersten Teil der Auseinandersetzung (1494–1516) drei Phasen unterscheiden:

1. Nach dem glänzenden Siegeszug Karls VIII., der dank seiner militärischen Überlegenheit (Artillerie!) binnen eines halben Jahres fast ganz Italien erobern konnte, gelang es der 1495 gebildeten Liga zwischen Maximilian, Ferdinand (vgl. S. 91), Alexander VI., Mailand (!) und Venedig, die Franzosen zum Rückzug zu bewegen. Die Rückkehr zum Status quo ante ließ sich jedoch nur unvollkommen erreichen, zu sehr waren die Verhältnisse durch die französische Intervention verschoben worden: Pisa konnte seine Unabhängigkeit gegen Florenz behaupten, das – nach dem Sturz der Medici – Savonarolas radikal-demokratisches Experiment eines ›Regnum Christi‹ erlebte. Spanische und venezianische Truppen blieben in Süditalien und schränkten die Bewegungsfreiheit der neapolitanischen Herren erheblich ein.

2. Ludwig XII. von Frankreich nahm den Kampf um Italien mit veränderter Zielsetzung wieder auf. Er hielt zwar an den Ansprüchen auf Neapel fest, rückte aber seine Rechte auf Mailand, die er von seiner Großmutter Valentine Visconti (gest. 1408) ableitete, in den Vordergrund. Durch eine geschickte diplomatische Vorbereitung gelang die völlige Isolierung Mailands. Der erste Feldzug 1499/1500 endete mit der Eroberung des Gebietes und der Gefangennahme Ludovicos (1508 in französischer Haft gestorben). Bei dem Versuch der Rückeroberung Neapels stieß Ludwig jedoch auf den Widerstand der Spanier, die 1501 die Bastardlinie beseitigt und die neapolitanische Krone wie die sizilianische an das aragonesische Königshaus gebracht hatten. Militärische Niederlagen und der Zusammenbruch der als Rückendekkung für das französische Unternehmen unentbehrlichen Borgia-Herrschaft in der Romagna (vgl. S. 35) zwangen zum Kompromiß durch eine vertragliche Abgrenzung der Interessensphären (Blois 1504). Frankreich verzichtete gegen Anerkennung seiner Herrschaft in Mailand auf alle süditalienischen Ansprüche. Damit schied dieser Teil Italiens, wenn auch in den nächsten Jahrzehnten von militärischen Aktionen nicht ganz verschont, als Konfliktzone de iure aus. Die spanische Herrschaft über das ›regnum utriusque Siciliae‹ wurde in mehreren späteren Verträgen bestätigt und blieb bis 1713/1714 bestehen (vgl. S. 278).

In Oberitalien stabilisierten sich die Verhältnisse nicht. Nach unruhigen Jahren mit wechselnden Koalitionen gelang es Julius II., 1511 mit der ›Heiligen Liga zur Befreiung Italiens von den Barbaren‹ eine europäische Koalition aller Gegner Frankreichs zu organisieren. Die Eroberung Mailands durch die Eidgenossen (1512), mehrere Niederlagen Ludwigs XII. (Novara und Guinegate 1513), der englische Sieg über seinen schottischen Verbündeten (Flodden 1513) zwangen den französischen König zur Aufgabe sämtlicher Positionen in Italien. Die zweite Phase des italienischen Abenteuers endete für Frankreich nicht weniger enttäuschend als die erste.

3. Nur zwei Jahre später nahm Franz I. die Politik seiner beiden Vorgänger wieder auf. Die schwere Niederlage der Schweizer bei Marignano (1515) brachte bereits die Entscheidung: Mailand wurde französisch, die Eidgenossen mußten im ›Ewigen Frieden‹ von 1516 alle Großmachtambitionen aufgeben. Sie behielten zwar das Veltlin, Locarno und das Tessin, waren aber zu dauernder Neutralität gegenüber Frankreich verpflichtet. In Verträgen mit Franz I. erkannten Karl I. von Spanien (in Noyon) und Maximilian (in Brüssel) den neuen französischen Besitzstand an. Als mit dem Konkordat von Bologna 1516 (vgl. S. 24) die Aussöhnung des Papstes mit dem französischen König erreicht worden war, schien ein dauerhafter Friede für Italien gesichert.

Karl V. und Franz I.

Alles wurde wieder in Frage gestellt durch die Wahl Karls I. von Spanien zum Römischen König. Von der Ebene persönlicher Konkurrenz zwischen Karl und Franz bei der Kandidatur erhoben sich die Spannungen nach 1519 auf die der allgemeinen politischen Konfrontation. Aus dem französisch-spanischen Gegensatz der italienischen Kriege erwuchs der französisch-habsburgische Antagonismus europäischen Formats. In der Geschichte der internationalen Beziehungen begann eine neue Phase.

Aus der universalen Kaiseridee Karls V., aus der hohen Auffassung seiner aus diesem Amt fließenden Pflichten als weltliches Haupt der Christenheit erhalten alle seine Regierungsmaßnahmen ihre Einheit und Erklärung. Durch die Verflechtung des habsburgischen Hausinteresses mit den universalen Zielen entwickelte sich freilich gleichzeitig ein äußerst komplexes Gefüge politischer, wirtschaftlicher und religiöser Interdependenzen. Die Türkenabwehr, das Spannungsverhältnis mit dem Papsttum, der Kampf gegen die Protestanten, die dynastischen Pläne und schließlich die Auseinandersetzung mit Frankreich können nicht isoliert gesehen werden. In den vielfältig verknüpften Unternehmungen und Projekten Karls sind religiöse und politische Elemente im Grunde ebensowenig zu trennen wie Kaiseridee und Hausinteresse.

Der Versuch, auf knappem Raum die internationalen Beziehungen im Zeitalter Karls V. nachzuzeichnen, muß im Interesse der Transparenz problemorientiert sein und darf deshalb auf die synoptische Darstellung der Ereignisse im Reich und in den europäischen Konfliktzonen verzichten. In keinem anderen Kapitel dieses Buches sind aber die Querverweise von größerer Bedeutung. Sie bieten – ebenso wie die vergleichende Zeittafel – die Möglichkeit, den Gesamtzusammenhang nicht aus den Augen zu verlieren, wenn im folgenden (unter Aussparung von Türkenkampf und Reformationsproblem, die in eigenen Abschnitten beschrieben werden) die Politik Karls V. unter dem Aspekt des französisch-habsburgischen Antagonismus umrissen wird.

Bildete in der ersten Phase der Neuordnung des europäischen Staatensystems Italien das zentrale Spannungsfeld, so brachten die folgenden Jahrzehnte eine räumliche Ausweitung, der Schwerpunkt verschob sich allmählich von Süd- nach Westeuropa. In dem 40jährigen Ringen lassen sich mehrere Phasen unterscheiden.

1. Noch bevor die Bündnisfronten geklärt waren, entzündete sich der Konflikt 1520/21, diesmal bereits an drei Fronten, in Navarra und Katalonien (wo die Verwundung Loyolas bei der Belagerung von Pamplona das bemerkenswerteste Ereignis war), in den Niederlanden und in Italien. Die Entscheidungen fielen aber nach wie vor in Italien. Mailand wurde erobert, die französische Entsatzarmee besiegt, der Konnetabel von Frankreich, Karl von Bourbon, wechselte ins kaiserliche Lager; Bayard, der berühmte »chevalier sans peur et sans reproche« fand den Tod auf dem Schlachtfeld. Franz I., bei Pavia 1525 entscheidend geschlagen, mußte als Gefangener des Kaisers (»de toute chose ne m'est demeuré que l'honneur et la vie«) die politisch unklugen, weil wenig maßvollen Friedensbedingungen von Madrid (1526) anerkennen (u. a. Auslieferung der Bourgogne an Karl V.), bevor er gegen Geiselstellung zweier Söhne freigelassen wurde. Dem Widerruf des ihm aufgezwungenen Vertrages folgte eine erfolgreiche diplomatische Aktion: noch im gleichen Jahr vereinigten sich der Papst, Venedig, Florenz, Mailand, Genua und Frankreich in der Liga von Cognac gegen die übermächtige Stellung des Kaisers, der durch den gleichzeitigen Türkenvorstoß (vgl. S. 83) in einen Zweifrontenkrieg manövriert wurde. Die Plünderung Roms durch das kaiserliche Heer, dessen Führer Karl von Bourbon bei der Erstürmung der Stadt gefallen war, die Demütigungen des Papstes durch deutsche, teilweise protestantische Landsknechte, die Erpressung eines hohen Lösegeldes stießen in der ganzen Christenheit auf Empörung und versetzten dem Prestige Karls V. einen schweren Schlag (Sacco di Roma 1527).

Die Hoffnungen Franz' auf eine militärische Entscheidung in Süditalien zerschlugen sich, als Andrea Doria, auf dessen genuesische Flotte die französische Armee angewiesen war, die Partei wechselte. Die unter dem Druck der Türkenoffensive verstärkten Friedensgespräche führten zunächst zur Aussöhnung Karls mit Clemens VII. Medici, der gegen die Restituierung seiner Familie in Florenz die Kaiserkrönung zusagte (Barcelona 1529). Unter maßgebender Beteiligung der Mutter des französischen Königs, Louise von Savoyen, und der Tante Karls, Margarete, kam es 1529 zum Damenfrieden von Cambrai.

Frankreich verzichtete auf alle italienischen Ansprüche und auf die Lehnshoheit über Flandern und Artois, löste die in spanischer Haft befindlichen Prinzen gegen Zahlung von zwei Millionen Goldtalern aus, behielt aber die Bourgogne. Zur dynastischen Bekräftigung des Vertrages gab Karl seine verwitwete Schwester Eleonore dem französischen König, dessen erste Frau, ›la reine Claude‹, gestorben war, zur Gemahlin. Zu den Abmachungen von Senlis und Blois bildete der Vertrag von Cambrai eine wichtige Ergänzung: er präzisierte die Teilung des burgundischen Erbes (vgl. S. 91) und bestätigte die spanische, nunmehr habsburgische Hegemonie in Italien.

2. Obwohl Franz I. in den folgenden Jahren diplomatische Verbindungen zum Schmalkaldischen Bund knüpfte (vgl. S. 108), an Bayern und Hessen Subsidien zahlte und die Kontakte mit dem Sultan nicht abreißen ließ (vgl. S. 84), erneuerte sich der Konflikt mit Karl V. erst, als Franz beim Tode des Francesco Sforza (1535) das Herzogtum Mailand reklamierte und große Teile Savoyens besetzte. Nach unbedeutenden Waffengängen in der Provence und der Picardie vermittelte Paul III. einen Waffenstillstand (Nizza 1538). Ein persönliches Treffen zwischen Karl und Franz verlief sehr herzlich, und als der Kaiser wenig später wegen des Aufstandes der Stadt Gent in die Niederlande reisen mußte, wurde ihm der ungehinderte Durchzug quer durch Frankreich gestattet.

Das Einvernehmen blieb aber prekär. Die Investitur des Kaisersohnes Philipp als Herzog von Mailand (1540), das Mißtrauen Karls gegen die französische Diplomatie in Deutschland und einige unbedeutende Zwischenfälle führten schließlich zum Krieg, der in Roussillon, den Niederlanden, Lothringen und Italien ausgetragen wurde und durch die aktive Teilnahme der türkischen Flotte (Brandschatzung von Nizza, Überwinterung in Toulon) seinen besonderen Akzent bekam. Der Friede von Crépy (1544) bestätigte die Abmachung von 1529, sah die (nicht durchgeführte) Rückgabe von Savoyen vor und verpflichtete den französischen König auf die universalen Pläne Karls: Beschickung des Konzils und Unterstützung der geplanten Kirchenreform, Hilfeleistung gegen die Türken und die protestantischen Reichsstände. Wiederum war im Konflikt zwischen Valois und Habsburg der Kaiser Sieger geblieben.

3. Die Opposition der deutschen Fürsten gegen die Pläne Karls V. hinsichtlich einer Reichsreform (vgl. S. 232 f.) führte zu einer Annäherung an Frankreich. Der Vertrag von Chambord (1552) sprach Heinrich II. – gegen Subsidien und die Zusage einer militärischen Ablenkungsaktion – das Vikariat über die zum Reich gehörenden Städte Metz, Toul und Verdun zu (Reichsvikar war die Bezeichnung des kaiserlichen Statthalters in fremdsprachigen Reichsgebieten). Während Moritz von Sachsen den Kaiser zur Flucht über die Alpen zwang, besetzte Heinrich auf seiner ›voyage d'Allemagne‹ die drei Städte. Da-

mit war die Konfliktzone zwischen Habsburg und Frankreich, die im 17. Jahrhundert von primärer Bedeutung werden sollte, vorgezeichnete: der deutsch-französische Grenzraum.

Karl überließ die Regelung der deutschen Frage Ferdinand (vgl. S. 109) und versuchte, die dem Reich entzogenen Gebiete zurückzugewinnen. Unter großen Verlusten mußte er die Belagerung von Metz aufgeben (1552) und schließlich den Status quo im Waffenstillstand von Vaucelles (1556) anerkennen. Es blieb Philipp II. überlassen, die Auseinandersetzung zu Ende zu führen. Er marschierte von den Niederlanden aus in Frankreich ein, siegte bei St. Quentin, wo er den Bau des Escorial gelobte, und Gravelingen, konnte aber die errungenen Vorteile wegen finanzieller Erschöpfung nicht voll ausnutzen.

Cateau-Cambrésis

Die erste große Phase der französisch-habsburgischen Auseinandersetzung fand mit dem Frieden von Cateau-Cambrésis 1559 ihren Abschluß. Noch einmal wurden die Bestimmungen von Cambrai bestätigt, Frankreich restituierte Savoyen und Piemont und gab Korsika an Genua zurück. Es behielt in Italien nur einige feste Plätze (Turin, Pinerolo) und das Marquisat Saluzzo. Ebenso behauptete es den Besitz von Calais. Über die drei Städte Metz, Toul, Verdun enthielt der Vertrag kein Wort. Der spanische König, an Reichsangelegenheiten weniger interessiert, erkannte stillschweigend die französische Präsenz an. Die (dritte) Heirat Philipps mit Elisabeth, der Tochter Heinrichs II., besiegelte die Abmachungen des Vertrages, der, auch ›pax catholica‹ genannt, beiden Herrschern die Möglichkeit gab, sich der drängenden religiösen Angelegenheit in ihren Ländern zuzuwenden.

Mit dem Frieden von Cateau-Cambrésis schied die italienische Frage aus dem Bündel französisch-habsburgischer Konfliktstoffe aus, obwohl das Problem der mantuanischen Erbschaft diesen Aspekt 70 Jahre später noch einmal aufrollen sollte (vgl. S. 141). Vorläufig verengte sich der habsburgisch-französische Gegensatz zu einem spanisch-französischen, dem allerdings durch die nach dem Tode Heinrichs II. eintretende Zerrüttung Frankreichs das innere Spannungsverhältnis etwa gleichstarker Partner fehlte.

Die militärischen Erfolge und die Regelung von 1559 brachten – trotz des Scheiterns der universalen Ansprüche Karls V. im ganzen – den Habsburgern einen bedeutenden Erfolg: die spanische Vorherrschaft über Italien war endgültig gesichert; für Westeuropa begann die Zeit der spanischen Hegemonie. Das Ziel Franz' I., den habsburgischen Ring um Frankreich zu sprengen, war nicht erreicht worden. Das zentrale Problem der französischen Außenpolitik blieb damit ungelöst.

Die konfessionelle Spaltung Europas

Die Reformation

Wo immer die Diskussion über die Abgrenzung von Mittelalter und Neuzeit aufflammt, berufen sich die Verfechter einer um 1500 anzusetzenden Epochenscheide auf das Phänomen der Reformation, von der Zeeden sagt, daß sie »mit Recht die Neuzeit der deutschen Geschichte eröffnete«, oder Heimpel, umfassender: Trotz aller früheren ›neuzeitlichen‹ Ansätze zerfalle die Einheit der res publica christiana erst seit etwa 1520, »nicht vorher und nicht nachher, und durch nichts anderes als durch die deutsche, alsbald nach Westeuropa übertragene und dort veränderte Reformation«. Daß sich besonders in der deutschen Historiographie eine grundlegende Revision dieses Standpunktes trotz vieler ernsthafter Gegenargumente noch nicht durchsetzen konnte, beruht wohl nicht zuletzt auf dem gerade hier besonders deutlich empfundenen Charakter der Reformation als Sprengsatz der religiösen und gesellschaftlichen Ordnung des Mittelalters und als auslösender Faktor der Glaubensspaltung Europas.

Luther und die Reformation in Deutschland (1517–55)

Entsprechend dem Wunsch seines Vaters, eines zum Teilhaber an einigen Schächten aufgestiegenen Bergmannes, bezog Martin Luther nach dem Besuch der Elementarschule die Universität Erfurt (1501). Wie an allen Universitäten ging dem eigentlichen Fachstudium ein studium generale an der Artistenfakultät voraus, wo die *artes liberales* gelehrt wurden: das *trivium* (Grammatik, Rhetorik, Dialektik) und das *quadrivium* (Arithmetik, Geometrie, Astronomie, Musik). Erst als Magister artium (1505) konnte Luther das juristische Studium beginnen, doch trat er wenige Wochen später, nach dem Bekehrungserlebnis von Stotternheim (Blitzschlag), ins Kloster ein. Er entschied sich für die strenge Richtung der Augustiner-Eremiten, erhielt 1507 die Priesterweihe und wurde zum Theologiestudium bestimmt. 1508 an die erst 1502 gegründete Universität Wittenberg versetzt, erwarb er die theologischen Grade und begann 1513 seine Lehrtätigkeit als Professor der Bibelauslegung. Daneben übte er seit 1515 das Ordensamt eines Distriktvikars (Klosteraufsicht) aus und wurde 1514 Prediger an der Stadtkirche.

Das ungewöhnlich starke Sündenbewußtsein Luthers, seine, wie er glaubte, totale Unfähigkeit, das Gebot selbstloser Gottesliebe zu erfüllen, hatte ihn schon im Kloster in Verzweiflung getrieben. Weder übertriebene Askese, noch Beichte, noch die sakramentalen Gnadenmittel konnten ihm die Gewißheit geben, daß Gott in seiner occamistischen *potentia absoluta* ihn in Gnaden annehmen würde. Schrittweise eröffnete sich Luther ein neuer Sinn des Zentralbegriffes der *iustitia dei*; seit etwa 1512 muß er sich beim Studium des Römerbriefes zu der entscheidenden Neuinterpretation durchgerungen haben, daß die Rechtfertigung des Menschen nur durch die Gnade Gottes (*sola gratia*) zu erreichen sei und daß die Heilsgewißheit allein auf dem Glauben beruhe (*sola fide*), dem Glauben an das Wort Gottes, das nur in der Heiligen Schrift *(sola scriptura)* geoffenbart ist. Diese, in der klösterlichen Studierstube gewonnene Erkenntnis (sog. Turmerlebnis) fand er bei Augustin bestätigt. Sie erfuhr ihren Niederschlag zunächst nur in seinen Vorlesungen und in der Bildung eines hinter Luther stehenden Kreises (Karlstadt, Amsdorf).

Den Schritt in die weitere Öffentlichkeit provozierte das Auftreten von Johann Tetzel, dem die Einreise nach Kursachsen verweigert worden war, im benachbarten Brandenburg. Tetzel bildete nur das letzte Glied eines komplizierten Dreiecksgeschäftes zwischen Rom, Mainz und Augsburg, in dem sich politische, religiöse und finanzielle Interessen eng verfilzten. Der dreiundzwanzigjährige Albrecht von Brandenburg, zweiter Sohn des Kurfürsten Johann Cicero und bereits Erzbischof von Magdeburg und Administrator von Halberstadt, spekulierte auf das vakante Erzbistum Mainz (zweite Kurstimme für das Haus Hohenzollern!). Um die von der Kurie verlangten Palliengelder und Dispensgebühren zahlen zu können, nahm er einen Kredit bei den Fuggern auf. Leo X. gewährte ihm für die drei Diözesen eine Ablaßlizenz auf acht Jahre; die einkommenden Beträge sollten je zur Hälfte an den Papst (Bau der Peterskirche) und die Fugger (Rückzahlung des Kredits) gehen. Zum Verkauf der Ablaßbriefe engagierte Albrecht den Dominikaner Tetzel. Zur Kontrolle der korrekten Abrechnung wurde er von einem Vertreter der Fugger begleitet.

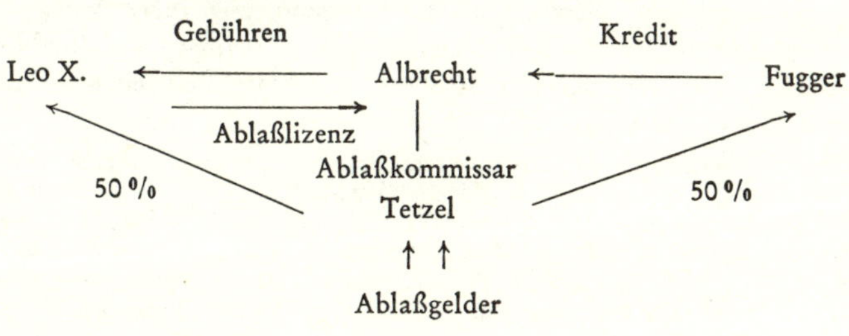

Seit 1515 hatte Luther gelegentlich die negativen psychologisch-moralischen Konsequenzen des Ablaßhandels herausgestellt und damit zugleich die Motive angegriffen, die dazu geführt hatten, daß die ständig vermehrten kirchlichen Gnadenmittel am Ende des Mittelalters »geradezu zu einer Art Versicherungsanstalt auf die Seligkeit geworden waren« (Böhmer).

Die skrupellose Geschäftstüchtigkeit, mit der Tetzel die Ablaßzettel vertrieb (»Sobald das Geld im Kasten klingt, die Seele aus dem Fegefeuer in den Himmel springt«), seine bewußte Verwischung des Unterschiedes zwischen Sündenvergebung und Tilgung oder Nachlaß zeitlicher Sündenstrafen und die praktische Aussparung von Reue und Buße veranlaßten Luther zur Abfassung von 95 Thesen über den Ablaß. Er schickte je ein Exemplar an seinen kirchlichen Vorgesetzten, den Bischof von Brandenburg, und an den Mainzer Erzbischof mit der Bitte, die offenbaren Mißstände zu beseitigen.

Der berühmte Thesenanschlag, erstmals von Melanchthon 1546 (!) erwähnt, ist seit über einem Jahrzehnt Gegenstand einer lebhaften Kontroverse. Die von Iserloh, Honselmann u. a. vorgebrachten Argumente gegen eine öffentliche Bekanntmachung der Thesen am 31. Oktober 1517 sind recht überzeugend. Ein Anschlag der Thesen nach diesem Zeitpunkt erscheint zwar möglich, ist aber ebenfalls nicht nachzuweisen.* Als Luther ohne Antwort blieb, verschickte er die Thesen an einige auswärtige Freunde. Dadurch fanden sie den Weg in die weitere Öffentlichkeit. Im November nachgedruckt, im Dezember in deutscher Übersetzung herausgebracht, waren sie bis zum Jahresende in fast ganz Deutschland bekannt und fanden eine ungeheure Resonanz.

Während die Kurie auf die von Tetzel ausgehende Anzeige wegen Ketzereiverdacht aus politischen Gründen (Kaiserwahl) nur zögernd reagierte, publizierte Luther eine konzentrierte, volkstümlich gehaltene Abhandlung in deutscher Sprache zur Ablaßfrage (›Sermon von Ablaß und Gnade‹, 1518). Vom Legaten Cajetan vergeblich zum Widerruf aufgefordert, entzog er sich der drohenden Verhaftung durch die Flucht aus Augsburg. Den endgültigen Bruch mit Rom brachte die Leipziger Disputation (Juli 1519). Von der geschickten Argumentation Ecks in die Enge getrieben, waren Luther und seine Freunde (Karlstadt) gezwungen, die Konsequenzen ihrer Auffassung bis zum letzten zu ziehen. Der päpstliche Primat, die kirchliche Tradition als Quelle der Offenbarung, die Unfehlbarkeit von Kon-

---

* Eine Zwischenbilanz der Kontroverse bringt H. Steitz, Martin Luthers Ablaßthesen von 1517, in: GWU 16 (1965), S. 661-674. Vgl. dazu spätere Stellungnahmen in: Revue d'Hist. eccl. 62 (1967), S. 776-791 (Blockx); Blätter f. pfälz. Kirchengeschichte 34 (1967), S. 366-380 (Steitz); Luther 38 (1967), S. 125-138 (Volz); Theol. Literaturzeitung 93 (1968), S. 272-276 (Volz); Hist. Jahrbuch 90 (1970), S. 329-343 (Rublack).

zilien (gemeint war vor allem das Konstanzer hinsichtlich der Verdammung einiger hussitischer Sätze, die Luther nicht ketzerisch erschienen) wurden bestritten.

In den drei großen Schriften des Jahres 1520 (›An den christlichen Adel deutscher Nation‹, ›Von der babylonischen Gefangenschaft der Kirche‹, ›Von der Freiheit eines Christenmenschen‹) legte Luther die Grundzüge seiner Theologie vor: Lehre vom allgemeinen Priestertum und Ablehnung des päpstlichen Primats, Bibelauslegung durch jeden Christen, Beschränkung der Sakramente auf die biblisch begründbaren Taufe, Buße und Abendmahl, Rechtfertigungslehre (vgl. S. 103). Gleichzeitig machte er sich zum Wortführer der antirömischen Opposition und appellierte im Stil der *gravamina* an Kaiser und Reichsstände, damit durch ein Nationalkonzil die dringend notwendige Kirchenreform durchgeführt werde.

Der Bannung durch den Papst (die Bulle, die ihm eine Frist von 60 Tagen einräumte, verbrannte er im Dezember 1520) folgte die kaiserliche Achterklärung, als Luther, unter freiem Geleit zum Reichstag nach Worms zitiert, den Widerruf seiner Lehren verweigerte, falls er nicht »durch Zeugnis der Heiligen Schrift oder mit öffentlichen, hellen, klaren Gründen und Ursachen überwunden und überwiesen werde, denn ich glaube weder dem Papst noch den Konzilien allein, weil es am Tag und offenbar ist, daß sie oft geirrt haben«.

Die Ächtung Luthers und seiner Anhänger, die Verdammung seiner Lehre und die befohlene Vernichtung aller seiner Schriften (Wormser Edikt 1521) schienen das Todesurteil für die reformatorische Bewegung zu bedeuten. Daß es jedoch schwierig werden würde, zur Vollstreckung des Urteils zu schreiten, kennzeichnet eine Bemerkung des päpstlichen Legaten Aleander vom Februar 1521: Ganz Deutschland sei in hellem Aufruhr, neun Zehntel der Bevölkerung ständen hinter Luther, und die übrigen riefen: »Tod der römischen Kurie.« Mehr noch als die allgemeine Resonanz brachten die Sympathien einiger Reichsstände (Kursachsen, Hessen, Reichsstädte) der Reformation einen wichtigen moralischen und materiellen Rückhalt – auch wenn Luther selbst, auf der Wartburg inkognito als bärtiger ›Junker Jörg‹ mit der Bibelübersetzung beschäftigt (wichtig für die Entwicklung der neuhochdeutschen Schriftsprache), vorläufig von der Bildfläche verschwand.

Die Konsolidierung der Reformation, die von ihrer Organisierung und Politisierung nicht zu trennen ist, vollzog sich auf zwei Ebenen: erstens, verhältnismäßig rasch, faktisch im Rahmen der Territorien, zweitens, zögernd und erst nach Überwindung großer Widerstände, in reichsrechtlicher Hinsicht. Unter ausdrücklicher Betonung der ständigen Wechselwirkungen zwischen beiden Bereichen scheint es im Interesse einer besseren Übersichtlichkeit gerechtfertigt, die zwei Komplexe getrennt zu betrachten.

Unmittelbar nach dem Reichstag von 1521 war es klar geworden, daß die Durchführung des Wormser Edikts gegen den Widerstand einiger Reichsstände nicht zu erzwingen war. Die Formel, es »so viel als möglich« zu beachten (Nürnberger Reichstag 1524) ließ sich an Unverbindlichkeit kaum übertreffen, und der Abschied von Speyer 1526 präzisierte das Provisorium, als die Stände erklärten, bis zur Klärung der religiösen Frage durch ein Konzil »für sich also zu leben, zu regieren und zu halten, wie ein jeder solches gegen Gott und kaiserliche Majestät hofft und vertraut zu verantworten«.

Zu dieser Zeit hatten sich außer dem nicht zum Reich gehörenden Herzogtum Preußen (vgl. S. 31) Kursachsen, Hessen und mehrere Reichsstädte der Reformation angeschlossen. Diese Stände benutzten nun die Formulierung von 1526 als willkommene Handhabe, eine Neuordnung des Kirchenwesens in ihren Territorien in eigener Regie zu übernehmen.

Der erste Schritt dazu war im allgemeinen eine durch landesherrliche Kommissionen zur Kirchenvisitation vorgenommene Bestandsaufnahme dessen, was die ersten stürmischen Jahre der Reformation von der alten Kirchenverfassung übriggelassen hatten. Es war wenig genug: Die Klöster standen leer, viele Pfarrer hatten geheiratet und kümmerten sich weder um Kirche noch Schule; Gottesdienste fanden kaum noch statt, das gesamte geistliche Wesen – einschließlich seiner unentbehrlichen sozialen und karitativen Aufgaben – lag darnieder. Zur Behebung dieser desolaten Zustände wurden Kirchenordnungen entworfen (zuerst in Kursachsen 1528). Sie regelten die Besetzung der Pfarrstellen, Tätigkeit und Besoldung der Pfarrer und organisierten die Kirchen- und Schulaufsicht. Der Vereinheitlichung der Lehre dienten neue, verbindlich gemachte Kirchenbücher (1526 Luthers ›Deutsche Messe und Ordnung des Gottesdienstes‹; 1528 Großer und Kleiner Katechismus).

Ohne Mithilfe der weltlichen Gewalt war an eine Realisierung der neuen Ordnung nicht zu denken. Kraft ihres umfassenden Herrschaftsanspruches übernahmen die fürstlichen Obrigkeiten die Verantwortung für die kirchlichen Belange in ihrem Territorium, und die Visitatoren verkündeten fortan den Gemeinden im Namen des Landesherrn, was ihre kirchliche Pflicht sei. Das Fehlen einer festen kirchlichen Ordnung ließ auch Luther einverstanden sein, als sich die Landesherren in der Funktion von ›Notbischöfen‹ an die Spitze der Kirche stellten. Der entscheidende Unterschied lag freilich darin, daß Luther diese Lösung nur für eine Übergangszeit zuzugestehen bereit war, während die Fürsten nicht daran dachten, sich die ihnen einmal zugefallene Kontrolle über die Kirche jemals wieder abnehmen zu lassen. Wie seit dem späten Mittelalter katholische Herrscher weitreichende Eingriffsrechte in den kirchlichen Bereich erwirkt hatten vgl. S. 23 f.), so standen die vergleichbaren Intentionen der protestantischen Landesherren voll und ganz im Rahmen der Ausgestaltung des Territorialstaates, wie er im 16. Jahrhundert überall zu beobachten ist. Die Reformation kam so den staatlichen Interessen in einem wichtigen Punkte entgegen.

Als nicht minder wichtig darf die Frage des Kirchengutes angesehen werden, stellte doch der materielle Gewinn durch den Zuwachs säkularisierter Besitzungen keinen geringen Anreiz dar. Das Kirchengut wurde in den protestantischen Territorien fast ausnahmslos säkularisiert, zum Teil weiterverkauft, meist aber dem Besitz des Landesherren zugeschlagen. Einen Teil verwendete man zur Besoldung der Pfarrer, für den Unterhalt von Schulen und für die Armenpflege. Die erste protestantische Universitätsgründung (Marburg 1527) erfolgte ebenfalls aus beschlagnahmtem Kirchenbesitz. Von einigen Ausnahmen abgesehen, gab es keinerlei Zweckbindung bei der Verwendung dieser Mittel. Als Motiv der Konversion hat die Aussicht auf Bereicherung am Kirchengut zweifellos eine gewichtige Rolle gespielt, wenn auch die Praxis des Schwedenkönigs Gustav I. eine Ausnahme bildete, der die Einführung der Reformation gegen den Widerstand eines Teils der Stände erzwang (Reichstag von Västerås 1527), um mit Hilfe des Kirchengutes die Staatsfinanzen zu sanieren.

Dem Aufbau der protestantischen Landeskirchen durch fürstliche und städtische Obrigkeiten entsprach die hierarchische Ausrichtung der neuen Kirchenverfassung. Der Landesherr *(summus episcopus)* ernannte die geistlichen Würdenträger einschließlich der Pfarrer und führte die Oberaufsicht über alle geistlichen Angelegenheiten. Als beratendes Gremium stand ihm das Konsistorium zur Seite, dessen Mitglieder, Geistliche und Beamte, er selbst berief. Superintendenten wachten über Lebenswandel und Pflichterfüllung des Klerus in Lehre, Schule und Seelsorge. Die Schaffung eines neuen Kirchenrechts, das in einigen Territorien (Hessen, Süddeutschland) von Anfang an stark kirchenpolizeiliche Züge trug, vollendete die Eingliederung des konfessionellen Bereiches in den bürokratischen Apparat des territorialen Frühabsolutismus.

Der Weg von der faktischen Aussetzung des Wormser Edikts zur reichsrechtlichen Anerkennung der neuen Lehre war alles andere als gradlinig. Die Erfolge oder Rückschläge Karls V. auf der Bühne der europäischen Politik diktierten seine festere oder konziliantere Haltung gegenüber den Protestanten. Eine erste Versteifung zeigte sich 1529, als die altgläubigen Stände auf Druck Ferdinands beschlossen, das Votum von 1526 aufzuheben und das Wormser Edikt verschärft anzuwenden (2. Reichstag von Speyer). Demgegenüber vertraten die Evangelischen die Auffassung, der einstimmige Abschied von 1526 könne nicht durch einen Mehrheitsbeschluß aufgehoben werden;

außerdem lehnten sie jede Majorisierung in Gewissensfragen ab. Die ›protestierenden Stände‹ (Kursachsen, Hessen, Brandenburg-Ansbach, Braunschweig-Lüneburg, Anhalt und 14 Reichsstädte) gaben ihrer Entschließung die Form einer feierlichen Appellation an den (abwesenden) Kaiser und an das künftige allgemeine Konzil.

Die ›Protestanten‹, wie sie fortan genannt wurden, sahen ihre Hoffnungen enttäuscht. Karl V., der nach neunjähriger Abwesenheit von Deutschland den Reichstag von Augsburg (1530) persönlich leitete, ließ sich zwar die Bekenntnisschriften der neuen Lehre vorlegen, erklärte aber sowohl die von Melanchthon in gemäßigt-versöhnlicher Form entworfene *Confessio Augustana* als auch die *Fidei ratio* (Zwingli) und die *Tetrapolitana* (Straßburg-Konstanz-Memmingen-Lindau) durch die von Eck u. a. ausgearbeitete katholische *Confutatio* für widerlegt. Der Reichsabschied bestätigte das Wormser Edikt, befahl die Rückgabe des Kirchengutes und forderte den Verzicht auf jede Neuerung. Bei Nichtbeachtung dieser Bestimmungen sollte das Reichskammergericht einschreiten.

Die Entschlossenheit der Protestanten, mindestens den Status quo zu wahren, spiegelt sich in der Gründung des Schmalkaldischen Bundes (1531). Diese Defensivallianz, die aus gemeinsamer Kasse ein Bundesheer aufstellte und finanzierte und Kontakte zu Franz I. aufnahm, brauchte jedoch vorläufig nicht zu den Waffen greifen. Ein neuer Vorstoß der Osmanen zwang den Kaiser zum Einlenken. Um die Unterstützung der Protestanten für den Türkenkrieg zu gewinnen, vereinbarte man, daß sich alle Reichsstände gewaltsamer Aktionen »der Religion und des Glaubens halber« bis zu einem künftigen Konzil enthalten sollten. Die inzwischen angelaufenen Kammergerichtsverfahren wurden unterbrochen (Reichstag von Nürnberg 1532).

Während dieser Atempause, die sich infolge der Verschleppung der Konzilseröffnung (vgl. S. 121) und der langen Abwesenheit des Kaisers beträchtlich hinzog, breitete sich die neue Lehre fast ungehindert weiter aus (Württemberg, Herzogtum Sachsen, Brandenburg, Braunschweig-Wolfenbüttel, Pfalz u. a.). Erst der Friede mit Frankreich (1544, vgl. S. 100) und der Waffenstillstand mit den Osmanen (1545, vgl. S. 84) erlaubten dem Kaiser eine Konzentration seiner Kräfte auf die Lösung der konfessionellen Frage in Deutschland. Das Scheitern der Religionsgespräche (1540/41 in Hagenau, Worms und Regensburg) und die Weigerung der Protestanten, das endlich eröffnete Konzil zu beschicken (Worms 1545), hatten ihn überzeugt, daß an einer Wiederherstellung der religiösen Einheit mit friedlichen Mitteln nicht zu denken war.

Zur diplomatischen Vorbereitung gehörten nicht nur Verträge Karls mit Bayern und dem Papst sowie die Neutralisierung Brandenburgs, sondern vor allem die direkte Schwächung des Schmalkaldischen Bundes: Der ehrgeizige Herzog Moritz von Sachsen (albertinische Linie) wurde durch das Versprechen der Kurwürde gewonnen, die seit der Teilung des Wettinischen Hauses (1485) den Ernestinern zustand. Philipp von Hessen erkaufte die kaiserliche Nachsicht in seiner berüchtigten Bigamie-Affäre, für die ihm auf Grund der *Constitutio criminalis Carolina* (vgl. S. 231) die Todesstrafe gedroht hätte, mit der faktischen Lösung vom Schmalkaldischen Bund.

Der Krieg endete mit dem Sieg Karls V. über die Schmalkaldener bei Mühlberg (1547, Tizian-Gemälde!), der Gefangennahme des sächsischen Kurfürsten, der Verhaftung Philipps von Hessen und brachte die Zerschlagung der religiös-politischen Opposition. Moritz erhielt einen großen Teil der ernestinischen Kurlande und die Kurwürde (Wittenberger Kapitulation 1547).

Als Übergangslösung diktierte Karl V. 1548 das Augsburger Interim als verbindliche Bekenntnisgrundlage für die Protestanten. Es stand fest auf dem Boden des Katholizismus und machte nur zwei Zugeständnisse: die Gewährung des Laienkelchs und die Befreiung vom Zölibat für inzwischen verheiratete Priester. Die heikle Frage der säkularisierten Kirchengüter wurde umgangen. Trotz der eingeleiteten Zwangsmaßnahmen scheiterte das Interim auf der ganzen Linie. Den katholischen Ständen bot es zu wenig, und in Mittel- und Norddeutschland erwies es sich gegen die von allen Bevölkerungsschichten getragene Opposition als undurchführbar. Zentrum des Widerstandes wurde die geächtete Stadt Magdeburg.

Den Umschwung brachte die Fürstenrebellion unter Führung Moritz' von Sachsen (vgl. S. 233). Sie führte nach der Flucht Karls aus Deutschland zur Verständigung der rebellierenden Fürsten mit Ferdinand auf der Basis des konfessionellen Status quo. Das Interim wurde aufgehoben (Passauer Vertrag 1552).

Die endgültige Regelung der strittigen Fragen erfolgte im Augsburger Religionsfrieden (1555). Seine wichtigsten Bestimmungen lassen sich in sieben Punkten zusammenfassen:

1. Die Protestanten, soweit sie die *Confessio Augustana* anerkannten (sog. Augsburger Konfessionsverwandte), erreichten ihre reichsrechtliche Anerkennung. Die Katholiken erklären sich bereit, mit ihnen in einem »beharrlichen, unbedingten, für und für ewig währenden Frieden« zu leben. Das Prinzip der konfessionellen Koexistenz bot gleichzeitig eine unanfechtbare Rechtsgrundlage für die evangelischen Landeskirchen.

2. Die Calvinisten, Zwinglianer und alle Sekten wurden vom Religionsfrieden ausgeschlossen.

3. Die Reichsstände erhielten das *ius reformandi*. Die Bevölkerung mußte sich dem Bekenntniswechsel des Landesherrn anschließen (späterer Rechtssatz: *cuius regio eius religio*), konnte aber das *ius emigrandi* für sich in Anspruch nehmen. Diese Bestimmung sicherte die konfessionelle Einheitlichkeit der Territorien.

4. Die seit dem Interim rekatholisierten Städte wurden verpflichtet, künftig beiden Konfessionen die Religionsausübung zu gestatten.

5. Für den Besitzstand der Konfessionsparteien wurde der zur Zeit des Passauer Vertrages bestehende Status gewählt; alle bis dahin säkularisierten Gebiete blieben protestantisch.

6. Der geistliche Vorbehalt *(reservatum ecclesiasticum)* bestimmte, daß ein geistlicher Reichsfürst im Falle seiner Konversion alle Ämter niederlegen müsse; das Kapitel habe dann das Recht, einen katholischen Nachfolger zu wählen. Trotz ihres ursprünglichen Widerspruchs verzichteten die Protestanten zuletzt doch auf einen offiziellen Protest gegen diese in den Reichsabschied aufgenommene Bestimmung.

7. Die nicht im Abschied enthaltene *declaratio Ferdinandea* sicherte einigen evangelischen Untertanen geistlicher Fürsten ihren Glaubensstand auch weiterhin zu (landsässigen Rittern, Landstädten). Sie wurde später von katholischer Seite nicht anerkannt.

So eindeutig die meisten Bestimmungen auf den ersten Blick scheinen, sollten sie dennoch in den folgenden Jahrzehnten zahlreiche Konflikte zwischen den Konfessionsparteien aufwerfen. Als mühsam ausgetüftelter Kompromiß war der Friede nicht entfernt in der Lage, die tiefen Gegensätze ein für allemal zu überbrücken, geschweige denn aus der Welt zu schaffen. An seinen mehrdeutigen Formulierungen und dem militanten und intoleranten Wesen der Parteien ist er schließlich gescheitert, doch bleibt festzuhalten, daß er durch die rechtliche Anerkennung der Lehre Luthers die europäische Glaubensspaltung in der Mitte des Kontinents legalisierte.

Zwingli und Calvin

Von Anfang an ging die Reformation in der Schweiz ihre eigenen Wege. Ihr erstes Zentrum wurde Zürich, wo der humanistisch gebildete Huldrych (Ulrich) Zwingli seit 1518 am Großmünster wirkte. Überzeugt von der Notwendigkeit einer Kirchenreform im christlich-humanistischen Geiste, predigte er gegen Ablaßmißbrauch und übersteigerte Formen der Volksfrömmigkeit, gelangte aber erst unter dem Eindruck der Leipziger Disputation und einiger Schriften Luthers zu einer ausgeprägten antipäpstlichen Haltung. Dennoch blieb er unabhängig, sah in Luther wohl einen Bundesgenossen, aber keinen Lehrmeister.

Angelpunkt von Zwinglis Kirchenkritik war das Schriftprinzip; er war in diesem Punkt konsequenter als Luther. Als sich der Konstanzer Bischof über erste Attacken gegen Fegefeuer, Heiligenkult, Fastengebote, Zölibat u. a. beschwerte, durfte Zwingli seine Auffassung öffentlich verteidigen. Die ›67 Schlußreden‹ (= Thesen) bestimmten den Rat der Stadt, die Reformation in Zürich einzuführen (1523). Die Klöster wurden aufgehoben; mit der Messe verschwanden Orgel und Altäre, Reliquien und Bilder aus den Kirchen, der Gottesdienst beschränkte sich auf Gebet und Predigt.

Die Zürcher Kirchenreform erstrebte unter Gleichsetzung von Bürger- und Kirchengemeinde eine totale Verchristlichung des Gemeinwesens. Das Stadtregiment nahm theokratische Züge an: Die Obrigkeit befahl Kirchenbesuch und Teilnahme am Abendmahl, überwachte den Lebenswandel (1525 Ehegericht, 1526 zum allgemeinen Sittengericht ausgebaut), schloß Unwürdige vom Abendmahl aus und belegte Säumige mit Geldstrafen.

Während sich die städtisch-bürgerlich geprägten Gebiete von Bern, Basel (1529: Bildersturm und Abwanderung von Erasmus und anderen Humanisten), Mülhausen, Schaffhausen und St. Gallen der Reformation zuwandten und der Einfluß Zwinglis bis nach Nürnberg und Straßburg reichte, gab es eine feste Abwehrfront der ländlich strukturierten innerschweizer Kantone, die in den Angriffen Zwinglis auf das ›Reislaufen‹ eine Gefährdung ihrer Existenz erblickten. Hier, in Luzern, Schwyz, Uri, Unterwalden und Zug lag ein klassisches europäisches Söldnerreservoir. Zahlreiche auswärtige Mächte zahlten Pensionen, um im Kriegsfall die benötigten Truppen sofort abrufen zu können. Aus vitalen wirtschaftlichen Gründen wollte und konnte (Bevölkerungsüberschuß!) man auf diese Einnahmequelle nicht verzichten. Beide Seiten sahen sich nach Unterstützung um. Dem Zürich-Konstanzer ›Burgrecht‹ und den ausgreifenden Plänen Zwinglis für eine große antihabsburgische Allianz setzten die altgläubigen Kantone die ›Christliche Vereinigung‹ mit Erzherzog Ferdinand entgegen (1529). Der bewaffnete Konflikt endete mit der Niederlage Zürichs, Zwingli fiel in der Schlacht (Kappel 1531).

Der Versuch der Bildung einer protestantischen Einheitsfront war besonders daran gescheitert, daß es Zwingli nicht gelungen war, Luther für eine Politisierung der reformatorischen Bewegung zu gewinnen. Vor den Bündnisplänen Zwinglis schreckten die meisten der (noch) loyal zum Kaiser stehenden Lutheraner zurück. Ihnen erschien die Klärung der theologischen Differenzen vorrangig. Die Auffassung Zwinglis, dem Bündnis Priorität vor dem Bekenntnis einzuräumen, wurde verworfen, und so bestätigte das Marburger Religionsgespräch (1529) nur, was man schon vorher wußte: Zwinglis Lehre vom Abendmahl als einer symbolischen Erinnerungsfeier war für Luther (»Das *ist* mein Leib«) unannehmbar. Daß man über 14 andere Artikel Einigkeit erzielte, war angesichts der Schärfe des Abendmahlstreites von sekundärer Bedeutung.

Der Tod Zwinglis unterbrach die Ausbreitung der Reformation in der Eidgenossenschaft, doch kam es nicht zu einer allgemeinen Rekatholisierung. In Zürich führte der tolerantere Heinrich Bullinger das Werk Zwinglis unter Verzicht auf außenpolitische Experimente fort. Zusammen mit Myconius und Jud entwarf er 1536 die *Confessio Helvetica Prima.*

Neue Impulse erhielt die Reformation durch den Franzosen Jean Calvin (1509–64), der bedeutendsten Persönlichkeit der zweiten Reformatorengeneration. Aus Paris nach Basel geflohen, veröffentlichte er 1536 die ›Christianae religionis institutio‹, einen klaren, auch für Laien verständlichen systematischen Abriß der protestantischen Dogmatik. »Im Bereich der praktischen Wirksamkeit gibt es in der ganzen protestantischen Literatur kein Buch, das die Sache der Reformation mehr gefestigt oder dynamischer gestaltet hätte« (Tenenti).

Im Mittelpunkt der Theologie Calvins stand die Prädestination, die göttliche Vorausbestimmung des Menschen zu Heil oder Verdammnis. Während sich nach katholischer Auffassung der Mensch kraft seiner Willensfreiheit für den ›guten‹ Weg entscheiden und dank dem Dazutreten der göttlichen Gnade erlöst werden kann, hat Luther die Willensfreiheit verneint (1524: ›De servo arbitrio‹; berühmter Streit mit Erasmus), rechnete aber die Prädestination zu den unergründbaren Geheimnissen Gottes. Calvin verschärfte den Prädestinationsgedanken durch seine Betonung der Unscheinbarkeit des Menschen vor der Allmacht und Souveränität Gottes (»Il sauve par son bon plaisir ceux qui lui plaît«) und lehrte, daß der Mensch die Gewißheit seiner Erwählung allein im Glauben an den Erlöser fände und daß es äußerlich sichtbare Zeichen der ›electio‹ im Leben der Erwählten gebe, wenngleich derartige ›signa‹ nur einen geringen Grad von Beweiskraft besäßen. Auf Erwählung durfte hoffen, wer sein Leben durch Erfüllung seiner durch die Schrift gebotenen christlichen Pflichten heiligte.

Die religionssoziologischen Thesen von Max Weber über die Verbindung zwischen protestantischer Ethik und dem Geist des Kapitalismus sind mitunter mißverstanden worden. Es war keineswegs so, daß Calvin behauptete, wirtschaftlicher Erfolg durch fleißige Arbeit beweise schon auf Erden die Tatsache der Erwählung. Das liefe auf eine unzulässige Vulgarisierung seiner Lehre hinaus und würde die ›innerweltlich-asketische‹ Berufsauffassung des *späteren* Calvinismus in England und Amerika fälschlich mit den ethisch-religiös orientierten Vorstellungen Calvins identifizieren. Immerhin bleibt festzuhalten: Die Ungewißheit der ›electio‹ führte zu dem Streben, sich das Vertrauen auf die göttliche Gnade durch Einsatz der ganzen Persönlichkeit zu erwerben; wirtschaftlicher Erfolg *konnte* ein Zeichen von Gottes Wohlgefallen sein. Die Konzentration aller Kräfte auf die Arbeit zur Verherrlichung Gottes gab der Berufstätigkeit ein Arbeitsethos, wie es in keiner anderen Religion bestand. Psychologisch brachte der Calvinismus damit eine Verlagerung vom seligmachenden Glauben an Gott zur Kraft des Handelns. Dabei ging es weniger um die Erlösung aus eigener Seelennot (»zuerst sind wir für Gott und nicht für uns geboren«), sondern vielmehr um die heilige Majestät Gottes. Mit »Furcht und Zittern« versicherte sich der Erwählte seines ewigen Heils, indem er durch angespannte Erfüllung seiner irdischen Pflichten in ständiger Bußbereitschaft mitwirkte, die Welt zur höheren Ehre Gottes umzugestalten.

Mit großartiger Einseitigkeit hat Calvin die Welt als ein Schlachtfeld empfunden, auf dem er Gottes Wort zum Siege zu führen und die Menschen im Sinne des biblischen Gesetzes zur Ordnung zu zwingen bestimmt war. Seine Lehre erhielt dadurch im Unterschied zum Luthertum einen aktiven, kämpferischen Akzent. In Schottland und Frankreich entwickelte der Calvinismus in der direkten Konfrontation mit dem erstarkenden Katholizismus die Lehre vom Recht auf Widerstand gegen die Obrigkeit und wurde als Bewegung von eminent politischer Stoßkraft der gefährlichste Gegner der Gegenreformation.

Zufällig nach Genf verschlagen und wegen seiner radikalen Anschauungen bald vertrieben, wurde Calvin 1541 zurückberufen und begann auf der Grundlage der ›ordonnances ecclésiastiques‹ (1541) seine Ideen in die Praxis umzusetzen und aus der von politischen Querelen zerrissenen Stadt ein neues Königreich Jerusalem zu formen, den Genfer Gottesstaat.

Mit Billigung des Rates wurde das gesamte Leben unter Gleichsetzung der kirchlichen mit der politischen Gemeinde einer rigorosen Kirchenzucht unterworfen. Der Gottesdienst in kahlen Kirchen (›Gebetsscheunen‹ ohne Altäre, Bilder, Kerzen und Orgelspiel) bestand aus Predigt, Gebet, Sündenbekenntnis und Psalmengesang. Die Abendmahlsfeier (obligatorische Teilnahme!) trug, anders als bei Zwingli, stark sakrale Züge. Jeder Luxus und alle weltlichen Vergnügungen wurden verboten (Tanz, Theater, Kleider- und Frisurenluxus, Spiele, Feste, Wirtshausbesuch, Libertinage).

Oberste kirchliche Instanz war die Pfarrkonferenz *(vénérable compagnie)*, in der Calvin den Vorsitz führte. Unter den fünf Pastoren (für Predigt und Seelsorge; Ergänzung durch Kooptation) standen die Doktoren (für Lehre), die Diakone (für Armenpflege) und zwölf Presbyter (für Kirchenzucht).

Die Presbyter überwachten den Lebenswandel der Bürgerschaft und traten wöchentlich einmal mit den Pastoren zum *Konsistorium* zusammen, das als Kirchen- und Sittengericht fungierte, Verfehlungen mit inquisitorischen Methoden untersuchte, Rügen aussprach und der weltlichen Obrigkeit die Bestrafung ›empfahl‹. Der Terror geistlicher Gesinnungspolizei wurde vollendet gehandhabt: Hinrichtungen (von 1542-46 allein 58, die berühmteste 1553: Serveto), Verstümmelungen, Folterung, Verbannungen (in fünf Jahren 78, darunter Castellio und

Bolsec), Gefängnis, Geldbußen und diffamierende Strafen waren die Mittel radikaler Disziplinierung.

Andererseits sahen fremde Besucher staunend, wie in Genf ein neues Volk in Glaubenstreue, Sittenstrenge, sozialem Pflichtbewußtsein und emsiger Arbeit emporwuchs. An der 1559 gegründeten Genfer Akademie, die unter Theodor Beza, dem Nachfolger Calvins, ihre Blütezeit erlebte, wurden Generationen opferbereiter und kompromißloser Theologen als Prediger ausgebildet. Der erste Rektor schrieb einmal einem Vater, sein Sohn werde nie etwas Rechtes werden, da er sich weigere, mehr als 14 Stunden täglich zu arbeiten. Der Akademie (›Jesus lux scholae Genevensis‹) verdankte Genf seinen Ruf als ›Rom des Protestantismus‹; die Stadt wurde das geistige Zentrum der gesamteuropäischen calvinistischen Bewegung, die in Frankreich (Hugenotten), den Niederlanden (1566: calvinistischer Bildersturm), England (puritanische Gruppen), Schottland (John Knox), Polen (Laski), Ungarn (Biró) und Deutschland (Kurpfalz, Anhalt, Bremen, Nassau, Ostfriesland u. a.) festen Fuß faßte und schließlich nach Nordamerika übergriff.

So schroff sich Calvin gegen Katholizismus und Ketzerei wandte, so interessiert war er andererseits an einer Verständigung über kontroverse Lehrfragen im protestantischen Lager. So hatte er die in der Abendmahlsfrage an Zwingli angenäherte *Confessio Augustana Variata* (1540) unterschrieben, aber nach dem Sieg der orthodoxen Richtung über die Kryptocalvinisten (vgl. S. 138) war an eine Verständigung mit den Lutheranern nicht mehr zu denken. »Cave Calviniane!« stand auf dem Schwert, mit dem der kursächsische Kanzler Krell nach zehnjährigem Prozeß hingerichtet wurde (1601).

Dagegen gelang eine Einigung mit den Zwinglianern, zuerst im *Consensus Tigurinus* (1549) bezüglich der Abendmahlslehre, endgültig in der von Bullinger verfaßten *Confessio Helvetica Secunda* (1566). Seit dieser Zeit begann sich für den zwinglianisch-calvinistischen Typ des Protestantismus der Name ›Reformierte Kirche‹ durchzusetzen.

Die Einigung zwischen Zürich und Genf vergrößerte den Abstand zum Luthertum, bewahrte aber die gesamtreformatorische Bewegung vor weiterer Zersplitterung. Abgesehen von kleineren Gruppen standen dem katholischen Block um die Mitte des 16. Jahrhunderts als wichtigste Repräsentanten der protestantischen Lehre Lutheraner und Reformierte gegenüber. Das Problem der europäischen Glaubensspaltung wurde aber nicht nur durch das zwischen ihnen bestehende Spannungsverhältnis weiter kompliziert, es erfuhr in der speziellen Variante der englischen Reformation eine zusätzliche Bereicherung.

Starke nationalkirchliche Traditionen (vgl. S. 23 f.), eine verbreitete antiklerikale Strömung in Bürgertum und *gentry* gegen die verweltlichte Kirche als Grundbesitzer (25 Prozent des Bodens) und Jurisdiktionsorgan (in Ehe- und Testamentssachen), eine heftige Opposition des hohen Klerus gegen den Kardinal Wolsey, der seine Doppelfunktion als königlicher Kanzler und *legatus a latere* (päpstlicher Stellvertreter für die beiden englischen Kirchenprovinzen) zur persönlichen Machtausübung und Bereicherung weidlich ausnutzte – das waren die Kennzeichen der kirchenpolitischen Lage Englands um 1520. Dagegen spielten ketzerische Tendenzen seit der Ausrottung der Lollarden kaum noch eine Rolle.

Der Bruch mit Rom ging auf persönliche Gründe Heinrichs VIII. (1509–47) zurück, dem der Papst noch 1521 für eine antilutherische Schrift den Ehrentitel *defensor fidei* verlieh. Nach dem frühen Tode seines Bruders Arthur hatte Heinrich dessen Frau Katharina von Aragon, die Tochter der Katholischen Könige, geheiratet (1509). Obwohl ein päpstlicher Spezialdispens die an sich (nach 3. Mos. 20, 21) verbotene Eheschließung gestattet hatte, gelangte Heinrich zu der Überzeugung, in sündhafter Ehe zu leben, als sich kein Thronfolger einstellte und von fünf Töchtern vier starben. Der Bestand der Dynastie schien gefährdet. Die Bekanntschaft des Königs mit der Hofdame Ann Boleyn, die 22 Jahre jünger als die Königin war, führte schließlich zur Trennung von Katharina. Als der von Wolsey in Gang gesetzte Scheidungsprozeß in Rom aus Rücksicht auf Karl V., den Neffen Katharinas, verschleppt wurde, fiel Wolsey in Ungnade; neuer Kanzler wurde Thomas Morus. Nachdem 1531 die englische Geistlichkeit zur Loyalitätserkärung gegen Heinrich gezwungen worden war, trieben Thomas Cromwell, Sekretär des Königs, und Thomas Cranmer, Erzbischof von Canterbury, die Angelegenheit zur Entscheidung. Unter Ausschluß der Appellation nach Rom annullierte ein geistlicher Gerichtshof die erste Ehe des Königs, der schon vorher insgeheim Ann Boleyn geheiratet hatte (1533). Seine Exkommunikation beantwortete man mit der Einstellung der Annaten-Überweisungen an die Kurie. Die Sukzessionsakte erklärte die Kinder aus der zweiten Ehe für allein erbberechtigt und enthielt implicite die Leugnung der päpstlichen Suprematie, bevor noch die Suprematsakte Heinrich als »Supreme Head of the Church of England« anerkannte (1534). Prominenteste Verweigerer des geforderten Eides waren Morus (Rücktritt schon 1531) und John Fisher, Bischof von Rochester. Beide wurden 1535 hingerichtet.

Die von Cromwell aufgrund von Klostervisitationen begonnene Aufhebung kleinerer Konvente provozierte eine gefährliche Gegenbewegung, die ›Pilgrimage of Grace‹, in der sich wirtschaftliche Unzufriedenheit (Preissteigerungen!) mit religiöser Oppositionshaltung vermengte. Nach ihrer Niederschlagung wurden bis 1540 alle Klöster ausnahmslos säkularisiert. Der Verkauf der Kirchengüter an *gentry* und Bürgertum, die größte englische Besitzverschiebung der Neuzeit, brachte nicht nur eine willkommene Aufbesserung der königlichen Finanzen (was u. a. dem Flottenbau zugute kam, vgl. S. 255), sondern führte auch zu einer Identifizierung der materiellen Interessen der neuen Grundbesitzerschicht mit der antirömischen Kirchenpolitik, da jede katholische Restauration den wirtschaftlich-sozialen Status der Mittelschicht wieder in Frage stellen würde.

In Verfassung und Dogma blieb die anglikanische Kirche zunächst den katholischen Traditionen verhaftet. Sowohl die ›Zehn Artikel‹ (1536) als auch die ›Sechs Artikel‹ (1539) lagen eindeutig auf orthodox-konservativer Linie.

Trotz harter Strafandrohungen (Todesstrafe für Leugnung der Transsubstantiation) gewannen die reformatorischen Ideen allmählich an Boden. Unter Eduard VI. (1547–53), dem einzigen Sohn Heinrichs (aus dritter Ehe mit Jane Seymour), leiteten die Regenten Somerset und Northumberland unter Mitwirkung von Bucer und Laski die innere Umgestaltung der anglikanischen Kirche ein. Das *Book of Common Prayer* (1549) brachte – noch unter Vermeidung dogmatischer Stellungnahme – die Anglisierung der Liturgie. In der Neufassung von 1552, der das protestantische Schriftprinzip zugrunde liegt, ist es im wesentlichen bis heute erhalten geblieben. Die ›42 Artikel‹ formulierten dann erstmals eine klare reformatorische Dogmatik, die unter Beibehaltung traditioneller Kultformen ein aus lutherischen und calvinistischen Elementen gebildetes Mischbekenntnis darstellte. Damit war nach der äußeren Trennung von der Papstkirche auch die innere Distanzierung vollzogen. England war vom »Katholizismus ohne Papst und Mönchtum« (Mirgeler) endgültig in die Reihe der protestantischen Mächte hinübergewechselt. Daran konnte auch das gegenreformatorische Intermezzo unter Maria Tudor (vgl. S. 127) nichts ändern.

Die Täuferbewegung

Die offiziellen Kirchengründungen der neuen Lehre in Deutschland, der Schweiz und England waren weit davon entfernt, den ganzen Reichtum an religiösen Kräften, den die Zeit hervorbrachte, zu umschließen. Luthers Kampf gegen die kirchliche Autorität, seine Lehre vom allgemeinen Priestertum, die Proklamierung der Klarheit und Eindeutigkeit der Heiligen Schrift (vgl. S. 122), der Ruf nach einer christlichen Erneuerung des täglichen Lebens führten zu einer außerordentlichen Stärkung der religiösen Laienbewegung, doch gehörte es zu den bestürzendsten Erfahrungen der Reformation, daß sich aus den Neugläubigen immer wieder Gruppen mit eigenem Schriftverständnis aussonderten und sich im kirchlichen Niemandsland ansiedelten. Wanderapostel, die sich von Gott erleuchtet und berufen fühlten, durchzogen das Land. Ihre Predigten trugen schwärmerische, spiritualistische, apokalyptische, manchmal sozialrevolutionäre Züge. In religiösen Visionen prophezeiten sie den nahen Weltuntergang, forderten innere Einkehr und – nicht immer – den Kampf gegen die ›Gottlosen‹. Gemeinsam war ihnen die Ablehnung jeder kirchlichen und staatlichen Ordnung. Aus der Vielzahl dieser oft als Nebenströmungen der Reformation bezeichneten Erscheinungen ragt die Täuferbewegung hervor.

Sie entstand in einem kleinen Kreis humanistisch gebildeter Bürger Zürichs, die von Zwingli auf doppelte Weise enttäuscht wurden. Einmal wünschten sie eine schnellere und konsequentere Beseitigung der päpstlichen Mißbräuche (Abschaffung von Messe, Bildern und Kirchenzehnt), zum anderen sahen sie ihn statt der biblisch belegten urchristlichen Gemeinde eine neue Zwangskirche errichten. Aus ihrer Bibelinterpretation erwuchs schließlich die sie von der übrigen Welt unterscheidende Auffassung der Taufe. Sie wurde nicht als sakramentales Mittel zur Seligkeit verstanden, sondern als Akt, der den bußfertigen Gläubigen ein für allemal gerecht mache. Die Taufe bedeutete Sündenvergebung, die Aufnahme in die Gemeinschaft der ›Heiligen‹ und verpflichtete, in einem Leben der Heiligung die erworbene Sündlosigkeit zu erhalten und zu bewähren. Da ein Kind weder glauben noch Buße tun könne, wurde die Erwachsenentaufe das alle Täufergruppen umschließende gemeinsame Merkmal.

In den Versammlungen der Täufer gab es weder Messe noch Liturgie. Sie lasen die Bibel so, wie sie sie verstanden und feierten das Abendmahl in beiderlei Gestalt ohne jedes Mysterium. In enge Geistesgemeinschaften zurückgezogen, gingen sie der kirchlichen und staatlichen Ordnung aus dem Wege, verweigerten den Eid, das Tragen von Waffen und jedes öffentliche Amt. Von ihrem Erwählungsbewußtsein durchdrungen, kritisierten sie die reformatorischen Kirchen als ein neues Papsttum.

Von Zürich, wo Zwingli 1525 mit der Ausrottung der Täufer begann (Todesstrafe auf Erwachsenentaufe!), breitete sich die Bewegung rasch aus (Schweiz, Oberdeutschland, Tirol, Mähren, Schlesien Thüringen, Hessen, den ganzen Rhein entlang bis in die Niederlande) und nahm in manchen Gegenden sozialrevolutionäre Gedanken Thomas Müntzers, (vgl. S. 164f.) auf. Auch die unteren Bevölkerungsschichten schlossen sich ihr an: städtisches Proletariat, kleine Handwerker, Gesellen, Bauern und Bergknappen. Ihre dezidierte Haltung führte die Täufer in die völlige Isolierung. Den Katholiken galten sie als Kronzeugen für die Willkür reformatorischer Schriftauslegung; den Evangelischen erschien ihr Vollkommenheitsanspruch als schlimmste Ketzerei (Luther warf sie kurzerhand mit Müntzer und den aufständischen Bauern zusammen); der Obrigkeit war die Sammlung der kleinen Leute, die sich aller Gemeinschaft entzogen und zum ›gemeinen Nutz‹ nichts beitrugen, höchst verdächtig. Wo sie auftauchten, wurden sie erbarmungslos verfolgt (reichsrechtliche Legitimierung dieses Vorgehens in Speyer 1529).

Auf Diffamierung, Vertreibung, Gefängnis, Folter und grausame Strafen antworteten die Täufer mit trotzigem Bekennermut, geduldiger Leidensbereitschaft und echtem Märtyrertum.

»Ein großer Reichtum an lebendiger Frömmigkeit, viel echter Enthusiasmus ist hier gewaltsam erstickt... worden. Die Verfolgung der Täufer hat wesentlich dazu beigetragen, daß die reformatorische Bewegung vorzeitig in die engen Schranken kirchlicher Orthodoxie gepreßt wurde« (Fuchs).

Während die aus Tirol vertriebenen Anhänger des Jakob Hutter in Mähren ein friedliches, wohlorganisiertes, in Arbeitsgemeinschaften statt Familien gegliedertes urchristlich-kommunistisches Gemeinwesen aufbauten, kam es in Niederdeutschland zu einer teilweisen Radikalisierung des Täufertums. Als Melchior Hofmann, schwäbischer Wanderapostel mit einem bis ins Baltikum reichenden Wirkungskreis, in Straßburg, dem er die Rolle des ›Neuen Jerusalem‹ prophezeit hatte, eingekerkert wurde, predigte der Haarlemer Bäcker Jan Matthys den durch die Inquisition schon stark radikalisierten Melchioriten den sofortigen Anbruch des Gottesreiches, forderte zur Vernichtung aller Gottlosen auf und verkündete, daß Gott nunmehr Münster zum Neuen Jerusalem erkoren habe. Tatsächlich übernahmen die Täufer nach ihrem Sieg bei der Ratswahl (Febr. 1534) das Stadtregiment, doch kam es bald zur Radikalisierung der Herrschaft durch Taufzwang, teilweise Gütergemeinschaft und die Bildung von Großfamilien (Polygamie!). Die »autoritäre Monarchie« (Kirchhoff), die Jan von Leiden (Bockelson) endlich errichtete und mit Terror und Demagogie behauptete, kann nach neuen Forschungen weder radikal-demokratisch noch kommunistisch genannt werden. Nach einjähriger Belagerung wurde Münster vom vertriebenen Bischof zurückerobert und der Katholizismus restituiert. Bockelson und seine Anhänger wurden grausam hingerichtet (1535).

Das Täuferreich von Münster führte nicht nur den radikalen Flügel der Bewegung in die Katastrophe, es kompromittierte aufs schwerste die Gesamtheit des Täufertums, in dem staatliche und kirchliche Instanzen nun grundsätzlich ein Sammelbecken unbelehrbarer Rebellen sahen. Dennoch konnten sich trotz aller Verfolgungen einzelne Gemeinden, etwa die hutterischen Brüder bis 1622, behaupten. In Norddeutschland entstand dem Täufertum in dem konvertierten katholischen Priester Menno Simons ein neuer Organisator, der es von schwärmerischen und revolutionären Elementen löste und auf den friedlichen, weltabgewandten Weg praktischer Frömmigkeit und strenger Lebensführung zurückleitete. So wurde es möglich, daß die nach ihm benannten Mennoniten in Holland, Rußland und Amerika blühende Gemeinwesen errichten konnten. Mit den staatlichen Ansprüchen geraten sie aber bis heute in Konflikt (Kriegsdienstverweigerung).

Überblickt man den konfessionellen Status Europas um 1560, ergibt sich eine für den Katholizismus bestürzende Bilanz. Vier Jahrzehnte nach dem ersten Auftreten Luthers existierte ein trotz aller Differenzierungen einheitlich reformatorisch geprägter Block: Dänemark-Norwegen, Schweden (mit Finnland), die baltischen Gebiete, England, Schottland, die nördlichen Niederlande, Deutschland etwa bis zur Donaulinie, die österreichischen Erblande, große Teile der Schweiz und Siebenbürgen. Starke Einbrüche der neuen Lehre hatte es in Frankreich, Ungarn und Polen gegeben. So gut wie unberührt waren nur die iberischen Staaten, Italien, die südlichen Niederlande und einzelne Gebiete West- und Süddeutschlands geblieben, auch Irland konnte sich der von England aus versuchten Zwangsprotestantisierung auf die Dauer entziehen (Ausnahme: Ulster).

Diese bemerkenswert schnelle Ausbreitung der Reformation ist nicht allein aus der persönlichen Qualität ihrer großen Vertreter zu erklären, ebensowenig aus der Überzeugungskraft der teilweise höchst komplexen theologischen Argumentation, der die breite Schicht der Gläubigen nur bedingt zu folgen in der Lage war. Wie sich Luther zum Sprecher der Reformforderungen seiner Zeit machte, so hing der Erfolg der Reformation überall von der vorhandenen Aufnahmebereitschaft der weltlichen Gesellschaft und ihrer fürstlichen und ständischen Repräsentanten ab. Die Entfremdung zwischen Papstkirche einerseits, dem nationalen Klerus und dem Volk andererseits, das Hinausschieben aller Reformen, die Verdrängung des Gedankens einer universalen res publica christiana im Gefolge der Herausbildung nationalstaatlicher Strukturen und die im Humanismus angedeutete Säkularisierung des Lebensgefühls hatten den Weg zur europäischen Glaubensspaltung seit dem späten Mittelalter vielfach geebnet. Das kirchliche Machtsystem bildete kein äquivalentes Gegengewicht mehr zu der sich dynamisch entwickelnden Gesellschaft.

So gesehen, war die Reformation eine revolutionäre Tat, die durch den Buchdruck eine ungeheure Publizität und Breitenwirkung erreichte. Sie kappte die »Gewächse jenes bürokratisch-kirchlichen Waldes, den Papsttum und Klerus im Abendland hatten gedeihen lassen« (Tenenti), setzte neue religiöse Energien frei und weckte eine neue christliche Urteilsfähigkeit gegenüber dem etablierten Dogma und der kirchlichen Tradition.

Wollte der Katholizismus dieser Herausforderung mit einiger Aussicht auf Erfolg entgegentreten, bedurfte es nicht nur einer Konzentration aller Kräfte, sondern auch der Bereitschaft, den vielfältigen Neustrukturierungen jener Zeit Rechnung zu tragen, um Erstarrung und Stagnation zu überwinden und durch Selbstbesinnung und Reform zur Erneuerung seiner Autorität in Anpassung an die sich wandelnden gesellschaftlichen Verhältnisse gelangen zu können.

Die katholische Erneuerung

Der protestantische Historiker Wilhelm Maurenbrecher hat in seiner ›Geschichte der katholischen Reformation‹ (1880) als erster nachgewiesen, daß die Wurzeln der katholischen Erneuerung des 16. Jahrhunderts weit in die vorreformatorische Zeit zurückreichen. Er leitete damit die seitdem ständig verfeinerte Differenzierung des von Ranke als Epochenbezeichnung eingeführten Begriffs ›Gegenreformation‹ ein, den die katholische Seite von jeher als abwertend und einseitig abgelehnt hatte. In der Tat beruhte die Restauration des Katholizismus auf mehreren sehr verschiedenen, doch sich ergänzenden Faktoren: »Die katholische Reform ist die Selbstbesinnung der Kirche auf das katholische Lebensideal durch innere Erneuerung, die Gegenreformation ist die Selbstbehauptung der Kirche im Kampf gegen den Protestantismus« (Jedin).

Beide Strömungen wurden durch das Reformpapsttum in der zweiten Jahrhunderthälfte eng miteinander verknüpft und führten zur Überwindung der langen, durch die Reformation bedrohlich und bewußt gewordenen Krise des Katholizismus.

Die Anfänge der Erneuerung

Die innere Erneuerung der Kirche begann in Südeuropa. Die Bemühungen des Kardinals Ximenes de Cisneros um eine reformierte spanische Nationalkirche (vgl. S. 24) wurden ergänzt durch eine aus christlichem Humanismus erwachsende, eigenständige spanische Kultur und Scholastik, deren hervorragendste Vertreter für die Neufassung der Kirchenlehre im Geist des Neu-Thomismus entscheidende Beiträge lieferten.

Italien erlebte seit dem späten 15. Jahrhundert in der Oratorienbewegung eine Neubelebung des Frömmigkeitsideals. Laien und Kleriker fanden sich in Bruderschaften zusammen und demonstrierten durch vertiefte Frömmigkeit und tatkräftige Caritas-Arbeit eine beispielhaft christliche Lebensführung mit dem Ziel, die Menschen in der Kirche, nicht aber die Religion an sich zu ändern. Wie die große Gestalt der spanischen Mystik, die Heilige Therésa von Avila, die Reform der unbeschuhten Karmeliter durchführte, entstanden in

Italien als Abspaltungen oder selbständige Gründungen zahlreiche neue Orden ›strenger Observanz‹, die sich der Seelsorge (Kapuziner), der Caritas (Somasker, Paulaner) oder dem Unterricht (Piaristen, Ursulinen) widmeten. Armut, Krankenpflege und strengste Sittlichkeit gelobten auch die Mitglieder des Theatiner-Ordens, dem Carafa, Contarini und Reginald Pole angehörten und der eine Art Seminar für Reformbischöfe wurde.

Unter den Reformkatholiken Italiens gab es zwei Gruppen. Die erste, von Carafa geführt, blieb traditionell-restaurativ orientiert, die zweite mit dem venezianischen Aristokraten Contarini an der Spitze, war kompromißbereiter und erhoffte eine Kirchenreform durch Aufnahme humanistischen Gedankengutes. Obwohl Contarini in dem 1536 einberufenen Reformausschuß ›de emendanda ecclesia‹ noch eine führende Rolle gespielt hatte, konnte sich diese versöhnliche Richtung nicht durchsetzen. Auch die Reformvorschläge wurden nicht realisiert, ebensowenig die eines zweiten Gremiums, das 1538 ein Gutachten ›super reformatione ecclesiae Romanae‹ erstattete. Ohne eine durchgreifende Reform auf allen Ebenen war eine Erneuerung an der Spitze der Hierarchie, bei Papsttum und Kurialverwaltung, schlechterdings unmöglich.

Das Konzil von Trient

Die Hoffnung Karls V., die Wiederherstellung der christlichen Glaubenseinheit über ein Konzil zu erreichen, war bei der Eröffnung des Tridentinums (Dezember 1545) kaum noch begründet. Zu lange hatte das Papsttum die seit Jahren geforderte allgemeine Kirchenversammlung zu verschleppen verstanden (vgl. S. 41 f.), und zu weit war inzwischen die Reformation fortgeschritten, um eine Überbrückung des breiten Grabens zwischen den Konfessionen ernsthaft erwarten zu können. Die Wahl des Tagungsortes garantierte, wenn auch auf Reichsgebiet gelegen, bei allen Abstimmungen, die nicht wie in Konstanz nach *nationes,* sondern nach Köpfen stattfinden sollten, eine sichere Mehrheit für die italienischen Konzilsteilnehmer. Wenig einladend war auch der in einer früheren Ankündigungsbulle (1536) enthaltene Tagesordnungspunkt der ›Ausrottung der Ketzerei‹. Überdies hatte der Verlauf der Religionsgespräche (vgl. S. 108) nicht den Eindruck katholischer Kompromißbereitschaft hinterlassen. So lehnten die Protestanten die Teilnahme an dem Konzil, das »nicht allgemein, nicht frei, nicht christlich« sei, kategorisch ab (Worms 1545) und zogen sich dadurch den verstärkten Zorn des Kaisers zu.

Entgegen dem Wunsch Karls V., zuerst die Fragen der Kirchenreform zu behandeln, faßte das Konzil während der ersten Sitzungsperiode (1545-49, seit 1547 in Bologna) grundlegende Beschlüsse dogmatischen Inhalts. Die gegensätzlichen Lehrmeinungen wurden zwar diskutiert, doch blieben die altkatholischen Auffassungen, nur hier und da modifiziert, in ihrer Substanz erhalten. Die Dogmen von Rechtfertigung und Erbsünde wurden schärfer gefaßt; die Vulgata erfuhr die Bestätigung als allein maßgebende Bibelübersetzung. Gegen das protestantische Schriftprinzip billigte das Konzil den Grundsatz der autoritären Bibelauslegung durch die Kirche und unterstrich die Bedeutung der apostolischen Tradition als eine die Bibel notwendig ergänzende *(insufficientia scripturae)*, gleichrangige Quelle der Glaubenswahrheiten, die (wie beispielsweise die Kirchenväterliteratur) zum Verständnis der kanonischen Schriften unentbehrlich sei.

Mit diesen Beschlüssen, deren Publizierung 1547 Karl V. vergeblich zu verhindern suchte, waren alle weiteren Glaubensentscheidungen im Sinne einer kompromißlosen Kampfansage an den Protestantismus präjudiziert. Es war nur konsequent, daß während der zweiten (1551–52) und dritten (1562–63) Sitzungsperiode auch die Lehren von der Transsubstantiation, der Messe, der Heiligenverehrung, den Sakramenten u. a. in altkatholischem Sinn neu definiert wurden. So brachte das Konzil eine konservativ geprägte Selbstbesinnung der Kirche auf ihre überlieferten dogmatischen Grundlagen, schaffte aber durch deren Präzisierung frühere Unklarheiten aus der Welt und führte zu einer deutlichen Abgrenzung gegenüber den protestantischen Auffassungen. Der politisch-konfessionell längst vorhandenen Spaltung Europas folgte damit die theologisch-dogmatische Bestätigung von katholischer Seite.

Die Diskussionen über die Kirchenreform, zuerst nur zögernd geführt, wurden in der dritten Tagungsperiode intensiviert und fanden ihren Niederschlag in 35 Reformdekreten. Dem Verbot der Ämterkumulation entsprach die Festlegung der Residenzpflicht; strenge Bestimmungen über Ordens- und Klosterdisziplin, über Ausbildung (Priesterseminare!), Kleidung und Pflichten des Klerus wurden erlassen; das priesterliche Zölibat blieb bestehen. Die Neuordnung des kurialen Benefizialrechts und Gebührenwesens schuf eine wichtige Voraussetzung für die angestrebte Beseitigung von Pfründenschacher, Ämterverkauf und Ablaßmißbrauch. Auf der Grundlage dieser Dekrete konnte die lange geforderte durchgreifende Reform der Kirche an Haupt und Gliedern in Angriff genommen werden.

Obwohl nicht explizit ausgesprochen, wurde der päpstliche Primat gegenüber allen konziliaristischen Strömungen anerkannt. Nachdem durch die geschickte Verhandlungsführung des Legaten Morone die von der französischen Delegation ausgehenden antizentralistischen Bestrebungen abgefangen worden waren, stellte das Konzil die Ausführung aller Reformbeschlüsse dem Papst anheim und unterwarf alle Dekrete seiner Genehmigung. Pius IV. bestätigte im Januar 1564 sämtliche Beschlüsse.

Damit stellte sich die Frage, ob es gelingen würde, die Publizierung der Reformdekrete in den europäischen Staaten, die auf dem nationalkirchlichen Weg weit vorgeschritten waren (vgl. S 23 f.), zu erreichen. Nur in Polen, Portugal und den spanischen Niederlanden geschah das sofort und uneingeschränkt. Für Ungarn und das Reich ließ Maximilian II. die Bekanntgabe nicht zu, Philipp II. nahm die Beschlüsse für Spanien nur »unbeschadet der königlichen Rechte« an. Im gallikanischen Frankreich bequemte sich als einziger Stand der Klerus erst nach einem halben Jahrhundert zur Anerkennung (1615).

Angesichts dieser Hindernisse bekamen die direkt von Rom ausgehenden Initiativen zur Konsolidierung der Kirche im tridentinischen Geiste erhöhte Bedeutung. Dabei ging es um das doppelte Problem, ob die Kirche in der Lage sein würde, die Reformdekrete auf breiter Grundlage durchzusetzen, und ob das Papsttum selbst zur *reformatio in capite* bereit war.

Loyola und die Gesellschaft Jesu

Der sich erneuernde Katholizismus fand seinen tatkräftigsten Helfer in dem von dem baskischen Adligen Ignatius von Loyola (1491-1556) gestifteten Jesuitenorden. Als Offizier bei Pamplona (vgl. S. 99) schwer verwundet (und durch die barbarische Kunst der Ärzte lebenslang verkrüppelt), lernte Loyola auf dem Krankenlager einige fromme Schriften kennen, deren Lektüre seine innere Wandlung einleitete. Dabei verknüpften sich seine bisherigen Lebens- und Denkinhalte mit den neuen Erfahrungen, beispielsweise wenn er sich die Heiligen als Ritter des Königs Christus vorstellte. Überhaupt ist Loyola in seinem Innersten immer Soldat geblieben.

Nur allmählich und unter größter Willensanstrengung befreite sich Loyola von vielen Zweifeln und Anfechtungen. Durch Visionen bestärkt, rang er sich zu dem Entschluß durch, künftig einzig und allein *ad maiorem gloriam Dei* wirken zu wollen. Drei Eigenschaften flossen in seiner Persönlichkeit zusammen:

> »Eine durch methodische Schulung fast ins Übermenschliche gesteigerte Willenskraft, ein ganz auf das Praktische gerichteter, aber der schärfsten Konzentration und Penetration fähiger Verstand und endlich die in eiserner Selbstzucht erworbene Fähigkeit, das eigene Ich bis zum letzten Hauche den Idealen zu opfern, an die er glaubte« (Böhmer).

Aus der Beobachtung seiner Seelenregungen entstanden die ›Exercitia spiritualia‹, in denen Loyola zu zeigen versucht, wie der Mensch mit Hilfe einer rigorosen geistigen und körperlichen Disziplinierung alle Anfeindungen, Mißhelligkeiten und Egoismen überwinden kann, zur Gefolgschaft Christi geführt wird und sich zu einer neuen, im Dienst an der Kirche aufgehenden Persönlichkeit entwickelt. Da Gleichmaß und Ordnung das Leben und Verhalten beherrschen, war die Forderung nach bedingungslosem Gehorsam gegenüber den Ordnungsmächten Kirche und Papst (»ac si cadaver esset«) nur eine zwangsläufige Konsequenz: »Ich glaube, daß das Weiße, das ich sehe, schwarz ist, wenn die hierarchische Kirche es so definiert.« Als »Exerzierreglement der Seele« (Hinrichs) boten die ›Exercitia‹ eine »Anleitung zum Ersteigen immer höherer Grade christlicher Vollkommenheit« (Hassinger) und sollten ganze Generationen geistlicher Offiziere des Jesuitenordens formen.

Wegen seiner militanten Missionsideale aus dem sich gerade einer Koexistenzphase erfreuenden Jerusalem von den dortigen Franziskanern schnellstens nach Europa zurückgeschickt (1523), studierte Loyola Theologie in Alcala und Salamanca, wich aber, als die Inquisition in seinen religiösen Unterweisungen ketzerische Tendenzen zu erkennen glaubte, nach Paris aus, wo er 1534 den Magistertitel erwarb. Zusammen mit sechs Gefährten gelobte er, sich nach Abschluß der Studien der Mission im Heiligen Land zu widmen oder, falls das undurchführbar sein sollte, seine Dienste dem Papst anzubieten.

Der venezianisch-türkische Krieg (vgl. S. 82) verwies sie auf den zweiten Weg. Nach manchen Schwierigkeiten ebnete schließlich der unermüdliche Contarini den Weg zur Anerkennung der *Compañia de Jesus* durch Paul III. (1540).

Der Orden wurde straff organisiert (endgültige Verfassung erst 1558). Unter dem auf Lebenszeit gewählten General standen die Leiter der Ordensprovinzen (Provinzialen) und die Vorsteher der Ordenshäuser (Rektoren) in quasi militärischer Abhängigkeit. Vier gewählte Assistenten und ein Admonitor, der als ›Gewissen‹ eine kontrollierend-kritische Funktion ausübte, unterstützten den General. Wahlgremium war die Generalkongregation, die sich aus den Provinzialen und Rektoren sowie zwei *professi* aus jeder Provinz zusammensetzte.

Neue Ordensmitglieder wurden nach einem strengen zweijährigen Noviziat in die Klasse der Scholastiker aufgenommen und mit Studium und Lehrtätigkeit beauftragt. Hatten sie die vielfältigen Stufen des Ausleseprozesses erfolgreich überschritten, erhielten sie nach etwa 15 Jahren die Priesterweihe und konnten, mindestens 45 Jahre alt, in die Eliteschicht der *professi* aufsteigen; sie mußten dann das vierte Gelübde des unbedingten Gehorsams gegenüber dem Papst ablegen. Nur etwa ein Zehntel aller Ordensmitglieder erreichte diese Stufe. Unter 1 000 Mitgliedern gab es beim Tode Loyolas 35 *professi*.

Den ursprünglichen Intentionen der Gründer entsprechend, gehörte die Heidenmission zum Aufgabenbereich des Ordens. Franz Xaver segelte 1541 nach Goa und starb nach erstaunlichen Missionserfolgen in Süd- und Ostasien 1552 in China. Auch am Kongo, in Abessinien und nicht zuletzt in der Neuen Welt (vgl. S. 73) waren Jesuiten tätig.

In Europa ergab sich eine Schwerpunktverschiebung jesuitischer Aktivität, als die ursprünglich angestrebte Volksmission durch verstärkte Bemühungen um Reform und Ausbau des höheren Bildungswesens ergänzt wurde. Als vorbereitende Studienanstalten entstanden in Rom das Collegium Romanum (1551) und das Collegium Germanicum (1552). Im Reich, wo Petrus Canisius als ›zweiter Apostel Deutschlands‹ über ein halbes Jahrhundert sehr erfolgreich wirkte, wurde 1544 das erste Jesuitenkollegium (Köln) ins Leben gerufen. Es folgten zahlreiche andere, die meist an der Konfessionsgrenze oder in Mischgebieten lagen. Schließlich kam es zur Gründung eigener Universitäten (Innsbruck, Würzburg, Graz u. a.).

Nach dem Tode Loyolas traten im Orden die gegenreformatorischen Tendenzen stärker in Erscheinung. Bei der kommenden Auseinandersetzung der regenerierten Kirche mit dem Protestantismus stellte die *militia Christi* den schlagkräftigsten geistigen Stoßtrupp dar. Darüberhinaus bedeutete der gezielte Einsatz von Jesuiten als Beichtväter und Prinzenerzieher an den katholischen Höfen Europas eine gewisse Garantie dafür, daß die Interessen des nachtridentinischen Katholizismus bei politischen Entscheidungen gewahrt wurden.

Die Reformpäpste

Die ersten Ansätze zu einer Reform an der Spitze der Hierarchie fallen in das Pontifikat Pauls III. (1534–49), doch weder die dürftigen Ergebnisse der beiden Reformkommissionen (vgl. S. 121) noch die eingeleitete Umorganisierung einiger kurialer Behörden konnten das Gesamtbild nachhaltig verändern. Von bleibender Bedeutung wurde die 1542 eingerichtete römische Inquisition, eine zentral gelenkte Einrichtung, die den auch in Italien sichtbar werdenden reformatorischen Tendenzen Einhalt gebieten sollte. In Carafa, der mit 79 Jahren als Paul IV. (1555–59) Papst wurde, verbanden sich fanatischer Spanienhaß und neapolitanisches Temperament mit üppig wucherndem Nepotismus und militantem Reformeifer. Seine teilweise brutalen und überstürzten Reformmaßnahmen ließen Koordination und den Sinn für das Vernünftige und praktisch Erreichbare vermissen. Dem erzwungenen Einzug neuer Frömmigkeit und Moral entsprach der päpstliche Befehl, die nackten Gestalten auf Michelangelos ›Jüngstem Gericht‹ züchtig zu bekleiden.

Der erste die Gesamtkirche verpflichtende ›Index auctorum et librorum prohibitorum‹ (1559) führte 48 ketzerische Bibelübersetzungen auf und setzte 61 Buchdrucker und Verleger auf die schwarze Liste. Jedem Katholiken war die Lektüre künftig erscheinender Bücher nur erlaubt, wenn sie die kirchliche Druckerlaubnis, das *Imprimatur*, erhalten hatten. Da der übereifrige Paul IV. auch zahlreiche objektiv einwandfreie Schriften indiziert hatte, wurde sein Katalog

1564 durch den besser überlegten ›Index Tridentinum‹ ersetzt. Seit 1571 gab es eine ständige Kommission, die das Verzeichnis der verbotenen Schriften periodisch revidierte und veröffentlichte.

Die Reihe der großen Reformpäpste begann mit Pius IV. (1560 bis 1565). Durch die Einsetzung einer Kardinalskongregation zur Überwachung der Durchführung der Konzilsbeschlüsse bezeugte er seine feste Absicht, die Kirchenreform nicht aus der Hand zu geben. Der gesamte Klerus wurde verpflichtet, sich in der mit einer Obödienzformel gegenüber dem Papst verbundenen ›Professio fidei Tridentinae‹ zu den Konzilsbeschlüssen zu bekennen. Pius V. (1566–72) führte einen unerbittlichen Kampf gegen Verweltlichung und Simonie, gab als praktische Dogmatik für katholische Lehrer und Priester den ›Catechismus Romanus‹ heraus (1566) und sorgte für die einheitliche Fassung der Stundengebete (›Breviarium Romanum‹, 1568) und der Messordnung (›Missale Romanum‹, 1570). Die zentralistischen Bestrebungen verstärkten sich unter Gregor XIII. (1572–85), besonders durch die Erweiterung und den Ausbau der Nuntiaturen zu ständigen Einrichtungen (Köln, Prag, München, Graz u. a.).

Die Kalenderreform Gregors XIII. bereicherte die konfessionelle Spaltung Europas um eine merkwürdige Variante. Um die aufgetretene Differenz zwischen Sonnenjahr und (julianischem) Kalender zu beseitigen, ließ man auf den 4. Oktober 1582 unmittelbar den 15. Oktober folgen und bestimmte, daß künftig in allen Säkularjahren, sofern sie nicht durch 400 teilbar sind, der Schalttag auszufallen habe (gregorianischer Kalender). Protestanten und Orthodoxe lehnten diese völlig richtige Korrektur als ›papistisch‹ ab, und es bürgerte sich in Europa die Datierung nach altem oder neuem Stil ein, bis sich seit 1700 die protestantischen Länder nach und nach zur Annahme entschlossen. Die völlige Einheitlichkeit wurde erst im 20. Jahrhundert erreicht (Rußland, Griechenland, Balkanstaaten).

Sixtus V. (1585–90) schloß die Reform des Kardinalskollegiums ab und schrieb die regelmäßige Rechenschaftspflicht der Bischöfe in Rom (›visitatio ad limina‹) vor. Eine philologisch überarbeitete Neuausgabe der Vulgata (Sixtina) wurde wegen vieler noch vorhandener Fehler wieder eingezogen und 1592 durch die Clementina ersetzt.

Unter Sixtus V. erreichte die Reform der Kirche *in capite et membris* ihren Höhepunkt und vorläufigen Abschluß. In wenig mehr als drei Jahrzehnten hatte sich der Katholizismus regeneriert und konsolidiert. Auf der Basis der Tridentiner Beschlüsse und im Geiste einer erneuerten Religiosität konnte das wiedererstarkte Papsttum hoffen, im Bunde mit den katholischen Mächten und von den Jesuiten tatkräftig unterstützt, in der Auseinandersetzung mit dem zersplitterten Protestantismus das verlorengegangene Terrain zurückzugewinnen.

In der zweiten Hälfte des 16. Jahrhunderts verschärften sich die konfessionellen Gegensätze in fast ganz Europa. Das Vordringen der Calvinisten, die einsetzenden gegenreformatorischen Aktionen Roms und die katholische Politik der spanischen Hegemonialmacht verknüpften die religiösen Zielsetzungen mit politischen und führten zu offenen Kämpfen zwischen Staaten, Ständen und Religionsparteien, die in Westeuropa um 1600, im Reich erst 1648 ihren Abschluß fanden. Die vielfachen Verschlingungen dieser Macht- und Glaubenskämpfe, die Internationalisierung der ständischen und konfessionellen Gruppen in Diplomatie, Krieg und Bürgerkrieg können hier nur angedeutet werden. Unter Verzicht auf eine detaillierte Darstellung werden in den folgenden Abschnitten nur die wichtigsten Probleme herausgegriffen, manche Entwicklungslinien skizziert und einige markante Orientierungspunkte genannt, um für die Bestandsaufnahme der konfessionellen Spaltung Europas in der Mitte des 17. Jahrhunderts eine Basis von gewisser Tragfähigkeit zu gewinnen.

Westeuropa

Etwas vereinfacht lassen sich die Auseinandersetzungen um Macht- und Konfessionsfragen auf drei Spannungszentren zurückführen:

1. In England hielt mit Maria Tudor (1553–58), der (zweiten) Frau Philipps II., die Gegenreformation ihren Einzug. Die Protestanten wurden verfolgt und knapp 300, darunter der Erzbischof Cranmer, verbrannt. Daß diese relativ niedrige Zahl (etwa im Vergleich zu den Zehntausenden, die der Inquisition in den Niederlanden zum Opfer fielen) der Königin den Beinamen ›die Blutige‹ eintrug, verdankte sie dem lückenlosen Märtyrerkatalog des John Foxe, einem viel gelesenen Volksbuch. Der frühe Tod der kinderlos gebliebenen Königin beendete 1558 das gegenreformatorische Zwischenspiel.

Obwohl die katholische Partei Europas Elisabeth I. (1558–1603), der Tochter Ann Boleyns, das Thronfolgerecht bestritt und für die Ansprüche der schottischen Königin Maria Stuart eintrat, ging Philipp II. seinen eigenen Weg. Er wollte die Seeverbindung zu den Niederlanden nicht gefährden und hoffte, durch eine neue Eheverbindung die Rückkehr Englands zum Katholizismus auf elegantere Weise bewerkstelligen zu können. Zum ersten, längst nicht zum letzten Male setzte Elisabeth ihre Ehelosigkeit als gewichtigen Faktor auf dem Felde der Diplomatie ein. Geschickt ging sie auf Angebote ein, weckte Erwartungen, stellte Bedingungen, bat um Bedenkzeit, erneuerte die Hoffnungen, zog sich zurück – mit äußerster Raffinesse hielt sie erst Philipp II., dann Katharina von Medici (die ihr gleich zwei ihrer Söhne, nacheinander, anbot) in Spannung.

Nicht minder geschickt bewegte sie sich in der Innenpolitik. Die königliche Stellung eines »supreme governor as well in all spiritual or ecclesiastical things or causes as temporal« wurde erneuert (Suprematsakte 1559) und der Klerus zur Eidesleistung verpflichtet. Nachdem gleichzeitig das *Prayer Book* von 1552 wieder eingeführt worden war, bildeten die ›39 Artikel‹, ein an Calvin und Bucer orientiertes Bekenntnis, die dogmatische Grundlage der anglikanischen Kirche (1563). Damit nicht zufrieden, forderte eine Minderheit, die Puritaner, eine strenge Reinigung der Kirche von allen ›päpstlichen‹ Elementen (Ornat der Geistlichkeit, Kirchenschmuck u. a.). Der sich bei Puritanern, presbyterianischen Gruppen und anderen Nonkomformisten artikulierenden Opposition gegen die hierarchische Struktur der Bischofskirche – und damit gegen die königliche Autorität – begegnete Elisabeth mit der Errichtung eines Gerichtshofes *(High Commission* 1580). Trotzdem blieb der puritanische Widerstandsgeist ungebrochen; unter günstigeren Voraussetzungen sollte er Jahrzehnte später Englands Geschick entscheidend bestimmen (vgl. S. 214 ff.).

Gefährlicher war für Elisabeth die Frage der katholischen Opposition, die sich in der Person Maria Stuarts untrennbar mit dem schottischen Problem verknüpfte. In Schottland führte die Königinwitwe Maria, eine geborene Guise, die Regentschaft für ihre mit dem französischen Dauphin Franz (König 1559–60) verheiratete Tochter Maria. Gegen die Regentin und ihren landfremden Beraterstab formierte sich eine adlige Opposition. Sie erhielt wirkungsvolle Unterstützung, als der Calvin-Schüler John Knox, Gründer des *covenant,* eines Bundes mit Gott in alttestamentarischem Stil, den Kampf gegen die etablierte Kirche eröffnete und den Adel zur offenen Rebellion trieb. Der Sieg war nahezu vollkommen: Die Regierungsgeschäfte übernahm ein adliger Regentschaftsrat, und es kam zur Gründung einer calvinistischen Nationalkirche (1560). Die Rekatholisierungsversuche der als Witwe zurückgekehrten Maria, die Ermordung ihres zweiten Gemahls Darnley und ihre Heirat mit dem mutmaßlichen Mörder Bothwell drei Monate später führten zu neuer Rebellion. Zum Thronverzicht zugunsten ihres Sohnes Jakob gezwungen, gelang Maria die Flucht nach England (1568), wo sie von Elisabeth interniert wurde.

Der Beginn der 19jährigen Gefangenschaft Maria Stuarts fiel zusammen mit dem Anfang der großen katholischen Offensive gegen England, dessen Bedeutung als Bollwerk der reformatorischen Bewegung durch Aufnahme niederländischer und französischer Emigranten und heimliche Unterstützung der Protestanten in diesen beiden Ländern immer deutlicher wurde. Auch die sich häufenden Konflikte zur See und im kolonialen Bereich (vgl. S. 254 f.) verschärften die Gegensätze zu Spanien.

Eine katholische Verschwörung des nordenglischen Feudaladels wurde 1569 niedergeworfen. Die 800 Hinrichtungen beantwortete Pius V. mit der politisch unklugen Exkommunikation Elisabeths; sie trug nur dazu bei, die Gegensätze zu polarisieren, provozierte in England nationale Empörung und verstärkte die antikatholischen Ressentiments. Ein zweites Komplott zum Sturz Elisabeths und zur Inthronisierung der gefangenen Maria *(Ridolfi plot)* wurde aufgedeckt. Es kam zur Hinrichtung des Herzogs von Norfolk und zur Ausweisung des dauernd intrigierenden spanischen Botschafters (1572).

Eigens gegründete Kollegien in Douai (später nach Reims verlegt), Sevilla, Valladolid und Rom förderten die Rekatholisierung Englands durch die Ausbildung von Missionaren, die heimlich ins Land gebracht wurden. Um 1580 soll es über hundert solcher getarnter Missionare in England gegeben haben. Das Mißtrauen der Bevölkerung, aber auch die verschärften Strafbestimmungen sorgten dafür, daß sich die Wirksamkeit der katholischen Missionierungskampagne in Grenzen hielt. Je länger desto mehr setzte sich bei Philipp II. die Einsicht durch, daß England nur durch einen entscheidenden Schlag für den Katholizismus zurückgewonnen werden könne.

2. In den Niederlanden war die Situation sehr viel komplexer. Die 17 Provinzen, die ein hohes Maß an ständischer und städtischer Selbstverwaltung bewahrt hatten, waren – ungeachtet aller vorhandenen ethnischen, sprachlichen, wirtschaftlichen, religiösen und sozialen Gegensätze – als Burgundischer Reichskreis 1551 an die spanische Linie der Habsburger gekommen. Die Einheit der Provinzen verkörperte im wesentlichen die Aristokratie. Sie stellte die Provinzial-Statthalter, die von den Landtagen gewählt wurden. Ansätze zu einer zentralistischen Zusammenfassung lagen nur in der Versammlung der Generalstaaten (vgl. S. 225 f.). Der Staatsrat, ein aus den Statthaltern und Adelsvertretern bestehendes Gremium, stand dem Generalstatthalter (seit 1559: Margarete von Parma) beratend zur Seite.

Als blühendes Gewerbegebiet mit über 200 Städten, von denen Antwerpen und Rotterdam 50 Prozent der Welthandelsgüter umschlugen, erbrachten die Niederlande für die spanische Krone eine siebenmal höhere Steuerleistung als der Ertrag des amerikanischen Silbers ausmachte. Amsterdam war ein Zentrum des europäischen Geldhandels (vgl. S. 247). Den ständig steigenden Finanzbedarf Philipps II. nutzten die niederländischen Stände unter Berufung auf ihr traditionelles Steuerbewilligungsrecht zur Bestätigung und Erweiterung ihrer Privilegien aus. Zur finanziellen Bedeutung trat die politische: Im französisch-habsburgischen Konflikt, der sich seit 1559 zu einem französisch-spanischen verengte, besaßen die Niederlande eine Schlüsselstellung in der Klammer, die Habsburg um Frankreich gelegt hatte. Berücksichtigt man schließlich die Tatsache, daß die religiöse Einheit der 17 Provinzen längst zerbrochen war und sich Lutheraner, Täufer und Calvinisten trotz aller Verfolgung besonders im Norden des

Landes behaupteten und dem spanischen König mißtrauisch, ja feindselig gegenüberstanden, wird verständlich, daß Philipp II., der 1555 die Nachfolge seines Vaters als ›seigneur naturel‹ der Niederlande angetreten hatte, ihre strenge Unterwerfung anstrebte.

Die einsetzende Hispanisierung stand unter absolutistischen und gegenreformatorischen Auspizien. Die Ketzergesetze wurden erneuert und von der Inquisition rücksichtslos angewendet. Eine Vermehrung der Bistümer durch Teilung (bisher vier, jetzt 18) sollte die Effektivität der Rekatholisierungskampagne erhöhen. Die Folge war eine scharfe Reaktion des unter Führung Wilhelms von Oranien-Nassau stehenden Adels, der zwar die Ablösung des verhaßten Beraters der Statthalterin, Granvella, erreichte, aber mit seinen weiteren Protesten bei Philipp auf taube Ohren stieß. Der gut organisierten calvinistischen Minderheit, die freie Religionsausübung forderte, gelang es daher, den Adel zu einem Bündnis zu gewinnen, bei dem ihm freilich die Führung bald aus der Hand glitt.

Den durch religiösen Fanatismus und soziale Unzufriedenheit ausgelösten Bilder- und Kirchensturm in ›het wonderjaar‹ 1566 konnten Oranien und Egmont, der Statthalter von Flandern, nur mit Mühe eindämmen. Oranien, von den Radikalen als Verräter beschimpft, floh beim Eintreffen der Armee des ›eisernen Herzogs‹ Alba nach Deutschland und entging so dem Schicksal von Egmont und Hoorn, die 1568 hingerichtet wurden.

Das von Alba errichtete Terrorregime führte zu einer Solidarisierung aller Bevölkerungsschichten. Auch das konservative Bürgertum schwenkte auf die antispanische Linie ein, als Alba mehrere neue Steuern, darunter eine zehnprozentige Umsatzsteuer, erheben ließ. Damit erhielt die bisher von ikonoklastischen Fanatikern und rebellischen Adligen getragene Opposition eine sehr viel breitere Basis; der Widerstand gegen die spanische Militärdiktatur wurde ein ›nationales‹ Anliegen.

Nach zehn Jahren eines erbittert geführten Krieges, in dem die von englischen und französischen Stützpunkten (Dover, La Rochelle) operierenden Wassergeusen erst seit der Erhebung der nördlichen Provinzen (1572) wirkungsvolle Unterstützung auf dem Festland erhielten, gelang es dem Generalstatthalter Alexander Farnese, die katholischen Südprovinzen gegen Bestätigung ihrer ständischen Privilegien zur (Wieder-) Anerkennung Philipps II. zu bewegen (Union von Arras 1579). Mit der wenig später konstituierten Union von Utrecht der nördlichen Provinzen, in der die Calvinisten Hollands und Seelands den Ton angaben, wurde deutlich, daß die konfessionellen Gegensätze stärker waren als der noch in der Genter Pazifikation von 1576 (Zusammenschluß aller Provinzen gegen den Terror der spanischen Soldateska) zum Ausdruck gekommene Einheitsgedanke.

Die Ächtung Oraniens durch Philipp beantwortete die Utrechter

Union mit der Unabhängigkeitserklärung vom spanischen ›Tyrannen und Rechtsbrecher‹ (1581). Neuer Souverän wurde der Herzog von Anjou, der Bruder des französischen Königs. Militärisch erfolglos und politisch ungeschickt, starb er im gleichen Jahr, in dem Wilhelm von Oranien ermordet wurde (1584). Die Rückgewinnung von Flandern und Brabant durch Farnese mit dem spektakulären Erfolg der Eroberung Antwerpens (1585) ließen die weitere Behauptung der Unabhängigkeit der rebellischen Provinzen fraglich erscheinen.

3. Schon seine geographische Lage wies Frankreich in den politisch-konfessionellen Auseinandersetzungen Westeuropas eine Schlüsselstellung zu. Hier gab es trotz der unter Heinrich II. (1547-59) verschärften Verfolgungen eine starke calvinistische Partei, die 1559 ihre erste Synode abgehalten hatte. Ihre Exponenten waren Jeanne d'Albret, Königin von Navarra, ihr Mann Antoine de Bourbon, dessen Bruder Condé sowie der Admiral Coligny. Die führende Rolle im Kreis des katholischen Hochadels spielte die ehrgeizige Familie Guise. Katharina von Medici, nach dem frühen Tod Heinrichs II. durch einen Turnierunfall Regentin für ihre minderjährigen Söhne Franz II. (1559–60) und Karl IX. (1560–74), verfolgte mit Hilfe ihres erasmianisch gesinnten Kanzlers Michel de l'Hopital eine Politik der Aussöhnung zwischen den konfessionellen Gruppen. Religiös indifferent, sah sie in der Ausbalancierung der katholischen und hugenottischen Interessen das Mittel, die Stellung der Krone zu sichern und die monarchische Autorität gegenüber feudalistischen Ansprüchen zu stärken.

Nachdem ein von Katharina vermitteltes Religionsgespräch zwischen Beza und Lainez nur die Unvereinbarkeit der Standpunkte erbracht hatte (Poissy 1561), setzte sie in Vorwegnahme des Edikts von Nantes »patrie contre parti« (Héritier) und proklamierte 1562 durch die Gewährung rechtlicher Garantien für die Hugenotten das Prinzip einer (allerdings etwas eingeschränkten) konfessionellen Koexistenz (Januar-Edikt von St.-Germain). Nur sechs Wochen später begann der Bürgerkrieg, als Franz von Guise unter den zum Gottesdienst versammelten Calvinisten in Vassy/Champagne ein Blutbad veranstaltete und die Hugenotten mit der ›prise d'armes‹ antworteten.

Die acht Hugenottenkriege (1562–98) zeigen einige gemeinsame Merkmale. Sie erwiesen erstens die Unmöglichkeit der völligen Vernichtung der einen oder anderen Partei. Selbst unmittelbar nach der Bartholomäusnacht gab es daran keinen Zweifel: »Les deux religions vont coexister« (Hauser). Infolge ihrer Streuung über das ganze Land ergaben sich für die hugenottische Minderheit, die eine beachtliche militärische Potenz darstellte, immer wieder strategische Vorteile.

Auffallend ist zweitens die fehlende Kompromißbereitschaft der Parteien (trotz der verschiedenen Friedensschlüsse) und eine aus den aufgeputschten religiösen Leidenschaften fließende Grausamkeit der Kriegführung auf beiden Seiten. Massenmorde forderten mehr Opfer als Feldschlachten. Aus der Verwilderung staatlicher und menschlicher Verhaltensweisen resultierte auch die Häufung von Attentaten: Franz von Guise, Ludwig von Condé, Coligny, Heinrich von Guise, zuletzt König Heinrich III. (erstes Regicidium der französischen Geschichte) wurden ermordet – nicht zuletzt in praktischer Anwendung der Theorie vom erlaubten Tyrannenmord (vgl. S. 212).

Beide Parteien suchten – drittens – von Anfang an Auslandskontakte. Mehr oder weniger offen unterstützte Philipp II. die Katholiken, während die Hugenotten von England, den deutschen Calvinisten und einigen Schweizer Kantonen Hilfe erhielten. Dabei entwickelte Coligny, durch die Ereignisse in den Niederlanden bestärkt, seine Pläne einer europäischen Koalition gegen Spanien. Im Krieg gegen Philipp II. (der angesichts der Stärkeverhältnisse für Frankreich zu einem Existenzkampf werden mußte) sah er die Möglichkeit einer Überwindung der innerfranzösischen Gegensätze – freilich auch im Falle des Sieges die einmalige Chance, den Calvinismus in Frankreich fester als jemals etablieren zu können. Daß sich Katharina weigerte, den Bestand des Landes zugunsten riskanter Projekte, die sogar den kolonialen Bereich einbezogen (vgl. S. 62 f.) aufs Spiel zu setzen, daß sie sich der von Coligny verfochtenen Alternative: spanischer Krieg oder Bürgerkrieg widersetzte, führte schließlich zur Bartholomäusnacht.

Ursache und Folge zugleich der permanenten Staatskrise in (und auch zwischen) den Bürgerkriegen war – viertens – der schwere Autoritätsverfall der Krone. Adel und Städte verweigerten den Gehorsam. Prediger und Publizisten stellten den königlichen Absolutheitsanspruch in Frage und sprachen von Volkssouveränität und Widerstandsrecht (vgl. S. 211 f.). Nach der Bartholomäusnacht formierte sich die Calvinistische Union als kleiner hugenottischer Staat im Staate mit eigenen Truppen und Befehlshabern und eigener Finanz- und Justizorganisation. Einige Jahre später gründeten die radikalen Katholiken die *Ligue de défense de la Sainte Eglise Catholique*.

Höhepunkt der Auseinandersetzung war die Bartholomäusnacht. Da Coligny nach dem hugenottenfreundlichen Frieden von 1570 den ehrgeizigen Karl IX. für seine aggressive Spanienpolitik gewinnen konnte (Vertrag mit England, Hilfsexpeditionen für die Niederlande), beschloß Katharina seine Beseitigung. Als er bei dem Attentat nur leicht verletzt wurde und der König eine strenge Untersuchung einleitete, blieb Katharina nur die Flucht nach vorn. In einer dramatischen Unterredung konnte sie ihren 22jährigen Sohn von der Existenz einer (tatsächlich nicht vorhandenen) hugenottischen Verschwörung überzeugen und ihm den Befehl abringen, ihre führenden Vertreter, die sich anläßlich der Hochzeit seiner Schwester Margarete mit

Heinrich von Navarra in Paris aufhielten, zu ermorden. Coligny und die meisten Hugenottenführer wurden am Morgen des Bartholomäustages (24. August 1572) getötet.

Die Ausweitung dieser wenigen geplanten Exekutionen zu einem allgemeinen Massaker war eine Folge eigenmächtiger Mord- und Plünderungsaktionen einer aus dem Pariser Proletariat rekrutierten Hilfstruppe, die sich jeder Kontrolle entzog. Ungeachtet königlicher Gegenbefehle fielen den fanatisierten Mordkommandos in Paris etwa 2000 Hugenotten zum Opfer. Mit einigen Tagen Abstand und in unterschiedlicher Intensität griffen die Verfolgungen auf die Provinz über, wo die Zahl der Ermordeten auf maximal 10 000 geschätzt wird. Um nicht als hilfloser Popanz auf dem Thron zu erscheinen (der er tagelang wirklich war, wie seine widersprüchliche Haltung beweist), übernahm Karl IX. schließlich die Verantwortung für die Mordaktionen. Während über das protestantische Europa eine Welle des Entsetzens lief, meinte Philipp II.: »Das ist eine der schönsten Vergnüglichkeiten meines Lebens.« In Rom fanden Dankgottesdienste statt; Gregor XIII. feierte die ›ugonottorum strages‹ durch eine (in Paris entworfene) Erinnerungsmedaille und gab bei Vasari ein Gemälde in Auftrag.

Die Größe des Verbrechens stand in keinem Verhältnis zu seinen politischen Rückwirkungen. Nur vier Jahre später mußte Heinrich III. (1574–89) die Geschehnisse der Bartholomäusnacht offiziell bedauern und mißbilligen und den Hugenotten beträchtliche Konzessionen einräumen (Edikt von Beaulieu 1576): »Jamais les protestants n'avaient obtenu des conditions aussi avantageuses« (Lapeyre).

Die Antwort der intransigenten Katholiken war die Bildung der Liga. Von Heinrich von Guise geführt, zwang sie den König zur Wiederaufnahme des Kampfes gegen die Hugenotten. Als nach dem Tod des Herzogs von Anjou, dem Bruder des kinderlosen Königs (1584), die Thronrechte an den calvinistischen Heinrich von Navarra übergingen, verbündete sich die Liga mit Spanien(Joinville 1584), proklamierte die Thronfolgerechte des katholischen Kardinals von Bourbon und eröffnete den ›Krieg der drei Heinriche‹ (1585–89). Mit spanischem Geld und gestützt auf die Stadt Paris, zwang Heinrich von Guise (›le roi de Paris‹) den König zum Nachgeben: Im Juli 1588 wurde Guise Generalstatthalter des Königreiches, Heinrich III. verwarf alle Thronansprüche des häretischen Heinrich von Navarra.

Die Entscheidung im Kampf um die Krone Frankreichs und die Zukunft der Hugenotten verknüpfte sich in diesen Jahren enger als je zuvor mit dem Schicksal Englands und der Niederlande. Ausgangspunkt war die Entscheidung Philipps II., sich dem englischen Problem mit aller Energie zuzuwenden. Seit der portugiesisch-spanischen Personalunion (1580) hatten sich die Spannungen ständig verschärft. Ohne

Kriegserklärung begannen 1585 die Feindseligkeiten. Die Hinrichtung Maria Stuarts (1587) konnte Philipp in seinem Plan, das protestantische Bollwerk Westeuropas ein für allemal auszuschalten, nur bestärken.

Am 12. Juli 1588 stach ›la Armada Invencible‹ in La Coruña in See. Die 130 Schiffe mit 8 000 Matrosen und 19 000 Soldaten unter dem Kommando des Herzogs von Medina Sidonia, eines Nichtseemannes, sollten den Kanal durchfahren und die an der flandrischen Küste von Farnese bereitzustellenden Landungsboote mit 30 000 Soldaten sicher nach England bringen. Der Hauptzweck der Armada bestand also im Geleit einer Invasionsarmee und dem danach notwendigen Schutz der Seeverbindungen. Die Gefechte während der 12tägigen Fahrt durch den Kanal leiteten eine neue Phase der Seekriegführung ein. Die englischen Schiffe hielten Distanz, so daß die seit dem Altertum praktizierte Methode des Rammens oder Enterns mit darauffolgendem Handgemenge unmöglich war. Sie verließen sich auf ihre Artillerie, die ein größere Reichweite als die spanische besaß, zahlenmäßig stärker war und von geschickteren Kanonieren bedient wurde. Nach einem Branderangriff vor Calais, der die bis dahin trotz einiger Verluste noch intakte Halbmond-Formation der Armada sprengte, und weiteren Artilleriegefechten war die Flotte so schwer mitgenommen, daß sie vor den sie verfolgenden Drake, Howard, Frobisher und Hawkins in die Nordsee auswich. Da an ein Treffen mit Farnese nicht mehr zu denken war, befahl Medina Sidonia, um Schottland und Irland herum die Rückfahrt anzutreten. Bei dem Versuch, Proviant und Wasser aufzunehmen, auch durch die einsetzenden Herbststürme verschlagen, strandeten etwa 25 Schiffe an der irischen Küste. Die Schiffbrüchigen wurden von englischen Suchkommandos aufgestöbert und umgebracht. Nach Spanien kehrten schließlich im September und Oktober 66 Schiffe zurück, von denen ungefähr die Hälfte nicht mehr reparabel war. Die Schätzungen der effektiven Verluste schwanken zwischen 44 und 63 Einheiten.

In mancher Hinsicht ist die Niederlage der Armada lange überbewertet worden. Weder war sie für den Ausgang des erst 1604 beendeten Krieges entscheidend, noch kann von einer Ablösung Spaniens als See- und Kolonialmacht durch England seit 1588 gesprochen werden (vgl. S. 255 f.). Dagegen ist sie von großer Bedeutung für die westeuropäischen Macht- und Konfessionskonflikte. Ein katholisch-spanisches England, selbst nur ein spektakulärer Seesieg der Armada hätte der Sache des Protestantismus in Frankreich und den Niederlanden einen ernsten, vielleicht verhängnisvollen Schlag versetzt. Sicher wäre es bei einem Erfolg der Armada nicht zur völligen Ausrottung der reformatorischen Bewegung gekommen, doch hatte ihr Scheitern – neben der militärischen Entlastung – einen moralisch-psychologischen Effekt:

»Die Protestanten Frankreichs und der Niederlande, Deutschlands und Skandinaviens sahen mit Erleichterung, daß Gott — wie sie stets vermutet hatten — auf ihrer Seite war. Die Katholiken Frankreichs, Italiens und Deutschlands sahen fast ebenso erleichtert, daß Spanien letzten Endes doch nicht Gottes einziger Vorkämpfer war« (Mattingly).

So bestätigte die Armada-Schlacht, daß der res publica christiana die religiöse Einheit nicht wieder aufzuzwingen war. Sie beschleunigte die Konsolidierung der europäischen Glaubensspaltung und stärkte den Widerstand der nationalen Staaten gegen die spanische Hegemonie.

Besonders deutlich wurde diese Entwicklung in Frankreich. Heinrich III. führte gegen die ihn bevormundende Liga, deren Gewicht durch den spanischen Mißerfolg geschwächt war, einen entscheidenden Schlag: Am 23. Dezember 1588 ließ er Heinrich von Guise ermorden, verhaftete den ligistischen Thronprätendenten und verbündete sich mit Heinrich von Navarra gegen das aufständische Paris. Durch ein Attentat ein halbes Jahr später tödlich verwundet, bestimmte er Navarra zu seinem Nachfolger (Heinrich IV. 1589–1610). Gegen die Intervention spanischer Truppen und die von Philipp II. (für seine Tochter aus dritter Ehe mit Elisabeth von Valois) geltend gemachten Ansprüche auf den französischen Thron fand Heinrich Unterstützung in der sich formierenden nationalen Opposition.

Schon lange gab es eine von gemäßigten Vertretern beider Konfessionen getragene Partei, die über eine friedliche Beilegung der religiösen Streitpunkte das Ende des Bürgerkrieges und die Wiederherstellung der königlichen Autorität anstrebte. Mehrere Male hatte diese Gruppe der *Politiques,* später unter dem Namen der *Malcontents,* Einfluß gewonnen (1562, 1570, 1576), war aber durch die seit 1584 einsetzende Radikalisierung verdrängt worden. Jetzt erhielt sie neuen Auftrieb, als sich die *catholiques royaux* von der Liga distanzierten, auf nationalfranzösischen Kurs einschwenkten und Heinrich von Navarra unterstützen, ihn aber gleichzeitig zur Konversion (1593: »Paris vaut bien une messe«) bewegten, um die allgemeine Anerkennung erhalten zu können. Seit dem Gewinn von Paris durch Heinrich IV. (1594) zerbröckelte die katholische Opposition. Im Bündnis mit England und den Niederlanden (1596) vertrieb Heinrich die spanischen Truppen aus Frankreich. Obwohl der Frieden auf der Grundlage von 1559 (vgl. S. 101) geschlossen wurde (Vervins 1598), bedeutete er für das durch den Bürgerkrieg völlig zerrüttete Land einen großen Erfolg: Es hatte seine nationale Unabhängigkeit und den territorialen Status quo behaupten können.

Wenige Wochen vorher, im April 1598, hatte Heinrich das Edikt von Nantes erlassen. Es sicherte den 1,2 Millionen Hugenotten die Gewissensfreiheit im ganzen Land zu, erlaubte die Kultausübung an bestimmten Orten in jeder Provinz (Ausnahme: Paris und königlicher

Hof) und gewährte den Calvinisten durch die Öffnung aller Ämter soziale und politische Gleichberechtigung. In einigen Parlamenten wurden konfessionell gemischte Kammern eingerichtet. Durch ein Zusatzdiplom erhielten die Hugenotten auf acht Jahre über 100 Sicherheitsplätze, in denen sie Garnisonen stationieren durften; zu ihrem Unterhalt steuerte der König 180 000 Taler jährlich bei.

In den Niederlanden wurde die Siegesserie Farneses zunächst durch die Vorbereitung der englischen Invasion, dann durch die Bindung spanischer Truppen in Frankreich unterbrochen. Seit 1591 konnte Moritz von Oranien die Spanier im Osten und Süden zurückdrängen. Als erstaunlichstes Phänomen darf wohl die Tatsache gewertet werden, daß die Niederländer in diesen Jahren die Auseinandersetzung nach Übersee trugen: aus Überfällen auf spanisch-portugiesische Handelsstützpunkte entwickelte sich das niederländische Kolonialreich (vgl. S. 247 f.). Handels- und Kapergewinne halfen, die Kriegführung in Europa zu finanzieren. Um die Autonomisten zu befriedigen, übertrug Philipp II. die Herrschaft über die Niederlande dem Erzherzog Albrecht, einem Sohn Maximilians II. (1598), und gab ihm seine Tochter Clara Isabella Eugenia zur Frau. Ihr Gelübde, vor der Wiedereroberung Ostendes nicht das Hemd zu wechseln, bereicherte zwar – da die Belagerung der Stadt drei Jahre dauerte – die Farbskala um eine modische Nuance (isabelle = schmutziggelb), vermochte aber auf die Dauer nichts gegen die wachsende militärische Überlegenheit der oranischen Truppen. Auf eine versöhnlichere Linie eingeschwenkt, schlossen die Souveräne 1609 einen Waffenstillstand auf zwölf Jahre, in dem die Nordprovinzen ihre Bedingungen durchsetzen konnten: Die Scheldesperre und damit die Blockade Antwerpens blieb aufrechterhalten, der holländische Indienhandel wurde nicht angetastet. Faktisch war damit der Kampf entschieden, auch wenn sich der Konflikt 1621 parallel zum Dreißigjährigen Krieg erneuerte und erst 1648 seinen endgültigen Abschluß fand. Im Frieden von Münster erkannte Spanien die 1581 proklamierte Unabhängigkeit der *Republik der Vereinigten Niederlande* an und überließ ihr obendrein neben der Enklave Maastricht einen breiten Gebietsstreifen südlich der Maas, der künftig unter dem Namen Generalitätslande eine administrative Sonderstellung erhielt (vgl. S. 225 f.).

Die Grenzziehung von 1648 entsprach im großen und ganzen der Waffenstillstandslinie von 1609. Sie bestätigte damit, daß die großangelegte gegenreformatorische Offensive Philipps II. in Westeuropa schon um 1600 gescheitert war. Während England und Schottland ihren konfessionellen Status behaupten konnten, blieb Frankreich zwar katholisch, bemühte sich aber um die Integrierung der calvinistischen Minderheit. Den einzigen Teilerfolg verdankte Philipp dem diplomatischen und militärischen Geschick Farneses (Rückgewinnung der zur Utrechter Union gehörenden Provinzen Flandern, Brabant und Obergeldern), der den südlichen Teil der Niederlande für Spanien und den Katholizismus rettete. Gemessen an den hochgesteckten Zielen, war das ein recht bescheidenes Ergebnis.

Mitteleuropa (1555–1618)

Wie sich in Westeuropa die politisch-konfessionellen Gegensätze zu militärischen Konflikten verdichteten, erfuhr auch die Rivalität der Ostseemächte seit den 70er Jahren des 16. Jahrhunderts durch die von Polen ausgehenden gegenreformatorischen Strömungen eine Verschärfung. Die bewaffneten Auseinandersetzungen nahmen zeitweilig den Charakter von Glaubenskämpfen an. Verlauf und Ergebnis dieser Konfrontation werden in anderem Zusammenhang dargestellt (vgl. S. 264 f.).

Demgegenüber erlebte Deutschland zwischen 1555 und 1618 die längste Friedensperiode seiner Geschichte. Es wurde »zu einer vergleichsweise stillen Insel inmitten eines Europa, das rings um seine Grenzen in Kämpfe voll unermeßlichen Hasses sich verstrickte«, schied aber »auch aus den politischen und geistigen Entscheidungen des Jahrhunderts aus« (Ritter). Der Wunsch nach Bewahrung des Religionsfriedens, das Interesse der Fürsten an Ausbau und Sicherung ihrer landesherrlichen Stellung nach innen und außen, das Fehlen herausragender Persönlichkeiten unter den von Treitschke etwas zu Unrecht pauschal verdammten »Sauf- und Betfürsten«, auch die konziliantere Haltung der Kaiser Ferdinand I. (1556/58–64) und Maximilian II. (1564–76), die zudem durch die osmanische Frage in Anspruch genommen waren (vgl. S. 84), ließen die Entwicklung bis 1570 relativ ruhig verlaufen. Die beherrschenden Themen der konfessionspolitischen Auseinandersetzung waren von Anfang an die Auslegung und Durchsetzbarkeit einiger Bestimmungen des Religionsfriedens (geistlicher Vorbehalt, Erklärung Ferdinands, Reformationsrecht der Städte u. a.).

Die Calvinisten erreichten ihre faktische (nicht rechtliche!) Einbeziehung in den Religionsfrieden. Überhaupt konnten die Protestanten zunächst ihren Einflußbereich beträchtlich vergrößern. Sie unterliefen den geistlichen Vorbehalt dadurch, daß bei fälligen Neuwahlen das Domkapitel, unter Druck gesetzt, von vornherein einen Protestanten wählte. Das widersprach offensichtlich dem Sinn des Religionsfriedens, doch Maximilian II., dessen protestantische Neigungen Gegenstand einer langen Kontroverse sind, war bereit, dem so Gewählten durch einen ›Lehnsindult‹ die einstweilige Bestätigung als ›Administrator‹ zu erteilen. Unter Verzicht auf die Wahrnehmung der Reichsstandschaft (was bald ein Streitpunkt wurde) stand diesem die Ausübung der weltlichen Hoheitsrechte in seinem Herrschaftsbereich zu. Auf diese Weise gelangten bis 1566 fast alle norddeutschen Bistümer, darunter die Erzdiözesen Magdeburg und Bremen, in die Hand protestantischer Fürstenhäuser. Östlich der Weser blieb nur die Diözese Hildesheim katholisch. Zur künftigen Sicherung dieser Wahlfürstentümer als Versorgungsstellen jüngerer Prinzen erstrebte man ihre ›Freistellung‹ für Angehörige beider Konfessionen durch Reichsgesetz, doch wurde dem weiteren Vordringen des Protestantismus durch mehrere Faktoren Einhalt geboten.

Erstens verstärkten sich seit den 70er Jahren die von katholischen Fürsten und Jesuiten getragenen gegenreformatorischen Aktionen. Ihre wichtigsten Ausgangspunkte waren Bayern (seit 1563), Würzburg, Mainz und Fulda. Mit dem in Spanien erzogenen Rudolf II. (1576–1612) zog die Gegenreformation auch am Kaiserhof ein. Verhältnismäßig spät, aber desto energischer begann die Rekatholisierung Innerösterreichs, als der Jesuitenzögling Ferdinand (geb. 1578) Landesherr von Steiermark, Kärnten und Krain wurde (1596). Seine brutalen Maßnahmen, die ihm den Beinamen ›Protestantenfresser‹ eintrugen, brachten die Restauration des Katholizismus in diesem Gebiet binnen weniger Jahre zum Abschluß.

Das Vordringen der Gegenreformation wurde durch die Zersplitterung des protestantischen Lagers begünstigt. Schon das Wormser Religionsgespräch mit den Katholiken (1557) war an den Meinungsverschiedenheiten der evangelischen Theologen gescheitert. Seitdem schritt die Aufspaltung weiter fort. Die kompromißlosen Verfechter der lutherischen Orthodoxie, die Gnesiolutheraner unter Flacius (Universität Jena), bekämpften nicht nur die Calvinisten (Kurpfalz 1563: Heidelberger Katechismus), sondern auch die sich auf Melanchthon und die Variata (vgl. S. 114) berufenden Philippisten (Universität Wittenberg), die sie als Kryptocalvinisten verdächtigten. Nach der Katastrophe der Philippisten (1573/74) versuchte man eine Einigung der divergierenden Richtungen der Orthodoxie. Die *formula concordiae* (1577/1580) wurde von 51 Fürsten, 35 Städten und über 8 000 Theologen unterschrieben, doch traten wichtige evangelische Stände nicht bei (Hessen, Pommern, Braunschweig, Frankfurt/M., Nürnberg Straßburg u. a.). Da die Konkordienformel streng anticalvinistisch war, verschärfte sie die Polarisierung: Kursachsen und Kurpfalz wurden die Zentren der beiden Richtungen – obrigkeitshörig, ausgleichsbereit und gemäßigt kaisertreu das eine, widerstandsbereit, aktiv und häufig in den westeuropäischen Kämpfen engagiert das andere. Der sächsische Grundsatz: »Lieber papistisch als calvinistisch« kennzeichnet die Breite des Grabens zwischen den protestantischen Richtungen in Deutschland.

Dagegen demonstrierte der katholische Block seine Festigkeit erstmals in aller Deutlichkeit, als der Erzbischof von Köln unter Mißachtung des geistlichen Vorbehalts zu konvertieren beabsichtigte. Damit drohte nicht nur der Verlust einer Position von strategischer Bedeutung, sondern auch eine protestantische Mehrheit im Kurkolleg. Der Absetzung des Erzbischofs durch den Papst folgte seine Vertreibung durch bayerische Truppen (1583). Über die unzulässige Ämterkumulation (vgl. S. 122) sah die Kurie im Interesse der Gegenreformation hinweg, als sie den neugewählten Ernst von Bayern, bereits Bischof von Freising, Hildesheim und Lüttich (seit 1585 auch noch von Münster), bestätigte. (Bis 1761 blieb das Erzbistum Köln praktisch eine wittelsbachische Sekundogenitur.)

Die folgenden Jahrzehnte brachten eine zunehmende Verhärtung der Standpunkte (z. B. Kalenderstreit, vgl. S. 126). Je länger desto mehr zogen die Protestanten bei den zahlreichen Kraftproben den kürzeren (Aachen, Straßburg, Donauwörth usw.). Nach der Lahmlegung der Reichsinstitutionen (Kammergericht, Reichstag) durch protestantischen Boykott kam es schließlich zur Gründung von konfessionellen Bündnissen: der protestantischen Union (1608; ohne Kursachsen) folgte 1609 die katholische Liga unter Führung Bayerns.

Daß es anläßlich des jülich-cleveschen Erbfolgestreites noch nicht zur militärischen Konfrontation kam, hat zwei Ursachen: einmal lähmte der ›Bruderzwist im Hause Habsburg‹ (Matthias und Ferdinand von Steiermark gegen Rudolf) die kaiserlich-katholische Partei, zum anderen brach der Plan eines großen antihabsburgischen Krieges, den der französische König Heinrich IV. zu entfesseln gedachte, durch seine Ermordung (1610) zusammen. So verfolgten die Parteien zunächst ihre eigenen Interessen: Matthias erreichte 1612 die Absetzung Rudolfs und trat die Nachfolge im Kaisertum an. Der Erbstreit wurde beigelegt: Brandenburg erhielt Cleve, Mark, Ravensberg und Ravenstein, Pfalz-Neuburg Jülich und Berg (Xanten 1614).

Dreißigjähriger Krieg und Westfälischer Friede

Auslösender Faktor der bewaffneten Auseinandersetzung wurde die Krise in Böhmen. Die Notlage Rudolfs II. während des Bruderzwistes ausnutzend, hatten die böhmischen Stände dem Kaiser 1609 den ›Majestätsbrief‹ abgetrotzt, der den Protestanten weitreichende Zugeständnisse machte und Gewissensfreiheit, Toleranz und Frieden zwischen den Religionsparteien begründen sollte. Stattdessen wurde er infolge unterschiedlicher Interpretationen des Textes zum eigentlichen Anlaß des Krieges. Als Ferdinand von Steiermark, designierter Nachfolger Matthias' und seit 1617 König von Böhmen, gegenreformatorische Maßnahmen einleitete und auf Proteste schroff reagierte, schritten die böhmischen Stände zur offenen Rebellion, warfen einige kaiserliche Beamte aus dem Fenster der Prager Burg (23. Mai 1618), bildeten eine provisorische Revolutionsregierung, vertrieben die Jesuiten und stellten ein Heer auf. Der Gründung eines böhmischen Bundes mit ständischer Verfassung (Confoederatio Bohemica 1619), der mit den oppositionellen Ständen Nieder- und Oberösterreichs in Verbindung trat, folgte die Absetzung Ferdinands und die Wahl des calvinistischen Friedrich V. von der Pfalz zum König von Böhmen (27. August 1619).

Ferdinand, einen Tag später in Frankfurt zum Kaiser gewählt, nahm die Herausforderung an. Er verbündete sich mit Bayern und Sachsen und erreichte eine Neutralitätserklärung der verängstigten Union (die sich 1621 auflöste); der Ligafeldherr Tilly siegte entscheidend über den ›Winterkönig‹ (1620).

Diese Schlacht am Weißen Berge besiegelte das Schicksal Böhmens für Jahrhunderte und bestimmte die Entwicklung in Deutschland für ein Jahrzehnt. Hochverratsprozesse, Hinrichtungen im grausamen Stil der Zeit und brutale Rekatholisierungsaktionen in Böhmen führten zur Zerschlagung jeder ständischen Opposition und zu einer großen Auswanderungsbewegung (etwa 150 000 Emigranten). Die ›Verneuerte Landesordnung‹ (1627) beendete alle Träume vom Recht der freien Königswahl: die böhmische Krone fiel erblich an die Habsburger. Das Steuerbewilligungsrecht des Landtages wurde zur bloßen Formalität degradiert. Als Dank für geleistete Waffenhilfe erhielt das protestantische Sachsen die Lausitzen (1635 bestätigt).

Friedrich V. mußte sein gewagtes Engagement in Böhmen teuer bezahlen. Er verlor die Oberpfalz und die Kurwürde an Maximilian I. von Bayern (1623) und starb geächtet im holländischen Exil. Die Pfalz wurde von den spanischen Truppen Spinolas erobert und rekatholisiert (wobei die Heidelberger Bibliotheca Palatina den Weg nach Rom nahm).

Übergriffe des Ligaheeres auf norddeutsches Gebiet führten zur Ausweitung des Krieges und zum Eingreifen des dänischen Königs Christian IV., der aber von Tilly und dem kaiserlichen Feldherrn Wallenstein wiederholt besiegt wurde. Wallenstein unterwarf ganz Norddeutschland (außer Stralsund) und zwang Christian zum Verzicht auf jede weitere Einmischung in Deutschland (Friede von Lübeck 1629).

Die politisch-konfessionellen Konsequenzen aus der militärischen Situation zog das kaiserliche Restitutionsedikt (1629): Es befahl die Herausgabe aller seit 1552 säkularisierten Gebiete (darunter zwei Erzbistümer und 12 Bistümer) und drohte militärische Sanktionen an. In eindeutiger Weise dokumentierte das Edikt den Höhepunkt der auf Wallensteins Heer gestützten kaiserlich-katholischen Machtstellung und legte in der Tat »die Axt an die Wurzeln der Reformation« (Ranke).

Die überragende Position des Kaisers rief drei Gegner auf den Plan, zuerst die deutschen Reichsfürsten, die, ob katholisch oder protestantisch, eine Reichsreform in absolutistischem Sinne befürchteten und ihre ›Libertät‹ unter allen Umständen zu verteidigen bereit waren. 1630 erzwangen die Kurfürsten unter Führung Bayerns (vgl. S. 233) die Entlassung Wallensteins und stellten so die militärisch-politische Abhängigkeit Ferdinands von der Liga wieder her.

Zweitens nahm Richelieu, seit 1624 Minister Ludwigs XIII., die traditionelle antihabsburgische Politik Frankreichs verstärkt wieder auf. Durch innere Schwierigkeiten vorläufig am direkten Eingreifen gehindert (vgl. S. 178), hatten seine diplomatischen Aktionen schon früher einen ersten Erfolg erzielt: Das Veltlin, als Landverbindung von Mailand nach Tirol das wichtigste Stück der strategischen Brücke Habsburgs zwischen Nord- und Südeuropa, wurde für den Durchzug spanischer Truppen gesperrt (1626). Wenig später unterstützte der Kardinal im Streit um die Erbfolge in Mantua und Montferrat den französischen Prätendenten und setzte den Kaiser durch die Eroberung von Pinerolo, das den Alpenübergang sicherte, unter Druck (1629). Daß Ferdinand schließlich auf die mantuanische Erbschaft verzichten mußte (Chierasco 1631), lag nicht zuletzt an der inzwischen völlig veränderten Lage in Deutschland. Hier war, durch den nach französischer Vermittlung zustandegekommenen Waffenstillstand mit Polen (vgl. S. 265) entlastet, Gustav II. Adolf im Sommer 1630 in Pommern gelandet. Wie überhaupt religiöse und politische Motive in dieser Zeit nicht voneinander zu trennen sind, so gilt das in besonderem Maße für die Intervention des Schwedenkönigs. Der sich seit 1629 abzeichnende Sieg der katholischen Partei bedrohte nicht nur den deutschen Protestantismus, sondern gefährdete wegen der unvermeidlichen Rückwirkungen auf Polen die Wasa-Dynastie und damit den politischen und konfessionellen Status Schwedens. Eine Verwirklichung der habsburgischen Ostseepläne, die in der Ernennung Wallensteins zum ›General des baltischen und ozeanischen Meeres‹ ihren programmatischen Ausdruck gefunden hatten, bedeutete zudem die wirtschaftliche Abhängigkeit Schwedens.

Seit dem Eingreifen Schwedens änderte sich der Charakter des Krieges. Von jeher ambivalent, verlagerte sich das Schwergewicht zunehmend auf die politische Komponente, und der »verworrenste, verrückteste« von allen großen Kriegen der Neuzeit wurde vollends »ein Wirbel sich überkreuzender, nie ganz deckender Gegensätze, aufeinander stoßender großer und kleiner Machtwillen, Fanatismen und Ängste« (Golo Mann). Mitteleuropa wurde das Kampffeld, auf dem die Großmächte ihre Konflikte ausfochten. Der Subsidienvertrag des katholischen Frankreich mit dem lutherischen Schweden (Bärwalde 1631) ist ein herausragendes Indiz für die Entkonfessionalisierung des Krieges.

Von den mißtrauischen protestantischen Reichsfürsten nur zögernd begrüßt, konnte Gustav Adolf die Eroberung Magdeburgs durch Tilly nicht verhindern, doch gelang ihm 1631 der erste große Sieg: »Alles, was seit einem Jahrzehnt geschehen, war die Wirkung der

Schlacht am Weißen Berge. Breitenfeld war, wenn wir so sagen dürfen, die Antwort darauf« (Ranke).

Der rasche Vormarsch der Schweden (Einzug in München 1632), die Wiederberufung Wallensteins, der Schlachtentod von Tilly und Gustav Adolf, die politischen Pläne des schwedischen Kanzlers Oxenstjerna (1633 Heilbronner Bund), schließlich die undurchsichtigen Aktivitäten des ehrgeizigen Wallenstein und seine Ermordung auf kaiserlichen Befehl (1634) können als wichtigste Ereignisse der folgenden Jahre nur erwähnt werden. Die schwere Niederlage der Schweden bei Nördlingen (1634) öffnete den Weg zu einer innerdeutschen Verständigung. Im Frieden von Prag, dessen verfassungsrechtliche Problematik an anderer Stelle dargestellt wird (vgl. S. 233 f.), gab Ferdinand das Restitutionsedikt preis und einigte sich mit Kursachsen auf die Aufstellung einer gemeinsamen Armee zur Vertreibung der fremden Truppen vom Reichsgebiet (1635).

Der Anschluß zahlreicher Reichsstände ließ eine baldige Beendigung des Krieges zugunsten Habsburgs und seiner Verbündeten erwarten – Grund genug für Richelieu, von seiner Politik des ›verdeckten Krieges‹ zur aktiven Intervention überzugehen und damit die Europäisierung der Auseinandersetzung zu vollenden.

Nachdem »Sie zehn Jahre hindurch alle Kräfte der Feinde Ihres Staates«, schrieb er in seinem an Ludwig XIII. gerichteten Politischen Testament, »durch die Ihrer Alliierten gebunden haben, indem Sie die Hand an den Geldbeutel und nicht an die Waffen legten«, war nun der Augenblick gekommen, »in den offenen Kampf einzutreten, als Ihre Verbündeten sich nicht mehr allein halten konnten«.

Die letzten dreizehn Kriegsjahre lassen große strategische Pläne nicht mehr erkennen. Die Auseinandersetzung löste sich in zahlreiche Einzelaktionen auf, die zu verfolgen hier nicht lohnt. Festzuhalten bleibt lediglich, daß in dem habsburgisch-bourbonischen Ringen um die Hegemonialstellung und dem schwedischen Kampf um die Ostseemacht und Kriegsentschädigung (›Satisfaktion‹) die Reichsstände, mitten darin und auf beiden Seiten stehend, das Gesetz des Handelns fast vollständig verloren, so daß man schließlich »in Deutschland kaum noch wußte, worum es in diesem Krieg ging« (Zeeden).

Nach jahrelangen Vorgesprächen, die 1644 zum Zusammentritt eines Friedenskongresses führten, wurden 1648 die Westfälischen Friedensverträge unterzeichnet. Abgesehen von dem niederländisch-spanischen Sonderfrieden (vgl. S. 136), der das faktisch längst vollzogene Ausscheiden der Niederlande aus dem Reichsverband bestätigte, handelte es sich um die Verträge von Münster (Frankreich/Kaiser) und Osnabrück (Schweden/Kaiser). Die einschneidenden verfassungsrechtlichen Konsequenzen werden in anderem Zusammenhang erwähnt (vgl. S. 234 f.), ebenso die wichtigsten territorialen Bestimmungen. Im Zusammenhang dieses Kapitels interessiert in erster Linie die Lösung der konfessionellen Probleme.

Die Calvinisten erhielten die reichsrechtliche Anerkennung. Der Kaiser ließ endgültig das Restitutionsedikt fallen: Alle bis zum ›Normaljahr‹ 1624 säkularisierten geistlichen Besitzungen blieben in der Hand der Protestanten. Auch der jeweilige konfessionelle Status sollte sich nach diesem Jahr richten (Ausnahmen: habsburgische Erblande und bayerische Oberpfalz), so daß die Bevölkerung der unwürdigen Lage enthoben wurde, jedem Bekenntniswechsel ihrer Obrigkeit folgen zu müssen. Um Majorisierungen in religiösen Fragen vorzubeugen, berieten die Stände auf dem Reichstag solche Probleme getrennt als Corpus Catholicorum und Corpus Evangelicorum (›itio in partes‹); nur bei Übereinstimmung beider konnte ein reichsrechtlich verbindlicher Beschluß gefaßt werden.

Der Vergleich des konfessionellen Status Mitteleuropas von 1648 mit der Situation etwa ein Jahrhundert früher (vgl. S. 119) ergibt, daß sich die protestantische Bewegung gegenüber der gegenreformatorischen Offensive hatte behaupten können – freilich unter Verlust einiger vorgeschobener Positionen, die dem Katholizismus zurückgewonnen werden konnten (Österreich, Böhmen, süddeutsche Territorien u. a.).

Die europäische Konfessionsgrenze verlief fortan als konsolidierte Linie quer durch Deutschland. Sie vertiefte die ohnehin vorhandene Kluft zwischen den südlichen und westlichen Teilen des Altreichs, die katholisch blieben, und den stärker östlich orientierten neudeutschen oder kolonialen protestantischen Territorien im Norden und Nordosten. In Deutschland – und nur hier – hat der Konfessionsstreit des 16. und 17. Jahrhunderts die Nation glatt in zwei Hälften gespalten; in den mannigfachsten politischen, kulturellen und geistigen Erscheinungsformen hat dieser Dualismus die Geschichte Deutschlands bis heute immer wieder nachhaltig geprägt.

Wirtschaft und Gesellschaft

Entwicklungstendenzen vom 16. zum 18. Jahrhundert

Die Erforschung der europäischen Wirtschafts- und Sozialgeschichte der Frühen Neuzeit ist in den letzten Jahrzehnten sehr intensiviert worden (eine von F. Mauro für das 16. Jh. zusammengestellte Bibliographie umfaßt nicht weniger als 1739 Titel meist neueren Datums). Moderne Fragestellungen und neue methodische Ansätze, wie sie beispielsweise die französische Historikerschule der ›Annales‹ entwickelte, haben nicht nur viele aufschlußreiche Einzelerkenntnisse gebracht; es erwies sich gleichzeitig, daß die Entwicklung in einer so unendlichen Differenziertheit abgelaufen ist, daß sich allgemeine Aussagen auf ein Minimum beschränken müssen. Das folgende Kapitel will daher nur einige Grundtatsachen nennen, manche Entwicklungslinien skizzieren und sie an wenigen, ausgewählten Beispielen konkretisieren.

Als eine erste Grundtatsache kann gelten, daß sich eine tiefgreifende Neustrukturierung von Wirtschaft und Gesellschaft bereits im Spätmittelalter deutlich abzeichnete. Neue Formen wirtschaftlicher Aktivität, handwerklich-technischer Fortschritt, Ausbildung ›moderner‹ Denkweisen und Geschäftstechniken im Waren- und Geldhandel gingen Hand in Hand mit einer Krise aristokratischer Schichten und dem Aufstieg bürgerlicher Kräfte. Der Tatsache, daß sich diese Entwicklung in einem allmählichen, kontinuierlichen Prozeß vollzog, trägt der entsprechende Abschnitt des Einleitungskapitels (S. 12 ff.), auf den hier nachdrücklich verwiesen wird, Rechnung: er setzt im späten Mittelalter ein und führt die Darstellung bis weit in das 16. Jahrhundert. Daher liegt der Schwerpunkt der folgenden Ausführungen mehr auf den Veränderungen, die Wirtschaft und Gesellschaft im 17. Jahrhundert erfuhren. Um die Unterschiede zu verdeutlichen, muß jedoch mehr als einmal auf die davorliegende Zeit zurückgegriffen werden.

Demographische Tendenzen und Konjunkturbewegung

An die Ausführungen über den europäischen Bevölkerungsstand um 1500 (vgl. S. 12 f.) anknüpfend, sollen zunächst die demographischen Verhältnisse skizziert werden. Die graphische Darstellung (Abb. 5) ver-

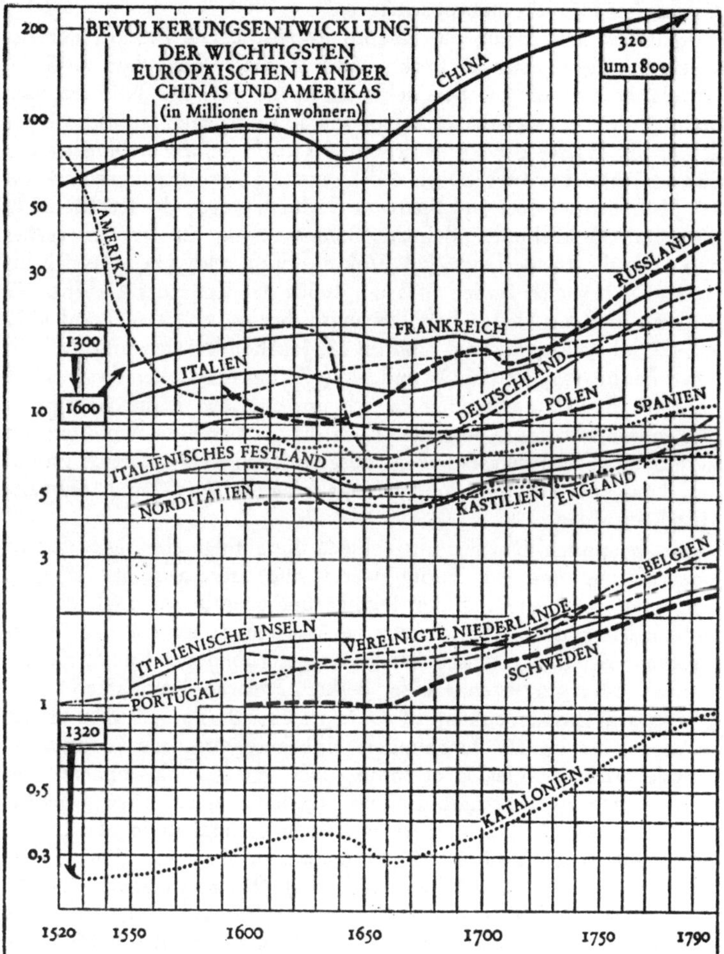

Abb. 5. Bevölkerungsentwicklung der wichtigsten europäischen Länder, Chinas und Amerikas (in Millionen Einwohnern). Aus: Pierre Chaunu, Europäische Kultur im Zeitalter des Barock, Zürich - München 1968, S. 231.

deutlicht den während des 16. Jahrhunderts überall nachzuweisenden Anstieg der Bevölkerung. Kriege, Wirtschaftskrisen, partielle Hungersnöte und die letzten großen Pestepidemien haben diese Entwicklung in der Folgezeit unterbrochen. Es kam in den günstigsten Fällen zur Abflachung der Wachstumskurve, sehr viel häufiger zur Stagnation und in vielen Ländern zu schweren Rückschlägen, so daß zwischen 1600 und 1740 eine echte »crise européenne« (Reinhard) in demographischer Hinsicht zu beobachten ist.

In dieser Zeit betrug der gesamteuropäische Durchschnitt der Bevölkerungsdichte etwa 20 E/qkm, doch zeichnete sich schon im Spätmittelalter eine dichter besiedelte Kernzone von der Nordsee nach Sizilien ab. Die wirtschaftliche, politische und demographische Krise der ersten Hälfte des 17. Jahrhunderts traf vor allem Norditalien, Süddeutschland (von 1620 bis 1650 ging die Bevölkerung von 4 auf 2,5 Millionen zurück) und Spanien. Dadurch wurde die Kernzone, in der rund 35 Millionen Menschen lebten, etwas kleiner. Sie verlief nun über die Niederlande (50 E/qkm), Frankreich (34), das Rheinland (30–35) nach Italien (44; um 1650: 38; Ende des 17. Jhs.: 45 E/qkm). England, dessen Bevölkerungsdichte zwischen 1600 und 1700 von 27 auf 33 E/qkm stieg, fand im 18. Jahrhundert den Anschluß mit einer Dichte von 39 (1720) und 50 (1780) E/qkm. Bei dieser Zone dichterer Besiedlung handelt es sich um eine bis in die Gegenwart reichende historische Konstante. Auch die industrielle Revolution hat sie nur unwesentlich verschoben: ausgeschieden ist Frankreich südlich der Linie Le Havre–Lyon, dazugekommen West- und teilweise Mitteldeutschland.

Die genannten Durchschnittszahlen, die infolge der lückenhaften Überlieferung nur Annäherungswerte sind, dürfen nicht vergessen lassen, daß die Verteilung der Bevölkerung überall sehr ungleich war. Unbesiedelten oder sehr schwach bevölkerten Zonen standen ausgesprochene Konzentrationsgebiete gegenüber (Londoner Raum, niederländische Meerprovinzen, Pariser Becken, Poebene, Kampanien).

In diesem Zusammenhang ist ein Wort über die europäischen Städte zu sagen, die im 16. Jahrhundert eine ausgesprochene Wachstumsperiode erlebten. Vier Großstädte (über 100 000 Einwohner), von denen nur Paris außerhalb Italiens lag, hatte es um 1500 gegeben; zu Beginn des 17. Jahrhunderts waren es dreimal soviel. In Italien lagen fünf: Neapel, mit 280 000 Einwohnern die größte Stadt Europas, Venedig (148 000), Mailand, Rom und Palermo (je etwa 100 000). Die doppelte Verschiebung des europäischen Wirtschaftsschwerpunktes wurde jedoch deutlich: Paris (über 250 000) und London (150 000) hatten Lissabon und Sevilla (je etwa 100 000) bereits überflügelt, und als Antwerpen zurückfiel (vgl. S. 247), trat Amsterdam an seine Stelle. Bis zum Ende des 18. Jahrhunderts erweiterte sich der Kreis der Großstädte nur langsam (Madrid, Wien, Moskau, Petersburg, Berlin).

Die Tatsache, daß in diesen Großstädten die Bedingungen für die Wirtschaftsrevolution einer späteren Zeit geschaffen wurden, darf über zweierlei nicht hinwegtäuschen: erstens lebte nur ein geringer Prozentsatz der Gesamtbevölkerung überhaupt in Städten; sechs Millionen waren es um 1600, zehn Millionen 150 Jahre später. Von diesen lebten – zweitens – etwa zwei Drittel in Kleinstädten mittlerer Größe (10 000 bis 20 000 Einw.). Genau wie die Großstädte »voll Gestank, Lärm und Geschwätz« (Goubert) unterschieden sie sich von diesen dadurch, daß sie ihren mittelalterlichen Charakter im großen und ganzen bewahrten – nur daß ihre vor Jahrhunderten ausgebildeten Formen der Verwaltung, ihre Wirtschafts- und Sozialstrukturen längst überholt, erstarrt und in hohem Maße reformbedürftig waren.

Das galt auch für die meisten deutschen Städte, von denen im frühen 17. Jahrhundert Hamburg, Danzig und Augsburg fast 50 000 Einwohner zählten. Der Dreißigjährige Krieg wirkte sich auf die Städte noch verheerender aus als auf die ländlichen Gebiete, so daß nach 1648 das Netz der Städte praktisch vom Nullpunkt aus neu aufgebaut werden mußte. Als erste deutsche Stadt erreichte Wien 100 000 Einwohner (um 1700).

Zwischen der demographischen Entwicklung und dem allgemeinen Wirtschaftsleben bestehen enge Zusammenhänge. Im Europa der Frühen Neuzeit war die Landwirtschaft noch immer der wichtigste Wirtschaftsbereich, gefolgt von Handel und ›Industrie‹. Für die 150 Jahre vor der Französischen Revolution hat man eine sehr unterschiedliche Progression berechnet: Während die Agrarproduktion auf das Anderthalbfache, das Volumen der industriellen Erzeugung auf das Dreifache stieg, trat im Handel eine Steigerung auf das Zehn- bis Zwanzigfache ein. Das erklärt zu einem guten Teil den Aufschwung der Städte, da nur der Handel fast ausschließlich in Städten angesiedelt war, während das Gewerbe auf dem Lande (wie die Landwirtschaft in der Stadt) eine nicht unwesentliche Rolle spielte.

Neuere Forschungen über die konjunkturelle Entwicklung haben ergeben, daß dem Aufschwung des 16. Jahrhunderts eine lange Rezessionsperiode folgte, die erst um 1730 überwunden wurde. Die Preisrevolution wurde durch einen allgemeinen Preisverfall abgelöst, der etwa für Frankreich die bedeutsamste wirtschaftliche und soziale Tatsache des 17. Jahrhunderts war. Das hatte schwerwiegende soziale Konsequenzen, da die Deflation die reichen Rentenbezieher noch reicher, die Armen noch ärmer machte und die soziale Mobilität weitgehend unterband (vgl. S. 155 ff.). Die negativen Tendenzen überwogen in Frankreich, Spanien und Italien; die englische und die holländische Wirtschaft wurden weniger in Mitleidenschaft gezogen.

Die Landwirtschaft

Noch immer waren im Europa der Frühen Neuzeit zwischen 80 und 90% der arbeitenden Bevölkerung in der Landwirtschaft tätig. Grundlegend neue Aspekte der Bodennutzung lassen sich bis zur Mitte des 18. Jhs. nur vereinzelt beobachten. Die Landwirtschaft wurzelte im wesentlichen in der Agrarrevolution des 12. Jahrhunderts, nutzte nur einen Teil der Bodenfläche (Drei- oder Zweifelderwirtschaft), konnte aber in den begünstigten Zonen Westeuropas die Ernteerträge pro Hektar vom 16. bis zum 18. Jahrhundert verdoppeln. Dagegen beruhte die ebenfalls steigende Agrarproduktion im Osten auf einer Vergrößerung der Anbaufläche. Dieses Ertragsgefälle von England, Frankreich, den Niederlanden über West- und Ostdeutschland nach Polen und Rußland (Ausnahme: Ukraine) war um 1600 deutlich geworden. Während das Verhältnis von Aussaat zu Ernte im späten Mittelalter fast überall in Europa 1:3 betragen hatte, besaß Westeuropa jetzt einen deutlichen Vorsprung:

Niederlande	1:11	Deutschland	1:4
England	1:6	Polen	1:3—4
Frankreich	1:4—5	Rußland	1:2—3

Gemeinsames Merkmal der verschiedenen Typen der Agrarverfassung war die fast ausschließliche Bodennutzung durch den Adel, der das Land entweder direkt oder indirekt bewirtschaftete. Diese etwas schematische Zweiteilung – immerhin gab es hier und da noch bäuerlichen Grundbesitz – erfuhr jedoch durch andersartige Produktionsformen eine Differenzierung qualitativen Charakters. Das betrifft zunächst die generelle Scheidung des agrarischen Europa in das Gebiet der *Grundherrschaft* und eine östlich der Elbe-Saale-Linie gelegene Zone, in der sich aus der Grundherrschaft die *Gutswirtschaft* entwickelte. Daß es auch unterhalb dieser Ebene unterschiedliche Formen der Landnutzung gab, soll für das westliche Europa der Grundherrschaft an zwei Beispielen erläutert werden.

In Frankreich ging der bäuerliche Bodenbesitz vom 16. zum 18. Jahrhundert von über 50% auf 35% zurück. Das übrige Land, im Besitz von Kirche, altem und neuem Adel und reichem Bürgertum, wurde zu fast 90% indirekt genutzt. Eine vielfach abgestufte bäuerliche Schicht von landwirtschaftlichen Arbeitern, Zinsleuten, Pächtern, Halbpächtern und Quasi-Eigentümern in grundherrlichem Abhängigkeitsverhältnis bearbeitete den Boden und führte festgelegte Geld- und Naturalienabgaben an den Grundherrn, den *seigneur*, ab. Sogar das selbständige Bauerntum war meist in irgendeiner Form einem *seigneur* verpflichtet; höchstens 2% des gesamten Grundbesitzes können als ganz und gar freies Grundeigentum (Allod) bezeichnet werden. Alles in allem herrschte in Frankreich der durch drückende Abgaben belastete bäuerliche Kleingrundbesitz vor.

Demgegenüber setzte sich in *England* das System der adligen Eigenbewirtschaftung durch. Das hing mit der im späten Mittelalter einsetzenden Umstrukturierung der Landwirtschaft zusammen (vgl. S. 14). Arbeitskräftemangel und der steigende Wollbedarf der Tuchindustrie ließen den Adel vom Ackerbau zur gewinnbringenden Schafzucht übergehen. Von Anfang an bemühte er sich dabei um die Vergrößerung seines Grundbesitzes. Ein erfolgreiches Mittel auf diesem Weg war das Prinzip der *enclosure,* die Vorschrift, den Landbesitz einzuzäunen. Die daraus entstehenden hohen Kosten überforderten die Kräfte des Kleinbauerntums und beschleunigten die Bildung von Großgrundbesitz. Allerdings darf das Ausmaß der *enclosures* für diese Zeit nicht überschätzt werden. Zwischen 1455 und 1637 sind kaum mehr als 750 000 acres (= 3 035 qkm) eingezäunt worden; die Zahl der dadurch entwurzelten Bauern hat 35 000 nicht überstiegen. Im Unterschied zu den umfangreicheren Einhegungen des 18. Jahrhunderts hat die englische Regierung diese erste Kampagne nicht unterstützt. Dank der wirtschaftlichen Aufgeschlossenheit des Adels und seiner gleichzeitigen Betätigung in Landwirtschaft, Handel und Industrie (vgl. S. 161) stand hier Kapital zur Modernisierung der Bodennutzung zur Verfügung. In England dominierte also der intensiv genutzte, mit Hilfe neuer Techniken bestellte adlige Großgrundbesitz.

Anders verlief die Entwicklung östlich der Elbe-Saale-Linie. Während die gewerblichen Zentren Westeuropas und bald auch Portugal, Spanien und Italien den Getreidebedarf nicht mehr aus eigener Erzeugung decken konnten, arbeiteten die Gebiete südlich der Ostsee beinahe von Anfang an für den Getreideexport. Bei ursprünglich etwa gleicher Ausgangssituation links und rechts der Elbe entwickelte sich in ›Ostelbien‹ die Gutswirtschaft. Sie lief darauf hinaus, daß sich die Grundherren nicht, wie in England, an das Land, sondern an die Bauern selbst hielten.

Als erstes gelang es dem Adel, den Bauernstand aus dem Geschäft der Getreideausfuhr herauszudrängen. Eine Steigerung des Exports war jedoch an zwei Voraussetzungen gebunden: Vergrößerung des adligen Grundbesitzes und Vorhandensein von Arbeitskräften. Dem ersten Ziel diente das ›Bauernlegen‹, die Einziehung bäuerlichen Bodens, dem zweiten eine ganze Skala von Maßnahmen, die den ›gelegten‹ Bauern nicht nur an der Abwanderung hinderten, sondern ihn zur Arbeit auf den entstehenden großen Rittergütern verpflichteten. Mit der seit dem Ende des 15. Jahrhunderts allmählich durchgesetzten Schollenbindung, die jede bäuerliche Freizügigkeit unterband, war dafür der wesentliche Ansatzpunkt gegeben. Auf diese Weise kam es auch in Ostelbien zur Herausbildung von Großgrundbesitz, der vom Adel direkt bewirtschaftet wurde. Gerichts- und Polizeigewalt waren wirksame Instrumente in der Hand des Grundherrn, um den abhängigen Bauern einen immer umfassenderen Katalog von Dienstverpflichtungen aufzuzwingen (vgl. S. 165 f.).

Die Ursache lag nicht zuletzt darin, daß für die Intensivierung und Modernisierung der Bodennutzung die finanziellen Mittel fehlten, wie sie der englischen Landwirtschaft durch die Gewinninvestitionen aus Handel und Industrie zuflossen. Jeder Fortschritt, fast jede Ertragssteigerung ließen sich nur dadurch erreichen, daß man zum übelsten aller Bewirtschaftssysteme Zuflucht nahm, zur Zwangsarbeit. In unterschiedlichen Erscheinungsformen und vielen Abstufungen beherrschte sie die Agrarverfassung Mittel- und Osteuropas. Eine Verhärtung der sozialen Strukturen war die Folge.

Am schärfsten ausgeprägt war die Gutswirtschaft in Brandenburg, Mecklenburg, Pommern, Preußen, Polen und dem Baltikum. Rußland bildete nur hinsichtlich seiner Agrarverfassung (überwiegend Grundherrschaft, kein Bauernlegen) einen Sonderfall, in Bezug auf die Lage der Bauern wurde es zum negativen Extremfall. In etwas anderer Form trat die Gutswirtschaft in Böhmen, Mähren und Schlesien auf, wo die reichen Magnaten zwar von ihren Gütern, aber nicht auf ihnen lebten. Die eingesetzten Gutsverwalter hielten die abhängigen Bauern meist unter noch stärkerem Druck als es der selbstwirtschaftende Adlige tat, bei dem, wenn auch nur in Ausnahmefällen, ein patriarchalischer Zug manche Härte mildern konnte.

Der Handel

Der Aufschwung des europäischen Handels im 16. Jahrhundert ist Teil einer langfristigen Entwicklung, die im 15. Jahrhundert einsetzte, durch die überseeische Ausdehnung wesentliche Impulse erfuhr (vgl. S. 75) und sich – von manchen Rückschlägen unterbrochen – bis ins 18. Jahrhundert fortsetzte. Seine wichtigsten Voraussetzungen sind bereits dargestellt worden (vgl. S. 19 f.), doch sind einige ergänzende Bemerkungen angebracht. Die zunehmende Ungleichheit der ökonomischen Entwicklung in Nord- und Süd-, West- und Osteuropa, die steigende Nachfrage einer wachsenden Bevölkerung und die allgemein zu beobachtende Erhöhung des Lebensstandards der oberen Schichten begünstigten einen Warenaustausch, der seinerseits vom (noch bescheidenen) Ausbau der Verkehrsverbindungen profitierte und sich der bargeldlosen Zahlungsweise und der neuen Mittel der Kreditschöpfung in immer stärkerem Maße zu bedienen wußte. Dazu kam, daß der ›kapitalistische Geist‹, der Geschmack an Risiko, Abenteuer, Profit und beweglichem Kapital (im Gegensatz zum Grundbesitz) in breiteren Schichten wachsende Resonanz fand. Dem ›Unternehmer‹ fiel im 16. Jahrhundert eine zentrale Rolle als Stimulator der gesamtwirtschaftlichen Entwicklung zu. Die bedeutendsten unter ihnen vollzogen den Schritt vom Handels- zum

Industriekapitalismus, investierten ihre Gewinne in Bergbau, Textil- und Metallgewerbe und nicht selten in der Landwirtschaft. So erwarben die Fugger den Grundstock ihres Reichtums im Handel (Wolle, Seide, Spezereien), bekamen zeitweise fast die gesamte europäische Kupfergewinnung in ihre Hand und förderten Blei, Silber und Quecksilber (Monopol!) in eigenen oder gepachteten Minen in Deutschland, Österreich, Kärnten, Tirol, Ungarn und Spanien. Ihre Handelskonzessionen reichten bis nach Chile, Peru und Moskau, ihre Agenturen bis nach Rom, Malmö und Nowgorod. Wie das Bankhaus der Medici (Alaun-Monopol!) im 15. Jahrhundert, das allein im Tuchgewerbe 300 Firmen mit 10 000 Arbeitern beschäftigte, spielten die Fugger als Finanziers weltlicher und geistlicher Fürsten, auch als Mäzene, eine hervorragende Rolle.

In den großen Handelsgeschlechtern und den oberdeutschen Kapitalgesellschaften erfuhr die Konzentration von Fernhandel, Bankgeschäft, Montangewerbe und Verlagssystem ihre höchste Steigerung, und es kann nicht erstaunen, daß sich die allgemeine Unruhe über die Preissteigerungen gegen diese Exponenten frühkapitalistischer Wirtschaftsordnung richtete. Es kam zu einer weitverbreiteten Opposition gegen die ›Monopolisten‹. Dem verhaßten Treiben der ›Fuggerei‹ stellte man den ›gerechten Preis‹, das Verbot des Zinsnehmens, der Monopole und des Terminhandels entgegen, verlangte eine Unterdrückung der Handelsgesellschaften sowie die Einschränkung von Silberexport und Luxuswareneinfuhr. In Deutschland entwickelte sich geradezu eine antikapitalistische Bewegung, die den aus vielfältigen Motiven gespeisten Bewegungen der Ritter (vgl. S. 159 f.) und Bauern (vgl. S. 161 ff.) ihre sozialrevolutionären Akzente gab.

Die Bemühungen, gegen die Monopolisten die Reichsgesetzgebung zu mobilisieren, scheiterten. Es kam zwar zum Verbot aller monopolartiger Verträge (1512), sogar zur Beschränkung der Handelsgesellschaften auf ein Höchstkapital von 50 000 fl. (1522/23), doch blieb im ersten Fall der Beschluß infolge unzulänglicher Ausführungsbestimmungen so gut wie wirkungslos. Den zweiten Vorstoß der Stände blockierte Karl V. selbst, obwohl er sich in seiner Wahlkapitulation verpflichtet hatte, gegen »die großen geselschaften der kaufgewerbsleut, so bisher mit irem gelt regiert«, Maßnahmen zu ergreifen. Während mehreren Handelsherren die Klage wegen Monopolvergehens zugestellt wurde, bearbeiteten einige Fürsten und Jakob Fugger – der damals seinen berühmten Mahnbrief schrieb (vgl. S. 156) – den Kaiser. Dieser befahl, das Verfahren vorläufig einzustellen und die Akten nach Spanien zu senden. Nach dem großen Sieg bei Pavia (vgl. S. 99), den er wesentlich der Finanzhilfe Jakob Fuggers verdankte, erließ Karl zwei Edikte (1525). Sie ließen zwar grundsätzlich das Monopolverbot bestehen, enthielten aber sehr weitläufige Ausnahmeregelungen (Erz- und Metallhandel!) und erkannten implizit die Prinzipien der freien Preisbildung, der Kartelle und des Zinsnehmens an.

Der Angriff der fürstlich-kleinbürgerlich-zünftlerischen Oppositionsgruppe war damit abgeschlagen. Die Entscheidung des Kaisers sicherte die Entwicklung von den »gebundenen Formen mittelalterlichen Innungsgeistes zu dem individualistischen Freiheitsprinzip neuzeitlichen Unternehmertums« (Pölnitz). Daran vermochten auch gelegentliche kleinere Erfolge der Monopolgegner (1530, 1548) nichts zu ändern. Das Problem als solches war damit freilich nicht gelöst und stellte sich in andersartigen historischen Bezügen stets von neuem – bis hin zur Diskussion und Gesetzgebung der Gegenwart über Monopole und Oligopole, Trusts und Kartelle.

Trotz der reichsrechtlichen Absicherung konnte der deutsche Handel nicht lange an der allgemeinen westeuropäischen Hausse partizipieren. Im Gegenteil: durch die Abnahme des Italienhandels, das Absinken der Hanse (vgl. S. 263) und die expansive Handelspolitik der Niederlande erlitt er seit der zweiten Hälfte des 16. Jahrhunderts beträchtliche Einbußen. Den Fuggern wurde ihre enge Anlehnung an das Haus Habsburg auf die Dauer verhängnisvoll; sie erlitten in den wiederholten Staatsbankrotten Philipps II. starke Verluste und verloren danach sehr schnell an Bedeutung.

Entscheidender war jedoch, daß der deutsche Fernhandel auf die allgemeine Tendenz stieß, Staatsgrenzen und Grenzen der Wirtschaftseinheiten zur Deckung zu bringen. Diese Identität konnte es in Deutschland (und Italien) infolge der andersartigen politischen Struktur nicht geben, und so verschwand »die führende Schicht großer italienischer und oberdeutscher Fernhandelsunternehmer vom wirtschaftlichen Schauplatz« (Strieder).

Dagegen nahm das Handelsvolumen der westeuropäischen Länder weiter zu, nicht zuletzt durch die Einbeziehung der überseeischen Gebiete. Hervorzuheben ist die einzigartige Stellung Hollands, das zu Beginn des 17. Jahrhunderts »im gesamten europäischen Küstengebiet den Güterverkehr in seine Hände gebracht hatte« (Chaunu). Von der Übertragung dieser Funktion als ›Fuhrmann Europas‹ in den asiatischen Raum wird noch zu sprechen sein (vgl. S. 248), ebenso über die Bemühungen Englands und Frankreichs, sich aus dieser Form wirtschaftlicher Abhängigkeit zu befreien.

Außerordentliche Zuwachsraten kannte vor allem der Überseehandel. Die Zahl der von Europa nach Asien fahrenden Handelsschiffe stieg von 1640 bis 1730 auf das Siebenfache. Im Warenaustausch mit Amerika, den im 17. Jahrhundert manche Rückschläge trafen, begann der Zuckerhandel eine immer größere Rolle zu spielen. Im 18. Jahrhundert nahm sein Volumen um das Fünf- bis Siebenfache zu; zahlreiche Städte verdankten ihm und der sich entwickelnden Zuckerindustrie ihre Bedeutung.

Gewerbe und Industrie

Auf dem gewerblich-industriellen Sektor folgte der Zeit bis 1550, die in technischer Hinsicht als eine sehr fruchtbare Periode gelten kann, ein Jahrhundert, in dem die technischen Neuerungen ihren noch weitgehend experimentellen, manchmal spielerischen Charakter abstreiften, sich den praktischen Erfordernissen anpaßten und größere Verbreitung erfuhren: »Aus Ideen wurden konkrete, wirksame Werkzeuge« (Chaunu). Als die reine Technik zur angewandten wurde, ließ sie sich in stärkerem Maße in den Dienst der Wissenschaft stellen. Ein gutes Beispiel ist die Vervollkommnung und Ausbreitung der Glasherstellung; ohne sie wären astronomisches Fernrohr, Mikroskop und andere optische Geräte nicht zu konstruieren gewesen.

Das Textilgewerbe war der wichtigste Industriezweig. Außerordentlich zersplittert und arbeitsmäßig dezentralisiert (Verlagssystem), wurde es häufig als Nebenerwerb auf dem Lande betrieben. Trotz mancher technischer Verbesserungen verharrte es ganz in traditionellen Bahnen; grundsätzlichen Wandel brachte erst das 18. Jahrhundert. Für die Textilerzeugung der davor liegenden Zeit gibt es so gut wie keine direkten statistischen Belege. Erst seit wenigen Jahren ist es möglich, aufgrund methodisch sehr interessanter und scharfsinniger Untersuchungen (Delumeau u. a.) einigermaßen zuverlässige Angaben zu machen. Danach stieg die Erzeugung in der ersten Hälfte des 16. Jahrhunderts stark an. Den Markt für Qualitätstuche beherrschten Italien und Flandern. Dann verlangsamte sich die Zuwachsrate; gleichzeitig deuteten sich Schwerpunktverlagerungen an, die im 17. Jahrhundert zur Herausbildung neuer industrieller Zentren führten. Das Mittelmeergebiet und die spanischen Niederlande verloren rasch an Bedeutung; in Frankreich stagnierte die Produktion. Aufwärts ging es dagegen in England und den Vereinigten Niederlanden.

Weit hinter der Textilerzeugung rangierte die Metallgewinnung und -verarbeitung, doch unterschied sie sich von dieser in zwei wesentlichen Punkten: sie war stärker konzentriert (Bodenschätze, großer Holzbedarf für das Schmelzverfahren) und ›moderner‹. Die Förderungsmethoden wurden erheblich verbessert; hydraulisches Gebläse und Hochofen brachten in der Eisengewinnung große Fortschritte. Die Zahl der in England vorhandenen Hochöfen stieg im Verlauf des 16. Jahrhunderts von drei auf 85. Andererseits stellte die geringere Qualität des neuen Produkts, des stark kohlenstoffhaltigen Gußeisens, die damalige Technik vor unlösbare Aufgaben. Dazu kamen die hohen Investitionskosten und der Holzmangel. Rings um die Hochöfen verschwanden die Wälder, und ehe der Ofen verbraucht (und amortisiert!) war, wurde er infolge der hohen Transportkosten für das Brennmaterial oft unrentabel.

Alles in allem war das 17. Jahrhundert für die europäische Metallurgie eine Zeit der Vorbereitung. Sie zeigte sich zwar anpassungsbereit, hatte aber mit großen technischen Schwierigkeiten zu kämpfen und sah sich mancherorts einem katastrophalen Brennstoffmangel gegenüber. Obwohl die Steinkohle längst verwendet wurde (und schon 1613 ein Schmelzverfahren mit Hilfe von Steinkohle patentiert worden war), brachte auch hier erst das 18. Jahrhundert die entscheidende Wendung. Im großen und ganzen gilt diese Feststellung für die Gesamtheit der gewerblich-industriellen Entwicklung Europas dieser Zeit.

Als Hemmnis des technischen Fortschritts spielten die Zünfte eine nicht unwichtige Rolle. Bis zum 18. Jahrhundert beruhte fast das gesamte gewerbliche Leben in den Städten auf der von diesen privilegierten Korporationen zäh verteidigten Monopolstellung, deren Kernstück der Zunftzwang war. Aus der Vielfalt der Probleme sollen nur drei angedeutet werden:

1. Die Vermehrung und Spezialisierung der Zünfte als Folge der Differenzierung von Herstellung und Bedarf führte zu einer kaum vorstellbaren Zersplitterung (in Berlin gab es im 18. Jahrhundert ein Dutzend Zünfte für die verschiedenen Schmiedearbeiten) und dauernden sterilen ›Kompetenzstreitigkeiten‹.

2. Zur Erhaltung der ›Nahrung‹, d. h. des Besitzstandes der Privilegierten, führten die Zünfte einen erbitterten Kampf gegen alle Außenseiter. Dazu gehörten etwa auftauchende unzünftlerische Gewerbetreibende, die ungeachtet der Qualität ihrer Arbeit sofort als ›Pfuscher‹ oder ›Bönhasen‹ verschrien wurden, aber auch Zunftmitglieder, die sich durch neue Techniken, bessere Geräte oder Verfahren über die anderen zu erheben drohten. Selbst vor gewaltsamen Aktionen schreckte man in solchen Fällen nicht immer zurück.

3. Innerhalb der Zünfte verhärteten sich die Strukturen. Der Aufstieg vom Lehrling über den Gesellen zum Meister wurde durch zahlreiche schikanöse Barrieren, die den Kandidaten oft auf Jahre hinaus in Schulden stürzten, immer schwieriger. Vom Zunftmonopol profitierte schließlich nur noch eine exklusive Schicht: die Meister und ihre Söhne.

Diese beschränkenden, einengenden Züge des Zunftwesens waren von vornherein in ihm angelegt, haben sich aber erst seit dem 16. Jahrhundert voll ausgebildet. Sie können daher als typische Merkmale des frühneuzeitlichen Zunftwesens gelten.

Erscheinungen wie die englische »prérévolution industrielle« (Mauro) unter Elisabeth I. sind Ausnahmen, zugleich aber deutliche Anzeichen, daß sich die ökonomischen Strukturen – so starr sie im ganzen auch blieben – aufzulockern begannen.

Die Gesellschaft: Auflockerung und Verhärtung

Als Grundtatsache kann das starke Beharrungsvermögen der im Spätmittelalter ausgebildeten ständischen Gesellschaftsordnung genannt werden, die zumindest juristisch und politisch bis zur Revolution intakt blieb. Freilich gab es Differenzierungen und sogar Ausnahmen wie England und Holland. Auf der anderen Seite standen erstens das Mittelmeergebiet, wo die alte Ständegesellschaft durch nichts ernsthaft bedroht wurde, zweitens Frankreich, Belgien und Westdeutschland, wo die wachsende Diskrepanz zwischen wirtschaftlicher Entwicklung und starrer Sozialstruktur die Explosionen des 18. Jahrhunderts wesentlich provozierte. Drittens Europa zwischen Elbe und Wolga: Hier brachte der grundbesitzende Adel das Bauerntum in immer vollkommenere Abhängigkeit bis hin zur totalen Entrechtung (vgl. S. 165 f.). »Während sich im Westen die industrielle Revolution vorbereitete, herrschten im Osten soziale Zustände, wie sie Westeuropa höchstens bis zum 9. Jahrhundert gekannt hatte« (Chaunu).

Mit wenigen Ausnahmen dominierte also das Prinzip, die sozialen Gruppen nicht nach ihrer Position in der Wirtschaftsordnung einzustufen, »sondern nach der Wertschätzung, der Achtung, der Würde, die ihnen die Gesellschaft oder Teile derselben beimaßen«, wobei innerhalb von Klerus, Adel und Bürgertum jede Untergruppe den Platz einnahm, »der einem allgemeinen Consensus, einer sozialen Wertschätzung und dem traditionellen oder legalen Status entsprach« (Mousnier). Aus dieser Sicht läßt sich im Europa des 18. Jahrhunderts dieselbe soziale Schichtung wie im 14. Jahrhundert feststellen.

Jeder Stand, in sich keineswegs homogen, hatte seine besonderen sozialen Symbole, Rechte und Privilegien. Auch der Dritte Stand erfreute sich einer generellen Privilegierung: Durch das Prinzip der Derogation (Verbot der ›standeswidrigen‹ Betätigung des Adels in Handel und Gewerbe) hatte er von dieser Seite keine Konkurrenz zu befürchten (vgl. aber die Ausnahme S. 161).

Aufstieg des Bürgertums und Differenzierung des Adelsstandes

Ein entscheidendes Kriterium für die Flexibilität einer ständischen Gesellschaft ist die mehr oder weniger starke Ausprägung der vertikalen Mobilität (deren völliges Fehlen für eine Schichtung in Kasten charakteristisch ist). Innerhalb der frühneuzeitlichen Gesellschaftsordnung waren die Schwellen nicht so hoch, um etwa den Aufstieg bürgerlicher Kräfte in den Adelsstand zu verhindern. Das gab es bereits im späten Mittelalter, verstärkt im 16., abgeschwächt im 17., aber kaum noch im 18. Jahrhundert – eine Folge der typischen Erscheinung, daß jede aufstrebende Gruppe bemüht ist, sich nach Erreichung des Ziels gegen die Schicht abzuschirmen, aus der sie aufgestiegen ist.

Trotz dieser zunehmenden Verhärtung wird man im Aufstieg des Bürgertums und der damit intensivierten Differenzierung der Adelsgesellschaft eine Grundtatsache der europäischen Sozialgeschichte jener Jahrhunderte sehen müssen. Er stand in engem Zusammenhang mit der schon früh einsetzenden Beschäftigung bürgerlicher Juristen im Staatsdienst (vgl. S. 25 ff.), der französischen *légistes,* der spanischen *letrados,* der italienischen *dottori* und *segretari.* Daneben war von größter Bedeutung der die Krise des 14. Jahrhunderts überwindende Aufschwung von Handel und Gewerbe (vgl. S. 16 ff.), der sich am deutlichsten in den großen Handelsgesellschaften und den zu europäischem Format aufsteigenden Kaufmannsfamilien der Medici, Fugger, Welser usw. manifestierte. Sie wurden die profilierten Träger der neuen, in der mittelalterlichen Bürgerstadt vorgebildeten Bewußtseins- und Verhaltensformen; zu dem spezifisch ökonomisch geprägten, rationalen Erwerbssinn trat die Anwendung moderner Geschäftstechniken. Eine ganz neue Kategorie elitärer Mentalität tat sich auf: bürgerliches Bewußtsein gründet sich nicht auf geburtsständische Privilegien, sondern auf individuelle Leistung ökonomischer oder geistiger Natur. Der berühmte Mahnbrief, in dem Jakob Fugger Karl V. daran erinnert, daß er die Römische Krone ohne seine Hilfe nicht hätte erlangen können, dokumentiert den in der geistigen Einstellung der Handelsherren eingetretenen Wandel ausgezeichnet.

Insgesamt vollzog sich der Aufstieg der Spitzen des Bürgertums, der im übrigen keineswegs kontinuierlich vor sich ging, ganz im Rahmen der ständischen Gesellschaft. Fern davon, ein revolutionäres, die soziale Ordnung durchbrechendes Element zu sein, paßte sich das kontinentaleuropäische Bürgertum bis ins ausgehende 18. Jahrhundert den vorgegebenen Strukturen an und begnügte sich damit, auf der sozialen Stufenleiter zu adelsähnlicher oder adelsgleicher Stellung zu gelangen.

Die Aristokratie, ihr Ansehen, ihr Lebensstil waren die Maßstäbe, an denen sich das aufstrebende Bürgertum orientierte. Bezeichnend ist das Streben nach adligen Statussymbolen, nach Titeln, Wappen, Privilegien. Dazu gehörte auch der Erwerb ländlicher Besitzungen, der sich immer häufiger nachweisen läßt – wobei für diesen gesamten Komplex die Ausnahme Osteuropa weniger die Regel bestätigt als vielmehr die grundsätzlich andere Entwicklung unterstreicht. So hat, im ganzen gesehen, der Aufstieg von Unternehmern und Bankiers in die bürgerliche Oberschicht und teilweise in den Adel ebenso zur Stabilisierung der ständischen Ordnung beigetragen wie die Entstehung eines breiten landesherrlichen Beamtentums und Amtsadels.

Die vorstehend skizzierten Tendenzen sind seit dem späten Mittelalter zu beobachten. Eine Beschleunigung und schärfere Akzentuierung erfuhren sie durch ganz neu auftauchende Momente, etwa durch die Folgen der Entdeckungen. Dazu gehört das gesamteuropäische Phänomen der Preisrevolution des 16. Jahrhunderts. Sie ist an anderer Stelle erörtert worden (vgl. S. 76 ff.) und gehört zu den ökonomischen Grundtatsachen dieser Zeit. Als Akzelerationsfaktor sozialer Umschichtungen spielte sie eine wesentliche Rolle und trug dazu bei, daß die Homogenität des europäischen Adels verloren ging. Sie verschärfte den Gegensatz zwischen dem durch seinen umfangreichen Landbesitz weniger krisenanfälligen Hochadel und dem niederen Adel, für den die fortschreitende Entwertung seiner relativ bescheidenen Renteneinkünfte oft existenzbedrohend war. Zusammen mit dem Verlust der Kriegsdienstfunktion (vgl. S. 22 f.), dem in vielen Staaten geltenden Prinzip der Derogation und dem zunehmenden Gewicht des Bürgertums bedeutete das den sozialen Abstieg eines Teiles der traditionell privilegierten Schicht.

Einige Aspekte dieses Differenzierungsprozesses innerhalb der ständischen Gesellschaft sollen an drei Beispielen verdeutlicht werden.

Frankreich

Im vorrevolutionären Frankreich bildete der verarmte Landadel eine »véritable plèbe nobiliaire« (Mathiez). Von jedem gesellschaftlichen Aufstieg ausgeschlossen, von den Bauern gehaßt und vom Hochadel (vgl. S. 185) ignoriert, verachteten diese *hobereaux* ihrerseits Hofadel und Bürgertum. Sie verteidigten in verbittertem Stolz ihre überkommenen Vorrechte und entwickelten dabei einen echten Kastengeist, bildeten jedoch infolge ihrer sozialen Isolierung und der wirtschaftlichen Schwäche im Gesamtgefüge der *noblesse* nur eine breite Gruppe von »faux privilégiés« (Mauro).

Der Aufstieg bürgerlicher Kräfte in den Stand der Privilegierten vollzog sich auf zweifachem Wege, zuerst über den Erwerb von adligem Grundbesitz *(terres nobles)*, durch Nobilitierung kraft königlicher Gunst oder Kauf eines Adelsdiploms, auch durch die Übernahme einer Funktion im Verwaltungsapparat, an die der Adel geknüpft war. Die hartnäckig vorgebrachten Klagen der altadligen *noblesse d'épée* gegen diese Infiltration waren nicht erfolglos. Ludwig XIII. schränkte die Verleihung von Adelsbriefen ein, und Colbert verfügte später eine umfassende Generalrevision aller Adelstitel. Obwohl bis zur Revolution derartige Nobilitierungen stattfanden (Ludwig XIV. verkaufte 1696 auf einen Schlag 500 Adelsbriefe zu je 6 000 livres), verlor dieser Weg seit dem 17. Jahrhundert an Bedeutung.

Die zweite Aufstiegsmöglichkeit bot der Kauf eines Amtes. Die meisten öffentlichen Aufgaben des Königtums waren im 16. Jahrhundert zu Ämtern *(offices)* geworden, die Mousnier als »von öffentlichen Funktionen begleitete soziale Würden« definiert. Die höchsten

Ämter brachten den erblichen Adel (Kanzler, Staatsrat, Parlamentspräsident), viele andere den persönlichen Adel, der erblich wurde, wenn drei Generationen im Staatsdienst gestanden hatten. Als Voraussetzung genügte Kapitalbesitz, denn die Ämter waren sehr teuer; manche kosteten mehrere 100 000 livres. Der Kauf eines richterlichen Amtes setzte einige juristische Kenntnisse voraus; doch genügte gelegentlich ein Studium von sechs Monaten. Ein wachsender Prozentsatz des kaufmännischen Bürgertums kehrte im 16. und 17. Jahrhundert dem Handel den Rücken und nahm die mit der Ämterkäuflichkeit gebotene Aufstiegschance wahr. Aus diesen Amtsinhabern formte sich allmählich ein neuer Stand, die *noblesse de robe.*

Die Einnahmen aus dem Ämterverkauf, die anfangs einen erheblichen Teil der Staatsausgaben deckten, suchte man durch Schaffung neuer Ämter zu steigern. So wurde etwa die Zahl der Parlamentsräte erhöht oder eine Aufteilung bisheriger Amtsbezirke in mehrere kleinere vorgenommen. Dem Geldbedarf der Krone und den Interessen des neuen Amtsadels entsprach die schrittweise Entwicklung von der Käuflichkeit zur Erblichkeit der Ämter. Seit 1604 hatte jeder Amtsinhaber das Recht, seinen Nachfolger zu bestimmen. Er mußte dafür jährlich eine Steuer entrichten, die nach Paulet, ihrem Erfinder, *paulette* genannt wurde und ein Sechzigstel der Kaufsumme betrug. Damit wurde das Amt zum Familienbesitz; einzig bei ihr lag die Verfügungsgewalt, sie konnte es besetzen oder verkaufen. Die Ämterkäuflichkeit war eine grundlegende Voraussetzung der sozialen Mobilität im 16. Jahrhundert. Mit der Ämtererblichkeit setzte eine gegenläufige Entwicklung ein.

Nachdem Teilen des Bürgertums der Aufstieg zur *noblesse de robe* gelungen war, »riegelte es die Tür, die ihm den Weg nach oben verschafft hatte, fest ab ..., sorgte im 17. und 18. Jahrhundert für die Fortdauer der aristokratischen Gesellschaftsstruktur und für eine Verhärtung der Standesgrenzen« und erreichte — trotz mancher Ausnahmen — »eine so vollkommene Abdichtung aller Ventile, daß die ganze soziale Maschinerie schließlich in die Luft flog« (Chaunu).

Mit einigen Zahlen für das Pariser Parlament kann diese Tendenz illustriert werden: 1709 waren von 209 Parlamentsräten nur 4,8 Prozent bürgerlich. Da die Mitgliedschaft praktisch zu einem ererbten Privileg wurde, sank das Durchschnittsalter bei Amtsantritt von 26 Jahren und 3 Monaten (1659–1703) auf 22 Jahre und 11 Monate (1704–15). Fast jeder zweite Rat, der zwischen 1716 und 1770 ins Parlament eintrat, stammte aus einer Familie, die seit mindestens vier Generationen geadelt war.

Die Aristokratisierung der *noblesse de robe,* die aufgrund ihrer materiellen Lage zu den ›vrais privilégiés‹ gerechnet werden muß, führte schließlich zu einer Verschmelzung von Schwert- und Amtsadel (obwohl gewisse Unterschiede wie die Hoffähigkeit bestehen blieben) und zu immer stärkerer Abschließung dieser gemeinsamen Gruppe nach unten. Neueste Forschungen bezweifeln jedoch diese These.

Abschließend sei auf eine Folgeerscheinung der Ämterkäuflichkeit hingewiesen: Die Tatsache, daß der Kapitalwert der von der *noblesse de robe* erworbenen Ämter allein in Paris 100 Millionen livres weit überstieg, erklärt teilweise die fehlende Bereitschaft der finanzkräftigen Kreise zu Investitionen in handels- und kolonialpolitischen Unternehmen (vgl. S. 252).

Deutsches Reich

In Deutschland, wo sich der hohe Adel seit dem Mittelalter allen Versuchen der politischen Entmachtung durch eine Zentralgewalt erfolgreich widersetzt hatte und über die Landesherrschaft zum eigentlichen Träger der modernen Staatsbildung wurde, stand zunächst der *landsässige Adel* in der Gefahr, zwischen dem aufblühenden Städtewesen und dem sich konsolidierenden Landesfürstentum wirtschaftlich und sozial aufgerieben zu werden. Am energischen Durchgreifen der Fürsten und an den verschärften Landfriedensordnungen (vgl. S. 230) scheiterte sein Versuch, über das Raubrittertum eine gewisse Konservierung der feudalen Vorrangstellung zu erzwingen. Die Auseinandersetzung vollzog sich seitdem auf elegantere Art. Den Einschränkungen des Gerichtsstandes, den Beschneidungen der Rechte an Wald, Weide, Jagd und Fischfang, den wachsenden Steuer- und Zollforderungen des Landesherren, die seine juristischen Berater eindrucksvoll verpackten, konnten die meist ungebildeten Ritter wenig entgegensetzen. Die ›Subtilitäten‹ der gelehrten Beamten in den fürstlichen Kanzleien zerstörten schließlich in fast allen Territorien die Widerstandskraft des landsässigen Adels: freiwillig oder gezwungen verzichtete er auf seine Autonomie und vertauschte die ›alte Freiheit‹ mit der abhängigen, aber materiell gesicherten Stellung im landesherrlichen Dienst. Wie weitgehend die Eingliederung des Landadels in seiner Gesamtheit in den fürstlichen Territorialstaat erfolgen sollte, war damit noch nicht entschieden; dieser Frage sollte sich erst der Absolutismus energischer zuwenden (vgl. S. 185 ff.).

Im Südwesten des Reiches hatten sich Teile des ursprünglichen Ministerialadels dem Zugriff der Landesherren entziehen und eine reichsunmittelbare Stellung erlangen können. Auch dieser reichsfreie niedere Adel, die *Reichsritterschaft*, konnte den sozialen Abstieg weder durch die Selbsthilfe im Raubrittertum noch durch den Zusammenschluß zu Ritterbünden noch durch die administrative Straffung der Organisationsform der Ritterkantone vermeiden. Nur wenige Ritter waren bereit, sich durch ein Studium für den territorialen Beamtendienst zu qualifizieren oder zu einer unmittelbaren Betätigung in der Landwirtschaft überzugehen; eher schon verdingte man sich als Söldnerführer. Die meisten hielten jedoch an der althergebrachten ritterlichen Lebensweise fest und versuchten, die sich verteuernde Lebenshaltung durch Straßenraub und stärkeren Druck auf die hörigen Bauern zu finanzieren.

Bei einigen Vertretern dieses Standes, »der den Anschluß an die neue Zeit nicht gefunden hatte und vielfach auch gar nicht finden wollte« (Hartung), weckte die Reformation die Hoffnung, über die Säkularisierung von Kirchengut den Aufstieg zu fürstengleicher Stellung und damit den sozialen Anschluß an den Hochadel zu schaffen.

Diesen Weg wollte Franz von Sickingen beschreiten. Durch Raub- und Plünderungszüge großen Stils, die er auf eigene Faust oder im Dienste Dritter unternommen hatte, war er mit seiner ansehnlichen Streitmacht zu einer respektablen Größe im Oberrheingebiet geworden. Ulrich von Hutten, der auf Fürsten und Städte gleichermaßen schlecht zu sprechen war, gewann ihn für die reformatorische Lehre und brachte durch nationalromantische Ideen und seinen wilden Haß auf die ›Pfaffenherrschaft‹ größere Bestimmtheit in die Pläne Sickingens. Gestützt auf seine eigene territoriale Machtbasis und seine Stellung als Hauptmann der ›Brüderlichen Vereinigung‹, zu der sich Ritter aus dem Rheingau, dem Kraichgau, vom Hunsrück und von der Nahe, vom Wasgau und der Ortenau gegen Fürsten und Städte zusammengeschlossen hatten (Landau 1522), eröffnete Sickingen 1522 den Kampf gegen den Erzbischof von Trier. In diesem, im Stil einer Privatfehde größten Ausmaßes, geführten Krieg »mischten sich unauflöslich Hoffnungen auf eine gewaltsame Veränderung aller Verhältnisse, Enttäuschung über Karl V., Aufsässigkeit gegen das Wormser Edikt, Erwartungen der adligen Standesgenossen, Haß gegen die Pfaffen und eigenes ehrgeiziges Streben nach einer fürstengleichen Stellung« (Fuchs).

Nach achttägiger Belagerung Triers mußte sich Sickingen vor der Artillerie des streitbaren Erzbischofs zurückziehen. Die Solidarität des fürstlichen Hochadels bewies sich in dem Bündnis zwischen Trier, Pfalz und Hessen; die Burgen Sickingens wurden 1523 erobert, er selbst fiel bei der Verteidigung seiner Festung Landstuhl, Hutten floh in die Schweiz. Der Schwäbische Bund benutzte die Gelegenheit, den Räubereien der fränkischen und schwäbischen Ritter ein Ende zu bereiten. In wenigen Wochen gingen 32 Burgen und Schlösser in Flammen auf.

Die Niederlage Sickingens bestätigte, daß die Reichsritterschaft kein Faktor mehr war, der das politische Leben Deutschlands mitgestalten konnte, auch wenn sie sich noch bis 1803 behauptete und einzelne herausragende Persönlichkeiten wie der Freiherr vom Stein aus ihr hervorgingen.

England

Ganz anders verlief die Entwicklung in England. Hier ging der normannische Feudaladel in den Rosenkriegen fast völlig zugrunde. Das ermöglichte dem im Unterhaus vertretenen Kleinadel angelsächsischer Herkunft, der *gentry*, den Aufstieg. Sie war flexibel genug, sich den neuen wirtschaftlichen Erfordernissen anzupassen, profitierte nicht nur von der Säkularisierung (vgl. S. 116), sondern machte – im Gegensatz zum kontinentalen Adel – die an sich spezifisch bürgerlichen Interessen zu ihren eigenen: »Pensons à la noblesse anglaise qui se lance dans les affaires, dans l'industrie« (Mauro). Die Versippung zwischen Adel und Bürgertum, im Frankreich des Ancien Régime nur in den obersten Schichten, in Preußen bis zum 19. Jahrhundert gar nicht zu beobachten, begann in England bereits im 16. Jahrhundert.

Überhaupt trat die Trennung von Adel und Bürgertum weniger scharf in Erscheinung als auf dem Festland, weil der Adelstitel nur auf den ältesten Sohn übergeht, während die weiteren Kinder bürgerliche Namen tragen und als ›commoners‹ gelten. Andererseits erreichten viele Bürgerliche die angestrebte Nobilitierung. Als verbindendes Element wirkte auch die in den innenpolitischen Auseinandersetzungen besonders des 17. Jahrhunderts entwickelte gemeinsame antiabsolutistische Tradition; schließlich muß erwähnt werden, daß der umfangreichen Betätigung des Adels in Handel und Gewerbe ein zunehmender Anteil bürgerlicher Großgrundbesitzer entsprach.

Obwohl auch in Polen bis zur Auflösung des Staates und in Ungarn bis ins 19. und 20. Jahrhundert der Adel die dominierende Rolle in Politik und Wirtschaft spielte, stellt England – neben Holland – einen europäischen Sonderfall dar. Hier löste sich der Adel aus den feudalen Kategorien und beschritt neben der traditionell agrarischen Form wirtschaftlicher Betätigung den Weg des persönlichen und finanziellen Engagements in Handel, Gewerbe und Industrie. Anders als die französische *noblesse provinciale* und die deutsche *Reichsritterschaft* gehörte die englische *gentry* zu der sozialen Gruppe, die Mauro treffend die »vrais privilégiés« nennt.

Das Bauerntum

Vielleicht nicht das wichtigste, sicher aber das spektakulärste Ereignis der europäischen Sozialgeschichte des 16. Jahrhunderts ist der Große Bauernkrieg in Deutschland. Er gehört in den Zusammenhang einer Kette bäuerlicher Aufstände in der Übergangsperiode vom Mittelalter zur Neuzeit. Von Westeuropa (Flandern 1321, Frankreich 1356, England 1381) griff die Bewegung im 15./16. Jahrhundert auf Mitteleuropa über (Böhmen, Alpen- und Voralpenland, Oberrheingebiet, Thüringen) und erschütterte im 17./18. Jahrhundert Polen und Rußland.

In Deutschland ging dem Bauernkrieg von 1524/25 eine Reihe von Aufständen voraus (1476 Niklashausen/Franken; zwischen 1493 und 1517 mehrere Bundschuhaufstände am Oberrhein; 1513 Schweiz; 1514 Armer Konrad in Württemberg; 1515 Innerösterreich). Die Ursachen der bäuerlichen Unruhe sind außerordentlich vielschichtig. Das liegt an der fast unvorstellbaren Differenzierung bäuerlicher Lebens- und Rechtsverhältnisse. Immerhin läßt sich bei aller Fülle der Beschwerden erkennen, daß die Ursachen, Motive und Ziele der Bauernerhebungen von 1524/25 (denn mehr als eine Summe von Einzelaktionen ist der Bauernkrieg nicht gewesen) überall mindestens sehr ähnlich waren.

Die Ausgangssituation ist dadurch gekennzeichnet, daß sich der im späten Mittelalter durch die Krise des Feudaladels (vgl. S. 15 f.) und die spätere Agrarhochkonjunktur zu materieller, rechtlicher und sozialer Besserstellung aufgestiegene Bauernstand mit den Ansprüchen des erstarkenden Territorialstaats konfrontiert sah, einen einheitlich regierten, geschlossenen Untertanenverband herzustellen. Im Gegensatz zur marxistischen Forschung, die die bäuerlichen Aufstände als antifeudale Abwehrbewegungen ausschließlich aus dem sozialökonomischen Gegensatz zwischen Bauern und Feudalherren erklärt, sieht die westliche Forschung die entscheidende Ursache in dem politischen Gegensatz zwischen autonomer Dorfgemeinde und landesherrlichem Territorialstaat.

»Nicht die ökonomische Lage und die daraus entspringenden Konflikte, sondern die politische Lage und politische Konflikte haben zum Bauernkrieg geführt; der Bauernkrieg hat politische Ursachen, die wirtschaftlichen Gegensätze werden erst relevant, weil sie eine politische Funktion haben« (Nipperdey/Melcher). Danach war der Bauernkrieg eine »Verteidigung der Bauern gegen politische Bestrebungen der Fürsten und Herren. Da diese über die Wege der Wirtschaft sich durchzusetzen suchen, muß der Kampf auch auf diesem Gebiet ausgetragen werden« (Waas).

Dabei ist anzumerken, daß eine schroffe Überbetonung der einen oder anderen Position, wie sie häufiger als Ausfluß bestimmter Denkmodelle oder seltener als (polemisches) Mittel zwecks deutlicherer Abgrenzung zu beobachten ist, der historischen Realität und ihrer Verflechtung politisch-rechtlicher und ökonomisch-sozialer Faktoren kaum gerecht werden dürfte. Der Katalog bäuerlicher Klagen zeigt deutlich, auf welchen Wegen und mit welchen Mitteln die Landesherrschaft sich durchzusetzen suchte. Die Beschwerden richteten sich gegen die Beschränkung der bäuerlichen Gerichtsbarkeit zugunsten der fürstlichen, gegen die Einführung des Römischen Rechts, gegen die Einschränkung von Wald-, Weide- und Gewässernutzung und die Steigerung von Abgaben und Diensten aufgrund fast vergessener oder nicht ausgeschöpfter Rechtstitel, aus denen die juristischen Berater des Fürsten die neuen Ansprüche herleiteten. Von vergleichsweise geringerer Bedeutung, aber etwa in Südwestdeutschland nicht zu unterschätzen, war der sich verstärkende Druck, den der vom sozialen Abstieg bedrohte niedere Adel (vgl. S. 159 f.) auf seine hörigen Bauern ausübte.

Gegen die landes- und grundherrlichen Ansprüche beriefen sich die Bauern auf das ›alte Recht‹. Gegenüber den Versuchen, sie auf eine niedrigere Stufe hinabzudrücken, bestanden sie auf der Erhaltung und Wahrung ihrer Position. »Es war demnach nicht so sehr die wirtschaftliche Bedrängnis der Armen, obwohl sie nicht fehlte, sondern das Gefühl der Rechtsunsicherheit, das gerade wohlhabende und angesehene Bauern die Führung des Widerstandes übernehmen ließ« (Fuchs).

In dieser Verteidigung des genossenschaftlichen Volksrechts und der dörflichen Autonomie gegen obrigkeitliches Herrschaftsrecht und zentralisierende Landesordnung »repräsentieren die Bauern in gewisser Weise eine vergehende historische Epoche, die sie gegenüber den zukunftsmächtigen Gewalten der Neuzeit erhalten oder eigentlich wiederherstellen wollen. Insofern hat der Bauernkrieg eine konservative Tendenz« (Nipperdey/Melcher).

Zwischen der politisch-sozialen Bewegung des Bauernkrieges und der geistig-religiösen der Reformation bestehen enge Beziehungen. Auch wer der marxistischen Theorie, die den Gegensatz beider Bewegungen in den Zusammenhang der ›frühbürgerlichen Revolution‹ auflöst, nicht folgen kann (etwa weil er in der radikalen Reduktion der Theologie auf politisch-soziale Faktoren eine wirklichkeitsfremde Abstraktion sieht), muß zugeben, daß reformatorische Einflüsse direkt und indirekt Ausbruch und Verlauf des Bauernkrieges mitbestimmt haben.

Luthers Angriff auf die höchste Autorität, die Kirche, seine Lehre vom allgemeinen Priestertum, überhaupt sein mutiges Auftreten fanden großen Widerhall bei den Bauern (Lütge: »Sie feiern ihn . . ., weil er sich empört«) und förderten die Auflösung anderer traditioneller Autoritätsstrukturen. Seine Schrift ›Von der Freiheit eines Christenmenschen‹ zündete »ganz besonders bei den unfreien Bauern und wurde von ihnen sehr handfest auf die eigene soziale Lage bezogen« (Hartung). Da andererseits nirgendwo anders Anzeichen einer Reform des bäuerlichen Wesens zu entdecken waren, knüpften sich alle Hoffnungen an die reformatorische Bewegung, vereinigten sich die verschiedenen Zielvorstellungen unter dem Schlagwort der ›göttlichen Gerechtigkeit‹. Freie Pfarrerwahl und ungehinderte Predigt des Evangeliums gehörten von nun an zum festen Bestandteil der bäuerlichen Forderungen. Daß Luther von den Bauern gründlich mißverstanden ist, steht außer Frage. Das rechtfertigt allerdings nicht die Brutalität, mit der er später (›Wider die räuberischen und mörderischen Rotten der Bauern‹, Mai 1525) die Obrigkeit zum schonungslosen Eingreifen aufforderte.

Diese Schrift fiel bereits in die Schlußphase der Auseinandersetzung.

Erste Unruhen waren im Sommer 1524 ausgebrochen. Sie weiteten sich aus und wuchsen schließlich zum Großen Bauernkrieg zusammen – bei völliger Trennung der Kriegsschauplätze (Schwarzwald, Elsaß, Allgäu, Franken, Thüringen) und der dort operierenden ›Haufen‹. Erfolge, einige vertragliche Abmachungen auf der Basis der populären und maßvollen ›Zwölf Artikel‹ von Sebastian Lotzer, erreichten die Bauern bis zum Frühjahr 1525. Die Landesherren ließen sich darauf ein, um Zeit für Gegenaktionen zu gewinnen. Ihr fester Wille, die Bauern zu unterwerfen und in den Territorialstaat hineinzuzwingen, blieb davon unberührt. Er entschied schließlich den Ausgang des Kampfes. In Süddeutschland wurden die einzelnen Haufen von dem Heer des Schwäbischen Bundes im Mai und Juni 1525 vernichtend geschlagen. In Thüringen und Sachsen endete der Aufstand bereits im Mai in einem blutigen Strafgericht. Hier hatte die Bewegung unter Führung von Thomas Müntzer eine besondere Entwicklung genommen.

Müntzer, wohl die interessanteste und umstrittenste Figur im Bauernkrieg, war in zentralen Fragen von der lutherischen Theologie abgerückt. Der Rechtfertigung durch den Glauben stellte er die Lehre vom Kreuz entgegen, das der Mensch tragen müsse, bis er selbst Christus ähnlich werde und den Geist Gottes aufzunehmen vermag. Zweitens attackierte er das lutherische Schriftprinzip: Gott teile sich vielmehr dem Menschen direkt mit, der in unmittelbarer Offenbarung das ›innerliche Wort‹ des Geistes, das ›innere Licht‹, erfahre, wenn Gott – wie Müntzer es ausdrückte – mit unsichtbarem Finger in die Herzen der Auserwählten schreibe. Dieser Geistglauben umschloß die Erweckten und schied sie deutlich von den Gottlosen. Das Postulat, daß diese Auserwählten die Pflicht haben, als Träger des göttlichen Willens das Gottesreich auf Erden zu verwirklichen, machte Müntzer zum »Theologen der Revolution« (Bloch). Als der Versuch gescheitert war, die landesherrliche Obrigkeit für seine Reformationsidee (die die Vernichtung aller Gottlosen einschloß) zu gewinnen (Fürstenpredigt 1524), beschritt Müntzer den Weg der Revolution. Dabei verband er mit seinen theologischen Leitsätzen zunehmend sozialrevolutionäre und radikaldemokratische Forderungen im Sinne einer klassenlosen Gesellschaft.

Aus Mitteldeutschland vertrieben, kehrte Müntzer nach fünf Monaten aus Süddeutschland nach Mühlhausen/Thüringen zurück, um den Aufstand gegen die »unverschämte Obrigkeit« vorzubereiten. »Ohne Müntzer, darf man ohne Übertreibung sagen, hätte es einen Bauernkrieg in Mitteldeutschland nicht gegeben« (Baumgart). Trotz erster Erfolge stieß seine Radikalität bei Mitarbeitern, Hauptleuten, selbst bei einem Teil der Bauern auf Widerstand. Dem gemeinsamen Vorgehen des (lutherischen) Philipp von Hessen und des (katholischen) Georg von Sachsen konnte Müntzer nur eine relativ bescheidene

Streitmacht entgegenstellen. Bei Frankenhausen wurde sie vernichtend geschlagen (Mai 1525); Müntzer, in Gefangenschaft geraten, wurde hingerichtet.

Der Bauernkrieg, für dessen Gesamtbild weder Müntzer noch der thüringische Aufstand typisch sind, gehört zu den fundamentalen Ereignissen der deutschen Sozialgeschichte. Sein bleibendes Ergebnis für die Bauern »war weniger eine Verbesserung oder Verschlechterung ihrer Lage gegen früher als das dumpfe Gefühl der Aussichtslosigkeit und damit die Ausschaltung eines großen, wichtigen Volksteils aus der politischen und gesellschaftlichen Aktivität« (Treue).

Die Landesfürsten waren – wie schon im Kampf gegen die Ritter – Sieger geblieben. Die Bauern mußten sich die Eingliederung in den Untertanenverband gefallen lassen. Von der reformatorischen Lehre enttäuscht, kehrten sie oft zum Katholizismus zurück oder wandten sich den Sektenbewegungen zu.

Die soziale Einschätzung des Bauernstandes wurde vom Ausgang des Bauernkrieges erheblich beeinflußt. Auch seine psychologischen Rückwirkungen auf die vom Krieg gar nicht berührten Gebiete (etwa zwei Drittel Deutschlands) dürfen nicht unterschätzt werden. Zur politischen Bedeutungslosigkeit und rechtlichen Unsicherheit trat die gesellschaftliche Diskriminierung. Für Jahrhunderte wurde der Bauer zum gemeinen armen Mann, »mit dem man allenfalls Mitleid hat, der aber von der unmittelbaren Berührung mit dem allgemeinen Leben ausgeschlossen ist« (Hartung). Vor diesem Hintergrund ist auch die auf Kosten des Bauernstandes gehende Refeudalisierung der agrarischen Verhältnisse zu sehen. Während in Südwestdeutschland zwar Lebenshaltung und gesellschaftliche Stellung der Bauern sanken, bedurfte es keiner radikalen Änderung der Rechtssituation, um sie den Ansprüchen der Grundherren zu unterwerfen. Die ›versteinerte Grundherrschaft‹, wie sie bis ins 18. Jahrhundert bestehen blieb, bot Ansatzpunkte genug. Dagegen kam es im ostelbischen Gebiet zu einer Verschlechterung des bäuerlichen Rechtsstatus, als die Grundherren daran gingen, auf der Grundlage der Schollenbindung die Dienstverpflichtungen ihrer ›gelegten‹ Bauern zu steigern. Die ›ungemessenen‹ Frondienste wurden drastisch erhöht. In Mecklenburg betrug die Arbeitsverpflichtung des Bauern für den Gutsherrn

um 1500: dreieinhalb Tage pro Jahr,	1550: ein Tag pro Woche,
1517: ein Tag in drei Wochen,	1600: drei Tage pro Woche.

Ein weiterer Schritt auf dem Wege zur extremen Ausbildung der Gutswirtschaft war der *Gesindezwangsdienst* für die Bauernkinder. Auch die traditionellen *Hand- und Spanndienste* wurden verschärft. Die so gut wie vollkommene Entrechtung der bäuerlichen Bevölkerung brachte schließlich die *Erbuntertänigkeit* (Ausnahme: Sachsen-

Thüringen). Der Bauer wurde erblicher Untertan des Gutsherrn, der für ihn als Polizei- und Gerichtsherr die Obrigkeit schlechthin darstellte und obendrein Arbeitgeber war. Auf diese Weise schob sich der Gutsherr zwischen Bauern und Landesfürst; es entstand die neue Gesellschaftsklasse der Junker: selbstwirtschaftende Rittergutsbesitzer, die mit ihren untertänigen Bauern in ständigem persönlichem Kontakt lebten und von diesen bis ins 19. Jahrhundert als ›Herr‹ im weitesten Sinne des Wortes angesehen wurden (vgl. S. 190). Es ist zwar unbestritten, daß die Erbuntertänigkeit mit der Leibeigenschaft, wie sie sich damals in Rußland als eine neue Form der Sklaverei ausbildete, an sich nichts zu tun hatte, doch »ausnahmsweise kam es vor, daß Erbuntertanen wie Leibeigene ohne ihren Landbesitz zum Verkauf gestellt wurden, eigentlich nur in den polnischen Gebieten Schlesiens oder in Hinterpommern, gelegentlich auch einmal in Ostpreußen« (Haussherr). Der Schritt von der Erbuntertänigkeit zur Sklaverei war in der Tat klein.

Abgesehen von der Entrechtung des Bauernstandes östlich der Elbe (wobei sich von Mittel- und Ostdeutschland über Polen zu Rußland eine Verschärfung feststellen läßt) gab es, was seine Belastungen angeht, keine grundsätzlichen Unterschiede. Überall war der Bauer das ›Lasttier der menschlichen Gesellschaft‹, ein quasi rechtloses Subjekt, vom Grundherrn ausgebeutet, den staatlichen Steuerforderungen und jeder Willkür ausgeliefert. Nur England bildete in mancher Hinsicht eine Ausnahme.

Auch das allmähliche Vordringen der merkantilistischen Wirtschaftslehre (vgl. S. 192 ff.) brachte für das Bauerntum keine Aufwertung seiner sozialen und ökonomischen Position. Eher war das Gegenteil der Fall, weil durch künstlich niedrig gehaltene Lebensmittelpreise ein geringerer Lohnaufwand — und damit die Konkurrenzfähigkeit auf den Exportmärkten — erreicht werden sollte. Die Möglichkeit, aus der steigenden Nachfrage (vgl. S. 290 f.) materiellen Nutzen zu ziehen, war den Bauern daher weitgehend verschlossen. Es ist kein Zufall, daß bei den Physiokraten, den Wegbereitern des wirtschaftlichen Liberalismus in der zweiten Hälfte des 18. Jahrhunderts, das Pendel nach der anderen Seite ausschlug. Sie wiesen der Landwirtschaft die erste Stelle innerhalb der Volkswirtschaft zu und betrachteten den Bauernstand im Gegensatz zu allen anderen Trägern des Wirtschaftslebens nicht als »classe stérile«. Von einer Realisierung dieser Aufbesserung des Stellenwertes des Bauernstandes blieb freilich das 18. Jahrhundert noch weit entfernt.

Überblickt man die Gesamtheit der Sozialstruktur vom 16. zum 18. Jahrhundert, ergibt sich etwa folgendes Bild: Dem Aufschwung der Wirtschaft im 16. Jahrhundert entsprach eine Auflockerung der Ständegesellschaft. Sie nahm die besten Vertreter der aufstrebenden bürgerlichen Schicht in den maßgebenden Stand, den Adel, auf. Die Umkehr der Wirtschaftskonjunktur im 17. Jahrhundert stabilisierte diese Neuerung und führte zu einer Verfestigung der aristokratischen Strukturen. Unterhalb dieser adlig-bürgerlichen Ebene blieb die traditionelle Schichtung im wesentlichen erhalten, wobei die erneute Aristokratisierung mit einer Refeudalisierung Hand in Hand ging.

Nur unterschwellig zeichnete sich zu dieser Zeit bereits eine ganz neue Kategorie sozialer Schichtung ab: »Soziale Klassen bilden sich, wenn in einer Marktwirtschaft ... der Rang des einzelnen in der sozialen Stufenleiter durch die Rolle bestimmt wird, die er im Produktionsprozeß spielt und durch das Geld, das er verdient« (Mousnier). Der Übergang von der Stände- zur Klassengesellschaft setzt aber voraus, daß innerhalb einer durch gleiche Erwerbsquellen, gleiche Größenordnung der Einkünfte und gleiche Lebensweise definierten sozialen Gruppe ein Minimum von gemeinsamen Gruppenbewußtsein vorhanden ist. Obwohl die Tendenz dazu seit der Einführung der Geldwirtschaft unverkennbar ist, konnte sie die ständische Gesellschaftsordnung Kontinentaleuropas nicht ernsthaft erschüttern. Sie blieb bis ins 18. Jahrhundert im wesentlichen intakt.

Der europäische Absolutismus

Die Kennzeichnung der europäischen Geschichte zwischen den Friedensschlüssen von 1648/59 und den Revolutionen der zweiten Hälfte des 18. Jahrhunderts als ›Zeitalter des Absolutismus‹ ist eine Verlegenheitslösung, weil alle Versuche, den Absolutismus in das starre Schema einer einheitlichen Periodisierung zu zwängen, als gescheitert angesehen werden können. In einer typologisch orientierten Analyse, wie sie Roland Mousnier versucht hat, stellt sich die Herausbildung der absoluten Monarchie als ein jahrhundertelanger Prozeß dar, der in den westeuropäischen Staaten des späten Mittelalters zuerst sichtbar wurde und allmählich in einer weitgespannten Phasenverschiebung auf die anderen Länder übergriff.

Es ist bereits gezeigt worden, wie sich die moderne Staatsidee in ständiger Auseinandersetzung mit den retardierenden Kräften des Feudalismus durchzusetzen begann (vgl. S. 21 ff.). In Spanien, England und Frankreich war um 1500 die Domestizierung der oppositionellen Gewalten in gewissem Grade erreicht; Regierungsform und Herrschaftsstil zeigten erste frühabsolutistische Züge. Das zähe Festhalten der privilegierten Schichten an ihren überkommenen politischen Rechten stellte jedoch die mühsam durchgesetzten Ansprüche der Zentralgewalt oft genug wieder in Frage.

Dabei war der Adel nicht immer das tragende Element. Gegen den in Burgund aufgewachsenen, der spanischen Sprache noch nicht mächtigen Karl I. opponierten nicht nur die *cortes*; gefährlicher war die von zahlreichen Städten (Toledo, Madrid, Burgos u. a.) ausgehende Revolte der *communeros* (1520/22). Ihre Forderungen zielten auf ständisches Mitspracherecht bei politischen Entscheidungen und Erhaltung der bedrohten Selbstverwaltung im bürgerlich-kommunalen Bereich. Diese Rebellion blieb im Grunde ein ›nationaler‹ Aufstand gegen den landfremden König und seine burgundischen Berater. Dagegen führten die *germanías* (= Bruderschaften) in Valencia und Mallorca einen echt sozial-revolutionären Kampf von ausgeprägt anti-aristokratischem Charakter. Der Adel, bei der Unterdrückung der proletarischen Bewegung vom Königtum unterstützt, zog dennoch auf die Dauer den kürzeren: Nach der Niederschlagung der bürgerlichen Opposition auf sich allein gestellt, konnte er der geschickten Politik Karls, der sich bald auf die Mentalität der spanischen

Granden einzustellen verstand, wenig entgegensetzen. Die *cortes* wurden gezähmt und alle Selbstverwaltungstendenzen erstickt. Auf dem von Ferdinand vorgezeichneten Weg schritt Karl konsequent voran; sein Sohn Philipp II., weniger durch universale Ziele und gesamteuropäische Verpflichtungen belastet, wurde zum wichtigsten Repräsentanten des frühen Absolutismus.

Anders als in Spanien, wo die Schwäche des Königtums rasch überwunden wurde, führten die Bürgerkriege in Frankreich seit 1562 zu einer permanenten Staatskrise, in der die monarchische Gewalt zwischen den rivalisierenden feudalistischen Gruppen unterschiedlicher konfessioneller Bindung zerrieben zu werden drohte (vgl. S. 131 ff.). Angesichts des schweren Autoritätsverfalls der Krone und der allgemeinen staatlichen Zerrüttung, gleichzeitig als Antwort auf calvinistische Publizistik (vgl. S. 211 ff.), setzte hier die Reflexion über die theoretischen Grundlagen des Absolutismus ein.

Die Theoretiker der absoluten Monarchie

Vier Jahre nach der Bartholomäusnacht veröffentlichte Jean Bodin (1530–96), enzyklopädisch gebildeter Jurist von hohem Ansehen und als Sekretär des Herzogs von Alençon den *politiques* nahestehend, seine ›Six livres de la République‹ (1576). Als erster Staatsdenker entwickelte Bodin darin den Begriff der Souveränität *(maiestas)* als der »puissance absolue et perpétuelle d'une république«. (Von der berühmten Formel der lateinischen Ausgabe »Maiestas est summa in cives ac subditos legibusque soluta potestas« ist die Bezeichnung Absolutismus hergeleitet.) Als Merkmal der Souveränität nennt Bodin erstens die lebenszeitliche Ausübung; auf Zeit gewählte oder berufene Personen oder Körperschaften besitzen keine Souveränität, sie sind nur Treuhänder oder Amtsträger. Die Souveränität ist zweitens absolut und unteilbar. Der Souverän besitzt das Monopol, Gesetze zu geben und aufzuheben, wobei alle Legislativakte nur von seinem freien Willen diktiert werden (vgl. S. 30: »Car tel est notre plaisir«).

Dabei erkennt Bodin – und hier liegt ein wesentlicher Unterschied zu Machiavelli – bestimmte, auch dem Souverän gesetzte Grenzen an:

»Tous les princes de la terre sont subjects aux lois de Dieu, et de nature, et à plusieurs lois humaines communes à tous peuples ... La puissance absolue des princes ... ne s'étend aucunement aux lois de Dieu et de nature.«

Dementsprechend fordert er, »que la loi du prince soit faite au modèle de la loi de Dieu« und postuliert damit die Bindung des positiven Rechts *(lex)* an die unverbrüchlich geltenden Normen des *ius divinum.* Sie betreffen beispielsweise die verfassungsrechtlichen

›lois fondamentales‹ Frankreichs (z. B. die Thronfolgeordnung), aber auch den Schutz der Familie und des Privateigentums (Ausnahme: königliche Steuereinziehung) und die Respektierung zweiseitiger Abmachungen mit Vertragscharakter. »Treue ist das einzige Fundament der Gerechtigkeit. Nicht nur die Staaten, sondern die ganze menschliche Gesellschaft wird durch sie zusammengehalten.« Obwohl die Souveränität prinzipiell bei einer Mehrheit (Demokratie), bei einer Minderheit (Aristokratie) oder bei einem Einzelnen (Monarchie) liegen könne, weist sie Bodin qua definitione und aufgrund historischer Erfahrungen dem Fürsten zu. Nur in ihm findet die absolute Souveränität eine kräftige und würdige Stütze:

»In einem Staat kann immer nur ein einzelner die Souveränität innehaben. Sind es zwei oder mehrere, ist keiner von ihnen souverän ... Überall sind die Klugen und Fähigen in der Minderzahl, so daß meistens die vernünftigste und beste Partei gezwungen wird, sich der Mehrheit zu fügen nach dem Gelüst eines unverschämten Tribuns oder frechen Wortführers. Aber ein souveräner Monarch kann sich auf die Seite der vernünftigsten und kleinsten Partei stellen und sich kluge, in öffentlichen Angelegenheiten erfahrene Männer auswählen, während es die Notwendigkeit in einem Volksstaat oder in einer Aristokratie dahin bringt, daß Kluge und Narren gemeinsam zu Rate sitzen.«

Dabei ist es Bodin keineswegs gleichgültig, wie die von ihm empfohlene Monarchie aussieht. Mit aller Schärfe distanziert er sich schon im Vorwort von Machiavelli und den »ruses tyranniques qu'il a recherchées par tous les coins d'Italie et comme une douce poison coulée en son livre«, wandte sich gegen die »impiété et injustice« des Florentiners und stellte dem realpolitischen Kalkül die Betonung von Recht und Legitimität gegenüber. Sein Postulat der Herrschaftsausübung im Sinne eines *droit gouvernement* glaubt Bodin nur in der *monarchie royale* realisierbar: Harmonisch, unter sorgsamer Abwägung der Interessen und gerechter Verteilung der Lasten und Aufgaben nach Vermögen und Fähigkeiten der Untertanen werde das Land von einem König regiert, den die strenge Bindung an naturrechtliche Prinzipien davor bewahre, seine absolute Souveränität zur Aufrichtung einer tyrannischen Willkürherrschaft zu mißbrauchen.

Hier liegt das eigentliche Verdienst Bodins: er führte die staatstheoretische Diskussion über die Ebene der Analyse mechanistischen Machtkampfes hinaus und versuchte, das Wesen des modernen Staates vom Boden der Rechtsidee aus zu erfassen. Dabei gilt allerdings eine Einschränkung: »Der Machtstaat war seit Machiavelli bewußt erfaßte Idee und geschichtliche Realität zugleich, der Rechtsstaat wurde durch Bodin nur erst zur bewußt erfaßten Idee« (Meinecke) – denn manche seiner Formulierungen waren dehnbar, zweideutig oder von gefährlicher Undifferenziertheit, so daß das noble Rechtsgebäude Bodins manche Hintertüren offenließ, durch die von den absolutistischen Staatsmännern der Machiavellismus wieder eingelassen wurde.

Thomas Hobbes (1588–1679) ist der zweite große Theoretiker im Dienst des Absolutismus. Wie Bodin entwickelte er seine Staatslehre in einer Zeit der monarchischen Autoritätskrise. Die allgemeine Unruhe und Unsicherheit (Bürgerkrieg in England, Fronde in Frankreich) haben die Auffassung des friedfertigen Gelehrten, der schon vor Ausbruch der englischen Revolution ihre potentielle Gefahr für den Frieden erkannt hatte, entscheidend geprägt. Die Zusammenfassung seiner politischen Theorie, deren Kerngedanken schon im ›De cive‹ (1642) niedergelegt sind, enthält das berühmte Buch vom ›Leviathan‹ (1651). Stark beeinflußt von den Fortschritten der Naturwissenschaften seines Jahrhunderts, hat Hobbes, der einer spät entdeckten Liebe zur Geometrie zeitlebens treu blieb, seiner Staatsphilosophie ein rationalistisches und materialistisches Denkschema zugrundegelegt, aus dem er – im Stil der Zeit *more geometrico* – seine Lehre vom Menschen und vom Staat entwickelte.

Der anthropologische Ausgangspunkt ist – ähnlich wie bei Machiavelli – eine tief pessimistische Auffassung der menschlichen Natur. Im vorstaatlichen Zustand dominieren daher die durch kein Gesetz gezügelten menschlichen Leidenschaften; Ehrgeiz, Neid, Egoismus, Ruhmsucht und Habgier führen über eine permanente »confusio omnium rerum« mit dauernder persönlicher Gefährdung (»homo homini lupus«) zum »bellum omnium contra omnes«. Todesfurcht und Selbsterhaltungstrieb diktieren die Einsicht in die Notwendigkeit der Überwindung dieses anarchischen *status naturalis*. Die Unfähigkeit der Menschen, aus eigener Kraft auf ihre bisher uneingeschränkten Rechte und Freiheiten zugunsten einer friedenbringenden Lösung (»Do not that to another which thou wouldest not have done to thy selfe«) zu verzichten, zwingt sie, sich freiwillig einem Souverän zu unterwerfen, der im Rahmen einer rationalen Zwangsordnung Sicherheit und Frieden mit allen Mitteln aufrechtzuerhalten hat.

Für diesen Übergang zum *status civilis* greift Hobbes auf die schon im Mittelalter entwickelte Vertragslehre zurück, nach der sich die Menschen zunächst im *pactum societatis* oder *unionis* (Gesellschaftsvertrag) als Gesellschaft konstituierten und dann im *pactum subiectionis* (Herrschafts- oder Unterwerfungsvertrag) einem Souverän die Macht übertrugen. Hobbes läßt beide Verträge in einen zusammenfallen: Die Menschen vereinbaren *untereinander*, zugunsten des Herrn auf alle Rechte und Freiheiten, die den Frieden beeinträchtigen könnten, zu verzichten. Damit entsteht nur eine gegenseitige Bindung der Untertanen; der künftige Inhaber der Staatsgewalt ist von allen vertragsmäßigen Bedingungen und Verpflichtungen frei. Seiner Ausstattung mit unbeschränkter Machtfülle, die zur Bändigung der menschlichen Leidenschaften unentbehrlich ist, steht nichts im Wege:

»This is the generation of that great Leviathan, or ... of that mortal God, to which we owe ... our peace and defence. For by this authority given him by every particular man in the Common-Wealth (= civitas, Staat), he has the use of so much power and strength conferred on him, that by terror thereof, he is enabled to form the wills of them all, to peace at home, and mutual aid against their enemies abroad.«

Die Delegation der Macht an den Herrscher ist absolut, endgültig und unwiderruflich; jede Einschränkung würde den Rückfall in den chaotischen *status naturalis* bedeuten. Dementsprechend liegen Legislative, Exekutive und Jurisdiktion allein beim Herrscher, dem die Untertanen zu bedingungslosem Gehorsam verpflichtet sind – freilich unter dem besonderen Aspekt, daß sie zwar alles, was der Staat befiehlt, ausführen (»bound to obey it«), nicht aber, daß sie es auch glauben müssen (»not bound to believe it«). Diese Gewissensfreiheit findet ihre Grenze in den grundsätzlichen Fragen der Staatsgewalt selbst. Lehrmeinungen, die zu ihrer Aushöhlung und Zersetzung führen, etwa die Vorstellung, daß »every private man is judge of good and evil actions«, müssen ausgerottet werden. Richtschnur allen Handelns ist das Gesetz, niemals das durch Gewissenserforschung erhaltene eigene Urteil.

Das Verhältnis von Staat und Kirche, häufige Quelle von Konflikten, will Hobbes durch die Identifizierung beider entschärfen. Mit der Abtretung aller individuellen Rechte im Unterwerfungsvertrag fließen geistiges und weltliches Regiment zusammen; sie finden ihren einzigen Willensträger im Souverän, der im Interesse des Friedens und der Staatserhaltung die Synchronisation religiöser und bürgerlicher Ordnung vornimmt (»Es kann keinen Widerspruch zwischen den Gesetzen Gottes und denen eines christlichen Staates geben«). Das bedeutet nicht Toleranz, sondern Konformismus; von seinen Untertanen verlangt er »nicht Glauben, sondern Gehorsam; das innerste Gewissen kümmert ihn wenig« (Chevallier).

Der eigentliche Zweck dieses Machtstaates besteht darin, den Untertanen die Sicherheit zu geben, so glücklich – oder doch so wenig unglücklich wie möglich – leben zu können, wie es ihren Interessen entspricht. Aus Gründen rationaler Zweckmäßigkeit wird der Souverän seine Macht nicht zu ihrer Knechtung und Mißhandlung einsetzen, sondern die *salus populi* durch eine vernünftige Regierungspraxis fördern. Das geschieht, indem durch eine Beschränkung der Legislativakte auf wirklich wichtige Regelungen der Aktionsradius der Untertanen nicht unnötig beschnitten wird, ebenso durch Gleichheit vor dem Gesetz und in der Besteuerung, durch Sorge für Erziehung und Unterricht, Arbeitsbeschaffung, Armenfürsorge und den Schutz des Privateigentums. »Es ist durch und durch aufgeklärter Despotismus, der hier waltet« (Meinecke).

Zentrale Funktion bleibt aber der Schutz. Ist der Regent nicht mehr in der Lage, die Sicherheit der Untertanen zu garantieren, sind sie aus ihren Verpflichtungen entlassen. Hier – und nur hier – konzediert Hobbes ein Widerstandsrecht, da im Falle staatlichen Versagens das natürliche Recht auf Selbstverteidigung an die Individuen zurückfällt.

Zur symbolischen Verdeutlichung der Staatsomnipotenz, für deren Verwirklichung er wie Bodin die monarchische Regierungsform *(monarchia absolutissima)* empfiehlt, hat Hobbes den Leviathan gewählt, ein furchterregendes Ungeheuer, von dem im Alten Testament die Rede ist (Hiob 41), »where God having set forth the great power of Leviathan ... There is nothing on earth to be compared with him«.

Mit seinem Hauptwerk setzte sich Hobbes zwischen alle Stühle, er wurde »the *bête noire* of his age« (Mintz). Die Absolutisten waren über seine rationalistische Legitimierung königlicher Macht empört (er verließ Frankreich nach elfjährigem Exil 1651); die anglikanischen Bischöfe warfen ihm vor, er wolle sie der Botmäßigkeit weltlicher Gewalt unterwerfen; für Katholiken und protestantische Dissidenten wurde er zu einer Schreckgestalt; auf Sympathien aus dem antiabsolutistischen Lager war ohnehin nicht zu rechnen. Hobbes übernahm die Rolle des Sündenbocks, die seit einem Jahrhundert Machiavelli gespielt hatte, und es erging ihm wie dem Florentiner: »Die Mächtigen, die Klugen, verdammten ihn zwar lautstark in der Öffentlichkeit, doch in der Stille ihrer Arbeitszimmer lasen sie ihn mit Ausdauer, denn hier fanden sie die vernunftgemäße Rechtfertigung der absoluten Gewalt« (Chevallier).

Bossuet (1627–1704) bildete dabei keine Ausnahme. Seine oratorische Begabung, die in den ›oraisons funèbres‹ brillante Höhepunkte erreichte, verschaffte dem Hofprediger Ludwigs XIV. und gallikanischen Prälaten (1681 Bischof von Meaux) hohes Ansehen. Von 1670 bis 1679 war er Erzieher des Dauphin und verfaßte – ad usum delphini – mehrere Schriften, darunter den ›Discours sur l'histoire universelle‹ (1681) und die ›Politique tirée des propres paroles de l' Ecriture Sainte‹ (1709 veröffentlicht), in denen er seine staatstheoretischen Vorstellungen entwickelte. Viele für seine Apologie der absoluten Monarchie brauchbare Argumente hat Bossuet von Hobbes übernommen, auch Bodin ist er verpflichtet, doch geht er mit seiner Lehre, die geschichtliche Realität als Ergebnis göttlicher Vorsehung zu sehen und dem Träger der Herrschaftsgewalt eine transzendental verankerte Legitimität zuzuerkennen, über beide hinaus. Er hebt das Amt der Fürsten über den Rahmen des rational konstruierten Staates hinaus: Sie handeln, »durch ihr Amt geheiligt, als Repräsentanten der göttlichen Majestät, die sie zur Durchführung ihres Willens eingesetzt hat«. Aus dem sakralen Charakter des Königtums, das nur Gott verantwortlich ist, folgt eine verschärfte, weil nun auch religiös begründete Gehorsamspflicht. Übergriffen der Fürsten dürfe man nicht Meuterei oder Murren entgegensetzen, sondern nur Gebete um ihren Gesinnungswandel oder allenfalls respektvolle Ermahnungen.

Die Überhöhung der Stellung des Monarchen, die bewußte Erneuerung des religiösen Gehalts der alten Formel *rex dei gratia* wird im folgenden Zitat aus der ›Politique‹ besonders deutlich:

»Betrachtet den Fürsten in seinem Kabinett. Hier nehmen alle Befehle ihren Ausgang, die sämtliche Beamten und Heerführer, Bürger und Soldaten, Provinzen und Armeen zu Lande und zu Wasser zum Zusammenspiel bringen. Es handelt sich um das Abbild der Herrschaft Gottes... Seht das ungeheure Volk vereinigt unter einem einzigen Menschen, seht dessen geheiligte, väterliche und absolute Gewalt; betrachtet die geheime Vernunft, die den ganzen Staat regiert und in einem einzigen Gehirn konzentriert ist: Und Ihr habt Gottes Bild in seinen Königen, habt eine Vorstellung von der königlichen Autorität.«

Erscheinungsformen und Strukturelemente des Absolutismus

Das Bild des Absolutismus als einer spezifisch kontinental-europäischen Erscheinung ist in den letzten Jahrzehnten grundlegend revidiert worden. Hatte man lange Zeit vorwiegend die diplomatischen, administrativen und militärischen Aspekte der absoluten Monarchie unter Einbeziehung ideengeschichtlicher Untersuchungen über Souveränität und Staatsräson betrachtet, so sind in jüngster Zeit auch ihre wirtschaftlich-sozialen Elemente und die in ihrer Bedeutung bislang weit unterschätzten retardierenden Kräfte feudalistisch-ständischer Traditionen stärker ins Blickfeld getreten. Diese Forschungsergebnisse zeigen, daß von einer konsequent und schlüssig vorangetriebenen Perfektionierung des absoluten Staates nicht die Rede sein kann; es ist für Europa geradezu charakteristisch, daß der Absolutismus überall unfertig blieb.

»In keinem abendländischen Staate bedeutete das Fürstenrecht schlechterdings alles; niemals ist das Gegenprinzip des Volksrechtes und Landesrechtes untergegangen, mochte es auch zeitweilig in einzelnen Staaten fast völlig unsichtbar und unwirksam werden« (Näf).

Diese bis zur Französischen Revolution im wesentlichen nicht zerstörte dualistische Grundform des modernen Staates hat Werner Näf anschaulich mit einer Ellipse verglichen, in der Krone und Fürst, Land und Stände die beiden Brennpunkte bildeten: »Absolutismus bedeutet nur eine andere Gewichtsverteilung innerhalb dieser Ellipse, das wirkensmäßige Übergewicht des einen Pols, den Anspruch, daß er alleiniger Mittelpunkt eines Kreises werde.«
Als Gegengewicht wirkten die ständischen Repräsentationsorgane: die

états généraux und *états provinciaux* (Frankreich), das *parliament* (England), die *cortes* (iberische Halbinsel), das *parlamento* (Sizilien), die *Staten generaal* (Niederlande), der *Sejm* (Polen), der *Riksdag* (Skandinavische Staaten), der *Reichstag* (Deutsches Reich) und die *Landtage* (deutsche Territorien).

Immer und überall hat der Absolutismus in der Spannung dieser Auseinandersetzung gestanden und ist mehr oder weniger unerfüllter Anspruch der Theorie geblieben. In der Verfassungsrealität sind die ständischen Positionen selten von ihm gestürmt und zerstört worden; meist hat er sie umgangen, blockiert, gelähmt, aber bestehen lassen. Das dauernde Ringen des monarchischen Prinzips mit den ständischen Traditionen begründet die sachliche Berechtigung eines sprachlichen Paradoxons: der Absolutismus war immer relativ, praktisch definierbar nur durch sein Verhältnis zu den nichtabsolutistischen Größen.

Die folgende Darstellung konzentriert sich auf wenige Staaten. Von diesen kommt *Frankreich* und *Brandenburg-Preußen* eine gewisse Modellbedeutung zu, einmal wegen der hier erreichten weitgehenden Ausformung der absoluten Monarchie, zweitens wegen der von diesen Ländern ausgehenden Wirkung auf andere. Beides trifft für *Rußland* nicht zu. Die Selbstherrschaft des Zaren ist geschichtlich eigenständig, sie kann nicht als monarchischer Absolutismus in europäischem Sinne bezeichnet werden. Da aber eine nicht geringe Annäherung an Westeuropa zu beobachten ist, scheint die Einbeziehung Rußlands trotz mancher Vorbehalte gerechtfertigt. Einen Sonderfall stellt *England* dar. Hier fehlt an sich ein entscheidendes Merkmal des Absolutismus, nämlich die Unabhängigkeit der Krongewalt von der Mitwirkung oder Zustimmung einer Landesvertretung oder anderer autonomer Körperschaften. Dennoch wird das englische Beispiel teilweise mitberücksichtigt, weil bis zur Revolution und — in abgeschwächter Form — auch noch während der Restaurationszeit die kontinentalen Verhältnisse die politische Situation Englands stark im Sinne einer absolutistischen Herrschaftspraxis beeinflußt haben.

Es muß freilich daran erinnert werden, daß die exemplarische Methode nicht beanspruchen kann, das Phänomen der absoluten Monarchie vollständig zu erfassen; nicht nur, weil sich die Einmaligkeit historischer Abläufe in ihrer Raum- und Zeitgebundenheit jeder Generalisierung grundsätzlich entzieht, sondern vor allem, weil die absolutistische Staatsform zwar den Kontinent mit wenigen Ausnahmen (vgl. S. 211 ff.) beherrschte, aber — entsprechend den jeweils vorgegebenen politischen und sozialen Voraussetzungen — im einzelnen eine starke Differenzierung erfuhr. Es kann also nur versucht werden, in einer vergleichenden Analyse die wesentlichen Strukturelemente und Erscheinungsformen des Absolutismus zu umreißen, wie sie mehr oder weniger modifiziert überall dort vorhanden waren, wo sich die absolute Monarchie ausbildete.

Die Ausgangslage

Der Aufstieg der absoluten Monarchie vollzog sich in engem Zusammenhang mit der Ausbildung des modernen Staates, seiner territorialen Arrondierung und nationalen Konsolidierung (vgl. S. 21 ff.), als die älteren Ordnungsmächte (Reich, Lehnssystem, Ständestaat) nicht mehr in der Lage waren, die territoriale und soziale Desintegration zu verhindern und innere und äußere Sicherheit zu garantieren.

Dabei war das Auftreten der absoluten Monarchie nicht notwendig abhängig von der Existenz eines kräftigen Bürgertums, obwohl die Förderung des Dritten Standes aus doppeltem Grund von der Krone energisch betrieben wurde: einmal bot sich hier im Gegensatz zum grundsätzlich zahlungsunwilligen privilegierten Adel ein kapitalkräftiger, investitions- und steuerfähiger Stand als Objekt finanzieller Forderungen; zum anderen rekrutierte sich aus bürgerlichen Kreisen in steigendem Maße die juristisch geschulte fürstliche Beamtenschaft. Als befähigte, aber politisch abhängige Schicht schien das ›Bildungsbürgertum‹ prädestiniert, im Dienst der Krone die administrativen Funktionen des Adels zu übernehmen. Besonders in Frankreich wurde diese Tendenz schon sehr früh sichtbar, als sich Philipp IV. (1285 bis 1314) zur Durchsetzung monarchischer Ansprüche bürgerlicher Legisten (Flotte, Nogaret) bediente.

So ist die enge Verbindung zwischen Krone und Bürgertum gegenseitig zu verstehen. Durch den Aufstieg der absoluten Monarchie ist das Bürgertum in seiner wirtschaftlichen und sozialen Entwicklung gefördert worden, hat aber seinerseits durch personelles (Berater) und sachliches (Kapital) Engagement diesen Aufstieg mit ermöglicht. Daß es dabei den traditionellen Vorstellungen der ständisch verfaßten Gesellschaft weitgehend verhaftet blieb (vgl. S. 22), machte dieses ›Bündnis‹ je länger desto mehr problematisch und zeigte die Grenzen der Interessenkoinzidenz in aller Deutlichkeit.

Andererseits erfolgte der Aufstieg der monarchischen Zentralgewalt nicht in einem Kampf gegen den Adel schlechthin. Es ging im wesentlichen nur darum, die politischen Ansprüche auf Mitregierung und regionale Autonomie zu beseitigen. Im übrigen blieb der Adel in seiner wirtschaftlichen und sozialen Vorrangstellung unangetastet, wenn auch in unterschiedlicher Funktion als integrierter Bestandteil der Monarchie (vgl. S. 185 ff.).

Die absolute Monarchie, die geschichtlich den Ständestaat voraussetzte und aus ihm herauswuchs, hat ihn dennoch nicht überwunden. Der politischen Entmachtung von Feudaladel und ständischen Korporationen ging eine Verhärtung der Sozialstrukturen parallel. Nur während einer verhältnismäßig kurzen Phase gab es eine Öffnung der gesellschaftlichen Barrieren für breitere Kreise (vgl. S. 155 ff.). Im ganzen gesehen, hat der Absolutismus die ständische Gesellschaftsordnung verteidigt. Die gleichzeitige Liquidierung beider in der Revolution bestätigte – von der negativen Seite her – ihre Zusammengehörigkeit.

Wesentlich für die Ausbildung des Absolutismus sind die jeweiligen politischen Zustände und Zielvorstellungen gewesen. Das gilt nicht nur für seine theoretische Grundlegung durch Bodin und Hobbes, die ihre Lehren unter dem unmittelbaren Eindruck staatlicher Auflösungserscheinungen formulierten (vgl. S. 169 ff.), sondern auch für die politische Praxis. Heinrich IV., Richelieu und Mazarin standen vor der Aufgabe, nach Beendigung des religiösen Bürgerkrieges die innere Festigung Frankreichs gegen alte und neue Oppositionskräfte durchzusetzen und dabei nicht die außenpolitische Hauptaufgabe, das Sprengen der habsburgischen Klammer, aus den Augen zu verlieren. Friedrich Wilhelm von Brandenburg, seit 1640 an der Spitze seines zersplitterten und durch den Krieg ruinierten Kurfürstentums, mußte alle Kräfte zusammenfassen, wollte er sich und seinem Land Bewegungsfreiheit und wenigstens bescheidene politische Respektierung verschaffen. Peter von Rußland konnte nur mit Hilfe radikaler Modernisierung und Zentralisierung hoffen, das gesteckte Ziel der russischen Großmachtbildung unter gleichzeitiger Europäisierung zu erreichen. »Keiner der Staaten, die eine Rolle im Wettkampf der Nationen spielen wollten, konnte sich den Luxus leisten, die eigenen Kräfte in der Rivalität zwischen Fürsten und Ständen lahmzulegen« (Hartung).

Der einzuschlagende Weg war im wesentlichen vorgezeichnet: Als wichtigstes Machtmittel des modernen Staates mußte das stehende Heer *(miles perpetuus)* entwickelt und die bewaffnete Macht als Kronmonopol durchgesetzt werden. Seine Finanzierung erforderte die regelmäßige Beschaffung großer Summen, die nur mit Hilfe eines modernisierten Steuer- und Verwaltungsapparates aufzubringen waren. Um den steigenden Geldbedarf für Heer und Verwaltung decken zu können, versuchte der Staat darüberhinaus, die Steuerkraft der Untertanen durch Förderung der gesamtwirtschaftlichen Kräfte zu steigern.

Schlechthin entscheidende Voraussetzung für die Realisierung dieser angestrebten Machtkonzentration war die Ausschaltung der politischen Ansprüche aller unterhalb des Königtums angesiedelten autonomen Gewalten und der gleichzeitige Aufbau einer kronabhängigen staatlichen Infrastruktur.

Die Monopolisierung der Macht

Die Ermordung Heinrichs IV. (1610) unterbrach die von ihm und seinem (hugenottischen!) Minister Sully konsequent betriebene Politik der Überwindung der Bürgerkriegsfolgen in wirtschaftlich-finanzieller und politischer Hinsicht (Sanierung des Staatshaushalts, Ansammlung eines Staatsschatzes; Unterdrückung feudalistischer Tendenzen). Die Regentschaft der Königinwitwe Maria von Medici für den minderjährigen Ludwig XIII. brachte – unter dem Einfluß der Günstlingsfamilie Concini – einen radikalen außenpolitischen Kurswechsel (Anlehnung an Spanien; Heirat Ludwigs XIII. mit der Tochter Philipps III., Anna ›von Österreich‹); innenpolitisch entglitt Maria jede Kontrolle über die neu hervorbrechenden zentrifugalen Kräfte. Frankreich fiel in die Feudalanarchie zurück, und nur allmählich erreichte Ludwig, teilweise in offenem Konflikt mit seiner Mutter, eine gewisse Stabilisierung der Verhältnisse. Den Wendepunkt bildete die Berufung des Kardinals Richelieu zum Minister (1624), der seine innenpolitische Aktivität auf drei Ziele konzentrierte: »ruiner le parti huguenot, rabaisser l'orgueil des grands, réduire tous les sujets en leur devoir«.

Die hugenottische Partei hatte, durch eine verstärkte antiprotestantische Haltung des Hofes beunruhigt, ihre politisch-militärische Sonderstellung ausgebaut, bildete einen ›Staat im Staate‹ und stand zeitweise in offener Rebellion gegen den König. Verbindungen zu ausländischen Mächten (England!) boten Richelieu einen willkommenen Anlaß zum Eingreifen. Der wichtigste Sicherheitsplatz La Rochelle, ›la bastion de l'hérésie‹, wurde nach über einjähriger Belagerung erobert (1628; mehr als die Hälfte der Einwohner war der Hungerblockade zum Opfer gefallen). Die Schleifung der Befestigungsanlagen, die Entwaffnung der Einwohner und die Beseitigung der kommunalen Selbstverwaltung begrub alle Autonomieträume. Nach weiteren Feldzügen in Südfrankreich beendete das *Edit de Grâce* (Alais/Alès 1629) den letzten Religionskrieg: Die Reformierten verloren alle politisch-militärischen Sonderrechte, erhielten aber die Bestätigung ihrer rechtlichen Gleichstellung und der Religionsfreiheit in den durch das Edikt von Nantes fixierten Grenzen.

Langwieriger war der Kampf gegen den Feudaladel. In Gaston d'Orléans, dem Bruder des Königs, und Maria von Medici fand er für seine auf den Sturz Richelieus zielenden Pläne Unterstützung. Die Rebellionen nahmen oft große Ausmaße an, weil die aufständischen Prinzen von Geblüt und Provinzgouverneure über regelrechte Privatarmeen verfügten. Das erste große Komplott scheiterte an Ludwig XIII., der dem Druck von Adel, Mutter und Bruder nicht nachgab und die Entlassung Richelieus verweigerte (›Journée des Dupes‹ 1630). Zwei Jahre später revoltierte ein Vetter des Königs, der Herzog von Montmorency. Mit Hilfe spanischer Truppen versuchte 1641 Ludwig von Bourbon den Sturz des Ministers, und im Todesjahr Richelieus wurde eine weitere Verschwörung aufgedeckt, in die wiederum Gaston d'Orléans und Spanien verwickelt waren (1642).

Mit unnachsichtlicher Härte ging Richelieu, der mehreren Attentaten entgangen war, vor. Zahlreiche Verschwörer wurden hingerichtet, ihre Besitzungen konfisziert, ihre Burgen und Schlösser zerstört (berühmtes Beispiel: Les Baux, 1632). Maria von Medici glückte 1630 die Flucht ins Ausland.

Die Innenpolitik Richelieus traf nicht nur auf die Opposition des Hochadels, sondern provozierte auch schwere Konflikte mit Parlamenten und Provinzialständen. Der Widerstand richtete sich besonders gegen die Entsendung königlicher Intendanten, die, mit weitreichenden Vollmachten ausgestattet, Rechtsprechung und Finanzwesen aus dem Bereich ständischer Kontrolle lösen und dem König unterwerfen sollten.

Ohne Rücksicht auf Recht und Herkommen benutzte Richelieu jedes Mittel, um die »désobéissance généralisée« zu überwinden. Als er 1642 starb (»haï de tous, sauf du roi«) und Mazarin auf seine Empfehlung das Ministerium übernahm, war der Ausgang des Kampfes noch offen: das Land, seit 1635 im *guerre ouverte* gegen Habsburg (vgl. S. 142), stöhnte unter Steuerdruck, Hungersnöten und Bauernunruhen; die privilegierten Schichten waren längst nicht domestiziert.

1648 revoltierte das Parlament von Paris, verlangte namens der *noblesse de robe* die Abberufung der Intendanten und die Zusage, neue Steuern und Ämter künftig nicht ohne seine Zustimmung zu schaffen. Gegenmaßnahmen führten zum Aufstand von Paris; der Bürgerkrieg begann als *fronde parlementaire*. Als der Prinz von Condé nach der Niederwerfung von Paris gegen Mazarin intrigierte und verhaftet wurde, erhob sich in der *fronde des princes* der Adel auf breiter Front und nahm Verbindung mit dem spanischen Gegner auf. Aber auch der *union des deux frondes* blieben infolge gegenseitigen Mißtrauens und unterschiedlicher Interessen entscheidende Erfolge versagt. Die Terrorherrschaft Condés führte schließlich zu seiner Vertreibung aus Paris.

Der Zusammenbruch der Fronde (1652/53) ermöglichte die Weiterführung des von Richelieu begonnenen Werkes: Die politische Rolle der *noblesse de sang* war ausgespielt, die *noblesse de robe* hielt vorläufig still, das Recht der Parlamente, königlichen Edikten erst durch das *enregistrement* Gültigkeit zu verleihen, wurde kassiert. Bis 1661 baute Mazarin geschickt und anpassungsfähig das Intendantursystem aus und regierte im Namen des Königs absolut. Als Ludwig XIV. die Regierung übernahm, war nur noch die Frage offen, ob er das bei der Krone liegende Entscheidungsmonopol in allen staatlich-politischen Fragen selbst auszuüben gewillt war. Einen Tag nach dem Tode Mazarins eröffnete er dem Staatsrat, »daß ich es bisher zufrieden war, meine Angelegenheiten durch den verewigten Kardinal leiten zu lassen; es ist nunmehr an der Zeit, daß ich sie selbst in die Hand nehme. Sie werden mir mit Ihrem Rat zur Seite stehen, wenn ich Sie darum bitte«. Es war die Sprache des monarchischen Absolutismus.

Während der Fronde mußte die königliche Familie, die zeitweise Paris zu verlassen gezwungen war, erleben, daß der Bürgerkrieg in England eindeutig im antiabsolutistischen Sinn entschieden wurde: 1649 endete Karl I. auf dem Schaffott. Erst vor diesem Hintergrund gewinnt der Triumph des Absolutismus in Frankreich an Konturen. Der Skizzierung der unterschiedlichen Entwicklung Englands ist vorauszuschicken, daß im Gegensatz zu Frankreich die Mitbestimmungsrechte der englischen Stände institutionell fester verankert waren und daß die Opposition gegen den königlichen Absolutismus in erster Linie vom *House of Commons* getragen wurde.

Jakob I. (1603–25), erster Stuart auf dem englischen Thron und als Sohn Marias bereits König von Schottland, überraschte seine neuen Untertanen mit einer sehr dezidierten Auffassung vom Königtum. Er proklamierte die königliche Prärogative in allen Gesetzgebungsfragen (»a deo rex, a rege lex«), wies dem Parlament eine nur beratende Funktion zu und begründete die absolute Verfügungsgewalt des Königs über Personen und Sachen aus dem göttlichen Ursprung des Herrscheramtes. Der Konflikt war unvermeidlich, als Jakob begann, unter weitgehender Ausschaltung des Parlaments zu regieren. Seine außenpolitischen Ambitionen, für die er die parlamentarische Steuerbewilligung nicht entbehren konnte, boten jedoch Ansatzpunkte einer Opposition. Das Unterhaus entsann sich der unter den autoritären Tudors fast vergessenen Möglichkeit des *impeachment*, der Anklage eines mißliebigen Ministers vor dem Oberhaus, und hatte zweimal Erfolg.

Mißtrauisch geworden, bewilligte das Parlament dem Nachfolger Karl I. (1625–49) das Pfund- und Tonnengeld (eine Sondersteuer auf Tuch und Leder) nur für ein Jahr anstatt wie üblich auf Lebenszeit. Der König antwortete mit der Auflösung zweier Parlamente und erhob Zwangsdarlehen unter Androhung von Verhaftung und militärischer Einquartierung. Ein drittes Parlament verlangte die Rücknahme dieser illegalen Maßnahmen und präzisierte noch einmal seinen Rechtsstandpunkt (1628: Petition of Rights). Aus taktischen Gründen gab der König nach, ohne in der Sache etwas zu ändern. Das nächste Parlament beschloß daraufhin die *Three Resolutions:* Wer Steuern ohne Zustimmung des Parlaments eintreibe oder bezahle, sei als todeswürdiger Staatsfeind zu betrachten. Das war revolutionär, und Karl reagierte entsprechend: Er ließ einige Abgeordnete verhaften und löste das Parlament auf (1629).

Elf Jahre hindurch regierte der König absolutistisch und ohne jede Mitwirkung der Stände. Zwangsweise trieb er Abgaben ein und erhob ›freiwillige‹ Spenden; alte Steuern wurden erweitert (so das bisher nur von den Küstenstädten im Kriegsfall zu zahlende *ship money)* und neue erfunden; Kritiker riskierten scharfe, bisweilen barbarische Bestrafung.

Dennoch blieb dieser Absolutismus an der Oberfläche, weil Karl die sich aus seiner antiparlamentarischen Entscheidung notwendig ergebenden Konsequenzen zu ziehen versäumte. Über zaghafte Versuche zur Schaffung einer königlichen Steuergewalt und eines stehenden Heeres kam er nicht hinaus; ein Umbau des Staates in absolutistischem Sinne fand nicht statt. Ohne eine neue, den Bedürfnissen zentraler Machtausübung entsprechende Infrastruktur konnte aber auf die Dauer keine absolute Monarchie bestehen. Lediglich eine Unterschätzung dieser Notwendigkeit kann zu der gelegentlich vertretenen Auffassung führen, die Rechte und Freiheiten der englischen Stände seien nur durch die Mißerfolge Karls gegen die aufständischen Schotten gerettet worden – ein fast klassisches Beispiel der Verwechslung von Ursache und Anlaß.

Geht man davon aus, daß die Entwicklung von modernem Staat und fürstlichem Absolutismus eine gewisse territoriale Basis als Machtgrundlage voraussetzte, schien Friedrich Wilhelm von Brandenburg (1640–88) vor einer kaum lösbaren Aufgabe zu stehen. Nur die Kurmark, die Altmark und die Neumark bildeten ein zusammenhängendes Gebiet, das 1648 durch Hinterpommern, Halberstadt und Magdeburg erweitert wurde. Während im Osten das Herzogtum Preußen einen geschlossenen Komplex darstellte, handelte es sich bei den westlichen Landesteilen um Streubesitz in isolierter Lage (Kleve; Mark; Ravensberg, 1648 durch Minden vergrößert). Wirtschaftlich durch den Krieg ruiniert, von partikularistischen Strömungen und separatistischen Tendenzen bedroht und zur politisch-militärischen Bedeutungslosigkeit herabgesunken, bot die Ansammlung hohenzollernscher Territorien zu Beginn der Regierungszeit Friedrich Wilhelms das Bild allgemeinen Niedergangs.

Machtpolitische Grundlage des Programms, die Landesteile als *membra unius capitis* der Zentrale zu unterwerfen, wurde das stehende Heer, dessen Aufbau 1644 begann. Für das von der Natur nicht reich gesegnete (›Des Heiligen Römischen Reiches Streusandbüchse‹) und an den Kriegsfolgen laborierende Land war das ein kostspieliges Experiment; es führte zum Konflikt mit den auf das Recht der Steuerbewilligung pochenden Ständen.

Unter Garantierung der wirtschaftlich-sozialen Privilegien (vgl. S. 186) erzwang der Kurfürst 1653 von den Ständen der Kurmark die langfristige Bewilligung der Heeressteuern, was praktisch den Verzicht auf jede Mitwirkung bei der zentralen politischen Willensbildung einschloß. Erst nach langen Auseinandersetzungen setzte Friedrich Wilhelm auch in Kleve-Mark seine Forderungen zum größten Teil durch (1660/61). Am schwierigsten war die Situation in Preußen, wo er den Widerstand nur unter militärischem Druck brechen konnte (1663). Hier kam es auch späterhin wiederholt zum Wiederaufleben der Konflikte um die Frage der Steuerbewilligung.

Daß Friedrich Wilhelm in diesen Auseinandersetzungen nicht zimperlich vorging und alle Berufungen auf alte Rechte und Privilegien mit dem Hinweis »necessitas non habet legem« vom Tisch fegte, entsprach der Politik, wie sie Richelieu in größerem Maßstab vorgezeichnet hatte. Militärische Demonstrationen, Einquartierungsaktionen, Verhaftungen, selbst die Entführung eines flüchtigen Aufrührers aus Warschau und seine Hinrichtung gehören zu der Liste der Zwangsmaßnahmen, die er einsetzte, um den Gesamtstaat, den er zu schaffen sich anschickte, seinem Willen zu unterwerfen, und die Frage der Machtkompetenz eindeutig zugunsten des Landesherren zu entscheiden.

Anderer Natur waren die Widerstände gegen Peter I. von Rußland. Hier war durch den von Iwan III. eingeleiteten Abbau der politischen Machtstellung des grundbesitzenden Feudaladels der Bojaren (vgl. S. 33) spätestens in der Mitte des 16. Jahrhunderts entschieden, daß es nicht zur Teilung der Macht zwischen Herrscher und Aristokratie kommen würde. Das lag einmal an der Konsequenz, mit der die Moskauer Großfürsten ihre autokratische Herrschaftsauffassung durchsetzten, zum andern daran, daß der russische Adel politisch versagte, indem er den Kampf um die Macht nicht ernsthaft aufnahm. So erstickte eine zentralisierte Verwaltung jedes regionale politische Eigenleben, ständische Korporationen wurden nicht entwickelt, und selbst der Rat des Fürsten (Bojarenduma) verlor seine frühere Bedeutung. In dem zahlenmäßig rasch anwachsenden Dienstadel schufen sich die Zaren ein loyales Instrument, das seine Kenntnisse und Fähigkeiten bereitwillig der zentralistischen Politik zur Verfügung stellte. Wie tief die Autokratie im Denken der orthodoxen Russen verwurzelt war und wie wenig Aktivität und politisches Bewußtsein die russischen ›Stände‹ zu entwickeln in der Lage waren, wurde in der ›Zeit der Wirren‹ (Smuta 1605–13) deutlich, als die Aristokratie nur einen schwächlichen Versuch unternahm (1610), die Selbstherrschaft des Zaren verfassungsmäßig zu beschränken.

Die Opposition gegen Peter richtete sich also nicht gegen die Tatsache der autokratischen Regierung an sich, sondern gegen die von ihm eingeleiteten Reformen. Das gilt für den Aufstand der Moskauer Strelitzen (1698) ebenso wie für mehrere ausgedehnte Erhebungen von Bauern und Kosaken. Trotz starker sozialrevolutionärer Züge überwog bei ihnen der konservative Widerstand gegen die zahlreichen Neuerungen (und die damit verbundene Erhöhung der Lasten). Ungeachtet dieser sämtlich unterdrückten Aufstandsbewegungen war die Situation rechtlich und faktisch eindeutig: in Rußland regierte der Zar und sonst niemand.

Der Monarch und seine Minister

Trotz der vielfältigen Differenzierungen des europäischen Absolutismus lassen sich hinsichtlich der Stellung des Königs einige allgemeine Merkmale feststellen:

1. Die Machtkonzentration beim Monarchen setzte nicht notwendig das Vorhandensein einer formellen Rechtsgrundlage im Sinne des modernen Verfassungsbegriffes voraus. Eine positiv-rechtliche Verankerung der absoluten Herrschergewalt bildete vielmehr die Ausnahme (Dänemark: Lex Regia 1665; Schweden: Souveränitätserklärungen 1682/93).

2. Die Legitimierung der königlichen Position leitete sich aus der naturrechtlich oder rationalistisch entwickelten absolutistischen Theorie ab, wie sie die Staatsphilosophie formuliert hatte (vgl. S. 169 ff.). Daraus ergaben sich gewisse, unaufhebbare Rechtsprinzipien, die ein Abgleiten in Despotie oder eine Frühform totalitärer Herrschaftspraxis verhinderten. Staatsform, Erbrecht, die überlieferten privat- und öffentlich-rechtlichen Verhältnisse, Eigentum (und damit Vermögen, Einkünfte, Rechte und Privilegien!) waren – mindestens in der Theorie – dem königlichen Zugriff entzogen. Der absolute Monarch hatte mit einem dem Machtrausch und der Gewalt ergebenen Despoten grundsätzlich nichts gemein. Die neuere Forschung unterscheidet sehr deutlich zwischen dem »pouvoir ordinaire du Roi, très limité, et son pouvoir absolu qu'il exerce seulement en cas de nécessité urgente« (Mousnier), also im Ausnahmefall des Staatsnotstandes.

3. Innerhalb dieses Rahmens war der Monarch alleiniger Inhaber der staatlichen Macht. Er war oberster Kriegs-, Gerichts- und Lehnsherr (in den deutschen Territorien vorbehaltlich der kaiserlichen Reservatrechte), alleiniger Lenker der Außenpolitik, der Finanzen und der Verwaltung und – in unterschiedlicher Akzentuierung – der Kirche, endlich alleiniger Verwalter (nicht Eigentümer) des Staates.

4. Entscheidend für die Ausformung der absoluten Monarchie wurde das Selbstverständnis der Fürsten, wie es sich in Herrschaftsauffassung und Regierungsgrundsätzen spiegelt. Philosophische Überlegungen, religiöse Bindungen, Traditionselemente und Erfahrungen persönlicher und allgemein-politischer Natur flossen hier ineinander. In dieser personalen Komponente liegt ein wichtiger Erklärungsfaktor der unterschiedlichen Erscheinungsformen des europäischen Absolutismus. Ohne die Persönlichkeit Ludwigs XIV. ist der ›höfische Absolutismus‹ Frankreichs ebensowenig zu denken wie der spartanische Militärstaat Preußen ohne Friedrich Wilhelm I. In Aufzeichnungen für den Thronfolger in Form Politischer Testamente (auch die sogenannten »Mémoires« Ludwigs XIV. gehören dazu) konkretisiert, bewahrte das Selbstverständnis mancher Monarchen über ihren Tod hinaus eine starke stilbildende Kraft.

5. Der zunehmende königliche Entscheidungsbereich bedeutete für den Monarchen eine enorme Arbeitsbelastung. Schon Philipp II., dann Ludwig XIV., Peter I. und Friedrich Wilhelm I. gehörten zu den fleißigsten Monarchen der Weltgeschichte. Ludwig widmete täglich acht bis zehn Stunden, oftmals auch mehr, intensiver Schreibtischarbeit und Konferenzen. Friedrich Wilhelm, der nächtelang, die Ärmelschoner übergestreift, Akten bearbeitete, schrieb dem Thronfolger:

»... denn ein Regente, der mit honneur in die weldt regiren will, mus seine affehren alles selber tuhn, also sein die Regenten zur arbeit erkohren und nicht zum ... faullen weiberlehben ... der liebe Gott hat euch auf den trohn gesetzet nicht zu faullentzen sondern zu arbeitten« (Polit. Test. 1722).

6. Auf Berater konnte der absolute Monarch weniger als andere Regenten verzichten, doch traf er alle Entscheidungen selbst. An die Stelle des Ersten Ministers traten in Frankreich mehrere Minister, die Ludwig XIV. grundsätzlich dem Bürgertum und nicht der *noblesse d'épée* entnahm (Lionne, Le Tellier, dessen Sohn Louvois, Colbert, Vauban), weil sie ergebener, aber auch »fähiger, gebildeter, arbeitsamer und energischer« (Weis) waren. Sie wirkten als einzige wahrnehmbar an den politischen Entscheidungen des Königs mit. Die Beratungen in den verschiedenen Conseils verloren zugunsten des direkten Ministervortrags an Bedeutung.

Die zunehmende Ausprägung des persönlichen Regimentes in Brandenburg-Preußen fand ihren treffenden Ausdruck beim Regierungsantritt Friedrich Wilhelms I., der auf Vorhaltungen einiger Minister erwiderte, er verlange »weder Rat noch Räsonnement, sondern Gehorsam«. Sein Regierungsstil entsprach dieser Maxime. Die von ihm eingeführte Kabinettsregierung »ist die schärfste Form der Selbstregierung, bei der der Monarch getrennt von seinen Ministern in der Einsamkeit seines Kabinetts die Entscheidungen fällt, deren Ausführung die Behörden zu besorgen haben« (Hintze).

Alle Berichte und Vorschläge waren schriftlich einzureichen, der König entschied durch Randbemerkungen oder Kabinettsorders (aus dem zu ihrer Versendung benutzten Umschlag von bläulicher Farbe entstand der Begriff der ›Blauen Briefe‹). Die Folge war ein ungeheures Anschwellen des bürokratischen Schriftverkehrs (ähnlich wie bei der von Philipp II. praktizierten Frühform der Kabinettsregierung) und – nach 1786 – ein zunehmender Einfluß der subalternen Kabinettssekretäre, der das System schließlich pervertierte.

Die konsequente Ausschließung des Adels von höchsten Staatsstellen gab es in Preußen nicht, doch entstammten viele Minister und hohe Beamte Friedrich Wilhelms dem Bürgertum; um sie dem Adel gesellschaftlich gleichzustellen, wurden sie nobilitiert. Die Aussöhnung mit dem Geburtsadel (vgl. S. 186 f.) führte jedoch unter Friedrich II.

zu einer rückläufigen Bewegung. Wie er die Anstellung bürgerlicher Offiziere den ersten Schritt »vers la décadence et la chute de l'armée« nannte und im Krieg Beförderte nach dem Friedensschluß abschob, sicherte er dem Adel auch das Monopol in der Ministerialbürokratie.

In Rußland stellte der weitgehend nivellierte Geburts- und Dienstadel (vgl. S. 182) die wichtigsten Minister und Berater, doch erlangten auch Männer geringer Herkunft bedeutende Stellungen. Eine wichtige Rolle spielten die Ausländer, die jedoch keineswegs bevorzugt wurden. Trotz leitender Positionen (Gordon, Lefort, Ostermann) wurden sie oft auf dem zweiten oder dritten Platz festgehalten; nicht einer brachte es zum Behördenleiter oder stieg in den Grafenstand auf.

Die Funktion des Adels

Mit dem Sieg des absoluten Königtums über die feudalen Gewalten stellte sich die Frage, welche Rolle die politisch entmachtete Aristokratie künftig zu spielen bestimmt war.

Ludwig XIV., in dem das Fronde-Erlebnis einen unauslöschlichen Eindruck hinterlassen hatte, zog den einflußreichen Teil des Adels an den Hof (Residenz seit 1682 Versailles); einmal, um dem barocken Königtum einen glanzvollen repräsentativen Rahmen zu geben, zum anderen in der Absicht, alle potentiellen Führer und Parteigänger einer neuen Fronde ständig unter Kontrolle zu haben. Das kostspielige Hofleben war ein – vom König nicht unbeabsichtigtes – Mittel zur finanziellen Schwächung des Hochadels und brachte manche Familien an den Rand des Ruins. Man bemerkte bald, »daß nur der Adlige Aussicht auf die Gunst des Königs hatte, der diesen in Versailles ständig umkreiste wie ein Planet die Sonne ... Aus streitbaren Landedelleuten wurden servile Höflinge, denen der König bei besonderem Eifer ein Amt oder eine Pension verlieh oder ihre Schulden bezahlte« (Weis).

Ohne seine Erlaubnis durfte man sich nicht vom Hofe entfernen; die Verbannung in die Provinz bedeutete den Ausschluß aus der ›Gesellschaft‹ und brachte infolge des Ausbleibens königlicher Gunstbeweise (Versorgungsstellen für die Söhne!) oft die Gefahr des sozialen Abstiegs auf die Stufe des verarmten Landadels, dem die niedrigen Preise für landwirtschaftliche Erzeugnisse schwer zu schaffen machten. Fast alle anderen Arten wirtschaftlicher Betätigung waren dem Adel bei Verlust seiner Privilegien, die im übrigen nicht angetastet wurden, verboten. Insgesamt ist der Versuch Ludwigs XIV., die *noblesse d'épée* durch ihre Integration in das System des höfischen Absolutismus unschädlich zu machen, sehr erfolgreich gewesen – ungeachtet der erst durch neueste Forschungen aufgedeckten Tatsache, daß sich schon unmittelbar nach seinem Regierungsantritt eine adlige

Opposition formierte, die selbst vor konspirativen Aktionen nicht zurückschreckte.

Anders war die Situation in Brandenburg-Preußen. Der Landtagsabschied von 1653 (vgl. S. 181) hatte nicht nur die politische Selbstabdankung der märkischen Stände gebracht; er bestätigte gleichzeitig dem grundbesitzenden Adel (Junkertum) seine wirtschaftlich-sozialen Privilegien und ist deshalb für die preußische Sozialgeschichte von großer Bedeutung. Das bestehende gutsherrlich-bäuerliche Verhältnis mit Frondiensten und Erbuntertänigkeit wurde anerkannt, dem weiteren Ausbau der Gutsherrschaft durch Bauernlegen kein Riegel vorgeschoben. Die Absicherung der Patrimonialgerichtsbarkeit gegen Eingriffe landesherrlicher Gerichte rundete die adlige Herrenstellung im Gutsbezirk ab. Steuer- und Zollfreiheit des Adels blieben erhalten, ebenso das Vorrecht auf den Besitz von Rittergütern, wodurch die Trennung zwischen Bürgertum und Adel, zwischen Stadt und Land weiter verschärft wurde.

Wenn sich der Adel aus seiner politischen Stellung zurückzog, um künftig umso erfolgreicher seinen wirtschaftlichen Interessen nachgehen zu können, bedeutete das indessen nicht, daß er sich sofort und grundsätzlich damit abgefunden hätte. Erst Friedrich Wilhelm I. hat die Domestizierung des Adels erfolgreich abgeschlossen, wie er es den selbstherrlichen (ost-)preußischen Ständen angekündigt hatte, nämlich »daß die Junkers ihre Autorität ... wird ruinirt werden ... Ich stabilire die Souveraineté wie einen Rocher von Bronce« (1717). Trotzdem glaubte er noch 1722 den Nachfolger vor den preußischen und märkischen Adelsfamilien warnen zu müssen.

Die königlichen Maßnahmen standen unter doppelter Zielsetzung. Erstens wurde der Adel zu wirtschaftlichen Leistungen herangezogen: Bei der Umwandlung der Rittergüter von Erblehen in freies Eigentum (Allodifikation) führte der König als Ausgleich für die längst vergessene adlige Kriegsdienstverpflichtung eine Sondersteuer von 40 Talern pro Ritterpferd und Jahr ein. Gegen schärfsten Protest konnte ihre Eintreibung teilweise nur unter militärischem Druck erfolgen.

Zweitens zwang Friedrich Wilhelm den Adel zur persönlichen Dienstleistung als Offizier und ließ damit die alte Vasallenpflicht in neuer Form wieder aufleben. Die Adelssöhne wurden zwangsweise in Kadettenanstalten gesteckt, wo sie im Sinne des vom König vorgelebten neuen preußischen Staatsbewußtseins zu loyaler Pflichterfüllung erzogen wurden. Nicht ohne Widerstand hat sich der Adel dieser lästigen Verpflichtung gefügt, doch erreichte der König sein Ziel in verhältnismäßig kurzer Zeit: »Aus einem frondierenden Junkertum wurde ein königstreuer Offiziersstand« (Oestreich). Seiner Bewährung in den ersten beiden Schlesischen Kriegen verdankte es dieser neue Dienstadel, daß seine ökonomisch-soziale Privilegierung nicht angetastet wurde. Die Aristokratie durfte die »Herrschaft auf dem flachen

Lande, die Gerichtsbarkeit über ihre Bauern behalten und das Monopol der höheren Laufbahn in Armee und Verwaltung genießen, solange sie dem König beim Regieren nicht dreinredete« (G. Mann). Entsprechend der andersartigen Ausgangslage stellt sich die Integrierung des Adels in Rußland als Sonderfall dar. Es handelte sich hier vor allem um den Versuch der Nivellierung von Erb- und Dienstadel; auch das Erbgut verpflichtete jetzt zum Dienst, und das Dienstgut wurde erblich. Diesem Zweck diente auch ein Erlaß Peters, der die stärkste Fernwirkung aller seiner Reformgesetze hatte und von sozialrechtlich grundlegender Bedeutung ist: Um den gesamten Staat für seine Reformen mobilisieren zu können, verfügte der Zar, daß mit Ausnahme der Geistlichen und Bürger jedermann zum Staatsdienst in Armee, Flotte und Verwaltung herangezogen werden konnte und legte in der *Rangstufentabelle* die militärischen und zivilen Laufbahnen in 14 parallelen Klassen fest (1722). Da das Leistungsprinzip Kriterium jeder Beförderung war, begannen auch die Adelssöhne ihren Dienst als einfache Soldaten. Die Offizierswürde brachte den persönlichen Adel, die obersten acht Klassen waren mit dem Erwerb des Erbadels verbunden. Etwas vereinfacht, sah die Tabelle folgendermaßen aus:

Klasse	Flotte	Armee	Verwaltung
	—	Generalissimus	—
I	General-Admiral	Feldmarschall	Kanzler
II	Admiral	General	Wirkl. Geheimrat
III	Vize-Admiral	Generalleutnant	Geheimrat
IV	Konteradmiral	Generalmajor	Wirkl. Staatsrat
V	Kommodore-Kapitän	Brigadier	Staatsrat
VI	Kapitän 1. Ranges	Oberst	Kollegienrat
VII	Kapitän 2. Ranges	Oberstleutnant	Hofrat
VIII	Kapitän 3. Ranges	Major	Kollegienassessor
IX	Flottenleutnant	Rittmeister	Titularrat
X	Artillerieleutnant	Stabskapitän	Kollegiensekretär
XI	—	—	Senatssekretär
XII	(Unterleutnant)	Oberleutnant	Gouvernements-sekretär
XIII	Artilleriekonstabler	Leutnant	Senatsregistrator
XIV	—	Fähnrich	Kollegienregistrator

Diese Rangordnung, die fast zwei Jahrhunderte Gültigkeit behielt, öffnete aufstiegsfähigen Kräften den Weg nach oben und hat der Aristokratie viele neue Elemente zugeführt. Andererseits sicherte sie dem Adel ein erdrückendes soziales Übergewicht, indem sie alles Ansehen an den im Staatsdienst erreichten Rang band; das ›Amt‹ wurde für die ganze Bevölkerung »zum sozialen Orientierungspunkt« (Wittram). Eine echte Nivellierung des Adels trat allerdings nicht ein; der grundbesitzlose Beamtenadel hat die gesellschaftlichen Schranken zum grundbesitzenden Geburtsadel nicht überwinden können.

Die Infrastruktur

Das Heer

Wichtigster Machtfaktor der absoluten Monarchie war das stehende Heer. (Es ist kein Zufall, daß sich der englische König in diesem Punkt niemals gegen das Parlament durchsetzen konnte.) Die französische Armee wurde durch Le Tellier und Louvois gründlich modernisiert und organisiert (und uniformiert!), wobei man Neuerungen der Kriegstechnik aus Spanien (Infanterie), Holland (Genietruppen = Pioniere) und Deutschland (Reiterei) übernahm. Dem genialen Vauban verdankte Frankreich den Festungsgürtel entlang der Grenzen. Bis heute bestimmen seine mächtigen Verteidigungsanlagen das Bild vieler Städte (St. Malo, Antibes, Besançon, Neu-Breisach, Lille usw.). Zahlenmäßig stand die Armee bald an erster Stelle in Europa:

1664: 45 000 Mann	1688: 290 000 Mann
1672: 120 000 Mann	1703: 400 000 Mann

Sie setzte sich aus angeworbenen Linientruppen, ausgehobener Miliz für die Territorialverteidigung und Fremdenregimentern (bis zu einem Viertel) zusammen. Die Disziplinierung der adligen Offiziere (die höchsten Chargen blieben käuflich) war eine Frage der Zeit: Kadettenschulen sorgten für einen loyalen Offiziersnachwuchs. Auch bürgerliche Offiziere konnten bis zum Marschall aufsteigen. Für die Invalidenversorgung baute man das Hôtel des Invalides (für 7 000 Pensionäre).

In Brandenburg-Preußen konnte der Große Kurfürst seine kleine Armee nur mit Hilfe von Subsidien unterhalten, auf die auch Friedrich I. angewiesen blieb. Der eigentliche Schöpfer des preußischen Heeres ist der ›Soldatenkönig‹ Friedrich Wilhelm I., der erste europäische Monarch, der seit 1725 ständig Uniform trug. Das berüchtigte Werbungssystem wurde trotz eines formellen Verbots (1714 etwa in dem Sinne: List statt Gewalt) bis zum Kantonreglement (1733) beibehalten. Danach wurde die bäuerliche Bevölkerung zur personellen Ergänzung des dem betreffenden Bezirk (Kanton) zugewiesenen Regiments herangezogen, was praktisch einer bäuerlichen Dienstpflicht gleichkam. Gleichzeitig wurden viele Exemtionen ausgesprochen (Bürger, ›Kapitalisten‹, ganze Städte).

Epochemachend wurde die Ausbildung der Soldaten aufgrund der Empfehlungen des Fürsten Leopold von Anhalt-Dessau. Die Einführung von Gleichschritt und ›Drill‹ verbesserte die taktische Beweglichkeit, führte zur perfekten Beherrschung der zwar vereinfachten (eiserner Ladestock!), aber immer noch höchst komplizierten Ladeprozedur und machte aus der Armee die disziplinierte Streitmacht, der Friedrich II. seine Schlachtensiege verdanken sollte. Der barbarischen Zucht während der zwanzigjährigen Dienstzeit (Prügel, Spießrutenlaufen) entsprach trotz der drohenden Todesstrafe eine hohe Desertionsquote. Von Subsidien unabhängig, wurde Preußen, gemessen an seiner Bevölkerungszahl, zur relativ größten Militärmacht Europas. Die Stärke der Armee stieg von 8 000 über 20 000 bis 30 000 (Großer Kurfürst) und 30 000 bis 40 000 (Friedrich I.) auf über 80 000 unter Friedrich Wilhelm I.

Anders als in Preußen stand die seit Narwa (vgl. S. 269) forcierte Heeresreform in Rußland unter dem Druck des Krieges. Durch zahlreiche Aushebungen gelang es, die hohen Verlustziffern, mehr durch mangelhafte Versorgung und Unterbringung, enorme Marschleistungen und Massendesertionen bedingt als durch Kampfeinwirkungen, auszugleichen und die Gesamtstärke des Heeres auf etwa 130 000 Mann zu bringen. Weitaus die meisten dieser lebenslänglich dienenden Soldaten, die in Rekrutendepots kaserniert und ausgebildet wurden, entstammten den bäuerlichen Schichten. Das Offizierskorps wurde aus dem Adel ergänzt (vgl. S. 187). Großen Wert legte Peter, der sich auf seiner Europareise zum Geschützmeister ausbilden ließ, auf die Artillerie; bei Poltawa standen 100 russische Kanonen gegen vier schwedische. Ausländische Vorbilder (Schweden!) spielten bei der Reorganisation und Europäisierung von Armee und Militärverwaltung eine wichtige Rolle. Während die riesigen Rekrutierungen das Heer zu einem neuen Faktor im sozialen Bewußtsein aller Bevölkerungsschichten machten, war die von Peter aus dem Nichts geschaffene Ostseeflotte (1724: 48 größere und rund 100 kleinere Schiffe) eine vorübergehende Erscheinung; seine Nachfolger haben sie verrotten lassen.

Die Verwaltung

Der Errichtung eines ausschließlich vom König abhängigen stehenden Heeres entsprach im zivilen Bereich der Ausbau eines kronabhängigen Verwaltungsapparates mit weisungsgebundenen, besoldeten und absetzbaren Beamten. Die Entwicklung dieser zweiten Machtgrundlage der absoluten Monarchie stand unter doppeltem Aspekt:

1. Die Monopolisierung aller Entscheidungen beim Monarchen erforderte eine Systematisierung der von oben nach unten laufenden Befehlskanäle. Dem überall zu beobachtenden Aufbau einer zentralistischen Behördenorganisation wirkten jedoch die unzulänglichen Kommunikationsmöglichkeiten sowie zahlreiche rechtstraditionelle und andere Gründe entgegen. Das Ergebnis war im besten Fall eine stärkere Konzentration der Macht, eine übersichtlichere Gliederung der administrativen Organe und ihr effektiveres Funktionieren.

2. Die wachsenden finanziellen Bedürfnisse für Militär, Beamtentum und Außenpolitik machten die Einrichtung einer staatlichen Fiskalverwaltung zur »Lebensaufgabe der modernen Monarchie« (Wagner). Fast überall ist die zentrale Administration aus einer fürstlichen Finanzbehörde herausgewachsen. Ihre Realisierung blieb freilich weit hinter dem theoretisch vorstellbaren Modell zurück. Nur unter dem Vorbehalt, daß die Maßstäbe des perfektionierten Verwaltungsstaates des 20. Jahrhunderts für die absoluten Monarchien der Frühen Neuzeit nicht gelten können, sind die folgenden Bemerkungen zu verstehen.

In Frankreich spielten unterhalb der Ministerialinstanz die Intendanten eine entscheidende Rolle für die allmähliche Vereinheitlichung des Landes. Ursprünglich nur als Sonderbeauftragte tätig, erhielten sie unter Ludwig XIV. weitreichende Dauerfunktionen in den 33 *intendances,* die sich zwar fast genau mit den 34 *généralités* (Steuerbezirke), nicht aber mit den 40 *gouvernements* deckten. Ihre wichtigste Aufgabe war die Aufsicht über Veranlagung und Einziehung der direkten Steuern, daneben führten sie die Aufsicht über Verwaltung, Gerichtsbarkeit und Polizei, Militär, Straßenbau und die Religionsgemeinschaften. Die adligen Provinzgouverneure wurden völlig ausgeschaltet; sie lebten meist in Versailles und durften ihre Provinzen nur ausnahmsweise besuchen.

In Brandenburg-Preußen beendete Friedrich Wilhelm I. die vom Großen Kurfürsten eingeleitete Reform der Staatsverwaltung durch die Errichtung des *Generaldirektoriums* (1722/23) als zentraler Wirtschafts- und Finanzbehörde. Seine innere Organisation zeigt, wie sich die Staatsverwaltung auf dem Wege vom Territorial- und Provinzialprinzip der Ressorttrennung zum Zentralismus befand: Jeder der vier Minister übernahm zu seinem Provinzialdepartement einige gesamtstaatliche Aufgaben (Grenzfragen, Post, Münzwesen u. a.).

Für die Provinzialverwaltung wurden die *Kriegs- und Domänenkammern* geschaffen. Darunter fungierten die Landräte in den Kreisen und die Steuerräte in den Städten als allgemeine Verwaltungsorgane. Der *Steuerrat,* dem mehrere Städte unterstanden, kontrollierte die Kommunalverwaltung, beaufsichtigte die städtischen Finanzen und das Aufkommen der indirekten städtischen Steuer, der Akzise. Daß sich diese Beamten zum großen Teil aus altgedienten Regimentsquartiermeistern rekrutierten, erklärt den schroffen Ton, der unter Friedrich Wilhelm in die Verwaltung einzog. Dagegen war der *Landrat* in den meisten Fällen ein Angehöriger der gutsherrlichen Aristokratie und konnte in seiner dreifachen Position als königlicher Beamter, adliger Interessenvertreter und feudaler Arbeitgeber eine ziemlich eigenständige Politik verfolgen. Auf dem Lande hörte, nach dem bekannten Wort von Hugo Preuß, der preußische Staat beim Landrat auf.

Für diese Behörden erzog sich Friedrich Wilhelm ein neues Beamtentum, das nur aus Landeskindern bestand. Niemand durfte in der Landschaft, in der er geboren war, tätig sein, und jeder sollte dem König »mit Leib und Leben, mit Hab und Gut, mit Ehr und Gewissen dienen und alles daran setzen als die Seligkeit, die ist vor Gott, aber alles das ander muß mein sein«. In ständiger Einwirkung des mahnenden, drohenden, kontrollierenden und strafenden Königs setzte sich diese neue Dienstauffassung allmählich durch. Es entwickelte sich ein zuverlässiges Berufsbeamtentum, das durch Pflichtbewußtsein und Korrektheit, Sparsamkeit und Pünktlichkeit allenthalben Respekt hervorrief, andererseits durch den schroffen Fiskalismus und ein aus der Identifizierung mit dem Staat resultierendes elitäres Standesbewußtsein auch die negativen Seiten der preußischen Bürokratie frühzeitig sichtbar werden ließ.

Die Verwaltungsreform in Rußland, wie der Heeresaufbau von dem Zwang einer möglichst raschen Erschließung aller verfügbaren Mittel diktiert, überwand nur langsam das Stadium des Experimentierens. Die 1708 eingeleitete administrative Neugliederung des Reiches wurde elf Jahre später abgeschlossen und brachte die Einteilung der elf großen Gouvernements in 50 Provinzen, die ihrerseits mehrere Distrikte zusammenfaßten. Die Neuformierung der Zentralbehörden begann 1711 mit der Errichtung des *Senats*, der obersten Verwaltungs- und Justizbehörde. Den entscheidenden Schritt zur Modernisierung bedeutete die 1717 anlaufende, am schwedischen Vorbild orientierte Bildung von Fachministerien (Kollegienreform). Obwohl die Präsidenten der neun (später dreizehn) Kollegien ausschließlich Russen waren, spielten die Ausländer, oft als Vizepräsidenten, in diesen Behörden eine große Rolle.

Das Funktionieren dieses im ganzen modern und zweckmäßig eingerichteten Systems stand und fiel mit der Qualität der Beamten. Infolge des noch in seinen Anfängen stehenden allgemeinen Bildungswesens war es vorläufig unmöglich, sachkundige und unbestechliche Beamte in genügender Anzahl zu finden. So blieb nur die Einrichtung eines zusätzlichen Überwachungssystems zur Aufdeckung von Amtsmißbrauch, Unterschlagung und Korruption. Die zahllosen Finanzkontrollbeamten entwickelten sich jedoch binnen kurzem zu »staatlich besoldeten Denunzianten von beängstigender Machtfülle« (Stökl). Obwohl die gesamte Bevölkerung zu ihrer Unterstützung durch Anzeige von Mißständen – gegen Gewinnbeteiligung! – verpflichtet war, blieb die Wirksamkeit ziemlich gering. 1722 wurde ein noch umfassenderer Kontrollapparat, die Prokuratur, eingerichtet, deren Beamte freilich auch nicht im Rufe absoluter Unbestechlichkeit standen.

Das Problem der Finanzierung der absoluten Monarchie war durch den Aufbau einer staatlichen Fiskalverwaltung noch nicht gelöst. Sie konnte zwar den Anteil des Steueraufkommens, der in die Staatskasse floß und nicht bei Steuereinnehmern und Kontrolleuren hängenblieb, teilweise beträchtlich erhöhen (Frankreich 1661: 85:32 Mill. livres; 1667: 96:63 Mill.), fand aber in der beschränkten steuerlichen Belastbarkeit der Untertanen eine unübersteigbare Grenze. Aus dem Bestreben, die allgemeine Steuerkraft im Interesse der staatlichen Ansprüche zu heben, entstand die Überzeugung von der Notwendigkeit einer durch dirigistische Maßnahmen zur Blüte zu bringenden Staatswirtschaft. Der *Merkantilismus,* in dem diese Vorstellung theoretisch und praktisch ihren Ausdruck fand, kam den politischen Interessen dadurch entgegen, daß er eine staatliche Machtsteigerung durch Wirtschaftsexpansion versprach. Die merkantilistische Lehre, von Colbert zwar nicht erfunden, aber gegen zahlreiche Widerstände erfolgreich durchgesetzt, wurde so zu einer allgemein-europäischen Erscheinung. Vom Standpunkt der modernen Wirtschaftswissenschaften waren die Hauptgrundsätze, auf denen das merkantilistische System aufbaute, falsch. Das betrifft erstens die Vorstellung, daß der Reichtum eines Landes von seinen Vorräten an Geld und Edelmetall abhänge und zweitens die Annahme einer relativen Konstanz von umlaufender Geldmenge und Handelsvolumen in Europa. Colbert folgerte daraus, daß Frankreich versuchen müsse, möglichst viel Zahlungsmittel ins Land zu ziehen. Da es jedoch nur um das reicher werden könne, was es anderen Ländern entziehe, spiele sich der Handel im Grunde in Form eines ständigen Wirtschaftskrieges ab, der unter doppelter Zielsetzung stehe: Steigerung der Exporte und Senkung der Importe.

Zur Realisierung dieser Forderungen entwickelte der merkantilistische Staat ein reiches Instrumentarium, das er mit aller Strenge einsetzte und dessen wichtigste Teilfaktoren in drei Gruppen zusammengefaßt werden können:

1. Zurückhaltung aller Rohstoffe und ihre Verarbeitung im Lande selbst; Ausbau und Modernisierung vorhandener Manufakturen (Auswanderungsverbote für Facharbeiter; Exportverbote für Maschinen); Errichtung neuer Industriezweige unter Anwerbung ausländischer Spezialisten; Bevorzugung exportintensiver Luxusindustrien (Glas, Seide, Modewaren, Uhren, Parfum, später Porzellan); Förderung all dieser Unternehmungen durch eine breite Skala möglicher Maßnahmen: Monopolvergabe, Privilegien, Kredite, Steuerfreiheit, Subventionen, Prämien, verlorene Zuschüsse, Exportvergünstigungen und Absatzgarantien; Schutz der inländischen Fabrikation vor fremder Konkurrenz durch Einfuhrverbote oder hohe Importzölle.

2. Weitgehende Beschränkung der Einfuhr auf unentbehrliche Rohstoffe; Gewinn von Kolonien als Lieferanten billiger Rohstoffe und Absatzgebiete für die Erzeugnisse des Mutterlandes; Aufbau einer eigenen Handelsflotte (und einer Kriegsflotte zu ihrem Schutz); Förderung von Handelsgesellschaften.

3. Beseitigung von kostenerhöhenden Faktoren im Interesse der Konkurrenzfähigkeit inländischer Produkte auf dem Weltmarkt: Abschaffung von Binnenzöllen, Wege- und Brückengeldern; Ausbau der Land- und Wasserstraßen; niedrige Arbeitslöhne, die infolge des Preisstopps für landwirtschaftliche Erzeugnisse zur Sicherung des Lebensunterhalts ausreichten.

Natürlich gilt auch hier, was bereits mehrfach betont wurde: von einer völligen Realisierung des Modells blieb man weit entfernt. Colbert entwickelte zwar die erste staatlich gelenkte Nationalwirtschaft der Neuzeit unter Einsatz moderner Methoden (Staatshaushaltsplanung, Statistiken, dreifache Buchführung), doch darf man sie nicht mit den Maßstäben des 20. Jahrhunderts – etwa einer Zentralverwaltungswirtschaft – messen. Es ist ihm weder gelungen, aus Frankreich einen einheitlichen Binnenmarkt mit einer gemeinsamen Außenzollgrenze zu machen (nur die 12 inneren Provinzen wurden zu dem geschlossenen Zollgebiet der *cinq grosses fermes* zusammengefaßt), noch konnte er die zahllosen *péages* (Straßen- und Brückenzölle) beseitigen. Trotz aller Einschränkungen zeitigte die Wirtschaftspolitik Colberts kurzfristig außerordentliche Erfolge. Manufakturen, Gewerbe und Handel erlebten einen starken Aufschwung, von dem nicht nur die *noblesse de robe,* Großkaufleute, Bankiers und Reeder profitierten, sondern auch breite Teile des mittleren Bürgertums. »Der weitere Aufstieg des Bürgertums zu der für kontinentale Monarchien einzigartigen Rolle, die es im Frankreich des 18. Jahrhunderts trotz rechtlicher Benachteiligungen spielen sollte, ist wohl das bedeutendste Ergebnis der Regierung Ludwig XIV.« (Weis).

Trotz aller Erfolge Colberts hatte jedoch der Merkantilismus als System keine Zukunft. Das lag erstens an seinen falschen wirtschaftlichen Prämissen, zweitens an der Unkenntnis bestimmter ökonomischer Mechanismen, die beispielsweise als Folge ständiger Exportüberschüsse eine importierte schleichende Inflation bedingen, drittens an der Überschätzung der Effektivität einer durchgreifenden staatlichen Reglementierung, die jede Privatinitiative lähmte.

Viertens wurde der Aufbau einer umfangreichen Exportindustrie mit der Vernachlässigung der für Frankreich fundamentalen Landwirtschaft erkauft. Teuerungskrisen führten zu zahlreichen Hungerrevolten der bäuerlichen Bevölkerung. Verschärft wurde diese Situation durch die das ganze 17. Jahrhundert beherrschende wirtschaftliche Depression (vgl. S. 147).

Von entscheidender Bedeutung wurde schließlich, daß es nicht gelungen war, die zentralistische Wirtschaftspolitik auf eine breitere materielle Grundlage zu stellen. Colberts Plänen in dieser Richtung, die auf eine völlige Neuordnung der sozialen Verhältnisse hinausgelaufen wären (Abschaffung der Privilegien, Beseitigung der Ämterkäuflichkeit u. a.) versagte sich der König. »An der Kriegspolitik Ludwigs haben sich alle Reformen mehr oder weniger zerschlagen ... Die Summen, die Krieg und Repräsentation beanspruchten, waren so gewaltig, daß für die Liquidation des Privilegienstaates nichts mehr übrig blieb« (Göhring).

Unter dieser Voraussetzung mußten die steigenden finanziellen Ansprüche des Königs die Fiskalpolitik Colberts bald überfordern. Die Folge war – trotz Anziehens der Steuerschraube – ein wachsendes Defizit im Staatshaushalt (1715: Einnahmen 69, Ausgaben 132 Millionen livres), die zunehmende Verschuldung und damit der langsame, aber sichere Weg in den Staatsbankrott. Während ein Gewirr unfruchtbarer Privilegien und Monopole die soziale Vorrangstellung der privilegierten Schichten konservierte, war auf der anderen Seite der überwiegende Teil der Bevölkerung einem drückenden Fiskalismus hoffnungslos ausgeliefert.

Es erübrigt sich, auf die anderen europäischen Staaten detailliert einzugehen. Modifiziert und entsprechend der unterschiedlichen historischen Voraussetzungen anders akzentuiert, haben sie alle eine merkantilistisch orientierte Politik betrieben. Relativ geringen Erfolg hatten die Bemühungen Peters, dessen fiskalische Interessen sich von vornherein mit dem Streben nach Autarkie für Heer- und Flottenwesen verbanden (Waffenproduktion, Uniform- und Segelherstellung, Schiffsbau). Die Förderung von Manufakturen (178 Neugründungen) und Handel wurde mit allen Mitteln staatlichen Zwangs betrieben, zugleich aber auch mit bewußter Unterstützung der privaten Initiativen, um die verkümmerten gesellschaftlichen Kräfte freizusetzen und zu aktivieren. »Die Spannung zwischen staatlichem Monopolismus und bewußter Privatisierung der Wirtschaft durchzieht die ganze Petrinische Wirtschaftspolitik« (Wittram). Einige wichtige Ziele erreichte Peter nicht: eine fühlbare Erhöhung des Steueraufkommens trat nicht ein, so daß er gezwungen war, die Kriegsfinanzierung auf direktere Weise sicherzustellen (1718 Einführung der Kopfsteuer; Erfindung vieler anderer Abgaben, z. B. der Bartsteuer). Auch seine Anstrengungen, einen kapitalkräftigen, risikofreudigen russischen Kaufmannsstand zu schaffen, der die Ausländer im Außenhandel abzulösen in der Lage gewesen wäre, blieben im wesentlichen vergeblich. Hier bestätigt sich, was ganz allgemein über das Reformprogramm des Zaren gesagt werden kann: er forderte zu vieles und zu schnell; drei Jahrzehnte waren zu wenig, um die Russen an den Apparat des modernen Machtstaates und seine Anforderungen zu gewöhnen.

In Brandenburg-Preußen versuchte Friedrich Wilhelm I. recht erfolgreich, eine merkantilistische Wirtschaftspolitik zu treiben. Berühmt ist das 1713 gegründete Lagerhaus in Berlin, das die Uniformen für die Armee herstellte und bald zur größten Wollmanufaktur Deutschlands wurde. Eng verknüpft mit einer bis ins kleinste gehenden Planung und Reglementierung ist das Moment der Erziehung der Untertanen zu exakter, puritanischer Arbeitsgesinnung. Der Steigerung des Bevölkerungspotentials (»Menschen achte vor den größten Reichtum«) dienten die Förderung der Einwanderung und die Besiedlung der durch die Pest entvölkerten Gebiete im Osten der Monarchie; doch waren auch diese Maßnahmen wohl primär rein fiskalisch im Sinne einer Erhöhung der Steuereinnahmen gedacht. Durch seine spartanische Haushaltführung machte Friedrich Wilhelm Preußen von allen Subsidien unabhängig und hinterließ seinem Nachfolger einen Staatsschatz von acht Millionen Talern, was etwa einer Jahreseinnahme entsprach.

Staat und Kirche

Zu der vom Staat gelenkten Wirtschaft, dem zentralisierten Verwaltungsapparat, einem abhängigen Beamtentum und dem stehenden Heer trat als weiterer Pfeiler der absoluten Monarchie eine straff kontrollierte Nationalkirche. Seit dem späten Mittelalter vorgezeichnet (vgl. S. 23 ff.), erfuhr ihre Entwicklung durch die antirömische Komponente der Reformation eine Beschleunigung. Der Kampf gegen den unabhängigkeitswilligen Klerus war nur ein Teilaspekt der Auseinandersetzung des Monarchen mit den feudalistischen Traditionsmächten.

Besonders in England wurde die Verbindung staatskirchlicher Tendenzen mit allgemein-politischen Intentionen deutlich, als Jakob I., calvinistisch erzogener Sohn der katholischen Maria Stuart, seit seiner Thronbesteigung (1603) die anglikanische Kirche als beste Stütze seiner absolutistischen Herrschaftsvorstellungen förderte. Zwei symptomatische Reaktionen sind zu registrieren: erstens die bekannte Pulververschwörung einiger Katholiken unter Guy Fawkes (1605), deren Aufdeckung eine scharfe antikatholische Gesetzgebung einleitete; zweitens die zunehmende Verfolgung puritanischer Gruppen. 1609 wanderten 41 Anhänger der radikalen Kongregationalisten nach Holland aus, entschlossen sich aber einige Jahre später zu einem welthistorisch folgenreichen Schritt: Am 11. November 1620 landeten die *Pilgrim Fathers* in der Neuen Welt (vgl. S. 256 f.).

Der sich unter Karl I. verstärkenden absolutistischen Tendenz (vgl. S. 180 f.) ging eine verschärfte Haltung gegen alle *nonconformists* parallel. Sie fanden in dem orthodox anglikanischen Erzbischof Laud ihren erbitterten Gegner. Die Übersteigerung der absolutistisch-anglikanischen Ansprüche führte schließlich zum offenen Konflikt und zum endgültigen Zusammenfließen der ständisch-politischen Opposition mit der religiösen.

Ausgangspunkt war der Versuch Karls I., das mit England in Personalunion verbundene Schottland stärker unter seine Kontrolle zu bringen. Als geeignetes Mittel dazu erschien ihm die Eingliederung der schottischen Nationalkirche in die anglikanische Kirchenverfassung, deren hierarchische Struktur als Episkopalkirche den absolutistischen Vorstellungen des Staatsaufbaus viel mehr entsprach als die nach dem calvinistischen Gemeindeprinzip nur locker organisierte presbyterianische Kirche. Die vorgesehene Einführung eines anglikanischen Gebetbuches brachte die lange angestauten Spannungen zur Entladung: Ganz Schottland verband sich in der traditionellen Form des *covenant* und rebellierte gegen den König (1638), dessen militärische Schwäche im *Bishops War* der politischen Opposition in England den Weg zur Revolution bereitete (vgl. S. 213 f.).

Auch in Frankreich gab es Widerstände gegen die Festigung der Nationalkirche. Sie kamen einmal von außen: Die vier Artikel der ›Gallikanischen Freiheiten‹ (1682) leiteten einen offenen Kampf mit dem Papsttum ein, der nach über 30 Jahren durch die Rücknahme der Artikel zu einer formalen Unterwerfung des Königs führte; doch wurden die Artikel in Frankreich auch weiterhin gelehrt.

Seine größte Niederlage erlebte Ludwig XIV. bei dem Versuch, auch den Geist und das Gewissen seiner Untertanen zu vereinheitlichen und dem königlichen Willen zu unterwerfen. Die Devise des volkstümlichen Dichters Gringo(i)re aus der Zeit Ludwigs XII.: »Un Dieu, une foi, une loi, un roi« wollte der König in seinem Kampf gegen Jansenisten und Hugenotten buchstäblich realisieren.

Der Yperner Bischof Cornelius Jansenius (1585–1638) war der Begründer einer an Augustin orientierten inneren Erneuerungsbewegung des Katholizismus mit stark antiklerikalem Einschlag. Er bestritt einige dogmatische Grundlagen der Kirche (Gnadenlehre, Willensfreiheit), forderte eine Rückkehr zu Kult und Lehre des frühen Christentums, predigte eine strenge Moralauffassung, attackierte die Jesuiten und räumte dem Papst nur einen Ehrenvorrang gegenüber den Bischöfen ein. Die Bewegung breitete sich in Frankreich rasch aus, ihr Zentrum wurde die Abtei Port-Royal. Von den Jesuiten gedrängt, verurteilte Innozenz X. einige von der Sorbonne als jansenistisch bezeichnete Thesen, und Ludwig XIV. befahl, die Ketzer, die in Pascal (›Lettres à un provincial‹) einen namhaften Verteidiger gefunden hatten, auszurotten.

Eine unter Clemens IX. erreichte Verständigung (1668) war nicht von langer Dauer. Die seit der Jahrhundertwende verschärfte Verfolgung fand 1709 ihren Höhepunkt: die letzten Nonnen in Port Royal wurden in alle Richtungen zerstreut, das Kloster und selbst der Friedhof wenig später zerstört (1710/11). Weder durch diesen Gewaltakt noch durch die endgültige Verdammung der Lehre (Bulle ›Unigenitus‹ 1713) ließ sich der Jansenismus ausrotten; er wurde jetzt aus einer geistlichen Richtung zu einer politischen Bewegung, zu einem Sammelbecken aller katholischen Kräfte, die in Opposition zu Rom, zum König und zu der von Ludwig auf Kosten des niederen Klerus sehr gestärkten Macht der Bischöfe standen.

Unabsehbarer religiöser und moralischer Schaden und schwerwiegende wirtschaftliche, demographische und politische Konsequenzen ergaben sich für Frankreich aus der Politik Ludwigs XIV. gegenüber den Hugenotten (etwa eine Million = 5% der Bevölkerung). Ursprünglich durchaus wohlwollend, geriet der König unter den Einfluß starker Gegenkräfte. Erstens gab es eine ziemlich breite antiprotestantische Strömung in Stadt und Land, die eine wichtige Quelle im Konkurrenzneid der katholischen Gewerbetreibenden hatte. Zweitens störten die 630 calvinistischen Gemeinden natürlich den Klerus; seine Opposition traf sich – drittens – mit der Meinung weltlicher Berater meist juristischer Provenienz, die den König davon überzeugen konnten, daß ohne die religiöse Einheit die politische nicht möglich sei. Offenbar hat Ludwig die Konversionsbereitschaft der Hugenotten überschätzt und die Übertritte einiger prominenter Calvinisten falsch interpretiert; er glaubte, durch Verweigerung von Gunstbeweisen und Stellen verhältnismäßig leicht eine Bekehrung erreichen zu können. »Von der Illusion des absoluten Monarchen zu der Wirklichkeit einer sich ständig steigernden Religionsverfolgung war der Weg nur kurz« (Weis).

Er begann mit Schikanen, einer extrem restriktiven Auslegung des Edikts von Nantes und steigerte sich zur offenen Verfolgung (1679 bis 1685). Sie nahm in den Dragonnaden (Einquartierung von Soldaten bei calvinistischen Familien) und in Zwangsbekehrungen geprügelter, gefolterter, oft halbtoter Hugenotten die Form nackten Terrors an. Treibende Kraft dieser Aktionen, gegen die selbst französische Kardinäle protestierten, war Louvois. Aufgrund seiner eindrucksvollen Erfolgsberichte mochte Ludwig glauben, daß wohl die meisten Hugenotten inzwischen ›freiwillig‹ konvertiert seien, als er das Edikt von Nantes aufhob (1685). Das Edikt von Fontainebleau verbot jeden reformierten Gottesdienst, befahl die Zerstörung aller protestantischen Kirchen und stellte die Auswanderung unter Galeeren- oder lebenslange Haftstrafe. Nicht konversionsbereite Geistliche wurden des Landes verwiesen. Alle Kinder aus protestantischen Ehen sollten katholisch erzogen werden.

Unter dem nicht nachlassenden Druck verließ in den nächsten Jahrzehnten rund eine halbe Million Hugenotten das Land, vorwiegend Fabrikanten, Handwerker, Facharbeiter, aber auch Gelehrte (Papin, Bayle). Ihnen schlug eine Welle überstaatlicher Hilfsbereitschaft entgegen; sie fanden in Holland, England, Brandenburg, der Schweiz, Rußland und den Überseegebieten Aufnahme und brachten diesen Ländern wertvolle wirtschaftliche, geistige und religiöse Impulse und Bereicherungen, während beispielsweise die französische Textil- und Seidenindustrie durch den Auszug der Hugenotten zunächst ruiniert wurde.

Die in Frankreich zurückbleibenden *nouveaux catholiques* flüchteten in eine verbitterte Oppositionshaltung, übten passiven Widerstand und hielten an geheimen Orten ihre calvinistischen Gottesdienste ab (›Eglise du désert‹). Übergriffe lokaler Behörden unter Verletzung der bescheidenen Zugeständnisse, die 1698/99 erfolgt waren, führten mitten im Spanischen Erbfolgekrieg zum Aufstand der *Camisards* in den Cevennen, der erst nach fünfjähriger, brutaler Kriegführung (Verbrennung von 466 Dörfern) niedergeworfen werden konnte.

Insgesamt gesehen hat Ludwig XIV. sein Ziel, die Einheit des Glaubens der Einheit des Staates hinzuzufügen, nicht erreicht. Diese Feststellung scheint der einleitend gemachten Bemerkung von der Staatskirche als wichtigem Pfeiler des Absolutismus zu widersprechen, doch ist das aus zwei Gründen nicht der Fall. Einmal unterschied selbst die Theorie zwischen der bedingungslosen Subordination der Untertanen und ihrer persönlichen Überzeugung (vgl. S. 172), zum anderen – und das ist wichtiger – wird hier wiederum die Diskrepanz zwischen dem theoretischen Anspruch absolutistischer Modellvorstellungen und der praktischen Realisierung sichtbar. Klarer als im politisch-administrativen Bereich – und deshalb von der Forschung früher erkannt – werden auf religiösem Gebiet die Grenzen des Absolutismus sichtbar, der niemals so ›absolutistisch‹ gewesen ist, wie es seinen Theoretikern vorschwebte und den postrevolutionären Beobachtern zunächst erschien.

Anders als Ludwig XIV. beschränkte sich Peter I. auf die Sicherung der Einordnung der Kirche in den Staat. Die Ablösung des Patriarchen durch den Heiligen Synod, eine geistliche Kollegialbehörde unter staatlicher Aufsicht, nahm der Kirche ihre institutionelle und hierarchische Eigenständigkeit (1721). »Nicht in der Tatsache des staatlichen Übergewichts, sondern nur in der Methode seiner Verwirklichung trat eine Veränderung ein: Aus der Zuständigkeit des Kaisers für das irdisch-materielle Leben der Kirche wurde eine unmittelbare Einbeziehung in die Gesamtverwaltung des Staates« (Stökl).

Im übrigen hatte sich Peter im jahrelangen Umgang mit Ausländern eine für Moskauer Begriffe ungewöhnlich tolerante Haltung angeeignet, die freilich auch recht pragmatische Ursachen hatte (Gewinn von Ausländern für den Staatsdienst; Doppelbesteuerung der Altgläubigen). In der Klosterreform, die mit einer verschleierten Säkularisierung einherging, hat Peter den Josephinismus (vgl. S. 204) bis ins Detail vorweggenommen.

Den Hohenzollern gestattete das Landeskirchenwesen jeden Eingriff in kirchliche Belange (vgl. S. 106 f.); irgendwelche Einmischung der Geistlichkeit in weltliche Angelegenheiten gab es nicht. Das Politisieren von der Kanzel war seit 1614 verboten. Es ist hervorzuheben, daß sich die lutherische Landeskirche das Kirchenregiment der 1613 calvinistisch gewordenen Dynastie gefallen ließ, weil der Landesherr damals unter Verzicht auf das Prinzip *cuius regio eius religio* den konfessionellen Status quo garantiert hatte. In diesem Nebeneinander von Lutheranern und Reformierten lag ein starkes Motiv für das Streben, den Gegensatz zwischen ihnen zu mildern, was schließlich zur ›Evangelischen Union‹ der beiden Bekenntnisse führte (1817).

Es entsprach der undogmatischen Haltung der Fürsten, daß sowohl Calvinisten als auch Lutheraner in Brandenburg-Preußen Zuflucht fanden. Nicht nur wirtschaftliches Interesse, auch echtes Mitgefühl ließ den Großen Kurfürsten sein Land den verfolgten Hugenotten öffnen und ihnen Glaubensfreiheit und materielle Starthilfen versprechen (Edikt von Potsdam 1685). Etwa 30 000 Réfugiés sind in den folgenden Jahrzehnten der Einladung gefolgt. Besonders für Berlin und die Mark Brandenburg kann die Bedeutung der von ihnen ausgehenden geistigen und wirtschaftlichen Impulse kaum überschätzt werden. Eine ähnliche Verbindung unterschiedlicher Motive bewog Friedrich Wilhelm I., den vom Salzburger Erzbischof Firmian vertriebenen Lutheranern Asyl anzubieten. Zu seinem Erstaunen erschienen sie etwa 20 000 Köpfe stark (1732). Vorwiegend in Ostpreußen angesiedelt, haben sie zum ›Retablissement‹ dieses Gebietes wesentlich beigetragen.

Anders als in Frankreich, wo sich der Monarch den religiösen Erneuerungsbewegungen der Jansenisten und Quietisten entgegenstellte, fand eine undogmatische, unklerikale innere Erneuerung des Protestantismus starken Rückhalt bei den Hohenzollern: Bereits unter Friedrich I. begann die Zusammenarbeit zwischen Staat und Pietismus. Preußen wurde zum deutschen und europäischen Zentrum dieser Bewegung. Ihr Hauptsitz und Ausgangspunkt war Halle, wo August Hermann Francke eine Schüler- und Studentenstadt, die Franckeschen Stiftungen, aufbaute (um 1720 rund 3 000 Zöglinge), die mit ihrem vielgegliederten, ständische Bildungsprivilegien durchbrechenden Schulwesen weltweiten Ruf erlangte. Vertiefte Frömmigkeit, christliche Lebensführung, anspruchslose Kleidung, tätige Mitwirkung in der bürgerlichen Arbeitswelt dienten dem Ziel einer Generalreformation des öffentlichen und privaten Lebens. Zahllose Diplomaten, Offiziere, Beamte, Geistliche, Juristen, Lehrer und Mediziner sind hier und an der Universität Halle (gegr. 1692) erzogen worden; sie verhalfen dem Pietismus, der früh Sympathie und Unterstützung des Soldatenkönigs gefunden hatte, zu einer dominierenden Position in Kirche, Schule und Verwaltung.

Frühere Versuche, im aufgeklärten Absolutismus einen Höhepunkt im Sinne einer Vollendung der absoluten Monarchie zu sehen, sind inzwischen durch die bescheidenere Kennzeichnung des *despotisme éclairé* als der spätesten Erscheinungsform des Absolutismus abgelöst worden. Die innere Konzeption der absoluten Staatstheorie und -praxis zielte keineswegs auf diese Stufenfolge. Im Grunde ist der aufgeklärte Absolutismus eher als eine Abschwächung, eine Rückbildung im Vergleich zur klassischen Ausprägung dieser Staatsform zu begreifen, da sich erst in der Auseinandersetzung mit den Ideen der Aufklärung das Selbstverständnis der Fürsten und die allgemeine Staats- und Herrschaftsauffassung wandelten.

Rationalismus und Aufklärung

Die Anfänge der Aufklärung, die als bedeutendste europäische Emanzipationsbewegung gelten kann, reichen bis in die Zeit des kritischen, diesseitsbezogenen und selbstbewußten Humanismus zurück (vgl. S. 44 ff.). Die mit der fortschreitenden Überwindung theologisch-konfessionell-scholastischer Kategorien um sich greifende weltliche Gesinnung, die Säkularisierung des Denkens, verband sich mit einem wachsenden Vertrauen auf die Kraft der Vernunft, als im 17. Jahrhundert der Kampf gegen Autoritätsgläubigkeit und dogmatische Fesseln stärker als je zuvor auf das Gebiet der Naturwissenschaften übergriff. Die philosophische Grundlegung dieser Revolution des Denkens lieferten der französische Rationalismus (Descartes: ›Discours de la méthode pour bien conduire sa raison et chercher la vérité dans les sciences‹, 1637) und der englische Empirismus (Bacon, Locke), der aus der systematischen Beobachtung von Einzelexperimenten auf allgemeine Gesetze schloß (induktive Methode) und als primäre Erkenntnisquelle nicht die reflektierte Vernunft, sondern die durch die Sinne vermittelte praktische Erfahrung proklamierte.

Die Entwicklung der modernen Naturwissenschaften war das gemeinsame Werk vieler europäischer Gelehrter. Neben Stevin (Kräfteparallelogramm), Gilbert (Magnetismus, Elektrizität), Harvey (Blutkreislauf), Guericke (Luftpumpe), Mariotte und Boyle (Gasgesetz), Römer (Lichtgeschwindigkeit), Napier und Briggs (Logarithmen) sind es vor allem Kepler (Planetengesetze), Descartes (Analytische Geometrie), Galilei (Fall- und Pendelgesetze) und Newton (Spektralfarben, Gravitationstheorie, Differential-, Integral- und Infinitesimalrechnung). Viele dieser Entdeckungen wurden erst ermöglicht durch die sich verstärkende Verbindung der Wissenschaft mit Handwerk und Technik, die neue Beobachtungs- und Meßinstrumente bereitstellten (Mikroskop, astronomisches Fernrohr, Quecksilberbarometer und

-thermometer, Pendeluhr, Manometer) und bessere Verfahren, Werkzeuge und Geräte entwickelten.

Im Rahmen des neuen Weltbildes, das alle Erscheinungen *more geometrico* zu erklären und zu meistern suchte, vollzog sich auch die Ausbildung rational verstandener Rechts- und Staatslehren. Für die Entstehung eines neuen Rechtsverständnisses hat der calvinistische Niederländer Hugo Grotius (1583–1645) Entscheidendes beigetragen. Er löste die traditionelle Rechtsauffassung von ihren theologischen Bindungen und entwickelte den modernen, rationalistisch begründeten Naturrechtsbegriff: Allen Menschen habe Gott gewisse grundlegende Rechte eingepflanzt, die als ewig feststehende Gesetze gelten. Dieses Naturrecht »ist so unveränderlich, daß es selbst von Gott nicht verändert werden kann, so wenig Gott bewirken kann, daß zweimal zwei nicht vier ist«. Ihren konkreten Niederschlag fand diese Auffassung in der *Declaration of Independence* (1776), in der *Déclaration des droits de l'homme et du citoyen* (1789) und in allen späteren Erklärungen der Menschenrechte.

Auch die Beziehungen der Völker untereinander müssen nach Grotius vernunftgemäß geregelt werden; daher seine Forderung des *mare liberum* (vgl. S. 74), daher auch sein Postulat, ein Krieg dürfe das Recht nicht aufheben, sondern müsse zu seiner Wiederherstellung führen; der Feind sei als Mitglied der neu zu schaffenden völkerrechtlichen Ordnung zu sehen. In seinem Hauptwerk ›De iure belli ac pacis‹ (1625) baute Grotius auf den Vorarbeiten spanischer Theologen (vgl. S. 74) auf und konstituierte das Völkerrecht als eigenen Wissenschaftszweig.

Die durch Bodins Souveränitätsbegriff und die Praxis der *ragione di stato* eingeleitete Rationalisierung der Staatsidee wurde durch die Aufnahme der Vertragstheorie zur Erklärung der Staatsentstehung entscheidend gefördert. »Die Lehre vom Staatsvertrag ... wurde sozusagen das politische Glaubensbekenntnis der Zeit« (Oestreich). Neben Hobbes, der hierbei bahnbrechend gewirkt hat (vgl. S. 171 ff.), und seinem Landsmann Locke (vgl. S. 220 ff.) ist Samuel von Pufendorf zu nennen (›De iure naturae et gentium‹, 1672), der die Sozialtheorie von ihren Bindungen an die Theologie befreite und das Naturrechtsdenken verselbständigte. Dabei rückte er die Pflichten des Menschen gegen Gott, gegen sich selbst und gegen andere in den Mittelpunkt und gab damit der deutschen Aufklärung ihre spezifische Akzentuierung. Da er den Fürsten - unter Ablehnung des Gottesgnadentums - in diese Pflichtenlehre einbezog, modifizierte Pufendorf die theoretische Stellung des absoluten Monarchen wesentlich: Der (Herrschafts-) Vertrag zwischen Fürst und Untertanen räume diesem zwar die absolute Gewalt ein, verpflichte ihn aber zugleich zur Wahrung von Friede und Gerechtigkeit und zur Fürsorge gegenüber den Untertanen. Dieser gegenseitig zu verstehende Pflichtbegriff verbot jede Willkürherrschaft und jede Ausnutzung des Amtes zu persönlichen Zwecken; er verlangte andererseits den Einsatz für die Gemeinschaft und die Dienstleistung für den Herrscher; beide Postulate standen unter dem Ethos des Allgemeinwohls. Es war die Staatslehre eines gemäßigten, aufgeklärten Absolutismus.

Die neue geistige Bewegung, zunächst nur von einer intellektuellen Führungsschicht getragen, wurde, allmählich popularisiert, zur allgemeinen Weltanschauung. Das Vernunftprinzip als Regulativ für alle Lebensbereiche schlug sich in den Zielsetzungen der Aufklärung nieder. Vernunft, Mut zur Kritik, geistige Freiheit und religiöse Toleranz sollten Tradition, Dogmengläubigkeit, kirchliche und staatliche Autorität, moralische und ständische Vorurteile überwinden; eine vernunftgemäß-natürliche Erziehung der Menschheit zur Humanität würde den Fortschritt garantieren, ihre Verbrüderung (Kosmopolitismus; Freimaurer!), das eigene Glück und die Wohlfahrt aller fördern.

Wegbereiter der französischen Aufklärung war Pierre Bayle (›Dictionnaire historique et critique‹, 1695/97), ihr glänzendster europäischer Repräsentant Voltaire (1694–1778). Die von d'Alembert und Diderot herausgegebene ›Encyclopédie ou Dictionnaire raisonné des Sciences, des Arts et des Métiers‹ (35 Bände, 1751–80) stellte das gesamte Wissen der Zeit in aufklärerischem Geiste dar.

Die feste Zuversicht, mit der Vernunft als Maßstab aller Dinge jedes Rätsel des Daseins lösen zu können, führte zwangsläufig zu einer Rationalisierung des Glaubens. Die ›Vernunftreligion‹ des Deismus erkannte zwar Gott als Schöpfer und letzten Urgrund der Welt an, bestritt aber die Möglichkeit göttlichen Eingreifens in den Lauf der Weltordnung. Einmal ins Leben gerufen, konnte die Schöpfung ihrem eigenen Funktionieren überlassen bleiben. Als Gottesbeweis genügte den Deisten die Beobachtung der Vernünftigkeit des Kosmos und die mathematische Erkenntnis einer harmonischen, von Naturgesetzen gelenkten Welt. Der Weg von dieser Anschauung zu Indifferenz und Atheismus war kurz. »Un déist est un homme qui n'a pas encore eu le temps de devenir athée«, spottete der Katholik Bonald. In der Tat spielten Materialisten und Atheisten in der späteren Aufklärung eine nicht unbedeutende Rolle.

Der aufgeklärte Absolutismus

Durch die Intensität, mit der die neuen geistigen Kräfte im ›Jahrhundert der Aufklärung‹ alle Lebensbereiche erfaßten, sah sich die etablierte absolute Monarchie überall mit dem Anspruch dieser Bewegung konfrontiert, Struktur, Gewalt und Tätigkeit des Staates neu zu definieren: »Das 18. Jahrhundert findet seinen gemeinsamen politischen Inhalt in der Auseinandersetzung des Staates mit der Aufklärung« (Näf).

Das Ergebnis war verschieden. England blieb der Aufklärung gegenüber fast immun; Frankreich verschloß sich ihren Forderungen und ließ sie zur gefährlichen Opposition heranwachsen; in Preußen fand sie bis zu einem gewissen Grade Aufnahme und wurde so neutralisiert; ein ähnlicher Versuch scheiterte in Österreich an der zu schematischen und überstürzten Einführung; in Rußland schließlich blieb die Anwendung aufklärerischer Prinzipien an der Oberfläche.

Auch in zahlreichen kleineren Staaten fand der aufgeklärte Absolutismus Eingang. Sowohl die reformfreundlichen deutschen Landesfürsten (Karl August von Weimar, Karl Friedrich von Baden, Friedrich August III. von Sachsen, Karl Eugen von Württemberg u. a.) als auch die Monarchen oder ihre Minister in Schweden (Gustav III.), Toskana (Großherzog Leopold), Neapel (Karl III.), Portugal (Pombal) und Dänemark (Struensee, Bernstorff) sind hier zu nennen.

Grenzen und Leistungen

Die Frage nach der genauen Definition des aufgeklärten Absolutismus ist kaum zu beantworten. Mit Fritz Hartung wird man über seine theoretischen Grundlagen kaum mehr sagen dürfen, »als daß er auf der weiten Verbreitung des Gedankenguts der Aufklärung beruht« und ihn am besten »als eine von der Philosophie, insbesondere von der Staatslehre der Aufklärung stark beeinflußte Regierungsweise« bezeichnen. Mit Recht hat Henri Pirenne darauf hingewiesen, daß man im aufgeklärten Absolutismus im Grunde die alte Auffassung vom Fürsten als Landesvater finde, dessen Verhalten nun freilich nicht mehr vom Herzen, sondern vom Verstande bestimmt wurde.

Gemeinsames Merkmal der verschiedenen Erscheinungsformen des aufgeklärten Absolutismus ist, daß er in das Endstadium der ständischen Gesellschaft gehörte, sich um Milderung mancher Mängel und Härten dieses Systems bemühte, aber nicht bereit war, »die vollen Konsequenzen seiner Theorie zu ziehen und die ganze bestehende Gesellschaftsordnung über den Haufen zu werfen« (Hartung). Keiner der aufgeklärten Monarchen hat ernstlich den Versuch unternommen, die ständischen Schranken abzubauen. Ebensowenig wurde die Position des Monarchen selbst angetastet.

»In der eifersüchtigen und mißtrauischen Wahrung der Vollgewalt gegen jede Mitwirkung der Untertanen bei der Entscheidung ist der Absolutismus Friedrichs II. in nichts von dem Ludwigs XIV., der aufgeklärte Despotismus in nichts von dem unaufgeklärten unterschieden« (Koser).

Monarchisch-staatliche Autorität, ständische Sozialordnung, äußere und innere Staatsräson verwiesen die Realisierung aufklärerischer Prinzipien auf einen ziemlich engen Bereich. Was blieb, war dennoch nicht bedeutungslos. Die rationale Ableitung der Herrschergewalt aus Verträgen, die Auffassung des Staates als entpersonalisierte, abstrakte Anstalt, das Selbstverständnis der Fürsten als Organ der Gesellschaft, auch ihr bescheideneres Auftreten, bewirkten eine Versachlichung des fürstlichen Amtes und, nach dem bekannten Wort von Franz Schnabel, eine »Entzauberung der Monarchie von Gottes Gnaden«.

Damit wandelte sich ihr Verhältnis zu Religion und Kirche. Die Bemerkung Friedrichs II., in seinem Staate solle jeder nach seiner Fasson selig werden (1740) und das Toleranzedikt Josephs II. (1781) bezeugen die Entkonfessionalisierung des Staates. Selbst Frankreich machte den Hugenottenverfolgungen unter dem Druck der Philosophen (Voltaire: ›Traité de la Tolérance‹, 1763) ein Ende und gewährte den Reformierten 1787 Glaubensfreiheit und bürgerliche Gleichberechtigung.

Die als Josephinismus zusammengefaßten kirchenpolitischen Maßnahmen Josephs II. zielten auf eine Stärkung der nationalkirchlichen Unabhängigkeit von Rom, verbanden aber damit das Bestreben, die Kirche zu einer staatlichen Erziehungs- und Polizeianstalt zu machen, der die Ausbildung sittlich hochstehender und sozial wertvoller Untertanen obliegen sollte. Über 700 der Meditation und Askese gewidmete Klöster wurden als unnütz und für das Gemeinwohl unfruchtbar aufgehoben, der Staat übernahm die Besoldung des niederen Klerus, kontrollierte dessen Ausbildung, reduzierte die Zahl der Feiertage, Wallfahrten und Prozessionen und schreckte auch vor kleinlichen Eingriffen in die Gottesdienstordnung (Zahl der Kerzen!) nicht zurück. Der völligen Eingliederung der Kirche in den Staat dienten eine Neueinteilung der Diözesen, die Einholung des kaiserlichen Plazet vor jeder Bekanntmachung päpstlicher Verlautbarungen, die Einschränkung der geistlichen Gerichtsbarkeit und der von allen Bischöfen und Äbten geforderte Amtseid auf den Landesherrn.

Mit der Kirchenpolitik in engem Zusammenhang standen die schon unter Maria Theresia eingeleiteten Bemühungen, das Schulwesen in den Dienst der Erziehung tüchtiger Untertanen zu stellen. Schulen, Gymnasien und Universitäten wurden verstaatlicht, Bücher und Lehrprogramme vorgeschrieben, die Lehrpersonen ständig beaufsichtigt. An die Stelle der geistlichen Zensur trat eine scharfe staatliche Kontrolle. Immerhin hat das Bildungswesen infolge der durchgesetzten siebenjährigen Schulpflicht und der sozialen Hebung des Lehrerstandes zwar nicht an Tiefe, aber doch an Breite gewonnen.

Ähnliches kann man von Preußen nicht sagen, da die Bildungspolitik Friedrichs II. Stückwerk geblieben ist. Ansätze einer Volksschulreform scheiterten an der unvorstellbar schlechten Lehrerbesoldung, aber auch an der Tatsache, daß häufig invalide Soldaten und Unteroffiziere Landschullehrerstellen erhielten – »eine Einrichtung, die mehr dem Charakter des preußischen Militärstaates als den Bedürfnissen der Volksbildung entsprach« (Hintze). Sieht man von einigen Lehrerseminaren und städtischen Gymnasien ab, klafften im altpreußischen Schul- und Bildungswesen theoretischer Anspruch des aufgeklärten Regenten und Realisierung weit auseinander.

Bedeutender war die vom Justizminister Cocceji 1745–56 in Preußen eingeleitete Justizreform. Sie bestand erstens in der Schaffung einer vereinheitlichten, übersichtlichen Gerichtsverfassung mit dreifachem Instanzenzug und der Abkürzung des Prozeßverfahrens (1748 Codex Fridericianus Marchicus), zweitens in der Säuberung des Richter- und Advokatenstandes von zwielichtigen Elementen und der Einführung strenger Ausbildungs- und Prüfungsvorschriften für die nunmehr besoldeten Richter. Wissenschaftlich und praktisch geschult, materiell gesichert und unbestechlich, wurde der neue Richterstand ein auf das Recht vereidigter Stand loyaler Staatsbeamter.

Die von Cocceji angestrebte völlige Trennung der Justiz von der Verwaltung ist nicht vollzogen worden. Alle Prozesse, die wesentliche Verwaltungsinteressen berührten, wurden in außerordentlichen Verfahren von der Verwaltung entschieden. Auch die Polizeigerichtsbarkeit der Landkreise blieb in den Händen der adligen Gutsherren; nur die Patrimonialgerichtsbarkeit auf den Domänen wurde 1764/67 verstaatlicht.

Der aufgeklärte König (»Ich habe mich entschlossen, nicht mehr in den Lauf der Justiz einzugreifen; in den Gerichtshöfen müssen die Gesetze sprechen«, Polit. Testament 1752) hielt übrigens auf dem Gebiet des Strafrechts an seiner oberstrichterlichen Befugnis durchaus fest und griff auch gelegentlich in die Zivilrechtspflege ein, wenn auch, wie im berühmten Fall des Müllers Arnold, aus achtbaren Motiven.

Höhepunkt und Abschluß der Justizreform bildete die von Carmer und Svarez ausgearbeitete Rechtskodifikation. Obwohl in einigen Punkten nach dem Tode Friedrichs modifiziert (Streichung des Verbots königlicher Machtsprüche), bedeutete das *Allgemeine Landrecht* (1794/96) einen wichtigen Schritt zum Rechts- und Verfassungsstaat. Es beruhte auf der Lehre vom Herrschaftsvertrag und dem von Pufendorf präzisierten Naturrechtsbegriff, verankerte die Glaubens- und Gewissensfreiheit, konservierte aber die ständische Gesellschaftsordnung und hielt die persönlichen und dinglichen Bindungen des Bauernstandes aufrecht. Es wurde so zum Spiegelbild der erstarrten preußischen Sozialstruktur und erscheint, denkt man an die gleichzeitige Entwicklung in Frankreich, als anachronistische Bestätigung eines überlebten Systems. Für Preußen brachte das ALR jedoch endlich die rechtsmäßige Vereinheitlichung.

Aufklärerisches Gedankengut prägte auch die Justizreform in Österreich. Die noch recht konservative *Nemesis Theresiana* (1768) wurde durch das mildere Strafrecht der *Josephina* 1788 abgelöst (Abschaffung der Folter, Aussetzung der Todesstrafe); die Zivilprozeßordnung (1787) brachte eine stärkere Trennung von Verwaltung und Rechtsprechung, den Ausbau eines übersichtlichen Instanzenzuges und Abschaffung aller Sondergerichte. 1786 wurde der erste Teil des *Allgemeinen Gesetzbuches* veröffentlicht (vollendet 1811).

Neben den unbestreitbaren Leistungen des aufgeklärten Absolutismus als Wegbereiter des modernen, entkonfessionalisierten Rechtsstaates stehen seine vielfältigen Bemühungen um die ›Wohlfahrt‹ der Untertanen. Dazu gehören die Hebung des Bildungswesens, Förderung von Kunst und Wissenschaften, von Handel und Gewerbe, Einführung neuer Anbau- und Fertigungsmethoden in Landwirtschaft und Industrie, umfangreiche Meliorationsarbeiten (Trockenlegung bisher siedlungsfeindlicher Gebiete, Flußregulierungen), Binnenkolonisation, Siedlungspolitik (vgl. S. 261 f.) und eine allgemeine Verbesserung der Verkehrsverhältnisse durch Straßen- und Kanalbau. Alle Maßnahmen waren Ausfluß verantwortlicher Herrschergesinnung, dienten aber nicht zuletzt der Stärkung des Staates und dem Wachstum seiner Macht. Von irgendeiner Mitwirkung der Untertanen an Entscheidungen war nicht die Rede, doch darf auch der erste Teil des oft zitierten Satzes »Alles für das Volk, nichts durch das Volk« (v. Justi) nicht zu wörtlich aufgefaßt werden.

Das Bauerntum beispielsweise, das in allen Staaten des 18. Jahrhunderts zahlenmäßig an erster Stelle stand, blieb die sozial unterprivilegierte Schicht, die es seit Jahrhunderten war. Die wenigen Ausnahmen (Baden, Österreich) bestätigen nur diese Regel. Während die Bauernbefreiung in Preußen wenigstens auf den Domänen durchgeführt wurde, verschärfte sich die bäuerliche Abhängigkeit in Rußland seit der Zusammenfassung der Adelsprivilegien in der *Gnadenurkunde* Katharinas II. (1785). Überhaupt beruht die Qualifizierung der Epoche Katharinas als repräsentativ für den aufgeklärten Absolutismus mehr auf einer Veränderung des philosophischen Hintergrundes, der theoretischen Formulierung und des allgemeinen Stils. »Gemessen an der Wirklichkeit des Regierens hat die Schülerin Montesquieus und Voltaires ihren europäischen Ruhm kaum verdient. Sie war und blieb eine Gefangene der Adelsinteressen und ihrer eigenen Leidenschaften« (Stökl).

In Rußland wie in Preußen mußte jede Lösung der Bauernfrage auf Kosten des Adels gehen; daran war in beiden Staaten ebensowenig zu denken wie in Frankreich.

Dagegen erstrebten die Reformen Josephs II. eine grundsätzliche Verbesserung der bäuerlichen Verhältnisse. Die Umwandlung erbuntertäniger, schollenpflichtiger Bauern in Zinspächter mit staatlich geordneter, gemilderter Dienst- und Abgabenverpflichtung war ein verheißungsvoller Ansatz. Er bildete einen Teilaspekt des umfassenden Reformprogramms in Staat und Kirche, Wirtschaft und Kultur, mit dem Joseph die Schaffung eines österreichischen Einheitsstaates zu realisieren suchte. Dabei verband sich mit dem Ziel der Machtkonzentration beim absoluten König der aufklärerische Wunsch eines allgemeinen Wohlfahrtsstaates. Es war der Versuch, die höchste Perfektion und Effizienz der absoluten Monarchie auf der Basis rationalistisch-aufgeklärten Staatsdenkens zu erreichen.

Hinsichtlich der Zentralisierung des Staates bestand in der Tat ein gewisser Nachholbedarf Österreichs. Nur sehr allmählich war es Maria Theresia gelungen, den Einfluß des Adels in den Alpenländern und in Böhmen-Mähren zu brechen, indem sie lokale Administration und Justiz einem staatlichen Beamtentum übertrug. Joseph wollte mehr: er erstrebte die Einbeziehung Ungarns, der Lombardei und der Niederlande in das zentralistische Verwaltungssystem, versuchte, die ständische Selbstverwaltung auszuschalten und diesen Gebieten – aus praktischen Gründen – Deutsch als Amtssprache aufzuzwingen. Diese Überspannung der Ansprüche, die sich über regionale Traditionen und vertraglich fixierte Sonderrechte hinwegsetzte, führte zum Widerstand auf breiter Front. Er manifestierte sich am deutlichsten in den Aufständen in Ungarn und den Niederlanden, die sich 1790 als ›Vereinigte Belgische Staaten‹ für unabhängig erklärten. Leopold II. (1790–92) entschärfte die Konsequenzen der überstürzten Reformpolitik seines Vorgängers: Durch die Rücknahme zahlreicher Verordnungen rettete er die Donaumonarchie vor dem drohenden Zusammenbruch.

Außenpolitik: Die Polnischen Teilungen

So wenig die Aufklärung die innere Struktur der absoluten Monarchie grundsätzlich änderte, so wenig haben ihre humanitären und kosmopolitischen Ideale einen mäßigenden Einfluß auf die internationalen Beziehungen ausgeübt; nur der rationalistische Grundzug trat stärker hervor (vgl. S. 279). Dominierendes Element der äußeren Politik blieb die in die Form kühler Rationalität gekleidete Staatsräson. In der Haltung der Großmächte zur polnischen Frage kam dies am besten zum Ausdruck.

Der Tod Augusts III., des letzten Polenkönigs aus sächsischem Hause, rief die Nachbarmächte auf den Plan. Ihr gemeinsames Interesse war, die politische Ohnmacht des zerrütteten polnischen Staates zu erhalten. Rußland erstrebte eine völlige Kontrolle der polnischen Verhältnisse, Österreich war auf Wahrung seines Einflusses bedacht, und Preußen sah in der Existenz eines polnischen Staates eine wichtige Abschirmung seiner östlichen und mittleren Provinzen gegenüber der neuen russischen Expansionspolitik. Verschärft wurden die Spannungen durch den preußisch-österreichischen Dualismus und den zunehmenden russisch-österreichischen Gegensatz in der Balkanfrage (vgl. S. 260). Obwohl es Katharina II. gelang, ihren Günstling Stanislaus Poniatowski auf den polnischen Thron zu bringen (1764–95), sah sie ihre Hoffnungen bald enttäuscht, da der befähigte Stanislaus durch Verfassungsreformen (Abschaffung des *Liberum veto)* und konfessionspolitische Maßnahmen einen eigenständigen, erfolgversprechenden Weg zur Stärkung des polnischen Staates einschlug.

Preußischer Druck und die Entsendung einer russischen Armee erzwangen die Wiederherstellung der alten Verfassung (1768), begünstigten aber das Entstehen von Adelsparteien (Konföderationen) unterschiedlicher Zielsetzung und verschärften den Bürgerkrieg. Angesichts der drohenden Haltung Österreichs und des russischen Übergewichts in Polen lenkte Friedrich ein und verständigte sich mit Joseph II., der unter Berufung auf fast vergessene Rechte aus dem 15. Jahrhundert mit der Besetzung der Zips (1769/70) als erster nach einem freilich kleinen Gebiet Polens griff. Es gelang schließlich, auch die Zarin für das Projekt zu gewinnen, einen Ausgleich der Gegensätze durch territoriale Kompensationen auf Kosten Polens zu erreichen.

Die Verkleinerung Polens (1772), meist als 1. Polnische Teilung bezeichnet, war eine diplomatische Revolution, herbeigeführt durch die souveräne Entscheidung dreier Repräsentanten des aufgeklärten Absolutismus. Wie weit bei diesem Raubzug in Friedenszeiten Recht und Staatsinteresse auseinanderklafften, hat Maria Theresia tief empfunden: »Wolle Gott, daß ich nicht dereinst in der anderen Welt noch dafür zur Verantwortung gezogen werde!« Sie konnte sich jedoch gegen ihren Sohn nicht durchsetzen, was Friedrich mit der sarkastischen Bemerkung quittierte: »Sie weinte, doch sie nahm.«

Polen verlor 28 Prozent seines Territoriums und 39 Prozent seiner Bevölkerung. Rußland rückte bis zur Düna-Dnjepr-Linie vor; Österreich gewann das am dichtesten besiedelte Agrargebiet Europas um Lemberg sowie die ertragreichen Salzbergwerke von Wielicka; Preußen erhielt das Ermland und durch die Annexion Westpreußens (ohne Thorn und Danzig) endlich die *linea communicationis* zu seinem östlichsten Territorium, was ihm zugleich die äußerst lukrative Kontrolle über vier Fünftel des polnischen Außenhandels einbrachte.

Restpolen, immer noch ein Gebiet von der Größe Frankreichs, erlebte in den folgenden Jahren einen überraschenden Aufschwung. Stanislaus leitete umfassende Reformen ein, ordnete das Steuerwesen, reorganisierte Verwaltung und Heer, förderte Handel und Gewerbe, regte eine liberale Bauerngesetzgebung an (die der Ablehnung verfiel), entschärfte die konfessionellen Spannungen (Toleranztraktat 1768/75) und sorgte für eine Neuordnung des Bildungs- und Erziehungswesens im Geiste aufgeklärter Liberalität. Als Ausgleich für die Verluste von 1772 ließ Katharina dem Reformwillen freien Lauf, ohne aber die außenpolitische Abhängigkeit Polens von Rußland zu lockern. Das änderte sich, als der ›Große Reichstag‹ (1788–1792) weitere Reformen beschloß, die in der Verfassung von 1791 gipfelten.

Vier Monate vor der ersten französischen Revolutionsverfassung verwirklichte die polnische *Konstitution* ansatzweise die Idee der Volkssouveränität, führte die Gewaltentrennung ein, schuf ein modernes, dem Parlament verantwortliches Ministerium, ersetzte das Wahl- durch ein Erbkönigtum und erklärte Mehrheitsentscheidungen für verbindlich. Mit vollem Recht verdient diese Verfassung an der Seite der amerikanischen und französischen genannt zu werden.

Die vorgesehene Umwandlung Polens in eine parlamentarische Erbmonarchie war eine Herausforderung Rußlands. Katharina kümmerte sich um die 1772 ausgesprochene Besitzstandsgarantie nicht im geringsten, verständigte sich mit Preußen und vereinbarte einen zweiten Teilungsvertrag (1793), der Territorium und Einwohnerzahl Polens auf etwa die Hälfte reduzierte. Als das übergangene Österreich eine weitere Aufteilung anregte (und zugleich als Antwort auf die erfolgte Demütigung), erhob sich im März 1794 ein nationaler Aufstand unter Thaddäus Kosciuszko, der als General an der Seite Washingtons gekämpft hatte und den einmarschierenden russischen und preußischen Truppen ein halbes Jahr lang erbitterten Widerstand leisten konnte. Preußen, durch den Frieden von Basel (1795) im Westen entlastet, konnte seine Interessen nachdrücklicher vertreten und wurde schließlich an der Beute beteiligt.

Mit der 3. Polnischen Teilung (1795) verschwand das Königreich Polen von der europäischen Landkarte, auf der es gut zwei Jahrzehnte früher mit 730 000 qkm und 11,6 Millionen Einwohnern einen sehr respektablen Platz eingenommen hatte. Die folgende Übersicht zeigt in abgerundeten Zahlen die von den Teilungsmächten erzielten Land- und Bevölkerungsgewinne (in 1 000 qkm bzw. in Millionen Einwohnern):

	Rußland		Österreich		Preußen		Polen	
	Fläche	Einw.	Fläche	Einw.	Fläche	Einw.	Fläche	Einw.
vor 1772							730	11,6
1772	84	1,26	83,9	2,67	34,9	0,36	527	7,08
1793	229	3,06	—	—	58,4	1,14	240	3,47
1795	146	1,34	51	1,1	43	1,04	—	—
insgesamt	460	5,65	135	3,77	136,3	2,53		

Die »Demontage« Polens war der Triumph eines politischen Denkens, das Quadratmeilen und Bevölkerungszahlen als Manipulationsobjekte rationalistisch empfundener Zweckmäßigkeitserwägungen ansah und nationale Freiheits- und Unabhängigkeitsbestrebungen als überwindbare Störfaktoren abtat. Gelöst war die polnische Frage mit diesem Kabinettsstück absolutistischer Machtpolitik freilich nicht. Je länger desto mehr wurde die polnische Frage (Nationalhymne: »Noch ist Polen nicht verloren«) zu einem echten Problem der europäischen Politik, die sich immer wieder mit dem Kampf um die Wiederherstellung des souveränen polnischen Staates konfrontiert sah. Auch nach Erreichen dieses Ziels (1916) wurde und wird das Verhältnis Polens zu seinen Nachbarstaaten durch die Erinnerung an die skrupellose Liquidierung des Staates – die sich übrigens 1939 wiederholte – stark belastet.

Die Anfänge des modernen Konstitutionalismus

Der neuzeitliche europäische Staat bildete sich entweder in herrschaftlicher oder in genossenschaftlicher Form. Es ist bereits betont worden, daß die ungleich häufiger zu beobachtende Entstehung des ersten Typus, der zentralisierten Monarchie, keineswegs ein völliges Verschwinden der Kräfte bedeutete, die eine Lösung im ständischen Sinne anstrebten (vgl. S. 174 f.). Die sich seit dem späten Mittelalter verschärfenden Kämpfe zwischen Fürstentum und Adel um Form, Wesen und Ausübung politischer Macht wurden in der Frühen Neuzeit geradezu ein gesamteuropäisches Phänomen – unabhängig davon, ob das monarchische oder das ständische Prinzip in diesem oder jenem Land einen zeitweiligen Erfolg errungen zu haben schien.

Bemühungen, Macht und Einfluß des Herrschers durch Bindung an Recht und Herkommen theoretisch und praktisch zu beschränken, waren dem europäischen Mittelalter geläufig. Bekannte Beispiele sind die Entwicklung des Gedankens der Volkssouveränität (Manegold von Lautenbach, Marsilius von Padua) und einige berühmte Fixierungen ständischer *iura et libertates* (1188 in Leon; 1215 in England: Magna Charta; 1356 in Brabant: Joyeuse Entrée; 1514 in Württemberg: Tübinger Vertrag). Seit dem 16. Jahrhundert gewann die Auseinandersetzung eine neue Dimension.

Der theoretische Ansatz

Drei Jahre nach der Bartholomäusnacht verkündete François Hotman in seiner ›Franco-Gallia‹, daß in Frankreich seit altersher der ›populus‹ bzw. seine ständischen Repräsentanten eigentliche Träger der Souveränität gewesen seien. Er begründete damit eine antiabsolutistische Oppositionsrichtung, die bis zum Ende des Ancien Régime reichen sollte. Einen ersten Höhepunkt fand sie in den ›Vindiciae contra tyrannos‹ (1577; Verfasser vermutlich der calvinistische Adlige Du Plessis-Mornay). Die Schrift führt Gedanken Calvins weiter, nach denen es für den christlichen Bürger als Privatmann grundsätzlich kein Recht zum Widerstand gegen eine Regierung gebe; wohl aber seien die vom Volk eingesetzten Repräsentanten berechtigt und verpflichtet, »der wilden Ungebundenheit der Könige pflichtgemäß entgegenzutreten«. Die ›Vindiciae‹ sehen das Volk als Inhaber der Staatshoheit (»C'est par le peuple et à cause du peuple que les rois sont élevés en leurs thrônes«) und proklamieren das Widerstandsrecht hoher Amtsträger gegenüber königlichen Befehlen, die einer gottfeindlichen oder tyrannischen Haltung entspringen. Nur diese legitime Opponentengruppe darf und muß in solchen Fällen auch einem rechtmäßig zur Herrschaft gelangten Fürsten Einhalt gebieten und kann als Hüter des Rechts die breite Masse des Volkes zum aktiven Widerstand aufrufen.

Der Grundgedanke der ›Vindiciae‹, ein religiös legitimiertes, ständisches Widerstandsrecht aus einer aristokratisch interpretierten ›Volks‹-Souveränität abzuleiten, hat mit dem modernen Naturrechtsbegriff, der neueren Lehre vom Widerstandsrecht und der *volonté générale* Rousseaus wenig gemeinsam. Auch in der Erklärung der Herrschaftsentstehung ist nicht viel von rationalistischer Vertragstheorie zu spüren, wenn am Anfang ein *foedus* zwischen Gott, König, und Volk steht, geschlossen nach dem Vorbild des Bundes Gottes mit dem Volk Israel und seinen Königen. (Ein solcher *covenant* spielte beispielsweise im calvinistischen Schottland wiederholt eine wichtige Rolle). Erst danach folgte ein als *mutua obligatio* zwischen Herrscher und Volk vereinbarter Vertrag. Trotz dieser noch traditionell bestimmten Grundhaltung haben die ›Vindiciae‹ durch die Aufnahme der älteren Vertragslehre und ihre biblisch-religiöse Legitimierung in reformiertem Sinn wesentlich zur Entwicklung einer neuzeitlichen ständischen Staatslehre beigetragen.

Hotman, Du Plessis-Mornay, der Schotte Buchanan (›De iure regni apud Scotos‹), Jean Boucher (›De iusta Henrici III. abdicatione‹) und der Jesuit Mariana (›De rege et regis institutione‹) sind die wichtigsten Repräsentanten einer keineswegs homogenen Gruppe politischer Schriftsteller, die William Barclay erstmals als *Monarchomachen* zusammenfaßte (1600). Die Bezeichnung ist unglücklich, da sie sämtlich keine grundsätzlichen Gegner der Monarchie waren, sondern nur ihre tyrannischen Auswüchse bekämpften. Mit ihrer Lehre vom erlaubten Tyrannenmord standen sie ganz im Bann antik-mittelalterlicher Tradition, die den Tyrannenbegriff bereits differenziert hatte und der auch Bodin verpflichtet war, wenn er die Ermordung eines usurpatorischen *tyrannus absque titulo* guthieß.

Naturrecht, Volkssouveränität, ständische Repräsentation und politische Mitbestimmung, Vertragstheorie und Widerstandsrecht waren die zentralen Ideen, die von der calvinistischen Publizistik der zweiten Hälfte des 16. Jahrhunderts als Antwort auf frühe absolutistische Theorie und Praxis neu durchdacht und formuliert wurden. Als in den folgenden Jahrzehnten ihre religiöse Verankerung durch die Bindung an ein rationalistisch verstandenes Naturrecht ersetzt wurde, war der Weg zu einer neuzeitlichen, säkularisierten ständischen Staatslehre frei. Neben Grotius und Pufendorf (vgl. S. 201 f.) kam dabei Johannes Althusius besondere Bedeutung zu. Seine in der ›Politica‹ (1603) entwickelte systematische Soziallehre spricht die höchste, unteilbare und unveräußerliche Gewalt im Staate dem Volke zu. Es unterwirft sich zwar in freiem Entschluß vertraglich dem Herrscher, bestellt aber Wächter seiner Freiheit, die ihn absetzen und sogar zum Tode verurteilen können.

Den sozialen Hintergrund der Auseinandersetzung zwischen Fürstenprinzip und Ständelehre bildete das Aufstreben des Bürgertums, unter dem die reformierte Lehre weite Verbreitung gefunden hatte. Es forderte den Schutz seiner Interessen, besonders die Unverletzlichkeit der persönlichen Freiheit und des Eigentums vor staatlichen Übergriffen. So war es konsequent, daß sich ständische Traditionen, ökonomische Interessen sowie politisches und religiöses Emanzipationsstreben zuerst dort zu einer antiabsolutistischen Bewegung revolutionären Charakters verdichteten, wo sich ein selbstbewußtes und materiell starkes Bürgertum an die Spitze der Opposition stellte.

Die erste unter diesem Aspekt ablaufende Rebellion fand auf dem Kontinent statt: der offene Widerstand der Niederlande gegen die spanische Herrschaft begann als Aufstand des Adels, dem sich die unteren Volksschichten und das Bürgertum anschlossen (vgl. S. 130), wobei es dem Großbürgertum bald gelang, die Führung zu übernehmen. Für die gesamteuropäische, besser: für die atlantische Entwicklung einer antiabsolutistischen Konzeption waren jedoch die von England ausgehenden Impulse ungleich bedeutungsvoller.

Die englischen Revolutionen

Der unzureichende Ausbau der Infrastruktur während des absolutistischen Kurses Karls I. (vgl. S. 180 f.) zwang den König zur Wiedereinberufung des Parlaments, als er sich den aufständischen Schotten, die den Krieg bereits nach England trugen, fast mittellos gegenübersah. Das Parlament lehnte jede Beratung königlicher Finanzwünsche ab und präsentierte stattdessen einen umfangreichen Beschwerdekatalog (1640). Die Auflösung dieses *Short Parliament* nach nur drei Wochen war eine letzte Demonstration königlicher Machtvollkommenheit, die an der prekären Lage Karls nichts änderte, aber die allgemeine Erregung im Land außerordentlich steigerte. Mit der durch äußeren und inneren Druck erzwungenen Neuberufung des Parlaments zum 3. November 1640 ging die *Eleven Years Tyranny* Karls I. endgültig zu Ende; die erste Phase der Revolution begann.

Die puritanische Revolution

Die zunächst konservativ-reaktionäre Zielsetzung des *Long Parliament* (es tagte von 1640 bis 1653) erklärt sich aus seiner Zusammensetzung: Landadel und Großbürgertum gaben den Ton an. Als größte Nutznießer der Säkularisierung des Kirchengutes (vgl. S. 116) besaßen die Mitglieder des Unterhauses zusammen dreimal so viel Land wie die Lords. Die meisten von ihnen hatten ihr Vermögen seitdem durch Handels- und Kolonialunternehmen weiter vergrößert: »Die reichsten Engländer saßen in dem revolutionärsten Parlament der englischen Geschichte« (Freund). Die Sorge um die Besitzstandswahrung, der Ruf nach Recht und Ordnung und der Widerstand gegen königliche (Besteuerungs-) Willkür fanden ihren Ausdruck in den parlamentarischen Forderungen nach Wiederherstellung des ›guten alten Rechts‹ – das heißt nach politischer Absicherung der wirtschaftlichen und sozialen Privilegierung dieser Schicht. Von radikal-revolutionären Tendenzen war in den ersten Monaten wenig zu spüren.

Karl I., ohne Machtmittel und in doppelter Bedrängnis durch die Schotten und das Parlament, gab nach. Er opferte seinen Berater Strafford, in dem das Parlament den Exponenten der absolutistischen Politik des Königs sah (und nach dem alten Rechtssatz: »The King can do no wrong« sozusagen sehen mußte). Unter dem Druck mobilisierter Volksmassen vollzog Karl das vom Parlament im Rahmen eines Sondergesetzes, der *bill of attainder*, ausgesprochene Todesurteil durch die traditionelle Formel »Le roi le veult«. Strafford wurde 1641 hingerichtet. Nach langer Haft folgte ihm Erzbischof Laud 1645 aufs Schafott.

Der Prozeß der Machtergreifung durch das Parlament, der durch eine Gruppe puritanischer Abgeordneter mit John Pym an ihrer Spitze sehr geschickt vorangetrieben wurde, beschleunigte sich nach diesem Triumph über den König und führte zu drei wichtigen Ergebnissen:

1. Zur Verhinderung einer neuen *tyranny* durfte das Parlament künftig nicht mehr ohne seine Zustimmung aufgelöst werden; der König mußte es mindestens alle drei Jahre einberufen (Prinzip der Periodizität); unterließ er es, konnte das Parlament aus eigener Initiative zusammentreten. 2. Sämtliche Steuern mußten vom Parlament genehmigt werden. Die vom König bisher eigenmächtig erhobenen Steuern wurden aufgehoben, *tonnage and poundage* und *ship money* ganz abgeschafft. 3. Alle Organe der monarchischen Verwaltung, meist als Instrumente des Königtums der Tudorzeit zur Domestizierung der feudalen Gewalten eingerichtet (vgl. S. 25), wurden bis Mitte 1641 beseitigt: Sternenkammer, Hohe Kommission, Rat des Nordens, Rat von Wales u. a. Sie sind nie wieder erstanden – »in acht Monaten hatte die Revolution das erreicht, was Bestand und

Dauer hatte. Neunzehn Jahre brauchte sie, um festzustellen, daß sie die damals erreichte Linie nicht zu überschreiten vermochte« (Freund).

Der revolutionäre Schwung, der nach den raschen Erfolgen trotz aller Bemühungen von ›King Pym‹ und seiner puritanischen Aktivgruppe zu erlahmen drohte, erhielt neuen Auftrieb, als sich im Oktober 1641 das unterjochte Irland gegen die englische Fremdherrschaft erhob. Wie schon 1588 und wie später bis ins 20. Jahrhundert entluden sich nationale, religiöse, wirtschaftliche und soziale Spannungen in einem Ausbruch von elementarer Gewalt. In wenigen Wochen fielen ihm über 50 000 Engländer zum Opfer, ermordet oder vertrieben und durch Hunger und Kälte umgekommen.

Das englische Parlament sah in dem irischen Aufstand das Werk von Gegenreformation und Gegenrevolution. Es beantwortete die Forderung Karls I., ihm zur Niederschlagung der Rebellion Truppen zur Verfügung zu stellen, mit der *Grand Remonstrance* (Nov. 1641). Sie enthielt, verpackt in einem langatmigen Beschwerdekatalog, Forderungen von revolutionärer Brisanz: Beschränkung der königlichen Militärgewalt, Unterstellung der Regierung unter parlamentarische Aufsicht (Prinzip der Ministerverantwortlichkeit), Überlassung des zu beschlagnahmenden Grundbesitzes der irischen Rebellen an das Parlament zur Finanzierung von Krieg und Revolution, Ausschluß der Bischöfe aus dem *House of Lords* und eine bis an die Grenze puritanischen Umsturzes reichende Umbildung der anglikanischen Staatskirche.

Was schon bei der Beratung der *Root and Branch Bill,* die eine Ausrottung der Bischofskirche ›mit Stumpf und Stiel‹ vorgesehen hatte, deutlich geworden war, vollendete die Remonstranz: Sie zerriß das Parlament und die Nation in zwei Parteien. Von einem schwach besetzten Parlament (268 Abgeordnete, die unentschlossene Mitte, fehlten) wurde das revolutionäre Manifest mit nur elf Stimmen Mehrheit angenommen (159:148). Der Konflikt spitzte sich zu, als Karl die Remonstranz ablehnte, einige Maßnahmen zur Isolierung der Radikalen einleitete und eine königliche Leibwache bildete, aus der die *cavaliers* hervorgehen sollten. Dagegen mobilisierten die Puritaner als *friends of parliament* die City und die Londoner Volksmassen.

Als der König fünf Parlamentsmitglieder, darunter Pym, wegen Hochverrats anklagen ließ, verweigerte das Parlament ihre Auslieferung. Die letzte Gelegenheit, die königliche Autorität wiederherzustellen, vergab Karl am folgenden Tage (4. Januar 1642): Um die Angeklagten persönlich zu verhaften, erschien er an der Spitze seiner *cavaliers* im Unterhaus und mußte feststellen, daß die (gewarnten) »birds are flown«. Vor der einmaligen Chance, alle bisherigen Beschlüsse des Parlaments für null und nichtig zu erklären, das Parlament aufzulösen und seine Mitglieder den *cavaliers* zu überlassen, wich der König zurück. Nach der rhetorischen Bitte um möglichst rasche Überstellung der Hochverräter verließ er das Gebäude – der absolutistische Staatsstreich fand nicht statt.

Sechs Tage später floh der König aus London. Sein Versuch, die Parlamentsherrschaft militärisch zu zerschlagen, scheiterte bei Marston Moor und Naseby (1644/45), wo die *New Model Army* der *roundheads* die königlichen *cavaliers* besiegte. Oliver Cromwell mit seinen *Ironsides*, einer gut bewaffneten, disziplinierten und von religiösem Eifer erfüllten Kavallerie, hatte daran entscheidenden Anteil. Karl rettete sich zu den Schotten, wurde aber ans englische Parlament ausgeliefert, das mit ihm in umständliche Verhandlungen über die Abgrenzung der Machtbefugnisse eintrat. Die Lösung des Verfassungskonfliktes im Sinne einer konstitutionellen Monarchie schien sich abzuzeichnen.

Die Rebellion der *independents* zwang die Entwicklung in eine andere Richtung. Der Gedanke einer individuellen Religionsfreiheit, die Idee der Duldsamkeit gegenüber abweichenden (protestantischen!) Bekenntnissen und Kulten, schließlich die strikte Ablehnung jeder staatskirchlichen Bevormundung hatten im Parlamentsheer weite Verbreitung gefunden. Der religiöse Gegensatz zum Parlament, das auf Druck der mit ihm verbündeten Schotten für England die presbyterianische Kirchenform dekretiert hatte, griff auf die politische Ebene über, als sich im Heer demokratisch-republikanische Tendenzen zeigten, die durch parlamentarische Gegenmaßnahmen (Entlassung von Independenten, Teildemobilisierung, Aufstellung einer Bürgermiliz) verschärft wurden. Cromwell, *the great independent*, besetzte mit der Armee London, besiegte eine schottische Interventionsarmee (Preston 1648) und degradierte das Parlament durch Säuberung von allen Presbyterianern zum willfährigen *rump* (Rumpfparlament).

Der radikaldemokratischen Bewegung der *Levellers* unter Lilburne, die in den unteren Volksschichten starke Resonanz fand, trat Cromwell zwar energisch entgegen, verschloß sich aber nicht allen Forderungen. Unter ausdrücklicher Berufung auf den Grundsatz der Volkssouveränität, die vom Unterhaus ohne Zustimmung von Krone und Adel ausgeübt werde, wurde Karl I. als Tyrann und Volksfeind angeklagt, verurteilt und am 30. Januar 1649 öffentlich hingerichtet. Der Abschaffung des Oberhauses folgte im Mai die Konstituierung Englands als *Commonwealth and Free-State* (Republik und Freistaat).

Damit war die ursprüngliche innenpolitische Fragestellung völlig verlassen. Von den traditionellen Regierungsinstitutionen blieb nur das Parlament bestehen, aber der *rump* war nichts anderes als der Ausschuß einer extremen Minderheit, gestützt und abhängig von der Revolutionsarmee.

Cromwells Position festigte sich durch die mit äußerster Brutalität erzwungene Unterwerfung Irlands, den Sieg über den von Schottland unterstützten Thronprätendenten Karl (II.) Stuart, den Sohn des hingerichteten Königs und durch die Proklamation der Vereinigung von England, Schottland und Irland (1651). Weder diese Erfolge noch die Aufnahme einer aktiven Handels- und Kolonialpolitik (vgl. S. 271 f.) konnten aber auf die Dauer das innenpolitische Dilemma überspielen, eine verfassungsmäßige Ordnung nicht herstellen zu können. Niemand sah den *rump* als echte parlamentarische Vertretung an, aber jede freie Neuwahl hätte durch eine Koalition von Royalisten und Presbyterianern den Sturz des Regimes bedeutet. So blieb nur der Weg des manipulierten Experiments, abgesichert durch die Militärdiktatur der Verfassungsrealität.

Das merkwürdige ›Parlament der Heiligen‹, dem 150 Sektenhäupter angehörten, bestand nur kurze Zeit. Einem neugewählten Parlament, in dem infolge Wahlrechtsbeschränkungen fast nur Independenten saßen, wurde das von den Armeeführern ausgearbeitete *Instrument of Government* aufgezwungen (1653). Es machte Cromwell zum *Lord Protector* und enthielt eine Reihe recht moderner Bestimmungen. Als das Parlament darüber debattieren wollte, die Kontrolle über die Armee verlangte und einen eigenen Verfassungsentwurf vorlegte, löste es Cromwell auf (1655). Erst mit seinem Tode und infolge der persönlichen Schwäche seines Sohnes und Nachfolgers Richard Cromwell brach die Militärdiktatur zusammen.

Die Restaurationszeit

Die Wiederherstellung der Monarchie (1660) beruhte auf einem Kompromiß zwischen den Interessen der gemäßigt puritanischen Parlamentsoligarchie und dem Königtum. Da Karl II. die 1640/41 erreichte Kompetenzerweiterung des Parlaments im wesentlichen anerkannte, war die Monarchie der Restaurationszeit bereits in hohem Maße konstitutionell.

Der Machtwechsel vollzog sich fast geräuschlos. Nur die Königsmörder von 1649 waren von der allgemeinen Amnestie ausgenommen, die Entlassung der ausbezahlten Armee bereitete keine Schwierigkeiten. Das Oberhaus wurde restituiert. Aus den ersten freien Wahlen seit 20 Jahren ging das vorwiegend von Royalisten und Anglikanern besetzte *Cavalier House of Commons* hervor, das von 1661 bis 1679 amtierte. Es verbot zwar dem König das Halten eines stehenden Heeres, bezeugte aber seine Loyalität: Die *Non-Resistance Act* erklärte jeden bewaffneten Widerstand gegen den König für ungesetzlich (1661).

In der Religionsfrage verfolgte das Parlament eine strikt anglikanische Haltung. Mehrere Gesetze beschnitten die Rechte der Dissenters

(Independenten, Puritaner, Presbyterianer, Katholiken) empfindlich, teilweise gegen den Willen des Königs. Indem ihm das Parlament die Entscheidungsgewalt über kirchliche Belange entzog, baute es sich eine zusätzliche Machtposition auf. Diese Entwicklung verschärfte sich, als katholisierende Tendenzen Karls deutlich wurden und einige Jahre später ›Enthüllungen‹ über ein angebliches jesuitisch-papistisches Komplott eine antikatholische Hysterie in England erzeugten. Der *Test Act* von 1673, die alle zivilen und militärischen Ämter loyalen Anglikanern vorbehielt, folgte 1678 ihre verschärfte Form, die alle Katholiken aus dem Parlament ausschloß. Gegen die Begünstigung von Katholiken durch mehrere königliche Indulgenzerklärungen und eine parteiische Justiz richtete sich auch die *Habeas Corpus Act* (1679). Um die Bürger vor willkürlicher Inhaftierung und ungesetzlicher Gerichtsverhandlung zu schützen, mußte jeder Verhaftete binnen drei Tagen einem Richter vorgeführt werden. Dieses Grundprinzip moderner Rechtsstaatlichkeit ist seitdem fester Bestandteil aller Verfassungen geworden.

Eine wichtige Beschränkung der königlichen Prärogative bedeutete die Einsetzung eines parlamentarischen *Committee of Account* (1667), das die ordnungsgemäße Verwendung der bewilligten Kriegskosten kontrollieren sollte, von denen das Unterhaus annahm, daß sie zu einem guten Teil zugunsten der üppigen Hofhaltung des ›merry king‹ zweckentfremdet wurden. Das Haushalts- oder Budgetrecht, Kernpunkt jeder parlamentarischen Regierungskontrolle, wurde dadurch wesentlich präzisiert.

Dem praktischen Supremat des Parlaments in Kirchen-, Gesetzgebungs- und Finanzfragen suchte sich Karl II., der zuerst jeden Kollisionskurs vermieden hatte, nach und nach zu entziehen. Mehrere Geheimverträge mit Ludwig XIV. (vgl. S. 274) brachten ihm reiche Subsidien und führten zu einer Anlehnung an das absolutistisch-katholische Frankreich. Da auch die französische Merkantilpolitik keineswegs den kommerziellen Interessen der englischen Handelsschicht entsprach, verschärfte sich die parlamentarische Opposition gegen Karl II.

In den Auseinandersetzungen dieser Jahre bildeten sich die politischen Interessengruppen der *Tories* und *Whigs*. Die *Tories* traten für eine Stärkung von Königsmacht und Anglikanismus ein, die *Whigs* forderten Toleranz gegenüber den Dissenters und Widerstandsrecht gegen königliche Willkür. In der Frage der Thronfolge prallten die Gegensätze hart aufeinander. Der Versuch der Whigs, den Bruder des kinderlosen Königs, den Katholiken Jakob (dem durch die *Test Act* der Oberbefehl über die Flotte entzogen worden war!) von der Thronfolge auszuschließen, scheiterte. Jakob II. wurde 1685 König und provozierte beide Parteien: er umgab sich mit katholischen Beratern, verlangte die Aufhebung der Testakte, errichtete einen Geistlichen Gerichtshof und erließ neue Indulgenzerklärungen. Die Geburt eines Thronfolgers gab den Anstoß zur gemeinsamen und völlig ungesetzlichen Aktion von Tories und Whigs: Man bot dem protestantischen Schwiegersohn Jakobs II. den Thron an. *

Die Glorreiche Revolution

Wenige Tage nach der Landung Wilhelms III. von Oranien floh Jakob II. ins französische Exil (November 1688). Ein Übergangsparlament erklärte den Thron für vakant, schloß die katholischen Stuarts von der Thronfolge aus und legte Wilhelm und Maria als eine Art Wahlkapitulation die *Declaration of Rights* vor. Nach ihrer Unterzeichnung erfolgte die Krönung. Im korrekten Legislativverfahren endgültig im Oktober 1689 sanktioniert, wurde das Dokument als *Bill of Rights* eines der wichtigsten englischen Staatsgrundgesetze.

Das eigentlich revolutionäre Ereignis war die Verschiebung der Souveränität auf das Parlament durch die Neuregelung der Erbfolge. Naturrechtliche Vertragstheorie, Widerstandsrecht und ›Volks‹-Souveränität flossen zusammen und führten zum Sieg des protestantisch-parlamentarischen Staatsgedankens.

»Der Königstitel beruhte nun auf allgemeinem Consensus und Vertrag; sein Erwerb unterlag den Bedingungen der üblichen Ämterverleihung, nämlich einem vorgeschriebenen Eid auf Religion und Statuten. Das Gesetz stand über der Krone« (Kluxen).

Die *Bill of Rights* stellte das Königtum endgültig auf eine konstitutionell beschränkte Grundlage, indem sie die »ancient rights and liberties« von Parlament und Nation nochmals einschärfte und in einem doppelten Katalog zusammenfaßte, zunächst als Liste der von Jakob II. begangenen Rechtsverletzungen, dann in einer Aufzählung politischer Grundsätze: Alle Legislativakte, insbesondere die Steuergesetze und die Aufstellung eines stehenden Heeres bedürfen der Zustimmung beider Häuser des Parlaments, das regelmäßig einzuberufen ist. Die

* Vereinfachte Stammtafel (englische Könige mit Todesjahr):

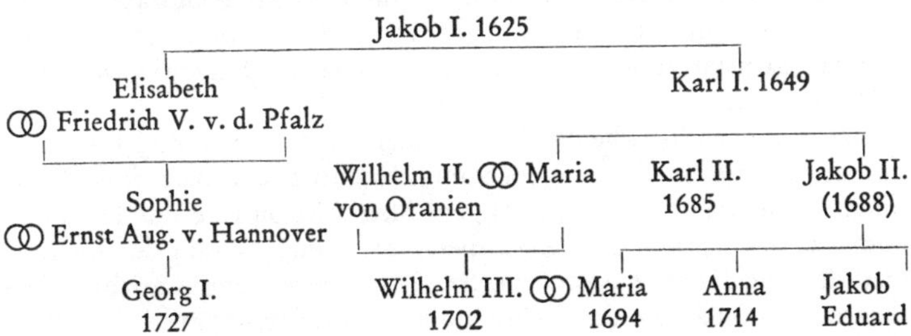

Abgeordneten werden frei gewählt und genießen Redefreiheit. Sondergerichte sind ungesetzlich, allen Untertanen steht das Petitionsrecht zu.

Die Präzisierung der Theorie: Locke und Montesquieu

Die Revolution von 1688 schuf nicht nur die Grundlage für die antihegemoniale europäische Gleichgewichtspolitik Wilhelms III. (vgl. S. 276 ff.), sie gewann als verfassungspolitisches Ereignis eine weit über England hinausreichende Bedeutung. Wesentlichen Anteil daran hatte John Locke, der in seinen 1690 veröffentlichten ›Two Treatises on Government‹ der vollzogenen Revolution die staatstheoretische Legitimierung nachlieferte. Ganz anders als Hobbes sieht Locke die vorstaatliche Gesellschaft: ein vernunftgemäßes Naturrecht sichert den souveränen Individuen Gleichheit und Freiheit, Leben und Eigentum. Zwei Gründe führen zur Staatsbildung, erstens der Sozialcharakter des Menschen, der als geselliges Wesen im aristotelischen Sinne gesehen wird, zweitens die Unmöglichkeit, aus den individuellen Naturrechtsinterpretationen einen allgemein verbindlichen Gerechtigkeitsbegriff zu entwickeln. Aufgabe der vertraglich eingesetzten Staatsgewalt ist die Erhaltung der privaten Rechtssphäre, die Sicherung grundlegender Menschen- und Bürgerrechte, die Garantie der friedlichen und sicheren Nutzung des Eigentums. Dabei handelt es sich nicht um einen Unterwerfungsvertrag, sondern um eine Überlassung der souveränen Gewalt zu treuen Händen. Locke umschreibt das Verhältnis von König und Volk als einen *trust*, eine Treuhandschaft. Bei einer Verletzung dieser *trusteeship* steht dem Volk, das seine unveräußerlichen Souveränitätsrechte nur widerruflich delegiert hat, das Recht zum Widerstand, selbst zur Revolution zu.

Zur Vermeidung einer tyrannischen Entartung der Herrschaft und als bestes Mittel gesellschaftlicher Stabilität empfiehlt Locke die periodische Bestellung eines ständigen Repräsentationsorganes des Volkes und eine Trennung der Staatsgewalten: Die Legislative, die nur dem Naturrecht und der Vernunft unterworfen ist, darf niemals mit der Exekutive zusammenfallen. Nur die dritte Gewalt, die föderative, der die Außenpolitik anvertraut sein soll, kann – da sie von der Legislative kontrolliert wird – von der Exekutive mit ausgeübt werden.

Die propagandistische Wirkung dieser Theorie war ungeheuer. In den intellektuellen Kreisen des vom Absolutismus beherrschten Kontinents fand im Rahmen der allgemeinen Anglomanie des 18. Jahrhunderts das Vorbild der ›englischen Verfassung‹ (die in der Realität freilich ganz anders aussah, vgl. S. 222 ff.) begeisterte Resonanz. Die theoretische Substanz der Lehre Lockes fand ihren praktischen Niederschlag in den programmatischen Erklärungen der natürlichen, unveräußerlichen und unverjährbaren Menschenrechte während der amerikanischen und französischen Revolution. Sie besitzen für Abgrenzung und Sicherung eines individuellen Freiheitsraumes gegenüber staatlichen Ansprüchen bis heute konstitutive Bedeutung.

Das von Locke entwickelte Modell einer beschränkten Monarchie hat Montesquieu weiter ausgebaut. Sein Hauptwerk ›De l'Esprit des Lois‹ (1748), das in 18 Monaten 22 Auflagen erfuhr, enthält eine umfassende Theorie der Regierungsformen und ersetzt die staatsbildende Komponente des Naturrechts durch den Versuch, das Wesen der einzelnen Völker aus historisch-geographischen Bedingtheiten zu erklären (Klimatheorie, ›esprit général‹). Das impliziert eine Relativierung aller Gesetze und Verfassungen: die geeignetste Verfassung ist die, die der Eigenart des betreffenden Volkes am besten gerecht wird.

Von zentraler Bedeutung ist Montesquieus Theorie der politischen Freiheit, wie er sie – in teilweiser Verkennung der Verfassungswirklichkeit – aus dem englischen Beispiel ableitete. Die verfassungsgemäße Freiheit (»das Recht, alles zu tun, was die Gesetze erlauben«) bildet die Grundlage der bürgerlichen Freiheit:

»Politische Freiheit des Bürgers ist jene Ruhe des Gemüts, die aus dem Vertrauen erwächst, das ein jeder zu seiner Sicherheit hat. Damit man diese Freiheit hat, muß die Regierung so eingerichtet sein, daß ein Bürger den anderen nicht zu fürchten braucht.«

Da jede Bedrohung der bürgerlichen Sicherheit einem Mißbrauch der Macht entspringt, ist es nötig, daß »le pouvoir arrête le pouvoir«, indem sie nicht in einer Hand konzentriert wird. Gedanken Lockes aufnehmend und über sie hinausgehend, begründete Montesquieu das seitdem klassisch gewordene Prinzip der Trennung von gesetzgebender, ausführender und richterlicher Gewalt. Auf dieser Grundvorstellung basiert sein Modell einer konstitutionellen Monarchie. Er entwickelt den Gedanken der Repräsentativverfassung, empfiehlt für die Legislative ein Zweikammersystem, das einen Ausgleich zwischen den Interessen der gewählten Vertreter des Volkes und der erblichen Repräsentanten des Adels garantiert (gegenseitiges Vetorecht!), hält aber dabei an einer starken (monarchischen) Exekutive fest (königliches Vetorecht) – alles in allem keine strenge Isolierung, sondern eine wechselseitige Verkettung der staatlichen Gewalten, eine ausgewogene Ordnung von Kräften und Gegenkräften, Gewichten und Gegengewichten, Aktionen und Reaktionen.

Für den speziellen Fall des absolut regierten Frankreich sah Montesquieu eine gute Chance, Barrieren gegen die Entwicklung zur Despotie zu errichten: es genüge – und hier spricht er ganz als Angehöriger der *noblesse de robe* – die alten, teilweise unterdrückten oder verkümmerten ständischen Zwischengewalten (›forces intermédiaires‹) zu reaktivieren: die *états généraux*, die *états provinciaux*, insbesondere die *parlements* würden im Ringen um die innere Machtverteilung das notwendige Korrektiv zu absoluten Herrschaftsansprüchen bilden – kein Wunder, daß der ›Esprit des Lois‹ in dem sich unter Ludwig XVI. verschärfenden Kampf zwischen hoher Magistratur und Königtum »eine Art Bibel für die Parlamente« (Göhring) wurde. Der historisch-politische Siegeszug des Prinzips der Gewaltenteilung und Gewaltenhemmung setzte – unter ausdrücklicher Berufung auf das ›Orakel‹ Montesquieu – mit der amerikanischen Revolution und insbesondere mit der Verfassung der USA (1787) ein. Eine kunstvolle Verknüpfung von gegenseitiger Abhängigkeit und Kontrolle – das *system of checks and balances* – sorgt für ein politisches Gleichgewicht der drei Gewalten und verhindert, daß nach menschlichem Ermessen keine je ein Übergewicht erhalten kann: Zweikammersystem, Vetorecht des Präsidenten, Ablehnung des parlamentarischen Regierungssystems, Inkompatibilität von legislativer und exekutiver Betätigung, bundesstaatliche Struktur, Rechtsaufsicht des Supreme Court über Verfassung und Gesetzgebung u. a. Auf dem Kontinent fand die Lehre ihren ersten Niederschlag in der Revolutionsverfassung von 1791. Besonders einprägsam formulierte dieses Prinzip die französische Verfassung von 1848: »Die Teilung der Gewalten ist die erste Bedingung einer freien Regierung«.

Der britische Parlamentarismus

Die Ereignisse der Jahre 1688/89 hatten in England zwar den politischen Sieg der Stände gebracht, doch zeigte sich der konservative Charakter der Revolution auch darin, daß das Parlament vor radikalen Konsequenzen zurückschreckte und wesentliche Teile der Königsgewalt nicht antastete (Auswahl der Minister, Ämtervergabe, Außenpolitik). Damit blieb die Frage nach der künftigen verfassungsrechtlichen Ausgestaltung des politischen Entscheidungsprozesses offen. Möglich war sowohl der Weg zu einer konstitutionellen Monarchie im Sinne Lockes und Montesquieus als auch der weitere Ausbau der machtpolitischen Stellung des Parlaments.

Jahrzehntelange Auseinandersetzungen, in denen sich politische, wirtschaftliche, religiöse und persönliche Interessen unentwirrbar verfilzten, führten England schließlich auf den zweiten Weg. Der Dynastiewechsel (Haus Hannover seit 1714) hat diese Entwicklung wesentlich gefördert. Georg I. (1714–1727), der englischen Sprache kaum mächtig, vermochte sich nur unvollkommen in England einzuleben und hielt sich häufig in Hannover auf. Seine Regierungszeit und die seines Sohnes Georg II. (1727–60) fiel mit der für 47 Jahre ununterbrochenen Whig-Herrschaft (1714–61) zusammen, während der sich, insbesondere unter dem Ministerium Walpole (1721–42) die Grundprinzipien und Verfahrensregeln des parlamentarischen Regierungssystems herauszukristallisieren begannen. Dazu gehörten:

1. Die Umwandlung der bisher als kronabhängiges Exekutivorgan fungierenden Regierung (Kabinett) zu einem Exekutivausschuß der Mehrheitspartei des Unterhauses. Sie stellte die Minister und verschloß der Minderheitsfraktion den Zugang zu allen Ämtern. Die funktionelle und personelle Verklammerung von ausführender und gesetzgebender Gewalt widersprach der Gewaltenteilungslehre, begründete aber andererseits eine bisher unbekannte Minister- bzw. Regierungsverantwortlichkeit gegenüber dem Parlament (erstes Mißtrauensvotum 1741).

2. Die Personalunion von Führer der Mehrheitsfraktion und Regierungschef. Walpoles souveräne Finanzpolitik als Schatzkanzler verschaffte ihm eine Schlüsselposition in Regierung und Parlament. Er bestimmte de facto die Richtlinien der Politik und gilt, obwohl er den Titel nicht führte, als erster *Prime Minister* der englischen Geschichte.

3. Die strikte Kontrolle der Mehrheitsfraktion durch den Regierungschef. Sie war notwendig, weil die Regierung ohne das Vertrauen des Parlaments auf die Dauer handlungsunfähig war. Da das Prinzip des imperativen Mandats (Bindung der Abgeordneten an die Weisungen ihrer Wähler) noch uneingeschränkt galt, war der moderne Weg, die Funktionsfähigkeit des parlamentarischen Systems durch Fraktionsdisziplin zu sichern, versperrt. Walpole praktizierte höchst erfolgreich ein anderes Mittel: Er managte das Parlament durch ein ausgefeiltes Patronagesystem, beeinflußte durch Bestechung der Wähler die Zusammensetzung des Unterhauses und verschaffte sich durch Geldzuwendungen, Ämtervergabe, Personalpolitik und ›influence‹ die parlamentarische Basis seiner politischen Führungsrolle.

4. Die Konsolidierung der Minderheitsfraktion. Sie war nicht in der Regierung vertreten und wurde obendrein von allen Ämtern ausgeschlossen. Gegen die Regierungspartei der ›Ins‹ formierten sich die ›Outs‹ als *the opposition*. Die seit 1742, als die Tories gegenüber der Schatzbank Platz nahmen, endgültige Sitzordnung im Parlament kann als die erste Institutionalisierung der parlamentarischen Opposition betrachtet werden. Sie übernahm allmählich die nach dem klassischen Gewaltenteilungsprinzip dem Gesamtparlament zukommende Aufgabe und wurde zur Kontrollinstanz der Exekutive.

Entgegen einer weitverbreiteten Auffassung ist es absolut unzulässig, diesen Ansätzen einer parlamentarischen Regierungsweise Vorstellungen einer modernen Parteiendemokratie zu unterlegen. Tories und Whigs waren nicht mehr als zwei politische Gruppierungen der gleichen sozialen Oberschicht. Der ursprünglich schroffe Gegensatz zwischen ihnen verlor im Lauf der Zeit an Brisanz; »sie verwandelten sich im Verlauf des 18. Jahrhunderts in Patronagecliquen, deren fast ausschließliches Unterscheidungsmerkmal darin bestand, daß die eine oder die andere jeweils an der Macht oder von ihr ausgeschlossen war« (Fraenkel).

Ohne eine ideologische Basis und ohne konkret umrissene wirtschafts-, sozial- und gesamtpolitische Ziele beschränkten sie sich wesentlich darauf, ›influence‹ zu gewinnen und ihren Anhängern Stellungen, Pensionen, Ämter, Pfründen und Staatsaufträge zu verschaffen.

Ein antiquiertes Zensuswahlrecht, das die demographischen und wirtschaftlich-sozialen Umschichtungen dreier Jahrhunderte nicht zur Kenntnis nahm, sicherte den Charakter des Unterhauses als Repräsentationsorgan privilegierter Interessen. Von den 558 Sitzen lagen viele direkt oder indirekt in der Hand des Adels und des mit diesem versippten Großbürgertums. Regional sehr unterschiedliche Wahlrechtsbestimmungen führten dazu, daß Westminster (11 000 Stimmberechtigte) zwei, Schottland (4.000 Stimmberechtigte) 45 Abgeordnete vertraten. Dagegen hatte die Stadt London vier (so viel wie die Universitäten!), das stark aufgeblühte Manchester überhaupt keine Sitze. Andererseits gab es in drei Viertel der ländlichen *boroughs*, denen sämtlich zwei Sitze zustanden, weniger als 500 Wahlberechtigte. Traurige Berühmtheit erlangten die *rotten boroughs*, deren Repräsentationsrecht im Unterhaus auch bestehen blieb, wenn der Ort fast verlassen war oder sich in Weideland verwandelt hatte. Auch die Käuflichkeit von Parlamentssitzen gehörte zu der von ein paar Dutzend Adelsfamilien betriebenen Wahl- und Parlamentsmanipulation. Lediglich die etwa 200 *backbenchers*, die im Parteienstreit meist passiv blieben, können als unabhängige Vertreter des Landadels angesehen werden; »die Unabhängigkeit dieser *backbenchers* war die moralische Stärke des Unterhauses; sie blieben die stummen Zuhörer, um deren Stimmen sich die Debatten drehten« (Kluxen).

Die Entwicklung des parlamentarischen Regierungssystems ist durch die englische Entwicklung im 18. Jahrhundert entscheidend geprägt worden. Es bedurfte freilich des Durchbruchs der demokratischen Idee in den Wahlrechtsreformen des 19. Jahrhunderts, um von dem ständisch-aristokratischen Unterhaus zu einer wirklichen Volksvertretung und von den sozialhomogenen Adelscliquen der Tories und Whigs zu den Massenparteien modernen Stils zu gelangen, die auf dem Boden der im 17. und 18. Jahrhundert konzipierten parlamentarischen Idee das politische Leben des heutigen England gestalten. Darüberhinaus dominiert das parlamentarische System – neben den an der klassischen Gewaltenteilungslehre orientierten präsidentiellen Regierungsformen und den ganz anders strukturierten sogenannten Volksdemokratien – in den meisten Staaten Kontinentaleuropas und der Dritten Welt.

Sonderformen staatlicher Entwicklung

Von der dualistischen Ordnung der ständisch beschränkten Monarchie des späten Mittelalters gehen die verschiedenen Entwicklungslinien fast aller neuzeitlichen Verfassungsformen aus: »Die Monarchie kann sich über die Stände erheben, dann führt der Weg zum Absolutismus. Die Stände können aber auch beharren, die Fürstenmacht zunehmend begrenzen und ... schließlich ... zum staatsleitenden Parlament werden« (Näf).

Dabei bedingten regionale Traditionen und unterschiedliche geographische, wirtschaftliche, soziale und demographische Faktoren eine breite Skala besonderer, manchmal extremer Realisierungsmöglichkeiten. Das folgende Kapitel beschreibt einige dieser verfassungspolitischen Sonderentwicklungen, die das vielgestaltige Bild staatlicher Erscheinungsformen weiter differenzieren, und die – etwa im Gegensatz zur Republik Venedig – im europäischen Gesamtzusammenhang keineswegs eine quantité négligeable darstellen.

Die Republik der Vereinigten Niederlande

Die staatliche Gemeinschaft der sieben Nordprovinzen der Niederlande, die sich im Kampf gegen Spanien (vgl. S. 129 f.) zu organisieren begann, war ein »Staatenbund ohne Monarch« (Schöffer). Eigentliche Träger der Souveränität und des politischen Lebens waren die Stände der autonomen Provinzen. Je nach Wirtschafts- und Sozialstruktur dominierten in ihnen Großbauern und Bürgertum (Friesland), landbesitzender Adel und städtische Aristokratie (Groningen, Geldern, Overijssel, Utrecht) oder fast ausschließlich das Patriziat (Seeland, Holland). Bürgerliche, adlige und bäuerliche Korporationen, von denen es insgesamt etwa 2 000 gab, beschickten die Ständeversammlungen (Provinzialstände), diese die allgemeine Versammlung der Generalstände *(Staten generaal)* im Haag, die über Außenpolitik, Kolonialverwaltung, Finanzfragen u. a. zu befinden hatte. Das Vetorecht jeder Korporation und jeder Stadt auf Provinzialebene pflanzte sich durch das Prinzip des imperativen Mandats bis in die Bundesversammlung fort, da hier für wichtige Beschlüsse die Übereinstimmung der sieben Einzelvoten nötig war. Außerdem gab es die *Genera-*

litätslande südlich der Maas. Sie wurden über die Generalstände von den Provinzen verwaltet und beherrscht.

Zwei Faktoren machten diese schwerfällige Staatsmaschinerie dennoch elastisch und funktionsfähig:

1. Holland, die reichste und am dichtesten besiedelte Provinz konnte in der Praxis den Staatenbund leiten. Sein wirtschaftliches Übergewicht beruhte auf der Blüte von Industrie und Landwirtschaft (Einpolderungen!), Handel und Schiffahrt und spiegelt sich auch in der wachsenden Bevölkerungszahl. Sie stieg von 275 000 (1514) auf 672 000 (1622) Einwohner, von denen 54% in Städten lebten. Holland mit über einem Viertel der Gesamtbevölkerung brachte 58% der Jahresausgaben der Republik auf und stellte über die Hälfte der Flotte. Aus der wirtschaftlichen folgte die politische Führungsrolle. Der *Ratspensionär* (Landesadvokat), zunächst nur besoldeter Beamter der holländischen Provinzialversammlung und ihr Delegierter bei den Generalständen, wurde dank seiner Geschäftskenntnisse das fachkundigste Mitglied in der Haager Versammlung; er war in alles eingeweiht, saß in allen Ausschüssen, führte den Schriftwechsel und wurde nach und nach eine Art Außenminister und Bundeskanzler. Oldenbarneveldt (1586–1619) und später Johan de Witt (1653–72) brachten dieses Amt zu europäischem Ansehen.

2. Neben den Ständeversammlungen fungierte in jeder Provinz ein *stathouder*, während der Bundesversammlung der Generalstatthalter zugeordnet war. Er leitete die Exekutive, überwachte die Rechtsprechung und stand an der Spitze der Kriegsmacht. Seitdem Wilhelm von Oranien die Statthalterschaft in fünf, sein Vetter die in den restlichen zwei Provinzen bekleidet hatten, besetzten die Oranier regelmäßig dieses Amt in mehreren Provinzen. Sie verkörperten so innerhalb der Republik ein gewisses monarchisches Element. Nach der Unterbrechung der Jahre 1650–72, als die Kaufmannsaristokratie die Statthalterschaft suspendiert hatte, kehrten die Oranier zurück. Wilhelm III., der spätere englische König, übernahm als Erbstatthalter die Leitung der Politik.

Der Aufstieg des kleinen Staatenbundes mit seinen zwei Millionen Einwohnern zur Groß- und Kolonialmacht ist ein erstaunliches, aber erklärbares Phänomen. Die *république de marchands* baute die besten Schiffe und besaß so gut ausgebildete Seeleute, daß ein Schiff gleicher Größe z. B. die doppelte Anzahl französischer Matrosen benötigte. Niedrige Frachtraten und die Investitionsbereitschaft der kapitalkräftigen Bourgeoisie (Gründung der Bank von Amsterdam 1609) waren entscheidende Voraussetzungen der Großmachtstellung (vgl. S. 247). Darüberhinaus gewann die Republik auch durch ihre Industrie (Delfter Porzellan, Amsterdamer Diamantenschleifereien) und die Entwicklung der Landwirtschaft (Tulpenzucht) europäisches Renommée. Durch ihre religiöse und politische Toleranz (Pressefreiheit!) unterschieden sich die Niederlande grundsätzlich von fast allen anderen europäischen Ländern. Zum ersten und einzigen Male in der Geschichte Europas wurde ein Kleinstaat in Kunst, Lebensform und Mode stilbildend für die europäische Kultur.

Es zeigte sich allerdings bald, daß die vielfältigen Probleme, die sich aus der Einbeziehung der Republik in die große europäische Politik ergaben (vgl. S. 276), im Rahmen der traditionellen Verfassungsstrukturen auf die Dauer nicht zu bewältigen waren. Auch wirtschaftlich hatte das Land um 1650 – im Gefolge der allgemeinen europäischen Konjunkturkrise – seinen Höhepunkt überschritten. Mit den ersten Symptomen einer Depression verschärften sich die inneren Spannungen: Der Interessenkonflikt zwischen den Seeprovinzen und den agrarischen Gebieten, die immer breiter werdende Kluft zwischen der kleinen wohlhabenden Oberschicht und einer in den Städten stark zunehmenden armen Unterschicht, die nur vorübergehend überbrückbaren Gegensätze zwischen Statthalter- und Ständepartei, schließlich die Monopolisierung von Macht und Ämtern bei einer kleinen Gruppe aristokratischer Regenten. Versuche, diesen inneren Schwierigkeiten durch eine allgemeine Staats- und Verfassungsreform entgegenzutreten, scheiterten am Widerstand der auf ihre Autonomie bedachten Provinzen (1716/17).

»So wurde in der ersten Hälfte des 18. Jahrhunderts die Republik ein kleiner, altertümlicher, aristokratischer Handelsstaat, der durch eine Oligarchie von reichen Bürgern, Adligen und Großbauern, die eine Kaste bildeten, beherrscht wurde und der von den Reserven an vergangenem Ruhm und wirklichem Reichtum zehrte« (Schöffer).

Das Königreich Polen

Die verfassungspolitische Entwicklung Polens in der Frühen Neuzeit ist zu einem guten Teil die Folge einer Fehlkalkulation der Jagellonenkönige des 15. Jahrhunderts. Bei ihren Versuchen, die Macht des Hochadels durch eine Begünstigung des niederen Adels, der *Szlachta*, zurückzudrängen, haben sie die Gemeinsamkeit der gesamtaristokratischen Interessen offensichtlich unterschätzt. Trotz enormer Besitzunterschiede zwischen Magnaten und Landadligen verstanden sie sich als einheitliche soziale Gruppe. Seit dem frühen 16. Jahrhundert geriet das Königtum in immer stärkere Abhängigkeit von den Privilegierten. Sie konnten ihre rechtliche und soziale Vorrangstellung zielstrebig ausbauen (Verbot des Erwerbs von ländlichem Grundbesitz durch Bürger; Klageverbot für Bauern gegen ihren Herrn; Ausbau der Frondienstpflicht, Schollenbindung der bäuerlichen Untertanen) und erreichten, daß der König künftig kein neues Gesetz ohne die Zustimmung der mit bindenden Instruktionen versehenen Abgeordneten (Landboten) der partikularen Adelslandtage erlassen durfte (1505).

Dem ausschließlichen Geltungsanspruch des Adels entsprach auch die Zusammensetzung des Reichstages *(Sejm)*, in dem – mit Ausnahme der Stadt Krakau – nur der hohe Adel (im Senat) und die *Szlachta* (in der Landbotenkammer) repräsentiert waren. Als die Personalunion mit Litauen in eine festere Verbindung umgewandelt wurde (1569 Lubliner Union), blieben zwar Verwaltung, Heerwesen und Recht für beide Landesteile getrennt, König und Reichstag waren aber fortan gemeinsame Organe für das polnisch-litauische Großreich (über 900 000 qkm).

Die ungeklärte Nachfolgefrage beim Tode des letzten Jagellonenkönigs (1572) gab dem Adel einen dreifachen Ansatzpunkt zur Erringung der politischen Macht: Er erklärte sich für wahlberechtigt, legte dem französischen Prätendenten Heinrich von Anjou als Wahlkapitulation die *pacta conventa* vor und ließ sich seine politischen Privilegien (Widerstandsrecht, Recht der freien Königswahl, Religionsfreiheit) vom künftigen König in den *Articuli Henriciani* bestätigen. Zusammen mit den jeweils modifizierten *pacta conventa* wurden diese Artikel künftig jedem Thronbewerber präsentiert; sie bildeten die verfassungsrechtliche Grundlage der monarchisch verschleierten Adelsherrschaft in Polen.

Zum verfassungsmäßigen Recht des Adels gehörte es auch, sich im Falle einer Verfassungsverletzung durch den König zu bewaffneten ›Konföderationen‹ zusammenzuschließen. Die Grenzen zwischen einer solchen Konföderation, wie sie auch stets während eines Interregnums gebildet wurde, und einer gewöhnlichen Adelsrebellion waren freilich kaum exakt zu bestimmen.

Während der zahlreichen kriegerischen Konflikte, in die Polen bis zur Mitte des 17. Jahrhunderts verwickelt war (vgl. S. 265 f.), wurde die politische Entmachtung der Krone weiter vorangetrieben. »Es war auf dem europäischen Festland ziemlich einzigartig, daß es einem König verboten war, ›bella offensiva‹ zu führen oder Truppen ›sine scitu et consensu Rei Publicae‹ zu halten, wie es in Polen seit 1632 geltendes Recht war« (Roos). Auch für Defensivkriege und Friedensschlüsse war die Zustimmung des Reichstages erforderlich, dem im übrigen die volle Legislativgewalt einschließlich der Steuerbewilligung zustand.

In dem lange schwebenden Streit, ob die *unanimitas votorum* der meist praktizierten *pluralitas votorum* (Mehrheitsentscheidung) bei den Abstimmungen im Reichstag vorzuziehen sei, fiel durch den berühmten Präzedenzfall von 1652 die Entscheidung. Der Landbote Siciński verhinderte durch seinen Einspruch, das erste *liberum veto*, die ordnungsgemäße Beendigung des Reichstages. Von nun an war der Weg in die Anarchie frei; jeder einzelne Landbote konnte den Reichstag durch sein Veto lahmlegen. Es wurde schließlich zum parlamentarischen Gewohnheitsrecht. Bis 1764 gelangten von 55 Reichstagen nur sieben zum ordentlichen Abschluß, die übrigen 48 wurden durch Einsprüche ›zerrissen‹. Der Prozentsatz dieser ›zerrissenen‹ Reichstage stieg ständig: von 50% (1700–1720) über 60% (1720–40) auf 100% (1740–60).

Das Prinzip des *liberum veto* lieferte den Staat vollends den Interessen des Adels aus. Darüberhinaus ermöglichte es den europäischen Mächten, durch Beeinflussung oder Bestechung eines einzigen Landboten Regierung und Gesetzgebung zu lähmen. Die Eigensucht der steuerfreien Magnaten, die obendrein den einträglichen Getreidehandel kontrollierten und häufig ausländische ›Pensionen‹ bezogen, führte zur Zersetzung des Staates und zu seiner Auflösung in einen lockeren Verband von etwa 60 000 adligen Herrschaften.

Das innenpolitische Leben wurde mehr und mehr von einem Dutzend magnatischer Geschlechter bestimmt. Ihr von den Sachsenkönigen inspirierter großspuriger Lebensstil, der sich rasch im gesamten Adel ausbreitete, führte zu einer beispiellosen Verhärtung der standesrechtlichen Verhältnisse. Nur durch brutale Ausbeutung der ›Untertanen‹ und rücksichtslose Bauernschinderei waren die Mittel für die verschwenderische Lebensweise der ›Herren‹ aufzubringen.

Der fortschreitenden Dekomposition im Innern entsprach der militärisch-politische Zusammenbruch. Die territoriale Verkleinerung hatte bereits 1629 und 1660 im Norden begonnen und war 1667/69 im Osten fortgesetzt worden (vgl. S. 265 f.). Zu Beginn des 18. Jahrhunderts schied Polen endgültig aus dem Kreis der europäischen Großmächte aus. Unter August III., dem letzten Sachsenkönig (1733/36 bis 1763), wurde es vollends zum »politischen Exerzierplatz der Nachbarstaaten« (Roos). Nur dem dominierenden Einfluß Rußlands und seiner fast ständigen militärischen Präsenz verdankte Polen seine territoriale Unversehrtheit gegenüber preußischen Annexionswünschen, die bereits 1710 konkrete Gestalt angenommen hatten.

Alle Ansätze, über eine Verfassungsreform den inneren Verfall aufzuhalten, scheiterten an der russisch-preußischen Entschlossenheit, in Polen die größtmögliche Unordnung künstlich aufrechtzuerhalten. Versuche, diesen Druck der beiden Militärmonarchien abzuschütteln, führten schließlich zum Untergang des Staates (vgl. S. 207 ff.).

Das Deutsche Reich

Aus der inneren Schwäche und äußeren Machtlosigkeit des Reiches im 15. Jahrhundert war die Forderung einer allgemeinen Reichsreform entstanden (vgl. S. 30 f.). Die Gleichgültigkeit Friedrichs III. gegen das Reich und sein hartnäckiger Widerstand gegen jede wirkliche Reform bewirkten, daß die vom Mainzer Kurfürsten Berthold von Henneberg (1484–1504) geführte ständische Reichsreformbewegung von Anfang an betont antikaiserliche Züge trug. Über den Ausbau der Reichstagsverfassung (Ausschließung des Kaisers von den Verhandlungen u. a.) und Ablehnung der Reichshilfe (1486 und 1487) steigerte sich die Opposition zur Forderung einer gründlichen Reform der Reichsregierung im ständischen Sinne. Maximilian I., dessen unstete, bisweilen abenteuerliche und wenig erfolgreiche Außenpolitik (vgl. S. 91 und 96 f.) längst mit Mißtrauen beobachtet worden war, sah sich dem massiven Widerstand der Reformbewegung gegenüber, die seine finanzielle Notlage zur Durchsetzung ihrer Forderungen auszunutzen gewillt war.

Die auf dem Reichstag von Worms (1495) beschlossenen Reformen standen in engem Zusammenhang: Die *Verkündung des Ewigen Landfriedens* nahm der Fehde endgültig ihren Charakter als Rechtsinstitut und erklärte jede rechtliche Eigenhilfe zum Friedensbruch, machte aber eine ordentliche Gerichtsinstanz notwendig. Bei der *Errichtung des Reichskammergerichts* konnten sich die Stände durchsetzen; neben dem vom Kaiser ernannten Präsidenten fungierten 16 (später 50) überwiegend von ihnen gestellte Beisitzer *(assessores)*. Maximilian, der sich in seiner kaiserlichen Gerichtsgewalt eingeschränkt sah, leitete im Gegenzug eine Aufwertung des allein von ihm abhängenden Reichshofrates in Wien ein (1498). Die Finanzierung des Kammergerichts sollte durch eine *allgemeine Reichssteuer*, den Gemeinen Pfennig, sichergestellt werden. Da sich der Kaiser der Einführung eines Reichsregimentes, das als eine Art ständisches Regierungsorgan gedacht war, energisch widersetzte, kam es in der *Handhabung Friedens und Rechtens* nur zu dem gegenseitigen Versprechen, die neuen Bestimmungen strikt durchzuführen; Maximilian sagte die jährliche Berufung des Reichstages zu.

Die Reichsreform scheiterte teilweise an den Ständen selbst, die nicht einmal im ersten Jahr den Gemeinen Pfennig voll aufbrachten; andererseits gab es kein kaiserliches Beamtentum und keine Reichsverwaltung, mit deren Hilfe die Eintreibung der Steuer zu erzwingen war. Im Gegenteil: Die Eidgenossen erkämpften im ›Schwabenkrieg‹ ihre Freiheit von Reichskammergericht und Reichssteuern und schieden damit de facto aus dem Reichsverband aus (Friede von Basel 1499; de iure erst 1648).

Ein zweiter Vorstoß der Stände führte zu der kurzen Existenz eines Reichsregiments, dem Maximilian die gesamte Regierungsgewalt übertragen mußte. Diese ständische Reichsregierung löste sich jedoch nach zwei Jahren wieder auf (1502), gescheitert an der Gleichgültigkeit der Territorien gegenüber dem Reich, an der mangelnden inneren Geschlossenheit der Stände und an dem Fehlen einer realen Machtbasis (Finanzen, Beamtentum, Heer). Auch das zweite Reichsregiment (1521–30), durch seine Beschränkung auf die Stellvertretung des Kaisers während seiner Abwesenheit ohnehin in schwächerer Position, litt unter den gleichen Mängeln und mußte die Herstellung der Ordnung (Ritterfehde, Bauernkrieg, Reformation) den Ständen überlassen. Damit war der Versuch einer vom Kaiser unabhängigen, über den Territorien stehenden Reichsgewalt endgültig gescheitert.

Trotz aller Einschränkungen lassen sich vier von der Reichsreform ausgehende Impulse feststellen:

1. Mit der ausschließlichen Regelung rechtlicher Streitigkeiten auf dem Wege ordentlicher Gerichtsverfahren begann das Reich eine Rechtsgemeinschaft zu werden. Das Reichskammergericht, das seinen Sitz erst in Frankfurt, später in Speyer (1527–1688), seit 1693 in Wetzlar hatte, konnte schließlich doch finanziert werden, da die Stände, an einer vom Kaiser unabhängigen Gerichtsbarkeit interessiert, den ›Kammerzieler‹, die einzige dauernde Reichssteuer, zu zahlen bereit waren. Die Zahl der Prozesse, das umständliche Verfahren, auch die jahrelange Lähmung durch den Konfessionsstreit, führten allerdings bald zur Überforderung des Gerichts. Prozeßverschleppungen über Jahrzehnte machten es zum Gespött Europas. Dennoch besaß das Gericht eine wichtige Funktion: von ihm aus drang das Römische Recht in Rechtsprechung und Gesetzgebung der Territorien ein. Es förderte auf diese Weise eine breitere Rezeption und eine gewisse Vereinheitlichung des Zivil- und Prozeßrechts. Auch für die Einheitlichkeit des Strafrechts hat das Reich durch die Peinliche Halsgerichtsordnung von 1532 (CCC = *Constitutio Criminalis Carolina*) entscheidend gewirkt.

2. Im Jahre 1500 erstmals eingerichtet, 1512 modifiziert und durch die Reichsexekutionsordnung von 1555 fester organisiert, wurde die *Kreisverfassung* ein fester Bestandteil des Reiches. Ihre neuerdings sehr intensivierte Erforschung hat verdeutlicht, daß die zehn Reichskreise als Gruppen landschaftlich zusammengehöriger Reichsstände Aufgaben durchzuführen hatten, die das Reich mangels einer eigenen Verwaltungsorganisation oder der einzelne Stand infolge fehlender Macht nicht übernehmen konnte: Aufsicht über den Landfrieden, Bestrafung aller Friedensbrüche, Exekution der Kammergerichtsurteile; daneben übten sie gelegentlich die Aufsicht über Münzwesen, Wirtschaftsleben und allgemeine Polizei aus. Die Bedeutung der Kreise ging freilich bis 1681 (vgl. S. 235 f.) kaum über den Rahmen ihrer Landschaft hinaus; infolge der dem Reich nachgebildeten Organisation (Kreisoberst, Kreisstände, Kreistag) bot die Kreisverfassung ein »treues Spiegelbild von der Zerrissenheit und Ohnmacht des Reiches« (Rothert). Neuere Arbeiten tendieren allerdings zu einer positiveren Beurteilung.

3. Daß weder die Stände noch der Kaiser die Reichsreform eindeutig in ihrem Sinn hatten entscheiden können, brachte die Notwendigkeit einer festeren Abgrenzung der Rechte zwischen beiden und das Bedürfnis eines engeren Zusammenschlusses der Stände stär-

ker zum Bewußtsein als früher. Diese Frage, deren Lösung für die weitere staatliche Entwicklung Deutschlands schlechthin entscheidend sein mußte, sollte für die kommenden anderthalb Jahrhunderte zum zentralen Problem der deutschen Verfassungsgeschichte werden. Es ging, etwas pointiert ausgedrückt, darum, ob es den Ständen gelingen würde, ihre dynastisch-territorialen Interessen gegenüber kaiserlichen Reichsansprüchen auch in einer Zeit durchzusetzen, da in fast allen europäischen Staaten eine Stärkung der zentralen Königsmacht auf Kosten der ständischen Gewalten unverkennbar war.

4. Eine wichtige Etappe in dieser Auseinandersetzung stellt die von Friedrich dem Weisen entworfene Wahlkapitulation dar, die Karl V. 1519 vorgelegt wurde. Sie bestätigte die Rechte und Privilegien der Stände, legte den Kaiser auf die Reichsgrundgesetze fest und verlangte für alle wichtigen Entscheidungen die Zustimmung der Kurfürsten oder des Reichstages. Andere Bestimmungen sollten die Einbeziehung des Reiches in die außenpolitischen Verwicklungen der Habsburger sowie einen Einsatz kaiserlicher Hausmachtmittel im Reich verhindern (Reichstage nur in Deutschland, Verhandlungssprache deutsch, Reichsämter nicht an Ausländer, Einsatzverbot für fremde Söldner im Reich, keine Aburteilung Deutscher vor fremden Gerichten u. a.).

Seit Karl V. hat jeder Kaiser eine Wahlkapitulation beschwören müssen, jedesmal sind die alten Bedingungen wiederholt, teilweise verschärft worden. Auf diese Weise trugen die Wahlkapitulationen zur Festigung der Territorialstaaten bei. Die Verbindung der politischen mit der religiösen Opposition (Speyer 1529, Schmalkaldischer Bund), die Ausbildung der evangelischen Landeskirchen, schließlich der Augsburger Religionsfriede (vgl. S. 109 f.) wirkten in die gleiche Richtung.

Es hat indessen zwei ernsthafte Ansätze einer Stärkung der kaiserlichen Gewalt gegenüber den ständischen Rechten und Ansprüchen gegeben. In beiden Fällen handelte es sich um den Versuch Habsburgs, aus einer politisch-militärisch günstigen Situation verfassungsrechtliche Konsequenzen zu ziehen.

1. Nach dem Sieg über die Schmalkaldener bemühte sich Karl V., die Stände in einem Reichsbund zusammenzufassen. Er sollte unter Führung des Kaisers stehen und durch eigene Institutionen (Bundesgericht, -feldherr, -kasse) zu einem wirksamen Machtinstrument ausgebaut werden, um unabhängig von den schwerfällig arbeitenden Reichsorganen rasche Beschlüsse und deren prompte Durchführung zu ermöglichen. Gegen den geschlossenen Widerstand der Stände ließ sich dieses Projekt nicht durchsetzen, der Reichstag verschleppte es und legte es schließlich unerledigt beiseite.

Die Sorge der deutschen Fürsten vor einem kaiserlichen Absolutismus erhielt durch den Plan der ›spanischen Sukzession‹ neue Nahrung (1551). Karl beabsichtigte, seinem Sohn Philipp als Nachfolger des bereits 1531 zum Römischen König gewählten Ferdinand die Kaiserwürde zukommen zu lassen; erst danach sollte Ferdinands Sohn Maximilian (II.) folgen. Der ganze Plan lief im Grunde darauf hinaus, die Kaiserwürde erblich an das Haus Habsburg zu bringen und aus dem deutschen Wahlreich ein Erbreich zu machen.

Den ganzen Katalog ständischer Beschwerden über Karl (mehrfache Verletzung der Wahlkapitulation, widerrechtliche Verurteilung und Inhaftierung deutscher Reichsfürsten u. a.), der die deutsche Nation »von ihren alten Libertäten und Freiheiten zu einem solchen viehischen, unerträglichen und ewigen Servitut wie in Hispania« zu führen schien, enthält der Vertrag von Chambord, in dem sich die deutsche Fürstenopposition unter Moritz von Sachsen mit Heinrich II. verbündete (1552; vgl. S. 100). Dementsprechend stellte sich der französische König in einem Manifest der deutschen Öffentlichkeit als »vindex libertatis Germaniae et principum captivorum« vor. Der militärische Erfolg der fürstlichen Rebellen zerschlug alle kaiserlichen Reichsreformpläne und sicherte das im Schlagwort von der ›Libertät‹ zusammengefaßte Bündel ständischer Freiheiten, Privilegien und Vorrechte.

2. Der Konflikt erneuerte sich mit den Erfolgen Habsburgs im ersten Jahrzehnt des Dreißigjährigen Krieges (vgl. S. 140). In der Machtvergrößerung des Kaisers, dem in Wallensteins Armee ein von Liga und Ständen unabhängiges, schlagkräftiges Instrument zur Verfügung stand, sahen die Kurfürsten die Gefahr der Errichtung eines kaiserlichen Absolutismus auf militärischer Grundlage unter Beseitigung der ständischen Reichsverfassung. In dem eigenmächtigen Vorgehen Ferdinands (Ächtung des Pfälzer Kurfürsten, Ausdehung des Krieges, beides unter Verletzung der Wahlkapitulation) und in dem Auftreten Wallensteins glaubten sie sichere Anzeichen eines solchen Kurses zu erkennen. Auf dem Regensburger Kurfürstentag (1630) verlangten sie die Entlassung Wallensteins und forderten, daß jeder künftige Feldherr »nicht eben alles absolute zu disponieren und zu dominieren (weil solches im Reiche nicht Herkommen noch zulässig) zu verfahren angewiesen werde«. Ferdinand mußte nachgeben: Wallenstein wurde entlassen, das kaiserliche Heer reduziert und dem Ligafeldherrn Tilly unterstellt.

Die günstige militärische Situation erlaubte fünf Jahre später einen neuen Vorstoß. Der vom Kaiser mit Sachsen vereinbarte Friede von Prag verbot sämtliche Fürstenbündnisse und jede selbständige Rüstung der Reichsstände. Alle Truppen wurden auf den Kaiser vereidigt, der die Verfügungsgewalt über das von den Ständen zu unterhaltende Reichsheer übernahm, mit dem er auch im Innern gegen alle dem Prager Frieden und der kaiserlichen Macht Widerstrebenden vorgehen konnte. Unter dem Druck der militärischen Lage erkannten die meisten Landesfürsten diese Bestimmungen durch ihren Beitritt zum Frieden an. Noch einmal schien die staatliche Zukunft Deutschlands offen, wiederum deutete sich die Möglichkeit an, die ständische Libertät einer kaiserlich-absolutistischen Gewalt zu unterwerfen.

»Der Eintritt Frankreichs in den offenen Krieg verkehrte diese einmalige Situation nach und nach in ihr Gegenteil« (Zeeden). Die von Frankreich und Schweden erzwungene Zulassung der Reichsstände zum Friedenskongreß hob die verfassungsrechtlichen Bestimmungen des Prager Friedens de facto auf. Die sich damit abzeichnende Entscheidung des Konfliktes zwischen kaiserlichem Reichsanspruch und landesherrlichem Autonomiestreben fand in den Westfälischen Friedensverträgen (1648) ihre reichsrechtlich verbindliche, von den ausländischen Garantiemächten sanktionierte Präzisierung.

Die Fürsten erhielten die fast unbeschränkte Staatsgewalt gegenüber ihren Untertanen, das *ius territoriale tam in ecclesiasticis quam politicis,* bestätigt; das *ius faciendi inter se et cum exteris foedera* bedeutete die Anerkennung der bis dahin vom Kaiser immer wieder bestrittenen außenpolitischen Selbständigkeit. Die Einschränkung, daß sich derartige Bündnisse nicht gegen Kaiser und Reich richten dürften, besaß kaum praktische Bedeutung, da sie auf eine Interpretationsfrage hinauslief.

Der Zubilligung der fast vollkommenen Landeshoheit an die Stände entsprach die politische Entmachtung des Kaisers. »In omnibus deliberationibus imperii«, insbesondere über Gesetzgebung, Außenpolitik (Krieg und Frieden, Bündnisse), Wehr- und Finanzpolitik war er an Mitwirkung und Zustimmung des Reichstages gebunden. Es blieben ihm nur einige Reservatrechte (Ausübung der oberlehnsherrlichen Gewalt, Exemtionen von der Reichsgerichtsbarkeit, Standeserhöhungen, Begnadigungen u. ä.).

Damit war der Ausbau des Reiches zu einem modernen Staat, wie ihn Karl V. und Ferdinand II. versucht hatten, unterbunden. Frankreich und Schweden, die ihre »Securität in der teutschen Stände Libertät« sahen, konnten mit den verfassungsrechtlichen Bestimmungen des Westfälischen Friedens zufrieden sein. Das Reich spielte als machtpolitischer Faktor im europäischen Staatensystem künftig keine Rolle mehr; den Interessen der Nachbarmächte bei der Gestaltung der geographischen Mitte des Kontinents hatte es so gut wie nichts entgegenzusetzen – auch deshalb, weil weder eine Festlegung der Pflichten der Stände gegenüber dem Reich noch eine Reorganisation der Reichsorgane erfolgte. Der Friedensvertrag hatte die Lösung wichtiger konstitutioneller Fragen (Königswahl, Kreisverfassung, Reichssteuerwesen, Reichsgerichtsbarkeit, Polizeiwesen u. a.) auf den nächsten Reichstag verschoben; aber abgesehen von einer Verbesserung der Reichsjustiz ließ der *recessus novissimus* (= Jüngster Reichsabschied 1654) diese Fragen ungelöst. Mit dem Westfälischen Frieden war die Entwicklung der Reichsverfassung im wesentlichen abgeschlossen.

Das Reich zerfiel fortan in fast 300 quasi souveräne Einzelstaaten; rechnet man die reichsunmittelbaren Herrschaftsbezirke dazu, waren es knapp 1 800 Einzelgewalten. Ihr Repräsentationsorgan war der Reichstag, der seit 1663 in Regensburg als ständiger Gesandtenkongreß permanent tagte. Er gliederte sich in drei Kurien. Der Kurfürstenrat unter Vorsitz des Mainzer Erzbischofs umfaßte nach der Wiederverleihung der Kurwürde an die Pfalz (1648) und der Standeserhöhung Hannovers (1692) neun Mitglieder, doch wurde die böhmische Stimme bis 1708 nur bei der Kaiserwahl in Anspruch genommen. Der Fürstenrat, unterteilt in weltliche und geistliche Bank, schwankte in seiner Zusammensetzung zwischen 165 (1648) und 100 Stimmen (1806). Neben den an einzelne Fürsten gebundenen Virilstimmen gab es Kuriatstimmen, beispielsweise vier für alle Herren und Grafen. Die Freien Reichsstädte, die 1648 die Reichsstandschaft erhalten hatten, waren in ihrem Einfluß beschränkt, da ihr *votum decisivum* bei Meinungsverschiedenheiten zwischen Kurfürsten- und Fürstenrat bestritten wurde. Die Zahl der im Reichstag vertretenen Städte sank von 61 (1648) auf 51 (1806).

Das Verfahren der Reichsgesetzgebung war sehr umständlich. Nach der getrennten Beratung der kaiserlichen *propositio* in den drei Kurien mußte der Mainzer Kurfürst die verschiedenen Voten ›vergleichen‹ und zum *consultum imperii* (Reichsgutachten) formulieren. Erst mit der Ratifizierung durch den Kaiser (der auch ablehnen konnte) erlangte die Vorlage als *conclusum imperii* (Reichsschluß) Gesetzeskraft. Die Vereinigung aller conclusa eines Reichstages erfolgte jeweils im *recessus imperii* (Reichsabschied); seit 1663 gab es nur noch Reichsschlüsse.

Dieses auf Einstimmigkeit angelegte Verfahren, dazu die Bestimmung, daß in Religionssachen (vgl. S. 108 und 143) und anderen kontrovers bleibenden Fragen keine Majorisierung erfolgen dürfe, erschwerte die Arbeit des Reichstags beträchtlich. Neben einigen Gesetzen zur Regelung des Zunftwesens erlangte nur die Reichskriegsverfassung von 1681 eine gewisse Bedeutung. Sie sollte die 1521 in Worms eingerichtete Matrikelordnung ablösen, in der die Aufstellung des Reichsheeres für den Romzug Karls V. und der notwendige Monatssold (= Römermonat) auf die einzelnen Stände verteilt worden war. Aus Bequemlichkeit wurden diese ziemlich willkürlich festgelegten Quoten später beibehalten; der Reichstag bestimmte lediglich die Höhe der notwendigen Kriegssteuer, d. h. die Zahl der Römermonate, und überließ die Art der Aufbringung den Ständen. Die Neuordnung sah nun ein stehendes Heer von 40 000 Mann in Friedenszeiten vor und übertrug seine Aufbringung und Bewaffnung den Reichskreisen. Sie ließ sich jedoch nur unvollkommen realisieren und wuchs über die Organisation der kleineren Stände im südwestdeutschen Raum nicht hinaus. Je länger desto mehr zeigten sich die bei einem Reichskrieg auftretenden Schwächen der Verteidigung so sehr, »daß man, solange das Deutsche Reich in seiner jetzigen Verfassung bleibt, demselben auf ewige Zeiten verbieten sollte, einen Reichskrieg zu führen« (J. J. Moser).

Die merkwürdige Struktur des Reiches stellte die zeitgenössischen Staatsrechtslehrer vor nicht geringe Probleme. Da es in den klassischen Kategorien der aristotelischen Staatsformen nicht unterzubringen war, verließ Pufendorf alle schulmäßigen Rubrizierungen und erklärte das Reich in seiner berühmt gewordenen Formulierung zu einem »irregulare aliquod corpus et monstro simile«. In heutiger Sicht scheint die verfassungsmäßige Bestimmung des Reiches als einer aristokratisch beschränkten, weitgehend föderalisierten Monarchie am zutreffendsten zu sein. Ein anachronistisches Relikt einer überwundenen Zeit blieb es in der Epoche des europäischen Absolutismus trotzdem – auch wenn sich gerade in jüngster Zeit die Forschung um eine Aufwertung etwa des Reichstages als »Parlament des alten Reiches« bemüht. Die ›modernsten‹ Beschlüsse des Reichstages waren gerade diejenigen, die der Stärkung des absolutistischen Regimentes in den Territorien dienten, beispielsweise die reichsrechtliche Legitimierung der steuerlichen Wehrhoheit der Fürsten (1654) und die Bestimmungen der Wahlkapitulation von 1658, die den Landständen jede Disposition über die Landsteuer und das Recht auf Selbstversammlung entzog.

Europäische Expansion und Kolonisation im 17. und 18. Jahrhundert

Die erste Phase der europäischen Ausbreitung über die Erde, das eigentliche Zeitalter der Entdeckungen, ging mit dem Nachlassen des spanisch-portugiesischen Expansionsdranges seit der zweiten Hälfte des 16. Jahrhunderts zu Ende. In etwas mehr als hundert Jahren war durch die Entdecker und Konquistadoren die Kenntnis der Europäer von der Größe der Erde und der Verteilung von Land und Wasser in einem vorher nie erreichten Maße erweitert worden. Die Berechnungen von Behrmann über die Entschleierung der Erde aus europäischer Sicht ergeben folgendes Bild für die bekannten Flächen (in Prozentzahlen):

	Landfläche	Wasserfläche	Erdoberfläche
1400	21	7,0	11,2
1500	25	20,9	22,1
1600	40	52,5	49,0

Obwohl die Conquista bald ihren spektakulären Charakter verlor und die für das 16. Jahrhundert ermittelte Zuwachsquote von +26,9 nie wieder erreicht wurde, verringerte sich der Anteil der nichtbekannten Gebiete auch im 17. und 18. Jahrhundert erheblich:

1700	50,6	64,7	60,7
1800	60,0	92,1	82,6

Die bemerkenswerte Zuwachsquote von + 20 für die bekannten Landflächen weist darauf hin, daß man das Phänomen der europäischen Expansion in diesem Zeitraum nicht zu eng fassen darf, indem man ausschließlich den überseeischen Aspekt berücksichtigt. Die Ausbreitung vollzog sich nämlich in diesen beiden Jahrhunderten auch in unmittelbarer Nachbarschaft, als es gelang, große Gebiete des eurasischen Festlandblockes zu erobern. Dabei verknüpfte sich im Falle Sibiriens mit der Expansion die tatsächliche Erforschung und Entschleierung einer riesigen terra incognita, während bei der (Rück-) Gewinnung osmanischer und halbosmanischer Gebiete in der Regel geographisches Neuland nicht betreten wurde, wohl aber eine wesentliche Erweiterung des europäischen Herrschaftsbereiches stattfand. An dem Leitgedanken dieser Ausdehnung des europäischen Einflusses ist der folgende Abschnitt orientiert. Er behandelt daher die Erschließung Sibiriens ebenso wie den Aufbau neuer überseeischer Kolonialreiche, kann aber auch auf eine Darstellung der Kolonisation im südosteuropäischen und südrussischen Raum nicht verzichten.

Die Erschließung Sibiriens

Durch die Wiederherstellung der herrscherlichen Autorität, die innere Befriedung und die Einleitung von Reformen machte Iwan IV. den Moskauer Staat außenpolitisch wieder handlungsfähig. Die Unterwerfung des wolgatatarischen Khanats von Kasan (1552) sprengte zum ersten Male den national-russischen Rahmen des ›Sammelns der russischen Länder‹. Der Gewinn Astrachans öffnete nicht nur den direkten Zugang zu den zentralasiatischen Märkten, sondern sicherte die Flanke für ein weiteres Vorrücken nach Osten. Während Iwan, der durch seinen Überfall auf Livland den russischen Anspruch auf Beteiligung am dominium maris baltici angemeldet hatte (vgl. S. 264), im Westen mit seiner imperialen Politik vollkommen scheiterte, begann im Osten in dieser Zeit das schrittweise Eindringen in den sibirischen Raum. Die Initiative ging von der Kaufmannsfamilie Stroganow aus. Sie hatte durch in großem Stil betriebene Salzsiederei Mittelrußland von den durch Kosaken und Tataren immer bedrohten Salzlieferungen aus dem Schwarzmeergebiet unabhängig gemacht und baute in drei Generationen ein regelrechtes Handelsimperium auf. Anika Stroganow (1482–1570) stieg zum hochangesehen ›Hoflieferanten‹ des Zaren auf, vor allem für wertvolle Pelze und europäische Spezialitäten. 1558 überschrieb Iwan IV. das angeblich öde und menschenleere, in Wirklichkeit ökonomisch vielversprechende Permer Land (um Molotow), ein Gebiet von 22 000 qkm, für 20 Jahre den Stroganows, die es zum Ausgangspunkt der Eroberung des sagenhaften, von Pelztieren wimmelnden Landes ›Mangaseja‹ jenseits des Ural zu machen versprachen. Dank großzügigster Privilegien (Steuer-, Zoll- und Abgabenfreiheit, Schürfrecht, Siedlungsrecht, Recht auf eigenes Heer und eigene Gerichtsbarkeit) machten sie das Permer Land binnen kurzem zum stärksten Pfeiler des Handelsunternehmens.

Expeditionen über den Ural hinweg wurden häufiger, reizten aber den dort residierenden islamischen Tatarenkhan Kutschum. Seine Gegenaktionen führten weit in die Stroganowschen Gebiete hinein. Der Zar, durch die Verweigerung einer alten Tributpflicht (Pelze) durch Kutschum verärgert, ging auf die Vorschläge der Stroganows ein. Er übertrug ihnen auf 20 Jahre die ›Sibirische Ukraine‹, d. h. Mangaseja (zwischen Ob und Jenissei) und die Gebiete am Tobol. Sie sollten Festungen bauen, Garnisonen halten, Eisen, Kupfer, Zink und Blei schürfen, die Besiedlung einleiten und durften sogar Eisen und Schießpulver herstellen, kurz: der Zar verlieh den Stroganows Sibirien. Da es ihm aber nicht gehörte, bedeutete das nichts anderes, als mit staatlicher Rückendeckung die Eroberung zu beginnen; die Annexion war im voraus anerkannt.

Für die Aufgabe, bewaffnete Expeditionen in das Gebiet Kutschums zu entsenden, fehlte es den Stroganows nicht an Geld und Waffen, wohl aber an Menschen. Das Auftauchen des Kosakenhetmans Jermak Timofejew änderte die Situation. Die Kosaken, entlaufene Bauern sowie kleine und große Außenseiter der russischen Gesellschaft (Diebe, Deserteure) lebten an den Unterläufen von Wolga, Don und Dnjepr in militärisch-demokratischen Gemeinschaften unter gewählten Oberhäuptern (Hetman, Ataman) von etwas Ackerbau und Viehzucht und viel Räuberei und Piraterie. Tatarische Mädchen wurden als wertvollste Beute ihrer Überfälle in die türkischen Harems verkauft. Jermak übernahm die Führung eines vor einer moskowitischen Strafexpedition fliehenden Kosakenhaufens und trat in die Dienste der Stroganows.

1581 begann der ›russische Pizarro‹, das de iure verbriefte Gebiet in Besitz zu nehmen. Mit 840 Mann überschritt er den Ural; ohne Pferde, ohne Kanonen, aber leidlich mit Gewehren ausgerüstet, die den Tataren unbekannt waren. Mit der Eroberung der Hauptstadt Kutschums, Isker, war der Schlagbaum nach Sibirien gehoben, obwohl Kutschum selbst jede Unterwerfung ablehnte und bis zu seinem Tode (1598) Partisanenaktionen organisierte. 2 400 Zobel, 50 Biber und 20 Schwarzfüchse waren Jermaks erste Aufmerksamkeit für den Zaren.

Mit der Errichtung des befestigten Lagers Tjumen an der Tura begann die lange Reihe der *Ostrogs,* die Sibirien »nach und nach wie mit Nägeln an das Moskowiterreich festnagelten« (Semonov) und Ausgangspunkte fast aller sibirischen Städte wurden. Von Tobolsk (1587) aus wurden die westsibirischen Kleinfürsten unterworfen; Tomsk (1604) öffnete den Weg nach Mittelsibirien.

Träger der rasch voranschreitenden Eroberung blieben die Kosaken, die Stroganows folgten auf dem Fuße. Die unzulängliche kartographische Aufnahme der ihnen überschriebenen Gebiete hatte zur Folge, daß sie sich etwa 8 000 qkm mehr aneigneten als ihnen zustanden. Dennoch entglitt ihnen infolge der einströmenden Menschenmengen bald die Kontrolle über diese Gebiete, deren Pelzreichtum – ähnlich wie die Goldfunde in Nordamerika im 19. Jahrhundert – Scharen von Unternehmungslustigen anlockte. 1610 erreichten Kosaken die Jenissei-Mündung. Das bot die Möglichkeit, die Landvorstöße durch Küstenfahrten zu ergänzen und entlang der Flußläufe von Norden aus ins Innere des Kontinents vorzudringen.

Es war weniger der Aktivität des Sibirischen Ministeriums (1637) als vielmehr den eingesetzten Woiwoden zu verdanken, daß die

Eroberung zügig vorangetrieben wurde. Von Jakutsk (1632) aus vollzog sich die Erforschung in drei Richtungen: zum Ochotskischen Meer, zur Beringstraße und zum Amur. 1644 war der Unterlauf des Amur erreicht, ein Jahr später wurde Ochotsk gegründet. 1648 segelte der von einem Sturm verschlagene Kosak Deschnew vom Nördlichen Eismeer in den Pazifischen Ozean und entdeckte damit die Beringstraße – 80 Jahre vor Bering, eine Tatsache, die bis weit ins 18. Jahrhundert selbst in Petersburg unbekannt blieb. Damit war, 67 Jahre nach der Expedition Jermaks, der östlichste Punkt Sibiriens erreicht. Es gehört zu den erstaunlichsten Vorgängen der Entdeckungsgeschichte, wie es den kleinen Kosakenabteilungen gelingen konnte, unter schwierigsten klimatischen Bedingungen in so kurzer Zeit das gesamte nördliche Asien zu erkunden. Wagemut, Abenteuerlust und Gewinnstreben geben keine hinreichende Begründung für die Attraktivität dieses Landes. Sibirien bot mehr: Es gab viel Freiheit dort und wenig Behörden.

Der Staat übernahm die Sicherung der Südflanke und versuchte, zu Kalmücken und Mongolen ein freundschaftliches Verhältnis herzustellen. 1634 erkannte der Chef der Westmongolen die Oberherrschaft des Zaren an. Rußland erhielt das Altaigebiet, womit die Möglichkeit, China als Absatzmarkt für sibirische Pelze zu gewinnen, in greifbare Nähe rückte. Doch war es nicht nur der Kotau vor dem Kaiser, den die Chinesen von allen Gesandten (bis ins späte 19. Jahrhundert) verlangten und den die Russen verweigerten, der die ersten Anknüpfungsversuche scheitern ließ. Durch das Vordringen der Kosaken zum Amur verschärfte sich die Situation, da diese Vorstöße auf das Heimatland der eben in China zur Macht gelangten Mandschu-Dynastie (1644–1911) zielten, die Mandschurei.

Den chinesischen Angriffen auf die russischen Ostrogs in Daurien (nördlich des ersten großen Amurbogens) mußte man sich beugen. Zudem war Moskau am Frieden interessiert. Die politischen Probleme im Westen besaßen Priorität (vgl. S. 266). Ein einträglicher Chinahandel versprach dafür wichtige finanzielle Hilfen. Zwei Jesuiten aus Peking (vgl. S. 124) waren die Dolmetscher, als in Nertschinsk der erste russisch-chinesische Grenzkonflikt beigelegt wurde (1689). Rußland verzichtete auf das Amurgebiet, die Wasserscheide des Stanowoi-Gebirges wurde zur Grenze erklärt. Russische Kaufleute durften dafür nach China reisen und Handel treiben.

Dieser Vertrag, der erste, den China mit einem christlichen Staat schloß, blieb, wenn man von Kjachta absieht, der einzige, der auf dem Prinzip der Gleichberechtigung zustande gekommen ist. Er enthob das Reich der Mitte für anderthalb Jahrhunderte der Sorge vor dem nördlichen Nachbarn.

Freilich wurde der für Rußland im Vordergrund des Interesses stehende Handel mit China durch die Unsicherheit der Grenze zwischen Sibirien und der von China beanspruchten Mongolei belastet. Erst der Vertrag von Kjachta (1727) regelte beides. Die Grenze wurde festgelegt, der Handel in geregelte Bahnen gelenkt. Der Verzicht auf die Mongolei brachte für Rußland das Ende des 500jährigen Kampfes gegen die zentralasiatischen Steppenvölker. China erfüllte die Aufgabe, den mongolischen Explosionsraum zu neutralisieren so gut, daß fast die Hälfte der Nachkommen Dschingis-Khans zu Bettelmönchen und frommen Eremiten wurde. Die Domestizierung der einstigen Welteroberer sicherte die lange mittlere Südgrenze Sibiriens. Der Handelsverkehr mit Fellen (aus Sibirien) und Tee, Tabak, Textilien, industriellen Erzeugnissen (aus China) nahm bald große Ausmaße an.

Erst im 19. Jahrhundert kam es im Rahmen der berüchtigten ›Ungleichen Verträge‹, die China mit den europäischen Imperialmächten abzuschließen gezwungen wurde, zur heutigen Grenzregelung. Mit dem chinesischen Verzicht auf die Gebiete nördlich des Amur (1858) und östlich des Amur-Ussuri-Laufes (1860) erhielt Rußland endlich die lange erstrebte Schlüsselposition für eine erfolgreiche Fernostpolitik.

Der Verlust des Amurgebietes durch den Vertrag von Nertschinsk drängte die Eroberungs- und Kolonisationswelle nach Nordosten ab. Die langwierige, durch Aufstände unterbrochene Unterwerfung Kamtschatkas (1697—1732) brachte die Russen an den Pazifik. Von dort begann die weitere Erschließung nach Süden (Kurilen, Sachalin, Seeweg nach Japan), Norden (Beringstraße, Nordküste Sibiriens) und Osten (Alëuten, Alaska).

Seit Peter I. nahm die russische Regierung lebhaften Anteil an den Unternehmungen in diesem politisch-wirtschaftlich vielversprechenden Raum. Auf Befehl des Zaren unternahm der Däne Vitus Bering den Versuch, die Gerüchte über eine Seeverbindung zwischen Pazifik und Nördlichem Eismeer (sog. Anian-Straße) zu überprüfen – daß Deschnew den Beweis bereits 1648 erbracht hatte, erfuhr man erst 1736, als sein Bericht im Jakutsker Archiv gefunden wurde.

Das von der Regierung finanzierte Unternehmen der ›Großen Nordischen Expedition‹ (1732–42) bildete den Höhepunkt der Forschungsarbeit. Über 550 Geographen, Kartographen, Physiker, Astronomen, Biologen, Mathematiker sicherten den sieben Schwerpunkten (1–4: Nordküste Sibiriens, 5: Amerika, 6: Kurilen, Japan, 7: ethnographische, historische, archäologische Erforschung Sibiriens) eine in dieser Breite für das 18. Jahrhundert einmalige wissenschaftliche Fundierung. Die letzten drei Aufgaben wurden Bering übertragen; zu seinen Mitarbeitern gehörten der französische Astronom de Lisle, der Tübinger Naturwissenschaftler J. G. Gmelin, der russische Reichshistoriograph G. F. Müller aus Westfalen und der fränkische Arzt und Biologe G. W. Steller, der Entdecker der schon 1786 ausgerotteten berühmten ›Stellerschen Seekuh‹. Ihre zum Teil noch unveröffentlichten Aufzeichnungen bilden unersetzliche Grundlagen der Sibirien-Forschung.

Privaten Charakter trugen zunächst die von kleinen Handelskompanien unternommenen Fahrten nach Osten. Bis 1800 fanden 85 solcher Expeditionen statt, die – neben den ersehnten Fellen – eine Erweiterung des geographischen Wissens um Alaska brachten. Das Vordringen der Spanier nach Norden (San Franzisko 1776) und das Auftauchen des Engländers Cook im Nordpazifik (1778) machten die gefährdete Lage Kamtschatkas und seiner vorgeschobenen alaskischen Stützpunkte (Kodiak, Sitka) deutlich, doch erst 1799 gewährte Paul I. der neu gegründeten Russisch-Amerikanischen Kompanie weitreichende Privilegien (Jagd-, Seetierfang- und Handelsmonopol) und stellte alte und künftig zu erwerbende Besitzungen unter den Schutz des russischen Staates. Als 1824/25 in Verhandlungen mit USA und England die Süd- und Ostgrenzen Alaskas festgelegt wurden, waren damit die Territorialrechte der Gesellschaft international anerkannt – lange nachdem Alexander Baranow (›Kaiser von Alaska‹) das Land zur gewinnbringenden Basis des größten russischen Handelsunternehmens ausgebaut hatte (seit 1791). Mehr ist Russisch-Amerika freilich nie geworden. Siedler und Bauern ließ die Regierung nicht in das Land. Es blieb eine Kolonie ohne Kolonisten, in der es nur Angestellte, Arbeiter und einige Missionare gab. Anders war die Lage in Sibirien. Hier bewegte sich die Administration in klassisch kolonialen Bahnen. Dazu gehörte die Monopolisierung des höchst einträglichen Pelzhandels (1697) und der Zwang, alle Waren über die Zollstation Verchoturé zu leiten. Im 16. Jahrhundert bildete das Pelzmonopol die Haupteinnahmequelle des russischen Staates, im 17. machte es noch ein Drittel aus. Infolge der Gewinne aus Erzbergwerken (Silber, Kupfer), Zolleinnahmen und Wodkalizensierung ging die Bedeutung im folgenden Jahrhundert zurück; die zunehmende Dezimierung der Pelztiere machte sich ebenfalls bemerkbar. Das führte auch zum Rückgang der Kopfsteuer, die als Pelztribut (Jessak) seit 1586 bestand.

Kolonial im Sinne einer Strafkolonie war auch die Siedlungs- und Bevölkerungspolitik. Die ›Verbannung nach Sibirien‹ führte dem riesigen Land willkommene Arbeitskräfte zu: Verbrecher, Rebellen, Strelitzen, Altgläubige und Kriegsgefangene wurden zu Zwangsarbeit (Katorga) in Bergwerken und Fabriken, beim Straßen- und Festungsbau eingesetzt. Die Brutalität des Katorgasystems und die ungeheuren Entfernungen boten offensichtlich einen besseren Schutz als preußische Gefängnisse; doch der erste (und einzige) Transport preußischer Verbrecher zu den berüchtigten Bergwerken von Nertschinsk löste sich unterwegs buchstäblich auf.

Erst im 18. Jahrhundert wurden Verbannte zu bäuerlicher Siedlung gezwungen, da Sibirien von der russischen Getreidezufuhr unabhängig werden sollte. Der Erfolg war gering, die Zwangssiedler liefen davon, schlossen sich zu Banden zusammen und machten das Land unsicher. Wichtiger für die Kolonisation war die Arbeit der zahlreichen, freiwillig nach Sibirien gekommenen Bauern. Wie früher die Kosaken lockte sie die Freiheit: Es gab keine Gutsbesitzer und keine Leibeigenschaft.

Als Zwangsaufenthalt für in Ungnade gefallene Minister (Menschikow, Dolgorukow, Biron, Münnich, Ostermann u. a.), selbst für die 1741 abgesetzte Regentin Anna erlangte Sibirien europäische Berühmtheit.

Wie barbarisch auch die russische Verwaltung gewesen sein mag, sie war sicher nicht grausamer als die Kolonialverwaltung der anderen europäischen Mächte. Eher war das Gegenteil der Fall: Nirgends wurde die einheimische Bevölkerung ausgerottet; auch duldete Rußland niemals Sklaverei und Sklavenhandel als gesetzliche Institution. Daß die Erschließung Sibiriens, des über 10 Millionen qkm großen Raumes, eine der größten europäischen Eroberungstaten darstellt, ist unbestritten. In den Komplex der europäischen Expansion fügt sich die Kolonisation Sibiriens als zwar eigenwilliges, aber zukunftweisendes Unternehmen nahtlos ein.

Die Richtungen der überseeischen Expansion

Die europäische Ausbreitung im 17. und 18. Jahrhundert in Übersee unterschied sich in vielerlei Hinsicht von den ersten Entdeckungen und Eroberungen. Seit den Weltumsegelungen von Magellan und Drake war die Land-Wasser-Verteilung auf den mittleren Breiten recht deutlich geworden; unbekannte Gebiete größeren Umfangs konnte es nur noch in den höheren südlichen und nördlichen Breiten geben, abgesehen von den unerschlossenen kontinentalen Binnenregionen. Für die Schiffahrt in den hohen Breitenlagen waren die mediterranen Methoden der Ortsbestimmungen von jeher ungeeignet gewesen. Häufige Bewölkung und fehlende Fernsicht ließen sich auf die Dauer nicht durch seemännischen Instinkt kompensieren. Die Entdeckung der Jupitermonde (Galilei 1610) brachte – wenigstens in klaren Nächten – die Möglichkeit einer halbwegs exakten Längenbestimmung, bevor die Pendeluhr (Huygens 1656) und endlich das Schiffschronometer (1729) dafür zur Verfügung standen. Als einfaches Instrument zur Ortsbestimmung gab es seit 1731 den Spiegelsextanten; mit der Berechnung der Logarithmen (1614 Napier) und der Aufstellung fast fehlerfreier Mondtafeln waren die wichtigsten Probleme der astronomischen Navigation gelöst.

Jedem europäischen Staat, der koloniale Ambitionen zu realisieren gewillt war, stellte sich ein zentrales Problem: Seitdem Philipp II. das portugiesische Reich mit der Krone Spaniens in Personalunion verknüpft hatte (1580), konnte er in Erfüllung der Verträge von Tordesillas und Saragossa Anspruch auf sämtliche Kolonialgebiete der Erde erheben. Die spanische Flotte kontrollierte die Zugangswege zu den lukrativen Gebieten Amerikas und Indiens; weder die Niederlage der Armada noch die englischen Piratenaktionen vermochten daran zunächst etwas zu ändern. So mußten die neuen Konkurrenten im kolonialen Wettbewerb versuchen, eigene Wege zu den überseeischen Quellen des Reichtums zu entdecken.

Der erste Versuch, einen von iberischer Kontrolle freien Seeweg nördlich des eurasischen Festlandblockes zu finden, ging auf eine Anregung Sebastian Cabotos zurück; trotz widersprüchlicher Nachrichten war er von der Existenz einer *Nordostpassage* überzeugt. 1553 rüstete eine eigens dafür gegründete Gesellschaft drei Schiffe zur Erkundung des nordöstlichen Seeweges aus, aber nur eins unter Chancellor erreichte die Dwina-Mündung – zur großen Befriedigung des Zaren, dem sich die unverhoffte Chance bot, die zahlreichen Importe aus Westeuropa nunmehr direkt auf dem Wasserweg nach Rußland kommen zu lassen. Ein Privileg Ivans IV. räumte den Engländern das Recht zu zollfreiem Handel mit allen russischen Provinzen und Städten ein. Die Gesellschaft, inzwischen in ›Muscovy Company‹ umbenannt, erhielt auch das englische Monopol für den Rußlandhandel. Mit der Anlage eines leistungsfähigen Hafens an der Dwina-Mündung begann der Aufstieg von Archangelsk; die Stadt wurde, zumindest für die zwei bis drei eisfreien Sommermonate, Rußlands erstes Tor zur Welt. Die weitere Suche nach der Nordostpassage gaben die Engländer schon 1555 auf; eine Umschiffung von Nowaja Semlja schien wegen des starken Eisganges selbst im Sommer unmöglich.

Gegen Ende des 16. Jahrhunderts wurde das Projekt von den Niederländern, die China und die Gewürzländer erreichen wollten (vgl. S. 247), wieder aufgegriffen. Eine erste Expedition gelangte in die Kara-See (1594) und glaubte damit den weiteren Weg frei, doch fand der im nächsten Jahr folgende Handelsschiffskonvoi die Route durch riesige Packeisfelder versperrt. Willem Barents, Teilnehmer der zwei Fahrten, hoffte bei seiner dritten Expedition, den ausgesetzten Preis von 20 000 Gulden für die Bezwingung der Nordostpassage zu gewinnen (1596/97). Er entdeckte die Bären-Insel und Spitzbergen, umrundete Nowaja Semlja im Norden und wurde dort zur Überwinterung gezwungen. Erst nach zehn Monaten lockerte sich der Packeisgürtel, und im Juni verließen die Holländer ihr Winterquartier in Ruderbooten. Nach Wochen nahm sie ein russisches Schiff auf, Barents war unterwegs gestorben; sein im Kamin des Winterhauses verwahrter Reisebericht wurde 1871 aufgefunden.

Auch Barents hatte die Nordostpassage vergeblich gesucht, doch verlor das Problem durch die erfolgreiche Öffnung des südlichen Seeweges nach Indien gerade zu dieser Zeit (vgl. S. 247) an Aktualität. Erst 1878/79 hat Nordenskjöld mit dem Dampfschiff ›Vega‹ die Nordostpassage bezwungen. Heute sorgen atomgetriebene sowjetische Eisbrecher für die Offenhaltung des ›Nördlichen Seeweges‹, der den Weg von Leningrad nach Wladiwostock gegenüber der Suez-Route um rund 11 000 km, gegenüber der Südafrika-Fahrt um 16 000 km verkürzt.

Einen zweiten Schwerpunkt der Forschungsreisen bildete die Suche nach der *Nordwestpassage*. Sebastian Caboto, ›grand pilot‹ des englischen Königs, war überzeugt, daß eine Umsegelung Amerikas im Norden möglich sei, doch erst Frobisher erreichte den Südteil der Baffin-Insel (1576/78), während John Davis in der nach ihm benannten Straße weit nach Norden vorstieß (1585/87). 1609/10 erkundete Hudson, ein Engländer in holländischen Diensten, das Gebiet um den Hudson River, wo wenig später die befestigte Niederlassung Neu-Niederlande entstand, und erkannte die Hudson-Bay als Teil des Atlantik. Auch als Baffin und Bylot 1616 den 75. Breitengrad überschreiten konnten, blieb die Nordwestpassage unauffindbar.

Ein Preis, den die englische Regierung zu Beginn des 18. Jahrhunderts für die erste Durchquerung ausgesetzt hatte, wurde Anfang des 19. Jahrhunderts erneuert, und John Franklin unternahm mit 128 Begleitern einen großangelegten Versuch (1845). Als die Nachrichten ausblieben, wurde eine Suchaktion organisiert. Eine der 40 Rettungsexpeditionen, geführt von McClure, bewältigte, von West nach Ost vordringend, die langgesuchte Nordwestpassage (1850/53) und brachte damit die Gewißheit, daß man drei Jahrhunderte lang einer Chimäre nachgejagt war: Die ständig von Eis gesperrte Durchfahrt ist für die Schiffahrt praktisch wertlos.

Den dritten Schwerpunkt der Entdeckungsreisen des 17. und 18. Jahrhunderts bildete die Suche nach der ›terra australis nondum cognita‹, wie der schon in der Antike vermutete Südkontinent z. B. auf der Weltkarte des Ortelius (1571) genannt wurde. Die Holländer, seit Anfang des 17. Jahrhunderts ernste Konkurrenten der Portugiesen in Asien (vgl. S. 248 f.), spielten zunächst die führende Rolle. Seit der Fahrt von Janszoon (1605) berührten Schiffe der Ostindischen Kompanie wiederholt die australischen Küsten. Tasman entdeckte Vandiemensland (Tasmanien), Neuseeland, die Tonga- und Fidschi-Inseln. Wirtschaftliche Erfolge brachten diese und andere Reisen nicht. Sie wurden deshalb, als van Diemen, Generalgouverneur von Niederländisch-Indien und Verfechter einer expansiven Politik, 1645 starb, nicht fortgesetzt.

Erst im 18. Jahrhundert erfuhr die Erschließung des pazifischen Raumes einen neuen Höhepunkt. Der Holländer Roggeveen entdeckte die Oster-Insel, Samoa und die Salomonen (1721/22), der französische Weltumsegler Bougainville erforschte 1766–68 die polynesische und melanesische Inselwelt. Glanzvoller Abschluß dieses Kapitels der Entdeckungsgeschichte waren die Reisen von James Cook, der 1768–71 die Küsten Neuseelands und Ost-Australiens erkundete und 1772–75 weite Teile des Südpazifik durchquerte. Während der dritten Reise segelte er die nordamerikanische Küste entlang und durchfuhr – zum Schrecken der Russen – 1778 die Bering-Straße (vgl. S. 242). Ein Jahr später wurde er auf Hawai erschlagen.

Mit dem Tode von Cook ging die zweite Phase der europäischen Entdeckungen zu Ende. Der Erschließung harrten noch die Binnengebiete Afrikas und Amerikas, so gut wie völlig unbekannt waren die Polarzonen. Abgesehen von Sibirien, kontrollierte Europa am Ausgang der Frühen Neuzeit zwar die Meere, aber noch nicht die Kontinente. Um die letzte Phase der Europäisierung der Erde einzuleiten, bedurfte es des imperialistischen Anstoßes des 19. Jahrhunderts.

Die neuen Kolonialmächte

Schon seit der Mitte des 16. Jahrhunderts war das spanisch-portugiesische Kolonialmonopol auf den Widerstand anderer europäischer Mächte gestoßen. Private Kaperfahrten und Piratenaktionen gegen spanische Schiffe und Häfen wurden von den Regierungen stillschweigend geduldet oder unter der Hand gefördert. Das Gebiet, auf das sich die koloniale Konkurrenz zuerst konzentrierte, war Westindien. Die zahlreichen Inseln mit ihren Schlupfwinkeln boten ideale Operationsbasen für die Beobachtung spanischer Flottenbewegungen, für Überfälle, Razzien und Schmuggel. Träger dieser Unternehmungen waren die englischen *filibusters,* die französischen *flibustiers,* die niederländischen *vrijbueters,* die sich in Seeräuber-Gemeinschaften mit festen Stützpunkten organisierten.

Der Kampf der westeuropäischen Staaten gegen die spanischen Hegemonieansprüche führte zu einem verstärkten Interesse am Gewinn überseeischer Plätze. In Westindien kam es zu schweren Einbrüchen in den spanischen Herrschaftsbereich und schließlich zur weitgehenden politischen Zersplitterung der Inselwelt. Nur Kuba, den Ostteil von Haiti und Puerto Rico konnten die Spanier auf die Dauer behaupten. England eroberte die Bermudas, Jamaika, die guatemaltekische Moskito-Küste und einige der Kleinen Antillen. Guadeloupe, Martinique und der Westteil Haitis wurden die wichtigsten Stützpunkte der Franzosen, während die Niederländer die der venezolanischen Küste vorgelagerten Inseln Aruba, Curaçao und Bonaire besaßen. Wenn auch die kurländische Herrschaft über Tobago, die dänische über St. Thomas nur ephemeren Charakters waren, bestätigten sie doch, wie sehr das westindische Gebiet in den Blickwinkel der europäischen Mächte getreten war. Die zahllosen Besitzverschiebungen, Ausdruck der wechselnden Stärkeverhältnisse im Konkurrenzkampf der Kolonialmächte, zeigten deutlich, daß seit der zweiten Hälfte des 16. Jahrhunderts eine Trennung der überseeischen von den europäischen Konflikten schlechterdings unmöglich war. Diese Interdependenz wurde in noch stärkerem Maße sichtbar, als die westeuropäischen Staaten mit dem Aufbau großer Kolonialreiche begannen.

Das niederländische Handelsimperium

Die entscheidende Voraussetzung für den Aufstieg in den Kreis der europäischen Kolonialmächte lag für die Niederlande in den wirtschaftlichen und sozialen Strukturen, wie sie sich in den Provinzen Holland und Seeland aufgrund einer langen maritimen Tradition und durch die handelspolitische Expansion des 16. Jahrhunderts herausgebildet hatten. Als Reeder, Werfteigner, Manufakturisten, Importeure und Exporteure waren die Kaufleute des Großbürgertums zur politisch und gesellschaftlich führenden Schicht aufgestiegen. Die vielfältigen Folgen der Auseinandersetzungen mit Philipp II. (vgl. S. 129 ff.) gaben dieser reichen und selbstbewußten Bourgeoisie Veranlassung, den Blick nach Übersee zu richten. Der Warenstrom aus den spanischen Kolonien ging seit dem Beginn des Krieges ständig zurück; seit der spanisch-portugiesischen Personalunion blieben auch die Produkte aus der portugiesischen Welthälfte aus. Mit der spanischen Eroberung Antwerpens (1585), des bisherigen Zentrums des Weltverkehrs, das fortan durch die holländische Sperre der Scheldemündung ausgeschaltet wurde, begann der Aufstieg Amsterdams. Flüchtlinge aus dem Süden brachten Kapital, geographische Kenntnisse und Erfahrung im Kolonialhandel mit. Wiederholte Beschlagnahmen niederländischer Schiffe in spanischen Häfen, auch die seit 1588 fragwürdiger gewordene spanische Seeherrschaft (vgl. S. 134 f.), führten schließlich zu den Versuchen, selbst den Weg zu den Quellen des Reichtums zu finden.

Während die Suche nach der Nordwestpassage keinen, die nach der Nordostpassage nur einen Teilerfolg brachte (vgl. S. 244 f.), gelang es vier, von einer privaten Gesellschaft ausgerüsteteten Schiffen, auf dem Wege um Afrika nach Südostasien zu fahren und mit einer kostendeckenden Pfefferladung zurückzukehren (1595/97). Als Initialzündung kann diese ›Erste Schiffahrt‹ kaum überschätzt werden. Nicht weniger als 15 Fahrten fanden in den nächsten Jahre statt, alle von privaten Gesellschaften finanziert. Niederländische Schiffe gelangten nach China und Japan, Kambodscha, Ceylon und den Philippinen.

Der Landesadvokat Oldenbarneveldt erreichte es, die zahlreichen ›Vorkompanien‹ 1602 in der ›Vereinigten Ostindischen Kompanie‹ zusammenzuschließen. Diese Gesellschaft, unter der Leitung der gewählten ›Herren Siebenzehn‹ straff organisiert, besaß – im Gegensatz zu den älteren französischen und englischen Kompanien – ein ständiges Betriebskapital, das durch Zeichnung von Anteilscheinen, deren Wert zwischen 60 000 und 50 Gulden lag, aufgebracht wurde. In kurzer Zeit waren 6,4 Millionen Gulden gezeichnet; die Dividendenzahlungen begannen, noch unregelmäßig, 1610, erfolgten seit 1623 jährlich, teils in Geld, teils in Spezereien (bis 1645). Bis 1782 schüttete die Gesellschaft im Jahresdurchschnitt eine Dividende von 18% aus. Die ursprünglich befristete Konzession für das indische Handelsmonopol wurde jeweils verlängert, so daß die Kompanie, da sie erst 1798/1800 aufgehoben wurde, sogar die Republik der Vereinigten Niederlande überlebte.

Die politische Bedeutung der Ostindischen Kompanie lag darin, daß sie den Niederlanden die Position einer Kolonialmacht gegenüber Spanien-Portugal verschaffte. Von Anfang an wollte man die Landesfeinde auch in Übersee bekämpfen. Dank des offensiven Auftretens konnte man sie tatsächlich aus vielen Gebieten verdrängen.

Im Mittelpunkt des Interesses standen die reiche Gewinne versprechenden Gewürzinseln. Das Dilemma der Portugiesen, die begehrten Spezereien nicht mit Gold oder Edelmetall bezahlen zu können (vgl. S. 57 f.), galt ebenso für die Holländer. Sie lösten dieses Problem, indem sie sich auch im Fernen Osten auf die ihnen von Haus aus vertraute Frachtschiffahrt verlegten und den Warenaustausch im süd- und ostasiatischen Raum in ihre Hand zu bekommen suchten. Seide aus China und Persien, Kupfer und Silber aus Japan, Reis aus Hinterindien, Textilien aus Vorderindien, Opium und Salpeter aus Bengalen, Zimt aus Ceylon, Tee und Porzellan aus China, Kaffee aus Mokka (und später Java), Edelhölzer, Farbhölzer, Gewürze und Drogen – alle diese Produkte transportierten holländische Schiffe. Der Gewinn aus diesem innerasiatischen Handel ermöglichte den europäisch-asiatischen, in der Richtung freilich anfangs ziemlich einseitigen Warenaustausch.

Voraussetzung dieses ausgedehnten Handels war eine starke, auch für Kriegszwecke geeignete Flotte. Die Seeüberlegenheit der Holländer in dieser Zeit beruhte nicht zuletzt auf der Erfindung des kleinen beweglichen Segels (1595), das die Schiffahrt vom Ruder und von den nur bei Rückenwind brauchbaren Großsegeln unabhängiger machte. Die kleinen, wendigen Schiffe, die von den Engländern eingeführt worden waren, erhielten durch diese Erfindung jene Manövrierfähigkeit, die eine wirkliche Beherrschung der See garantierte. Als Stützpunkte, Versorgungsbasen und Handelskontore waren feste Plätze unerläßlich. Zahlreiche Forts, Niederlassungen und Faktoreien bildeten das Skelett des niederländischen Kolonialreiches, das in der zweiten Hälfte des 17. Jahrhunderts seinen Höhepunkt erreichte: Die Molukken, Celebes, Amboina, Sumbawa und mehrere kleinere Sunda-

Inseln waren in der Hand der Gesellschaft, die durch den Besitz von Malakka und West-Java (Batavia 1619) die wichtigsten Zugänge in die südostasiatische Inselwelt kontrollierte. Formosa (bis 1662) und die Kurilen-Insel Urup waren Stützpunkte für die Schiffahrt nach Norden. Von 1641 bis 1859 waren die Niederländer die einzigen Europäer, die in Japan zugelassen waren; man hatte ihnen das Inselchen Deschima in der Bucht von Nagasaki zugewiesen. Faktoreien und Forts gab es rund um den Indischen Ozean: in Vorder- und Hinterindien, auf Ceylon und am Persischen Golf. Nur an der ostafrikanischen Küste konnten sich die Portugiesen behaupten, während sie viele Stützpunkte in Westafrika an die Holländer verloren.

Um das 1652 gegründete Kapstadt entstand die einzige wirkliche Kolonie im Bereich der Ostindischen Kompanie. Der Kommandeur Jan van Riebeeck wollte in diesem klimatisch begünstigten Küstenstrich einen ›Küchengarten‹ zur Versorgung der Schiffe errichten und rief deshalb Siedler ins Land. Neben niederländischen Bauern (Buren, Afrikander) wanderten nach 1685 auch französische Hugenotten, später zahlreiche Deutsche ein. Von den rund 17 000 Weißen am Ende des 18. Jahrhunderts waren 53% niederländischer, 28% französischer und 15% deutscher Abstammung. Man sprach eine Form des Niederländischen (Afrikaans) lebte unter Holländisch-Römischem Recht und gehörte zur Holländisch-Reformierten Kirche.

Die im Kapgebiet beheimateten Hottentotten ließen sich nur als freie Hirten gebrauchen, für alle anderen Tätigkeiten wurden Sklaven eingeführt. Da der Wunsch der Gesellschaft, die Schiffe möglichst billig zu versorgen, den wirtschaftlichen Interessen der Freibürger nicht entsprach, kam es häufig zu Konflikten, so daß die eigenwilligsten Siedler, insbesondere die großen Viehzüchter, es seit der Mitte des 18. Jahrhunderts vorzogen, ins Landesinnere auszuweichen.

Wie eng die überseeischen Interessen der Niederländer mit den europäischen verknüpft waren, zeigt die Gründung der Westindischen Kompanie im gleichen Jahr, in dem der Waffenstillstand mit Spanien ablief (1621). Sie sollte gegen die spanisch-portugiesischen Besitzungen in Westafrika und Amerika Kaperfahrten und Zerstörungsexpeditionen durchführen. Der spektakulärste Erfolg war der Überfall auf den aus Mexiko kommenden Teil der Silberflotte im Hafen von Matanzas auf Kuba (1628). Die Beute, zwischen 11,5 und 15 Millionen Gulden, kam der niederländischen Kriegführung in Europa zugute.

Nur vorübergehend konnten sich die Holländer in Brasilien festsetzen, dessen nördlichen Küstenstreifen sie seit 1630 eroberten. Den Arbeitskräftebedarf für die Zuckerrohrplantagen deckten sie durch die Einfuhr von Sklaven aus Westafrika. Bei den alteingesessenen Siedlern erweckte die holländische Herrschaft ein erstes brasilianisches Gemeinschaftsbewußtsein; sie führten einen erbitterten Kampf gegen die neuen Kolonialherren und zwangen sie 1654 zur Aufgabe von Niederländisch-Brasilien. Holländisch blieb auf dem südamerikanischen Kontinent nur ein Teil der Guayana-Küste (Surinam).

Etwas längeren Bestand hatten die Besitzungen in Nordamerika. Um das Zentrum Neu-Amsterdam (gegr. 1612, Stadtrecht 1653) entwickelte sich Neu-Niederlande, eine Siedlung, die um die Mitte des 17. Jahrhunderts etwa 10 000 Kolonisten, darunter viele nichtholländische, zählte. Unter dem autoritären, bei den Siedlern unbeliebten Pieter Stuyvesant wurde zwar das benachbarte Neu-Schweden erobert (1655), doch als die Engländer ihre längst angemeldeten Ansprüche durch Entsendung einer Flotte unter dem Herzog von York zu realisieren suchten, fand Stuyvesant bei den Siedlern keine Unterstützung und mußte die Kolonie aufgeben (1664). Im Frieden von Breda (vgl. S. 272) verzichteten die Niederlande auf ihre nordamerikanischen Kolonien: Neu-Amsterdam (New York), New Jersey und Delaware fielen an England (1667).

Nicht nur in Amerika, auch im afrikanisch-asiatischen Raum war die Periode des holländisch-spanisch/portugiesischen Kolonialdualismus seit langem durch eine sehr viel komplexere Situation abgelöst worden. Gegen den portugiesischen Anspruch auf alleiniges Recht am ostindischen Handel hatte Hugo Grotius seine Schrift ›Mare liberum‹ veröffentlicht (1609), wahrscheinlich auf Veranlassung der Ostindischen Kompanie. Betroffen fühlte sich aber bald in erster Linie England. Man müsse, so hieß es 1635 in einer königlichen Instruktion, darauf mit einer Verteidigung des *mare clausum* antworten, »nicht so sehr durch Abhandlungen, als vielmehr durch die vernehmlichere Sprache einer mächtigen Flotte«. Im Auftrag Karls I. verfaßte John Selden sein Buch ›Mare clausum‹ (1636), das dem iberischen Anspruch auf Alleinherrschaft zur See und der holländischen Proklamierung der Freiheit der Meere eine englische Seerechtstheorie entgegenstellte. Seldens Schrift begründete, wenn auch anfechtbar, den Anspruch auf ein *Mare Britannicum* und enthielt den Keim aller späteren englischen Seeherrschaftsansprüche.

Noch bevor die kolonialen Differenzen mit Spanien (1648) und Portugal (1661/63) beigelegt waren, sahen sich die Niederländer vor der neuen Aufgabe, die errungenen Positionen gegen die ehrgeizige und staatlich geförderte englische und französische Konkurrenz zu verteidigen. Daß dies auf die Dauer nicht überall gelang, lag daran, daß es die Ostindische Kompanie versäumte, ihre überholten Strukturen und Methoden den neuen Verhältnissen anzupassen. Man ruhte sich auf den Lorbeeren des 17. Jahrhunderts aus, verminderte zur Erzielung höherer Gewinne (die zunächst auch nicht ausblieben) die militärische Präsenz und legte weniger Wert auf die Kriegstüchtigkeit der Handelsschiffe. Eine zunehmende Bürokratisierung der Gesellschaft ging mit Korruption und allgemeinem Schlendrian einher, der

Elan des 17. Jahrhunderts wich einer Rentnergesinnung. Der aggressiven Kolonialpolitik ihrer westeuropäischen Konkurrenten hatte die Gesellschaft, da die strukturellen Reformen des Apparates ausblieben, immer weniger entgegenzusetzen. Als sie zum 1. Januar 1800 aufgehoben wurde, war von Gewinnen nicht mehr die Rede; 140 Millionen Gulden Schulden und eine ziemlich angeschlagene Position in Südostasien bildeten ein schwieriges Erbe.

Das (erste) französische Kolonialreich

Obwohl Franz I. seine überseeischen Ansprüche deutlich ausgesprochen und Colignys Vorstöße nach Nord- und Südamerika (vgl. S. 62 f.) eine Art kolonialer Strömung in der öffentlichen Meinung im Gefolge hatten, obwohl auch Bretonen und Basken längst zum Fischfang nach Neufundland fuhren und einige Kaufleute kanadische Felle und Pelze importierten, konnte eine gezielte französische Kolonialpolitik erst beginnen, als nach dem Ende des spanischen Krieges (1598) und der Lösung des Hugenottenproblems (1598) das Land in eine Phase der Erholung und Konsolidierung eintrat.

Seit Beginn des 17. Jahrhunderts erwarb Frankreich die Gebiete seines ersten Kolonialreiches. Die Methoden der Besitzergreifung unterschieden sich kaum von denen der anderen Mächte: Brutale Unterwerfung mit Ausrottung oder Zurückdrängung der Eingeborenen ins Landesinnere, militärische Eroberung von bereits besetzten Gebieten, und, meist in Asien, wo man etwas zurückhaltender auftreten mußte, Abschluß von Kauf- und Protektionsverträgen.

Mit der wachsenden Verflechtung von Seefahrt, Handel und Kolonialpolitik durch die Einbeziehung des kolonialen Sektors in das merkantilistische System hörten die im Stil von Raubzügen unternommenen Expeditionen auf. Der Gedanke einer wertsteigernden Bewirtschaftung zur regelmäßigen Beschaffung billiger Lebensmittel und Rohstoffe und die Erwartung, Absatzmärkte für die im Mutterland hergestellten Fertigwaren zu gewinnen, tauchten auf. Richelieu, seit 1626 ›Großmeister von Schiffahrt und Handel‹, skizzierte die Grundlagen seines Programmes: »Bisher hat Frankreich, im Vertrauen auf den eigenen Reichtum, als einziges Land den Handel vernachlässigt, obgleich es ihn ebenso leicht treiben könnte wie seine Nachbarn.« Zur Änderung dieses beklagenswerten Zustandes brauche man eine starke Kriegsmarine und eine konkurrenzfähige Handelsflotte, die von großen Gesellschaften getragen werden müsse. Bis 1642 wurden 15 Kompanien gegründet, aber durch unzureichende Kapitalausstattung und schwerfällige Organisationsformen blieben die Erfolge hinter den Erwartungen zurück. Auch die Inanspruchnahme der Regierung durch den europäischen Krieg und den Aufstand der Fronde (vgl. S. 179) wirkte sich für den kolonialen Bereich negativ aus.

Colbert, in wirtschaftlichen Fragen dem Kardinal überlegen, reorganisierte das System, verringerte die Zahl der Kompanien auf fünf, versuchte Höflinge, Städte, Kaufleute und Privatiers zur Finanzierung heranzuziehen und setzte das Prinzip der Exklusivität durch; der Staat übernahm durch die privilegierten Gesellschaften das Monopol für Gewinnung und Vertrieb von Kolonialwaren; die Kolonien durften ihre (meist landwirtschaftlichen) Erzeugnisse ausschließlich an das Mutterland verkaufen und mußten sämtliche benötigten Produkte von dort beziehen. Selbstverständlich sollte der Warenaustausch nur auf französischen Schiffen erfolgen. Die Förderung des kolonialen Anbaus, die Ausnutzung der Handelstonnage und die Steigerung der einheimischen Produktion fügten sich so in das gesamtwirtschaftliche System ein.

In der Praxis stellten sich die Dinge allerdings wesentlich komplizierter dar, besonders die Finanzierung der Gesellschaften erwies sich durch das Desinteresse der finanzstarken Kreise als schwierig (vgl. S. 159). Von den 15 Millionen livres Startkapital der Ostindischen Kompanie wurden nur 6,3 Millionen gezeichnet (König 3, Höflinge und Prinzen 1,3, Finanzleute 2 Millionen), diese aber nicht voll eingezahlt, so daß die ersten Dividenden nur mit Hilfe von Anleihen ausgeschüttet werden konnten. Die westindische Kompanie (gegründet 1664) hatte nach zehn Jahren ihr Anfangskapital von sechs Millionen verloren und obendrein über drei Millionen Schulden, so daß Colbert große Abstriche an seinem Kolonialprogramm vornehmen mußte. Wie so häufig im Ancien Régime wurde die theoretische Generallinie zugunsten praktikabler Improvisationen verlassen.

Zu den klimatisch und wirtschaftlich bedingten Unterschieden zwischen den einzelnen Teilen des Kolonialreiches trat die politische und administrative Differenzierung. Neu-Frankreich, in allmählicher Ausdehnung nach Westen begriffen, wurde das größte französische Kolonialgebiet in Nordamerika. Samuel Champlain, erster Gouverneur von Kanada, nahm das seit Cartier de iure beanspruchte Land (vgl. S. 62) de facto in Besitz und eroberte Acadia (Neu-Braunschweig). Von Quebec (gegr. 1606) fuhren die Siedler, die das Land durch Rodung erschlossen, den St.-Lorenz-Strom hinauf und gründeten 1642 Mont Royal (Montreal). Das Gebiet, seit 1663 Kronkolonie, erhielt nach dem Vorbild der französischen Provinzen Gouverneur, Intendant und die traditionellen Verwaltungskörperschaften. Kämpfe gegen Engländer und Indianer, der Übereifer der meist jesuitischen Missionare (Colbert: »zu viel Mönche, zu wenig Bauern!«) und Rivalitäten zwischen weltlicher und geistlicher Führungsschicht belasteten die Entwicklung der Kolonie erheblich.

Die soziale Struktur Kanadas entsprach der agrarischen Form der Ausbeutung durch französische Siedler. Ähnlich wie in Spanisch-Amerika im 16. Jahrhundert (vgl. S. 67) kam es hier zu einer Renaissance des Feudalismus. Es gab Großgrundbesitz mit Pächtern und Halbpächtern; die Kirchengüter umfaßten etwa ein Viertel des bewohnten Landes. Die weit ins Innere vorstoßenden Pelzjäger und Fallensteller (Trapper) bildeten eine Sondergruppe. Im Gegensatz zu ihren Fellen konnte Frankreich weder Holz noch Getreide gebrauchen; zur Überwindung von Absatzschwierigkeiten übernahm Kanada die Versorgung der übervölkerten Antillen. In Frankreich interessierte man sich wenig für diese Kolonie, deren Klima rauher als das heimatliche war und die außer Pelzen nur Erzeugnisse anbot, die auch in Frankreich reichlich vorhanden waren. Den Verlust Kanadas (1763, vgl. S. 287) empfand man nicht als nationales Unglück: »Die Franzosen ziehen den Frieden dem Besitz von Kanada vor« (Voltaire).

Seit 1682 begann das Vordringen zu den Großen Seen und zum Oberlauf des Mississippi. Cavelier de la Salle fuhr flußabwärts, erreichte den Golf von Mexiko und legte 1685 Fort Louis an, bis zur Gründung von Nouvelle Orléans (1718) Zentrum der Kolonie Louisiana.

Besorgniserregend war das Mißverhältnis zwischen der Weite des Raumes und der Siedlerzahl. In Neu-Frankreich und Louisiana gab es um 1700 kaum mehr als 10 000 Kolonisten. Als die zahlenmäßig weit überlegenen englischen Siedler von den Küstenlandschaften allmählich nach Westen vorrückten und ihnen eine wachsende Zahl französischer Forts den Weg abschnitt, kam es, zuerst im Ohiotal, zu Konflikten (vgl. S. 285 f.).

Die Bewirtschaftung der französischen Antillen entsprach eher dem Konzept Colberts. Auf der Grundlage der Sklavenwirtschaft konnten die Inseln große Mengen Zucker, Rum, Kakao, Kaffee und Indigo ausführen; aus Frankreich (und Kanada) importierten sie Fleisch, Wein und Getreide. 1738 zählte man 42 000 Kolonisten und 208 000 Sklaven. Die Inseln waren der ertragreichste Teil des gesamten französischen Kolonialreiches.

Zur Sicherung französischer Interessen in Asien folgte Colbert 1664 dem englischen und holländischen Beispiel und gründete die Ostindische Kompanie. Sie unterschied sich von den älteren Gesellschaften dadurch, daß der Staat einen großen Teil des Kapitals bereitstellte, weil die Kompanie von Anfang an ein Mittel zur Erhöhung der französischen Seemacht sein sollte und ihr dementsprechend politische und wirtschaftliche Ziele gesteckt waren. Es gelang ihr, an mehreren Stellen des indischen Subkontinents Niederlassungen *(comptoirs)* zu errichten. Von der Malabarküste (Mahé) und der Koromandelküste (Pondichéry, Karikal, Yanaon), auch von dem bei Kalkutta gelegenen Chandernagor, dehnte sich der französische Einfluß auf weite Teile des Hochlandes von Dekkan aus. Die von Dupleix (Gouverneur 1741 bis 1754) sehr erfolgreich betriebene Politik der Einmischung und Vermittlung bei den zahllosen Streitigkeiten rivalisierender Hindufürsten weckte aber nicht nur das Mißtrauen der Aktionäre, sondern rief in steigendem Maße die englische Konkurrenz auf den Plan.

Als Stützpunkte und Versorgungsstationen für die Ostindienfahrt waren schon vor der Mitte des 17. Jahrhunderts zwei Kontore auf Madagaskar errichtet worden. Nach Vertreibung der Franzosen durch eine Eingeborenenrevolte (1674) übernahm die Maskarenen-Inseln Bourbon (Réunion) und Mauritius (Isle de France) diese Funktion.

Mit dem Besitz von Kanada, Louisiana, einigen Antillen, Guayana und den Niederlassungen in Westafrika und Indien hatte sich Frankreich im kolonialen Wettbewerb der europäischen Mächte eine beachtliche Position erobern können. Im folgenden Jahrhundert mußte sich zeigen, ob es dem Ancien Régime gelingen würde, die Periode der Anhäufung sehr unterschiedlicher Überseegebiete zu überwinden und zur Bildung eines unter größeren Gesichtspunkten konzipierten Kolonialreiches zu gelangen.

Die Anfänge des englischen Weltreiches

In der ersten Hälfte des 16. Jahrhunderts war in England »der Sinn für die Weite der Welt noch nicht erwacht« (Meissner). Einige Entdeckungsfahrten blieben, teils aus innenpolitischen Gründen, ohne große Resonanz, auch waren die Gewinne aus dem niederländischen Tuchgeschäft so groß, daß das finanzstarke Bürgertum gern auf unsichere Abenteuer in Übersee verzichtete und nur vereinzelt Handelsbeziehungen nach Asien, Afrika und Amerika anknüpfte. Gewinnbringend wurden dabei die Kontakte mit Rußland (vgl. S. 244). Andererseits übernahm man seit den 40er Jahren die schon von den Franzosen geübte Gewohnheit, den spanischen Amerikahandel durch Piraterie zu stören. Die mächtige Gilde der »Merchant Adventurers« zog es allerdings vor, sich – entgegen ihrem Namen – dem bequemen und höchst einträglichen Handel mit Antwerpen zu widmen (Monopolisierung 1564).

Die in der Hochseeschiffahrt, in der astronomischen Navigation und im Kolonialwarenhandel gesammelten Erfahrungen trugen in der zweiten Hälfte des Jahrhunderts ihre Früchte, als sich die politischen und wirtschaftlichen Perspektiven verschoben und das Tuchgeschäft mit den Niederlanden infolge des Krieges (vgl. S. 133 f.) einen schweren Rückschlag erlitt. Der Zwang, neue Exportartikel zu finden, führte zu Umstellungen im englischen Gewerbe und im Binnenhandel, die Suche nach neuen Absatzgebieten für die Wollwaren gab den Anstoß zu gezielteren überseeischen Unternehmungen. Nüchternes geschäftliches Kalkül ließ England den Anschluß an die Expansionsbestrebungen des Kontinents finden.

Vor dem Hintergrund des allgemeinen europäischen Kampfes gegen Spaniens Hegemonieansprüche konzentrierten sich die englischen

Aktionen auf drei Ziele: erstens verstärkte man die Piratentätigkeit, unternahm unter Billigung und teilweiser Beteiligung der Krone Raubzüge besonders nach Westindien und plünderte Schiffe, Städte und Küstenprovinzen aus. Die Beute wog den Verlust der traditionellen Handelsbeziehungen bald auf. Man versuchte zweitens, neue Wege zu den Gold- und Gewürzländern Asiens zu entdecken (vgl. S. 244 f.). Durch den Gewinn überseeischer Stützpunkte sollte drittens die Grundlage für eigene koloniale Besitzungen geschaffen werden. Voraussetzung dazu war der von Heinrich VIII. begonnene Aufbau der *Royal Navy*, deren Konzeption erkennen ließ, daß sich England der Weite der Welt bewußt zu werden begann. Man baute Segelschiffe, verzichtete auf Rudergaleeren, die Kennzeichen des mediterran orientierten Europa gewesen waren, und leitete durch die Bestückung mit Kanonen eine Revolutionierung der Seekriegführung ein, die im Sieg über die Armada erstmals zum Erfolg führte (vgl. S. 134).

Wichtigstes Ereignis in dieser ersten Phase englischen Strebens nach Übersee war die Weltumsegelung von Francis Drake (1577–80). Als Beutezug im pazifischen Raum angelegt (und dabei sehr erfolgreich), sollte sie gleichzeitig den westlichen Ausgang der Nordwestpassage erkunden und die Möglichkeiten des Gewürzhandels mit den Molukken sondieren. Mit Drake, dem zum Ritter geschlagenen Kaperführer, Seeräuber und Entdecker, mit John Hawkins, dem Sklavenhalter und Freibeuter, begann im ›Age of Drake‹ jene eigentümliche Mischung von brutalem Piratentum, kühlem Wirtschaftsdenken und nationalem Sendungsbewußtsein, das für die englische Kolonialpolitik charakteristisch werden sollte. Von Sir Walter Raleigh, der durch die kurzlebige Gründung der ersten englischen Niederlassung (Virginia) in Amerika (1584: Insel Roanoke vor dem späteren Nord-Carolina) den expansiven Geist zum frühen Imperialismus ausweitete, führt eine gerade Entwicklungslinie zu Clive und Cecil Rhodes.

Daß die Ergebnisse zunächst bescheiden blieben, lag einmal an den politischen Spannungen in Europa, in die England durch den Krieg mit Spanien-Portugal (1585–1604) direkt verwickelt war, zum anderen an den wirtschaftlich orientierten Interessen des Bürgertums, die nicht konstant in eine Richtung gingen, sondern sich sprunghaft dem jeweilig aussichtsreichsten Unternehmen – das waren zumeist die Kaperfahrten – zuwandten, so daß eine systematisch finanzierte, vom Staat geförderte Kolonialpolitik noch nicht entstehen konnte.

Obwohl bis etwa 1640 die zahlreicher werdenden Übersee-Unternehmungen noch nicht unter dem Leitgedanken einer weltweiten imperialen Politik standen und nur ein Minimum an staatlicher Unterstützung erhielten, schufen sie an vielen Stellen die Grundlage des späteren Kolonialreiches. Die Initiatoren waren vorwiegend die Londoner Großkaufleute und die von ihnen gegründeten und finanzierten Handelsgesellschaften.

Der Ostindischen Kompanie (gegr. 1600) gelang es, in die portugiesische und niederländische Handelsdomäne Asien einzudringen, doch konnten die Holländer in oft blutigen Auseinandersetzungen (1623 Hinrichtung von 10 Engländern, sog. Mord von Amboina) um den Gewürzhandel in Südostasien ihre Position behaupten, so daß sich das Augenmerk der Gesellschaft mehr auf Indien zu richten begann. Bis 1647 hatte sie dort 23 Faktoreien errichtet, enthielt sich jedoch jeder politischen Einflußnahme auf die inneren Verhältnisse Indiens, konzentrierte sich auf den Handel und arbeitete trotz des noch bescheidenen Warenvolumens mit Gewinn.

In Amerika nahm mit der Gründung von Jamestown (1607) die Besiedlung von Virginia ihren Anfang. Nach schweren Krisen, die den Bestand dieser ersten Siedlungskolonie mehr als einmal gefährdeten und die einen ständigen Nachschub von Menschen, Versorgungsgütern und Kapital erforderlich machten, brachte allmählich der Tabakanbau (seit 1614) eine solide wirtschaftliche Basis. Die Ausfuhr stieg von 2 500 Pfund (1616) auf 50 000 Pfund (1618). Die Virginiakompanie, alleiniger Träger des Unternehmens, wurde 1624 aufgelöst; die Krone übernahm das Gebiet und richtete eine Verwaltung nach dem Muster Irlands und der Kanalinseln ein, deren Typ später von anderen Kronkolonien übernommen wurde. Ein Gouverneur vertrat den König, ihm zur Seite standen ein Rat *(Council)* und eine gewählte Volksvertretung *(Assembly)* der Siedler. Eine solche Repräsentationskörperschaft war erstmals gebildet worden, als alle Kolonisten über 17 Jahre 22 Delegierte gewählt hatten, die am 30. Juli 1619 zur *Virginia Assembly* zusammentraten. Der demokratisch-parlamentarische Gedanke fand in dieser Versammlung seinen ersten Ausdruck in Amerika.

Wichtiger als der Besitz einiger westindischer Inseln und eines Teils von Guayana wurde für das künftige britische Kolonialreich die Besiedlung von Neu-England. Sie erwuchs aus zwei Wurzeln. Des Landes verwiesene englische Puritaner suchten nach einer Zufluchtsstätte, während etwa gleichzeitig einige Kaufleute Stützpunkte für Fischfang und Pelzhandel errichten wollten. 1620 segelten die Pilgerväter von Leiden, wo sie seit 1609 im Exil lebten, über Southampton auf der ›Mayflower‹ nach Amerika. Ein Londoner Konsortium hatte die Reisekosten vorgeschossen. Durch Wind und Wetter nach Norden verschlagen, landeten sie in Plymouth/Massachusetts. Die Basis ihres künftigen Zusammenlebens bildete der *Mayflower Compact* vom 11./21. November 1620, eine vor der Landung verfaßte Grundsatzerklärung, die den einzigen wirklichen ›Gesellschaftsvertrag‹ darstellt, den die Geschichte kennt.

Den großen Schwierigkeiten, denen sich die schlecht ausgerüstete und kaum vorbereitete Gruppe gegenübersah, fiel im ersten Winter etwa die Hälfte der Einwanderer zum Opfer. Mit der Einbringung der Ernte von 1621 und der Ankunft eines Versorgungschiffes war jedoch die schlimmste Zeit überstanden. (Das genaue Datum des ersten *Thanksgiving Day* ist nicht bekannt. Die heutige Regelung, dieses Fest am letzten Donnerstag im November zu begehen, wurde erst 1895 eingeführt.) 1627 konnten die Gläubiger ausgezahlt werden.

Eine Fischereistation in Kap Ann (1623) war der zweite Ausgangspunkt der Kolonisation Neu-Englands. Eine Kompanie führte zahlreiche Siedler nach Massachusetts und gründete die Stadt Boston. Mit New Hampshire, Connecticut und Rhode Island weitete sich der Kreis der Niederlassungen in Neu-England rasch aus. Trotz starker Unterschiede im einzelnen gab es viele Gemeinsamkeiten: Sie bildeten loyale, aber faktisch autonome Gemeinwesen *(commonwealths)* mit einem hohen Maß an Selbstverwaltung; sie gaben sich selbst ihre Gesetze, trieben Handel nach ihrem Ermessen und entzogen sich allen Versuchen der Krone, ihre Autonomie zu beschränken. Die enge Verflechtung religiöser und politischer Zielvorstellungen verlieh diesen demokratisch verfaßten Gemeinschaften puritanisch-theokratische Züge. Dazu gehörte auch die Unduldsamkeit gegenüber protestantischen Dissenters, die z. B. in Massachusetts nicht zu öffentlichen Ämtern zugelassen waren. Anders war es in Rhode Island, wo Roger Williams, der modernste der Puritaner, Demokratie und religiöse Freiheit des Einzelnen in Verfassungsrecht und -wirklichkeit verankerte.

Eine Sonderstellung unter den Kolonien in Neu-England nahm Maryland ein. Der katholische Lord Baltimore erwarb dieses Gebiet aufgrund eines Vertrages (1632) von der Krone als ›Eigentümerkolonie‹ und baute eine große Herrschaft feudalen Stils auf, die Zufluchtsstätte für in England unterdrückte Katholiken (vgl. S. 195) werden sollte. Als »true and absolute lords and proprietaries« eingesetzt und mit umfassenden Privilegien ausgestattet, brauchten die Baltimores lediglich einen symbolischen Zins an die Krone zu entrichten. Ihre großzügige Landpolitik (jeder Neuankömmling erhielt 50 acres Land) führte zu einer raschen Zunahme auch der nichtkatholischen Kolonisten.

Um 1650 erstreckten sich die englischen Siedlungen über die gesamte Ostküste Nordamerikas zwischen Kap Henry (bei Norfolk) und dem Penobscot-River (Maine) mit Ausnahme der schwedischen und holländischen Gebiete. Die Einwanderer kamen bis zu dieser Zeit fast ausschließlich aus England. Da der Kauf von Sklaven für die meist noch kleineren Plantagenbetriebe Virginias (50–500 acres) zu kostspielig war, führte man das System der *indentured servants* ein: weiße Einwanderer konnten die Kosten ihrer Überfahrt während einer zeitlich begrenzten Arbeitsverpflichtung (meist vier Jahre) nachträglich abverdienen. Von den Kapitänen der Transportschiffe wurden diese Kontraktsklaven meistbietend versteigert, gewannen jedoch nach Ablauf der Zeit und Abarbeitung der Kaufsumme ihre völlige Freiheit zurück und ließen sich dann häufig als *squatter* in den noch unerschlossenen Gebieten nieder. In Virginia lag von 1635 bis 1700 der durchschnittliche Jahreszuzug von *indentured servants* bei 2 500 Köpfen, so daß ständig 10 000 solcher weißer Sklaven im Lande waren. 1671 gab es unter der Bevölkerung 82 Prozent Freie, 13 Prozent *indentured servants* und nur 5 Prozent Sklaven.

Der englische Bürgerkrieg brachte zwar einen Rückgang der Einwanderung, konnte aber die Entwicklung der Kolonien nur vorübergehend hemmen. Mit dem Sieg des von der Londoner City und den großen Handelsstädten unterstützten Parlaments begann eine neue Phase englischer Expansion: zum erstenmal trieb der Staat folgerichtig und systematisch Kolonialpolitik, wobei die imperialistisch-aggressiven Tendenzen zur wachsenden Verflechtung europäischer und überseeischer Konflikte und damit zu einer Konfrontation Englands mit den etablierten Kolonialmächten führten, die sich schließlich zum Kampf um die Weltherrschaft ausweiten sollte.

Expansion und Kolonisation im Donauraum und in Südrußland

Die Existenz des weit nach Europa hineinreichenden Osmanenreiches bedeutete trotz des nachlassenden Expansionsdruckes unter den Nachfolgern Solimans eine ständige Bedrohung und Herausforderung der res publica christiana. Der Gedanke eines großen Türkenkreuzzuges bewegte nicht nur Träumer und Phantasten, sondern so erfahrene Politiker wie den Père Joseph, der eine ›Turciade‹ verfaßte, und den Herzog von Sully, dessen Plänen für eine europäische Friedensordnung der Türkenkampf die letzte Legitimierung geben sollte.

Derartige Projekte wurden durch den inneren Verfall des Osmanischen Reiches geradezu herausgefordert. Ausgangspunkt war der Macht- und Autoritätsschwund der oft minderjährigen und meist unfähigen Sultane, die, durch Haremsintrigen und Verwandtenmord an die Spitze geschoben, den Einflüssen der sich befehdenden Hofparteien erlagen, und – für Volk und Heer unsichtbar – als Symbole familiärer Dekadenz und moralischer Entartung ihr Leben zwischen Palast und Serail zubrachten.

Die Folgen für das auf despotische Führung angewiesene Vielvölkerreich blieben nicht aus. Der Zentralgewalt entglitt jegliche Kontrolle über die entfernteren Gebiete. Die Dienstaristokratie setzte die Erblichkeit der Lehen durch und formte diese zu quasi-autonomen Territorien um, deren Herren sich an die Kriegsdienstpflicht nicht mehr gebunden fühlten. Quantität und Qualität der alten Lehnsmiliz sanken rapide.

Die Janitscharendisziplin lockerte sich, Heirats- und Gewerbeerlaubnis wirkten negativ auf militärische Ausbildung und Kampfmoral. Mit der Aufnahme von Janitscharensöhnen und anderen Türken verlor die Truppe zwar ihren elitären Charakter, nicht aber den Korpsgeist und ihre privilegierte Stellung. Obwohl die Knabenlese allmählich aufgegeben wurde, stieg die Effektivstärke der Janitscharen auf 46 000 Mann, die als undisziplinierte und rebellionsfreudige Prätorianergarde Hof und Land tyrannisierten und selbst vor dem Sultansmord nicht zurückschreckten (1621). 1648 ersetzten sie den Sultan durch den 7jährigen Mohammed IV., der seinerseits, nach dem Feldzug von 1683 entthront, im Gefängnis starb.

Unordnung und Korruption in Verwaltung und Rechtsprechung griffen um sich. Die Ämterkäuflichkeit trat an die Stelle des Aufstiegs durch Verdienst, wodurch den Territorialherren der Einbruch in die Provinzialverwaltung gelang. Als wegen der zurückgehenden Einnahmen die Steuern erhöht wurden, hatte das vor allem eine Verbitterung der Rajahs zur Folge, die, seit Aufhören der Knabenlese ihrer intelligenten Führungsschicht nicht mehr beraubt, Partisanenaktionen in dem den Türken immer unbehaglich gebliebenen Gebirgsland organisierten. Habsburg und Venedig beeilten sich, diese Anfänge einer nationalen Selbständigkeitsbewegung zu unterstützen.

Der Weg in die Dekomposition wurde aufgehalten durch die von den Wesiren aus der Familie Köprülü, vermutlich albanischer Abstammung, in Gang gesetzte Restauration. In Strömen von Blut ertränkten Mohammed und Achmed Köprülü die Selbständigkeitsgelüste der Statthalter, domestizierten die Janitscharen, säuberten Verwaltung und Rechtsprechung und erneuerten die militärische Schlagkraft (etwa 1655–75).

Langsamer als früher, doch bedrohlich genug, begann eine neue, die letzte Phase der osmanischen Expansion. Grosswardein fiel 1664, Kreta 1669 und Podolien 1672 an die Türken. 1683 standen sie vor den Toren Wiens. Ein eilends zusammengetrommeltes europäisches Entsatzheer unter dem Polenkönig Johann Sobieski konnte auf dem Kahlenberg Mitteleuropa endgültig von dem türkischen Druck befreien. Die Gunst der Stunde ausnutzend, fand man sich mit den Reunionen Ludwigs XIV. zunächst ab (1684, vgl. S. 275) und ging zur Offensive über. Der österreichisch-polnisch-venezianischen Allianz schloß sich Rußland an (1686), das die Chanate der Krimtataren am Schwarzen Meer zu zerschlagen hoffte.

Es zeigte sich, daß die Restauration Stückwerk geblieben war und zu keiner echten Erneuerung der alten Osmanenmacht geführt hatte. Die Offensive brachte glänzende Erfolge: Ungarn wurde erobert und Belgrad erstmals befreit, Peter I. gewann mit Asow den Zugang zum Meer. Prinz Eugen, seit 1697 Oberbefehlshaber, schloß den Frieden von Karlowitz (1699): Habsburg trat die ihm seit 1526 zustehende

Herrschaft über Ungarn (außer dem Banat) an, dessen Stände ihm schon 1687 (Reichstag zu Preßburg) die Stephanskrone übertragen hatten. Als der türkische Angriff auf das an Venedig zurückgegebene Morea 1715 erneut einen casus belli schuf, gelang dem ›edlen Ritter‹ Eugen die berühmte Einnahme Belgrads (1717). In Passarowitz (1719) gewann Habsburg das Banat, Nordserbien, die Kleine Walachei und erreichte damit seine größte territoriale Ausdehnung. Eine weitergehende Expansion hielt Eugen für verfrüht; erst müsse aus dem Vielvölkerstaat ›ein totum‹ gemacht werden.

Die russische Initiative, das 1711 wieder verlorene Asow zurückzugewinnen, trieb Österreich in den nächsten Krieg. Es bezahlte die schlechte Vorbereitung mit dem Verlust Belgrads, Nordserbiens und der Kleinen Walachei, während Rußland durch die Neutralisierung eines festungsfreien Küstenstreifens immerhin einen Teilerfolg erzielte (1739). Zu dieser Zeit begann sich die Hoffnung der christlich-orthodoxen Balkanvölker von Habsburg ab- und Rußland zuzuwenden.

In der sich damit abzeichnenden Balkanrivalität zwischen Rußland und Österreich um das türkische Erbe (›orientalische Frage‹) ging die Führungsrolle in den kommenden Jahrzehnten eindeutig an Rußland. Nach dem Seesieg bei Tschesme (1770), der »ein allgemeines Freudenfest über die gebildete Welt« verursachte (Goethe) und erfolgreichen Landoperationen des Generals Suvorov (1795: ›Die Lehre vom Sieg‹) fielen im Frieden von Kütschük-Kainardschi (1774) Asow, Kertsch und das Dreieck zwischen Dnjepr und Bug an Rußland. Die dekretierte Unabhängigkeit der Krim blieb Episode, 1783 wurde sie, gleichzeitig mit dem Land zwischen Kuban und Don, annektiert. Zwei andere Bestimmungen des Friedensvertrages berührten Gegenstände, die in der künftigen Entwicklung der orientalischen Frage eine große Rolle spielen sollten: Einmal erhielt Rußland von der Türkei freie Schiffahrt im Schwarzen Meer und freie Durchfahrt durch die Meerengen (Bosporus, Dardanellen) zugestanden, zum anderen leitete man in Petersburg aus einer Schutzklausel für eine neue orthodoxe Kirche in Konstantinopel späterhin ein allgemeines Protektoratsrecht über die christlichen Untertanen des Sultans ab.

Der österreichische Versuch, in der Balkanfrage die Initiative nicht völlig aus der Hand zu geben, führte zwar zu gemeinsamen Aktionen, scheiterte aber an der argwöhnischen Wachsamkeit Preußens, das der Pforte ihren Besitzstand in einem Bündnisvertrag garantierte (Jan. 1790). Der drohenden preußischen Intervention konnte Leopold II. nur entgehen, indem er in der Konvention zu Reichenbach (Juli 1790) versprach, einen Frieden ohne territorialen Gewinn mit der Türkei abzuschließen. In Sistowa (1791) kam Österreich dieser Bedingung nach: das eroberte Belgrad wurde wieder herausgegeben. Rußland erreichte in Jassy (1792) die Abtretung des Gebietes zwischen Bug und Dnjestr (Jedisan) und beherrschte damit, knapp ein Jahrhundert nach den ersten Vorstößen Peters I., die gesamte nördliche Schwarzmeerküste.

Für Österreich und Rußland stellte sich das Problem, die von Türken und türkischen Vasallen eroberten Gebiete in den bestehenden Staatsverband zu integrieren. Dazu bedurfte es in erster Linie einer Kolonisierung und Zivilisierung dieser dünn oder gar nicht besiedelten Zonen.

Die Habsburger haben mit dem ›Einrichtungswerk‹ von 1689 die Voraussetzungen zu der Kolonisation Ungarns geschaffen; für die ›Impopulation‹ sah es die Gewinnung von Ausländern, aber auch die gewaltsame Umsiedlung des eigenen Pöbels vor. In großen Aktionen kamen Herumtreiber, Arbeitsscheue und anderes Gesindel aus Österreich, kriegsgefangene Preußen und siedlungswillige Bauern aus dem Altreich per ›Wasserschub‹ in die menschenleeren Räume. Eine verschärfte Rekatholisierung führte zur beabsichtigten ›Transmigration‹ hartnäckiger Protestanten, die gern zu den evangelischen ›Sachsen‹ (die meist Schwaben waren) nach Siebenbürgen abgeschoben wurden. Durch die angestrebte Intensivierung der Landwirtschaft auf zusätzliche Arbeitskräfte angewiesen, betrieben die ungarischen Magnaten daneben ihre private Einwanderungsförderung.

Nach 1763 nahm die Zuwanderung größeren Umfang an. Mit den ›Großen Schwabenzügen‹ von 1763–70 und 1782–88 brachten Siedler aus Franken, Baden, Württemberg, Vorderösterreich, Luxemburg und Lothringen deutsche Sprache und Kultur in den Donauraum. Zwischen Fünfkirchen und dem Plattensee (›Schwäbische Türkei‹), in der Batschka, im Banat und in Siebenbürgen lagen die Hauptsiedelgebiete, doch gingen spätere Züge auch nach Galizien und in die waldreiche, 1775 erworbene Bukowina. Allein ins Banat zogen in der zweiten Hälfte des 18. Jahrhunderts über 42 000 Menschen aus reichsdeutschen Gebieten – nach Amerika waren es bis 1776 nur 30 000. Zusammen mit einer Auswanderungsbewegung aus türkischen Gebieten bewirkte diese Immigration, daß die Bevölkerung Ungarns von 1715 bis 1790 von 2,5 auf 7,5 Millionen stieg und eine beachtliche landwirtschaftliche, im Osten auch bergbauliche Aufbauleistung vollbracht werden konnte.

Die neu erworbenen Gebiete des südlichen ›Neurußland‹ boten ähnliche Probleme. Die nomadisierenden Zaporoger Kosaken und Tataren mußten freilich aus der Steppe verschwinden (Aussiedlung) oder seßhaft werden, als Potemkin, erst nur Liebhaber, dann fähiger Berater der Zarin, daran ging, dem Land durch eine dauerhafte bäuerliche Siedlung eine feste Bindung an Altrußland zu geben, wozu auch die Zerschlagung der Kosakenautonomie gehörte. Die vorgesehene Bewirtschaftung nach westeuropäischem Vorbild erforderte erfahrene Siedler. Seit 1762/63 warb man unter Zusage vieler Privilegien im westlichen Europa Bauern an. Binnen weniger Jahre konnten 25 000 Deutsche, meist Pfälzer, am Wolgalauf südlich der Samara angesiedelt werden.

Obwohl das Kolonisationswerk nicht in wenigen Jahren zu bewältigen war und durch ausgedehnte Bauern- und Kosakenaufstände immer wieder unterbrochen wurde, sind die berühmten Attrappen der ›Potemkinschen Dörfer‹ während der Krimreise der Zarin eine Erfindung des frühen 19. Jahrhunderts. Die Reise war als antitürkische Demonstration gedacht; das ›griechische Projekt‹ begeisterte Katharina wie Potemkin gleichermaßen: Die Wiedererrichtung des oströmischen Kaisertums unter einem russischen Fürsten auf den Trümmern des osmanischen Reiches. Wenn auch dieses Ziel zu hoch gesteckt war, bewiesen die Festigung der russischen Herrschaft im Schwarzmeerbereich, die Gründungen des Kriegshafens Sewastopol (1784) und des Handelshafens Odessa (1794) sowie der Bau einer Schwarzmeerflotte, daß auch diese Einflußzone den Nachfolgern Solimans endgültig entglitten war. Die europäischen Staaten bereiteten sich darauf vor, das Erbe des ›kranken Mannes am Bosporus‹ anzutreten.

Europäisches Gleichgewicht und Weltkampf in Übersee

Die großen Friedensschlüsse von 1648 und 1659 hatten die hegemoniale Stellung Frankreichs und Schwedens, der beiden führenden Militärmächte, begründet. Spanien und das Reich waren geschlagen und durch jahrzehntelange Kämpfe erschöpft, die deutschen Territorien durch die Überwindung der Kriegsfolgen voll in Anspruch genommen. Österreich sah sich einer neuen Türkenoffensive gegenüber, und England war mit der Neuregelung seiner inneren Verhältnisse zu sehr beschäftigt, um sich intensiv den kontinentalen Fragen zuwenden zu können. So schienen die Aussichten für Frankreich und Schweden, auf dem begonnenen Wege fortzufahren, günstig.

Gegründet auf eine durch absolutistisch-merkantilistische Prinzipien erreichte Festigung der Staatsmacht und die Stärkung des politischen und wirtschaftlichen Potentials begannen Frankreich und – in abgeschwächter Form – auch Schweden, ihre Vormachtstellung expansiv auszubauen. Für die übrigen Mächte Europas stellte sich damit die Frage, ob sie auf die Dauer diese Präponderanz hinzunehmen bereit waren, oder ob sie – nach einer unumgänglichen Phase der Konsolidierung – Mittel und Wege finden würden, sich den intensivierten Hegemonialbestrebungen entgegenzustellen, um die politischen Gewichte innerhalb des Staatensystems neu zu verteilen.

Der Kampf um das dominium maris baltici

Seit der endgültigen Sprengung der Kalmarischen Union durch die gegen Dänemark–Norwegen (Personal-Union seit 1380) durchgesetzte Errichtung des nationalschwedischen Königtums der Wasa unter Gustav I. (1523–60) stand die Frage nach der Ostseeherrschaft zunächst im Zeichen der Rivalität dieser beiden Mächte und ihrer gemeinsamen Frontstellung gegen die immer noch starke Hanse. Durch die wachsende Konkurrenz englischer und holländischer Kaufleute, den Verlust der Führungsrolle Lübecks an Hamburg und wirtschaftspolitische Maßnahmen nationalstaatlicher Prägung (Zollpolitik; Schließung der Hansekontore in Nowgorod [Petershof] 1494 und London [Stalhof] 1598) ging jedoch die Bedeutung der Hanse als politischer Machtfaktor im Laufe des 16. Jahrhunderts zurück.

Stattdessen trat ein neuer Konkurrent auf den Plan. Der Überfall Ivans IV. auf Livland (1558) brachte die gesamte Ostseewelt in Bewegung und führte zu einer sich über sechs Jahrzehnte hinziehenden Auseinandersetzung, in der sich politische, wirtschaftliche und religiöse Interessen eng verknüpften. Den Anreiz für die Intervention bot die innere Zerrissenheit des livländischen Ordensstaates, der nach der Säkularisierung Preußens (1525, vgl. S. 31) als geistliches Reichsfürstentum fortbestand und infolge der Bedeutung seiner Hafenstädte Riga, Reval und Dorpat im russisch-europäischen Warenaustausch Spekulationsobjekt der Nachbarstaaten wurde. Die Folge des unprovozierten Angriffs mit rein imperialen Zielen war das Auseinanderbrechen des Ordensstaates. Estland unterstellte sich dem schwedischen, Livland dem polnischen König, Dänemark erwarb Ösel, und der letzte Ordensmeister Ketteler erhielt das Herzogtum Kurland als polnisches Lehen. Rußland ging leer aus und wandte sich folgerichtig gegen die Nachfolgemächte. Der Krieg gegen Polen-Litauen und Schweden, der seit dem Dreikronenkrieg (1563–70) ganz Ost- und Nordeuropa erfaßte, weitete sich damit zum ersten großen Kampf um das dominium maris baltici der Neuzeit aus.

Der Aufstieg Schwedens

Das politische Kräftespiel komplizierte sich durch die inneren Verhältnisse der konkurrierenden Mächte. Der Bruderzwist der Söhne Gustavs I. endete damit, daß Erik XIV. (1560–68) abgesetzt und ins Gefängnis geworfen wurde. Der neue König Johann III. (1568 bis 1592), mit einer polnischen Prinzessin verheiratet, öffnete nicht nur sein Land der Gegenreformation (1576 ›Rotes Buch‹; 1578 Jesuit Possevino nach Schweden), sondern interessierte sich in starkem Maße für Polen.

Dort war 1572 der letzte Jagellonenkönig Sigismund II. August gestorben. Gegen russische, schwedische und habsburgische Kandidaten wurde Heinrich von Valois gewählt, dessen kurze Regierungszeit für die polnische Verfassungsgeschichte wichtig ist (vgl. S. 228). Sein Nachfolger, der siebenbürgische Fürst Stephan Bathory (1575–86) konnte im Bunde mit Schweden alle russischen Angriffe abschlagen, so daß es 1582/83 zu einem allgemeinen Waffenstillstand kam (Jam Zapolskij, Pliusa). Ivan IV. mußte alle Eroberungen herausgeben; seine imperiale Politik war vollkommen gescheitert. Durch die nach seinem Tode (1584) ausbrechenden Wirren außenpolitisch handlungsunfähig, schied Rußland aus dem Kampf um die Ostseeherrschaft vorläufig aus.

Mit der Wahl des schwedischen Thronfolgers Sigismund zum polnischen König (1587) und dem Beginn der Rekatholisierungskampagne in Schweden erhielt die polnisch-schwedische Rivalität einen stark konfessionellen Akzent. Die protestantische Opposition in Schweden formierte sich um Herzog Karl von Södermanland, den jüngsten Sohn Gustavs I. Sie verlangte bei Eintritt der Personalunion (1592) die Residenzpflicht des Königs. Der Versuch Sigismunds, die Personalunion aufrechtzuerhalten, scheiterte in der Schlacht bei Stangebro (1598). Seine Absetzung, der Beginn einer blutigen Katholikenverfolgung in Schweden, die Wahl Karls (IX.) zum König (1599/1604), das Verbot jeder Personalunion und der Ausschluß der Katholiken vom Thronrecht besiegelten die Niederlage der Gegenreformation in Schweden, auch wenn die polnische Wasa-Linie an ihren Ansprüchen noch bis 1660 unbeirrt festhielt.

Der schwelende polnisch-schwedische Konflikt weitete sich aus, als beide Mächte aktiv in die russischen Thronwirren eingriffen, die nach dem Tod des Boris Godunow ausbrachen (Zeit der Smuta 1605–13), und Dänemark seine Position gegenüber dem im Osten engagierten Schweden im Kalmarkrieg (1611–13) zu stärken versuchte. Gustav II. Adolf (1611–32), Sohn Karls IX., wurde nach Abgabe einer Wahlkapitulation (›Königsversprechen‹) vorzeitig für volljährig erklärt, erreichte von Dänemark einen glimpflichen Frieden (Knäred 1613) und zwang den inzwischen gewählten Zaren Michail Romanow zum Vertrag von Stolbowa (1617). Rußland mußte auf Ingermanland und Karelien verzichten und verlor damit jeden Zugang zur Ostsee. Als ernsthafter Konkurrent im Kampf um das dominium maris baltici schied es für rund ein Jahrhundert aus.

Es blieb die polnisch-schwedische Rivalität. Nachdem in Örebro 1617 die antikatholische Bewegung ihren Höhepunkt erreicht hatte (generelles Aufenthaltsverbot für alle Katholiken), begann mit der Eroberung Livlands (seit 1621) und dem Vorstoß auf Preußen der Versuch Gustav Adolfs, Polen von der Ostseeküste zurückzudrängen. 1629 kam es durch französische Vermittlung zum Waffenstillstand von Altmark: Livland fiel an Schweden, das auch vorübergehend – bis zur Verlängerung in Stuhmsdorf 1635 – die preußische Küste besetzte und in Memel, Elbing und Pillau Hafenzölle erheben durfte, die etwa ein Drittel der schwedischen Staatseinnahmen ausmachten. Damit war auch Polen als Ostseekonkurrent ausgeschaltet.

Das schwedische Engagement im Dreißigjährigen Krieg (vgl. S. 141 f.) veranlaßte den ehrgeizigen Dänenkönig Christian IV. zu einem Angriff auf den alten Rivalen. Er bezahlte diesen Versuch im Frieden von Brömsebro (1645), der als entscheidender Wendepunkt im Kampf um den Ostseeraum angesehen werden kann, mit dem Verlust von Gotland und Dagö, mußte Jämtland und Härjedalen abtreten und auf Halland verzichten.

Die Gewinne aus dem Vertrag von Osnabrück (Vorpommern mit Stettin, Wismar, Rügen, Bremen-Verden) erweiterten den schwedischen Besitz entlang der Ostseeküste erheblich und brachten die Kontrolle über die Mündungen von Oder, Elbe und Weser. Ein letzter Versuch Dänemarks, die eingetretene Machtverschiebung zu revidieren, scheiterte, als schwedische Truppen von Jütland aus über den zugefrorenen Belt nach Fünen und Seeland marschierten und den Frieden von Roskilde erzwangen (1658): Schonen fiel an Schweden, und Dänemark verlor die jahrhundertelang geübte Kontrolle über den Sund. Daß Drontheim und Bornholm nach einem militärischen Nachspiel zwei Jahre später zurückgegeben werden mußten (Kopenhagen 1660), beeinträchtigte das Gesamtbild nicht. Der Sieger im Kampf um das dominium maris baltici hieß Schweden. Erst auf sich selbst gestellt, dann im Bunde mit Frankreich war das Land in wenigen Jahrzehnten zur nordeuropäischen Hegemonialmacht aufgestiegen.

Die Grenzen der schwedischen Großmachtstellung

Die Machtverschiebung im Ostseeraum beanspruchte in zunehmendem Maße die Aufmerksamkeit der westeuropäischen Staaten und stellte auch für diesen Bereich die Frage nach Hegemonie und Gleichgewicht. Niederländer und Engländer sahen ihre Handelspositionen gefährdet, und die natürlichen Gegner Schwedens rund um die Ostsee waren nicht bereit, auf die Dauer die gegebenen Verhältnisse hinzunehmen. Das zeigte sich, als Karl X. (1654–60), der ›nordische Alexander‹ aus dem Hause Pfalz-Zweibrücken, die Expansionspolitik wieder aufnahm. Der Abfall der Saporoger Kosaken von Polen und ihre Anlehnung an Rußland hatten dem Zaren Alexej Gelegenheit gegeben, die Ukraine zu erobern und nach Polen vorzustoßen. Um die durch den Rücktritt Christines und den Dynastiewechsel in Schweden aktualisierten Ansprüche der katholischen Wasa-Linie in Polen abzuwehren, griff Karl X. in den Krieg ein, der durch die Teilnahme Dänemarks und Brandenburgs größere Dimensionen erhielt.

In diesem (Ersten) Nordischen Krieg spielte Friedrich Wilhelm, der Große Kurfürst, eine wichtige Rolle. In natürlicher Gegnerschaft zu Schweden und Polen und finanziell auf Subsidien angewiesen, konnte er seine kleine Armee nur dann mit Erfolg einzusetzen hoffen, wenn er das nüchterne Kalkül der Staatsräson zur Richtschnur seines Handelns machte und nicht zögerte, die seit langem in der europäischen Diplomatie praktizierten Rezepte Machiavellis (»Ein kluger Fürst kann und darf sein Wort nicht halten, wenn er dadurch sich selbst schaden würde«) auch seinerseits anzuwenden. Der schwedisch-polnische Krieg wurde die »hohe politische und kriegerische Schule« Friedrich Wilhelms (Hinrichs).

Als Herzog von Preußen, das 1618 an die brandenburgischen Hohenzollern gefallen war, war der Kurfürst Vasall des Polenkönigs. Nach dem Siegeszug Karls X. mußte er die schwedische Lehnshoheit über Preußen anerkennen (Königsberg 1656), schloß aber mit dem König ein Bündnis, das ihm gegen Waffenhilfe territoriale Kompensationen auf Kosten Polens zusicherte (Marienburg 1656). Als trotz des gemeinsamen Sieges bei Warschau eine Entscheidung nicht zu erzwingen war und sich die Bildung einer antischwedischen Allianz abzeichnete, verzichtete Karl X. im Interesse einer festeren Bindung Brandenburgs auf die Lehnsherrschaft und gestand Friedrich Wilhelm die Souveränität über Preußen zu (Labiau 1656). Der dänische Angriff auf Schweden brachte eine vorübergehende Entlastung; Brandenburg trat unter Vermittlung Lisolas in Verhandlungen mit Polen ein und erreichte als Preis für seinen Frontwechsel die Lösung der Lehnsabhängigkeit auch von Polen (Wehlau 1657).

Inzwischen waren längst die westeuropäischen Mächte auf den Plan getreten. Holland und England leisteten Dänemark diplomatische und militärische Hilfe, und Frankreich, durch den Pyrenäenfrieden beweglicher geworden, trat auf die Seite seines alten Verbündeten. Im ›Haager Konzert‹ konnte Mazarin die drei Mächte zur Herbeiführung des Friedens verpflichten.

Der Vertrag von Oliva (1660) bestätigte zwar die brandenburgische Souveränität über Preußen, doch mußte Friedrich Wilhelm, diplomatisch isoliert, auf das eroberte Vorpommern verzichten, so daß – auch durch die Ergebnisse des Kopenhagener Friedens (vgl. S. 266) – eine Art Gleichgewichtszustand im Ostseeraum erreicht schien, wobei freilich die schwedische Vormachtstellung nur durch die Addition der rivalisierenden Nachbarinteressen wirkungsvoll ausbalanciert werden konnte. Trotz der Erfolge hatte der Krieg die Grenzen der schwedischen Macht deutlich gemacht; ohne die nachdrückliche Unterstützung durch Frankreich hätte Schweden – wie auch 1679 – seine Hegemonialstellung schwerlich behaupten können. An dieser grundsätzlichen Feststellung ändern auch spätere Erfolge nichts, etwa der Verzicht Rußlands auf die im Kriege besetzten livländischen Gebiete (Friede von Kardis 1661), der das Zarenreich weiterhin von den eisfreien Häfen abschnitt.

Die Ursache für die schwache Fundierung des schwedischen Großmachtanspruchs lag vor allem in den fehlenden wirtschaftlichen und finanziellen Voraussetzungen. Der Dreißigjährige Krieg, die Verschleuderung des Krongutes an den Adel unter Christine, weitreichende Steuerprivilegien und die Expansionspolitik Karls X. hatten die Staatsfinanzen ruiniert. Karl XI., Schöpfer der schwedischen Variante des europäischen Absolutismus, versuchte, die Armee von Subsidien unabhängig zu machen und durch eine merkantilistische Wirtschaftspolitik die Voraussetzungen für politisch-militärische Leistungskraft zu schaffen. Das ›Indelningswerk‹ (1682) zur Versorgung des stehenden Heeres sah die wirtschaftliche Sicherung der Kavallerie durch Bindung an Kron- und Zinsbauernhöfe vor; die Infanterie rekrutierte sich aus Berufssoldaten, die auf kleinen Hofstellen wohnten und ihren Unterhalt fanden. Voraussetzung dafür waren die ›Reduktionen‹: Diese Wiedereinziehung des der Krone entfremdeten Landbesitzes führte zu einer starken Besitzverschiebung, festigte die Finanzen der Krone, beseitigte die wirtschaftliche Vormachtstellung des Adels und sicherte nicht zuletzt die Unabhängigkeit des Bauernstandes. Der Anteil am Boden betrug (in Prozent):

	um 1650	um 1700
Kronland	28	35,6
Zinsbauernland		31,5
Adelsland	72	32,9

An der agrarisch geprägten Wirtschaftsstruktur des Landes änderten Reformen und Merkantilpolitik jedoch nichts. Auch die demographische Grundlage blieb dünn: von 1620 bis 1720 wuchs die Bevölkerung des Mutterlandes von etwa 1,1 auf 1,4 Millionen. Stockholm hatte 1670 rund 40 000 Einwohner. Im ganzen gesehen, blieb die wirtschaftliche Basis der schwedischen Großmacht trotz der Qualitäten Karls XI., der als Finanz- und Verwaltungsfachmann und in seiner sparsamen Haushaltsführung an den preußischen Soldatenkönig erinnert (vgl. S. 195), unzureichend. Die schwedische Großmacht hatte einen etwas künstlichen Charakter.

Außenpolitisch rückte Karl XI. trotz der Besitzstandswahrung nach der militärischen Niederlage 1679 (vgl. S. 274) von dem subsidienzahlenden Frankreich ab, als der Reunionspolitik Ludwigs XIV. auch Gebiete der pfälzischen Dynastie zum Opfer fielen. Es kam zu einer Anlehnung an die Seemächte und den Kaiser. Die Problematik dieser neuen Bindung wurde offenbar, als sich die Aufmerksamkeit der europäischen Mächte auf die spanische Erbfolge konzentrierte und gleichzeitig im Norden eine Koalition entstand, deren Ziel die Revision der durch die schwedische Großreichsstellung im Ostseeraum geschaffenen Machtverhältnisse war.

Der Große Nordische Krieg

Der mit 15 Jahren mündig erklärte Karl XII. (1697–1718) sah sich im (Großen) Nordischen Krieg (1700–21) einer Allianz der Ostseemächte gegenüber. Dänemark hoffte – mindestens – auf Rückgewinnung Schonens und fürchtete um seine Lehnshoheit über Holstein, wo Herzog Friedrich, Freund und Schwager Karls XII., eine betont provokatorische Politik trieb. August der Starke von Sachsen, seit 1697 König von Polen, ließ sich von der livländischen Adelsopposition, die unter Reinhold von Patkul wegen der absolutistisch-zentralistischen Tendenzen (Aufhebung der Selbstverwaltung) einen scharf antischwedischen Kurs steuerte, die Rolle eines Befreiers vom schwedischen Joch antragen. Peter I. von Rußland wollte endlich ›das Fenster nach Europa‹ aufstoßen, das seit Stolbowa und Kardis fest verschlossen war und die allgemeine Öffnung nach Westen durch den Gewinn einer Ostseeposition sichern. Im Herbst 1699 war die Allianz perfekt; von den natürlichen Gegnern Schwedens blieb einzig Brandenburg-Preußen abseits, das für die eben erworbene Königswürde dem Kaiser in der spanischen Frage (vgl. S. 277) Waffenhilfe zu leisten verpflichtet war.

Der Krieg begann mit einer Erfolgsserie Karls XII., die seinen militärischen Ruhm begründete: Nach einem Blitzfeldzug wurde Dänemark zum Frieden gezwungen (Travendal 1700), das von August belagerte Riga befreit und die zahlenmäßig überlegene, aber unerfahrene russische Armee bei Narwa vernichtet (1700). Da das Risiko eines Rußlandfeldzuges mit dem noch ungeschlagenen Sachsen im Rücken zu groß war, wandte sich Karl XII. nach Süden, eroberte Kurland, vertrieb August aus Polen und setzte die Wahl des Woiwoden von Posen, Stanislaus Leszczynski, zum König durch (1704). Um eine Entscheidung zu erzwingen, marschierte er durch das kaiserliche Schlesien nach Sachsen und erreichte im Diktatfrieden von Alt-Ranstädt den Verzicht des Kurfürsten auf die polnische Krone (1706).

Als Karl sich anschickte, den Kampf gegen Peter wieder aufzunehmen, hatte sich die Lage seit Narwa grundlegend geändert. Die Reorganisation der russischen Armee war zügig vorangeschritten und die verlorene Artillerie mehr als ersetzt worden. Begünstigt durch die Konzentration Karls auf Polen-Sachsen waren dem Zaren tiefe Einbrüche in die schwedische Stellung im Baltikum gelungen: Nöteborg (Schlüsselburg), Nyenschanz (Grundsteinlegung von Petersburg 1704), Kronstadt, Narwa und Dorpat befanden sich in russischer Hand.

Karl wollte nun alles auf eine Karte setzen und die Entscheidung durch einen Stoß auf Moskau herbeiführen. Sein Versuch, die russische Hauptmacht von Süden zu umfassen, scheiterte nicht so sehr an der oft zitierten Taktik der ›Verbrannten Erde‹, sondern an der Wachsamkeit der Russen, die das schwedische Heer immer weiter nach Süden abdrängten. Die zur Verstärkung herbeigerufene, mit großen Vorräten ausgestattete kurländische Armee erlitt bei Lesnaja eine schwere Niederlage (1708). Von den für eine unabhängige Ukraine kämpfenden Kosaken unter Mazeppa nicht in dem erhofften Maße unterstützt, ohne Nachschub, durch Krankheiten, Hunger und Kälte dezimiert und demoralisiert, konnte die schwedische Armee den Russen nicht mehr viel entgegensetzen. Bei Poltawa (1709) verlor Karl XII. »in wenigen Stunden das europäische Ansehen, das ihm seine bisherigen Siege eingetragen hatten, und die schwedische Vormachtstellung an der Ostsee« (Stökl). Die Kapitulation der Restarmee bei Perewolotschna und die Flucht des Königs in die Türkei besiegelten die totale Niederlage.

Die letzte Hoffnung Karls, das Blatt noch einmal wenden zu können, lag in einer Aktivierung der Türken. Tatsächlich kam es zu einer Kriegserklärung der Pforte an Rußland, doch obwohl eine riesige türkische Armee die Truppen Peters am Pruth wie in einer Mausefalle einschließen konnte, gab es einen mehr als glimpflichen Friedensschluß (Husi/Adrianopel 1711/13: Rußland verzichtet auf Asow und räumt Polen). Ob die Bestechung des Großwesirs durch den Schmuck der Zarin Katharina dabei den Ausschlag gegeben hat, ist umstritten, die entscheidenden Beweggründe des rätselhaften Verhaltens der Türken, die hier eine weltpolitische Chance verpaßten, dürften jedoch eher in innertürkischen Gegensätzen gelegen haben.

Die folgenden Kriegsjahre leiteten die Liquidation der schwedischen Ostseeherrschaft ein. Die nordische Koalition entstand von neuem und erweiterte sich durch den Beitritt Preußens und Hannovers. Bis 1716 waren alle schwedischen Besitzungen außerhalb Skandinaviens erobert. Karl XII., der nach seinem berühmten Ritt durch Europa 1714 in Stralsund erschienen war, lehnte jeden Ausgleich ab. Erst der Tod des 36jährigen gab den Weg für Friedensgespräche frei. Dabei zeigte sich der starke Einfluß Englands, das als Sieger von Utrecht (vgl. S. 278 f.) und Verfechter der Gleichgewichtsidee auch im Norden und Osten eine Ausbalancierung der Machtverhältnisse zu erreichen suchte.

In mehreren Verträgen (Stockholm/Frederiksborg 1719/20) wurden die Positionen der Ostseemächte neu bestimmt, wie sie bis ins 19. Jahrhundert fast unverändert bestehen bleiben sollten. Schweden verlor Bremen-Verden (an Hannover), Vorpommern bis zur Peene mit Stettin, Usedom und Wollin (an Preußen), behauptete aber dank der französischen Diplomatie das restliche Vorpommern, Wismar und Rügen, so daß im Bereich der westlichen Ostsee ein gewisses Gleichgewicht gewahrt blieb. Anders sah es im Baltikum aus: Der Friede von Nystad (1721) brachte Rußland einen vollen Erfolg: es erhielt Ingermanland, Estland, Livland, einen Teil Kareliens (mit Wiborg) und die Inseln Ösel und Dagö, garantierte aber die rechtliche Sonderstellung der baltischen Provinzen (lutherische Kirche, deutsche Sprache und Verwaltung). Trotz der Bewahrung Finnlands schied Schweden damit als beherrschende Ostseemacht aus und trat seinen Platz im Konzert der europäischen Großmächte an Rußland ab.

Peter I., der eigentliche Sieger im Kampf um das dominium maris baltici, wurde als ›der Große‹ gefeiert und nahm den Titel ›allrußländischer Imperator‹ an (1721). Das Faktum der neuen imperialen Macht veränderte nicht nur die traditionellen Kategorien der europäischen Diplomatie; die Hegemonialstellung Rußlands in Osteuropa setzte auch dem Gleichgewichtsstreben eine deutliche Grenze.

Ganz im Interesse des Großbürgertums, das den Kampf des Parlamentes gegen die Krone unterstützt hatte, begann nach dem Sieg der revolutionären Partei der englische Staat, systematisch Kolonialpolitik zu betreiben. Cromwells Außenpolitik entsprach den wirtschaftlichen Zielsetzungen der Handelskreise ebenso wie den großräumig-imperialistischen, von puritanischem Sendungsbewußtsein getragenen Intentionen der Republik. Cromwell fühlte sich als Verteidiger der europäischen Protestanten und nahm die antispanische Politik der elisabethanischen Zeit wieder auf; er unterhielt eine Flotte im Mittelmeer, beschützte die Waldenser Protestanten gegen den Herzog von Savoyen, schreckte vor militärischen Demonstrationen gegen Toskana und den Papst nicht zurück und trat an der Seite Frankreichs in den Krieg gegen Spanien ein. Dünkirchen wurde 1658 erobert.

Der großangelegte Versuch, einen Erfolg in Spanisch-Amerika zu erringen und den Binnen- und Außenhandel Westindiens in die Hand zu bekommen, endete allerdings mit einem gemessen an Ziel und Aufwand des ›Western Designe‹ bescheidenen Ergebnis: Jamaika wurde 1655 englisch. Der englisch-spanische Gegensatz führte in den folgenden Jahrzehnten zu keinen offenen Konflikten; dafür rückte die Auseinandersetzung mit den Niederlanden in den Mittelpunkt; jetzt erst begann – trotz des Sieges über die Armada – das Ringen um die Seeherrschaft.

Die Auseinandersetzung mit den Niederlanden

Die kleine Republik, mit ihren zwei Millionen Einwohnern seit Anfang des 17. Jahrhunderts zur ersten Handelsnation Europas aufgestiegen, mußte zum gefährlichsten Gegner Englands werden, als Cromwell daran ging, den Kolonialhandel fest an den englischen Markt zu binden und den Außenhandel auf englischen Schiffen zu monopolisieren. Als taktisches Kampfmittel gegen die niederländische Schiffahrt wurde »zur Vergrößerung des Schiffbestandes und zur Förderung der Schiffahrt Englands« 1651 die Navigationsakte erlassen. Sie bestimmte:

1. Alle aus Übersee nach England gelieferten Waren dürfen nur auf englischen Schiffen mit überwiegend englischer Besatzung transportiert werden. 2. Für die Einfuhr kontinentaleuropäischer Erzeugnisse sind nur englische Schiffe oder solche der Ursprungsländer zugelassen. 3. Frisch- und Salzfische dürfen nur eingeführt werden, wenn sie von englischen Schiffen gefangen bzw. konserviert worden sind; ihre Verarbeitung (Pökeln, Einsalzen, Gewinnung von Fischöl) muß im Lande geschehen. 4. Der Export von Fischen und Fischprodukten darf nur auf englischen Schiffen erfolgen.

Obwohl der Anteil der Holländer am britischen Ex- und Import seit langem stark zurückgegangen war und die Navigationsakte den einträglichen Zwischenhandel etwa im Ostseeraum nicht berührte, bildete sie den Anlaß einer Kette militärischer Konflikte. Die drei englisch-holländischen Seekriege (1652–54, 1665–67, 1672–74) endeten trotz mancher Erfolge der Niederländer mit deutlichen Vorteilen für England.

Schon 1654 (Erster Friede von Westminster) mußten die Niederlande die Navigationsakte anerkennen; auch gestanden sie zu, englische Schiffe im Bereich des *Mare Britannicum* durch Niederholen der Flagge zuerst zu grüßen. Die Engländer betrachteten diesen Flaggengruß als Rechtsakt; sie sahen darin die Anerkennung englischer Oberhoheit über das *Mare Britannicum*, dessen Ausdehnung zwar unklar blieb, mindestens aber die Gewässer um England und das Seegebiet zwischen Norwegen und Tanger (so 1674 im Zweiten Frieden von Westminster) umfaßte. Der Friede von Breda (1667) regelte die überseeischen Besitzverhältnisse: Neu-Niederland fiel an England, das damit die Verbindung zwischen den Nord- und Südkolonien an der amerikanischen Ostküste erreichte, während die Holländer ihre Position in Surinam und Südostasien behaupten konnten.

In unvorhergesehener Weise ist die Navigationsakte für die britische Kolonialentwicklung wichtig geworden. »Als ein wundervolles, anpassungsfähiges Instrument, das der wachsenden Wirtschaft jeweils gerecht werden konnte« (Beutin), wurde sie erst durch die Freihandelsidee überwunden und war bis 1849 förmlich in Kraft. Da ihre Vorschriften die bisher recht eigenständige Wirtschafts- und Handelspolitik der Kolonien stark einschränkten, hatte sie auch für diese weittragende Folgen. Die Neu-England-Gebiete opponierten energisch gegen das Auftreten englischer Kolonialbeamter in Kontrollfunktion, gegen die von London sanktionierten Eingriffe in die inneren Angelegenheiten und die Bedrohung des *self-government*. Auf die Dauer konnten sich die Kolonisten nicht durchsetzen, ihre Freibriefe und Privilegien wurden aufgehoben; eine territoriale Neugliederung in Verbindung mit einer Verwaltungsreform führte schließlich zur offenen Rebellion (1689). In einer Reihe von Kompromissen versuchte die neue englische Regierung, die Entwicklung wieder unter Kontrolle zu bekommen, indem sie die politischen und wirtschaftlichen Rechte der Kolonien – unter grundsätzlicher Anerkennung der königlichen Prärogative und unter Beibehaltung des Merkantilsystems – in gewissem Umfang wiederherzustellen bereit war. Rhode Island und Connecticut behielten ihre Freibriefe; New York, Massachusetts, auch die ehemaligen Eigentümerkolonien New Jersey und die beiden Carolina wurden königliche Provinzen. Maryland und Pennsylvanien (1681 als erste vorwiegend im Innern des Landes gelegene Eigentümerkolonie von dem Quäker William Penn gegründet) kamen vorübergehend unter einen königlichen Gouverneur, wurden aber später restituiert.

Alle Kolonien behielten ihre Repräsentativkörperschaften, die (außer in Virginia und Westindien) auch das Gehalt des Gouverneurs festsetzten. Jedes Gesetz der *assemblies* konnte jedoch durch die Zentralregierung aufgehoben, umgekehrt die Anerkennung englischer Legislativakte erzwungen werden. Alle Übersee-Angelegenheiten wurden 1696 in einer Art Kolonialministerium, dem *Board of Trade and Plantations*, zusammengefaßt.

Frankreich: die kontinentale Entscheidung

Die antispanische Politik Cromwells und die Auseinandersetzung mit Holland führten England nach einer Periode erzwungener Isolierung wieder auf das Feld der großen europäischen Politik, das durch den Ausbau der französischen Hegemoniestellung beherrscht wurde. Die profranzösische Haltung, die Karl II. gegenüber seinem früheren Exilland einnahm (1662 Verkauf von Dünkirchen an Frankreich), wurde durch die aggressive Außenpolitik Ludwigs XIV. auf eine harte Probe gestellt. Als dieser aufgrund umstrittener Erbansprüche auf Gebiete der spanischen Niederlande den Krieg eröffnete, verglichen sich Holland und England (Breda 1667), vereinbarten mit Schweden eine Tripelallianz und zwangen Ludwig zum Frieden von Aachen (1668: Frankreich gewinnt Lille).

Zum ersten Mal, nur mühsam die eigenen Konflikte begrabend, war dem Gewaltakt eines Einzelnen eine Gemeinschaft von Mitgliedern der europäischen Völkerfamilie entgegengetreten und deutete modellhaft den Dualismus von Hegemonie und Gleichgewicht an, der die europäische Politik des nächsten Jahrhunderts maßgebend bestimmen sollte.

Ludwig XIV. übersah dieses Warnsignal und bereitete durch umfangreiche diplomatische Aktionen seine ›Rache an Holland‹ vor. Sie muß auch unter dem Aspekt der Wirtschaftskonkurrenz gesehen werden. Die Annexion der Niederlande hätte die Absperrung Englands vom Kontinent, die Beherrschung der Rheinlinie und vielleicht den Anfall des indonesischen Kolonialreiches bedeutet, außerdem das lästige Preisdiktat der holländischen Zwischenhändler für zahlreiche Waren beseitigt. Ludwig selbst brachte allerdings den kolonialen Zielen nicht viel Interesse entgegen; er verkörperte eher – im Gegensatz zu Colbert – das kontinental orientierte Denken seines Volkes, wie es sich auch in der geringen Bereitschaft zur finanziellen Beteiligung an überseeischen Projekten manifestierte (vgl. S. 159). Für maritime Aufgaben, für die Pläne eines umfassenden französischen Kolonialreiches, wie sie Colbert entwickelte, zeigte Ludwig wenig Verständnis; er überließ es Colbert, mit beschränkten Mitteln und in genialer Improvisation aus den verstreuten überseeischen Besitzungen ein möglichst gewinnbringendes Kolonialreich zu schaffen. Ohne der längst vorhandenen Verflechtung europäischer und überseeischer Interessen und Konflikte Rechnung zu tragen, konzentrierte er seine Aufmerksamkeit auf die kontinentalen Verhältnisse.

Der Geheimvertrag von Dover (1670) sicherte Frankreich die englische Unterstützung im Kampf gegen die Niederlande zu. Einem Neutralitätsabkommen mit dem Kaiser folgte 1672 die französisch-schwedische Allianz. Als Ludwig XIV. den Krieg eröffnete (1672), fiel eine grundsätzliche Entscheidung: Frankreich beschritt den Weg zur kontinentaleuropäischen Großmacht, die Bahn für den Aufstieg Englands zur ersten See-, Handels- und Kolonialmacht war frei.

Während Karl II. bereits 1674 mit den Niederlanden einen Sonderfrieden schloß, formierte sich zum zweiten Mal, nun schon umfassender, eine europäische Koalition gegen Ludwig, dessen Blitzkrieg steckengeblieben war, als die im Norden eingeschnürten Holländer durch Öffnung der Deiche das Land zur Wasserfestung machten. Dem kaiserlichen Diplomaten und Publizisten Lisola (1667: ›Bouclier d'estat et de justice‹ als Antwort auf Aubérys ›Traité des justes prétensions des rois de France sur l'Empire‹) gelang es, unter Österreichs Führung eine Allianz zu schaffen, der sich Holland, Spanien, Lothringen, fast alle deutschen Reichsstände und 1678 auch England anschlossen.

Der europäische Charakter dieses Krieges erweist sich an den weit voneinander entfernten Schauplätzen des politisch-militärischen Geschehens: Kämpfe in den Niederlanden, Seeschlachten im Mittelmeer, wo Colberts Flotte einen antispanischen Aufstand in Sizilien unterstützte, der Sieg Friedrich Wilhelms von Brandenburg über die Schweden bei Fehrbellin (1675), deren Einmarsch in die Kurlande den gefährlichsten Gegner Frankreichs von der Westfront abzog, der türkisch-polnische Waffenstillstand, den Ludwig vermittelte, die Thronkandidatur des Prinzen Condé in Polen, um den Kaiser von dort unter Druck setzen zu können, schließlich der Aufstand der Kuruzzen in Ungarn – all das zeigt die europäische Dimension dieses sogenannten Holländischen Krieges.

Es ist Ludwig gelungen, die nur oberflächlich überdeckten Interessengegensätze seiner Gegner auszunutzen und in Nimwegen nacheinander mit Holland, Spanien und dem Kaiser Frieden zu schließen (1678/79). Die Niederlande blieben ungeschmälert; Spanien verlor aus der alten burgundischen Erbmasse die Franche Comté, außerdem den südlichen Festungsgürtel der Niederlande. Der Große Kurfürst, diplomatisch isoliert und im Westen militärisch bedroht, mußte den eroberten schwedischen Besitz an der Ostseeküste fast vollständig restituieren (St. Germain 1679) und zog aus der wenig loyalen Haltung seiner früheren Bundesgenossen die Konsequenz, seine Außenpolitik künftig an Frankreich zu orientieren.

Das erklärt die auf den ersten Blick merkwürdige Haltung dieses deutschen Reichsfürsten gegenüber der 1680 einsetzenden neuen Phase französischer Expansionspolitik. Unter Berufung auf teils fadenscheinige, teils nur verschieden interpretierbare Rechtstitel begann der Kriegsminister Louvois durch massiven militärischen Druck, das französische Staatsgebiet durch die ›Reunionen‹ zu arrondieren. Die sich überschneidenden Abhängigkeitsverhältnisse kleiner und kleinster Herrschaften im Unter-Elsaß, die hartnäckig antifranzösische Politik des Herzogs von Lothringen, die unklaren Formulierungen des Westfälischen Friedens und die Machtlosigkeit des Reiches forderten das eben siegreich gebliebene Frankreich geradezu heraus, die seit Chambord und Münster praktizierte Politik der Halbheiten in diesem Grenzbereich zu liquidieren und klare Verhältnisse zu schaffen.

In Metz, Besançon, Vesoul, Tournay und Breisach wurden die Gerichtsbehörden beauftragt, die Reunionen rechtlich abzusichern. Sie stellten die frühere Zugehörigkeit des betreffenden Gebietes zu Frankreich rechtsverbindlich fest. Zur Exekution der Urteile besetzten königliche Truppen die Territorien und erzwangen die Anerkennung der französischen Oberhoheit. Nur die Freie Reichsstadt Straßburg wurde regelrecht annektiert. Unter dem Druck einer Wirtschaftsblockade und angesichts der zusammengezogenen Truppen kapitulierte die Stadt, erhielt aber die Garantie ihrer bisherigen Privilegien (1681).

Dem Verlust weiterer Gebiete konnte das Reich, durch die erneuerte Türkenoffensive abgelenkt und durch die Rivalitäten der Stände geschwächt, nur mit Protesten begegnen. Im Regensburger Stillstand (1684) fanden sich Kaiser und Reich mit den vollendeten Tatsachen ab. Die Frage der Reunionen wurde für 20 Jahre von der politischen Tagesordnung Europas abgesetzt. Die Sicherung der neuen französischen Grenzen wurde Vauban übertragen; in kurzer Zeit zog sich ein mächtiger Festungsgürtel von der Kanalküste über Luxemburg, Lothringen und das Elsaß bis zur Schweizer Grenze. Sollte die Reunionsfrage noch einmal aufgerollt werden, war eins so gut wie sicher: der Krieg würde nicht in Frankreich stattfinden.

Mit dem Frieden von Nimwegen und den erfolgreichen Reunionen hatte Ludwig XIV. den Höhepunkt seiner Machtstellung erreicht. Zu der politischen Hegemonie gesellten sich wirtschaftliche und besonders kulturelle Einflüsse, deren Ausstrahlungsintensität die gesamteuropäische Kulturentwicklung bis zum Ende des Ancien Régime wesentlich bestimmen sollte.

So sehr die Nachbarstaaten den absolutistisch-barocken Herrschaftsstil des *Roi Soleil* als Leitbild akzeptierten und in teilweise unwürdiger Abhängigkeit zu imitieren suchten, so wenig waren sie trotz ihrer mehrfach erwiesenen politisch-militärischen Unterlegenheit bereit, die französische Vorherrschaft als unabänderliche Konstante im Spiel der

Kräfte anzuerkennen. Ludwigs innen- und außenpolitische Aktionen der folgenden Jahre konnten sie in dieser Ansicht nur bestärken. Schon die Reunionspolitik, die eindeutige Annexionen in die Form eines juristischen Imperialismus kleidete, deutete an, daß die französische Außenpolitik die herkömmlichen diplomatischen Spielregeln nicht mehr einzuhalten gewillt war.

Der allgemeine Widerstand gegen die Versuche des Königs, Europa seinen Willen aufzuzwingen, erhielt durch das Einfließen des konfessionellen Elements eine breitere Basis. Die gesamte protestantische Welt geriet im Jahre 1685 in große Aufregung: Ludwig XIV. widerrief das Edikt von Nantes, der katholische Jakob II. bestieg den englischen Thron, und die pfälzische Kurwürde kam im Erbgang an die katholische Linie von Pfalz-Neuburg. Der Versuch Ludwigs, die Pfalz als Allodialerbe seiner Schwägerin Elisabeth Charlotte (Liselotte von der Pfalz), der Schwester des kinderlos verstorbenen Kurfürsten, in Anspruch zu nehmen und diesen Anspruch gewaltsam durchzusetzen (Pfälzer Krieg 1688–1697), scheiterte an der Unterschätzung der seit Nimwegen eingetretenen Veränderungen.

Ludwig glaubte, das Bündnis mit dem Brandenburger, der 1685 spontan ins antifranzösische Lager abgeschwenkt war und sein Land den Hugenotten als Zufluchtsstätte anbot, entbehren zu können; er unterschätzte den Machtzuwachs des Kaisers seit den ersten Erfolgen im Türkenkrieg und hielt die von einigen Reichsständen geschlossene Liga von Augsburg (1686) für wenig gefährlich (womit er nicht Unrecht hatte. Die Liga verdient es nicht, daß der Krieg in Frankreich bis heute als ›guerre de la Ligue d'Augsbourg‹ bezeichnet wird). Allein gestützt auf das Bündnis mit den Stuarts, deren Situation er ebenfalls falsch einschätzte, meinte Ludwig, mit französischer Landmacht und englischer Flotte jede europäische Koalition in die Schranken weisen zu können. Als nach fast zehnjährigem Krieg Bilanz gezogen wurde, war das Ergebnis deutlich: die Zeit der französischen Vorherrschaft war vorüber.

Die Ausbildung des europäischen Gleichgewichts

Die Hauptursache der französischen Niederlage lag in den Ergebnissen der *Glorious Revolution* in England. Wilhelm III. von Oranien, als Statthalter der Niederlande seit dem holländischen Krieg auf die antifranzösische Richtung eingeschworen, wurde nun als regierender Fürst der in Personalunion verbundenen ›Seemächte‹ die Seele des Kampfes gegen Ludwig und der Initiator der Großen Allianz, in der sich England-Holland, der Kaiser, das Reich, Brandenburg, Bayern, Sachsen und Hannover, Spanien und Savoyen gegen die französischen Ansprüche zusammenschlossen (1688/89). Die Allianz zwang die Franzosen zu dem berüchtigten Rückzug aus der Pfalz (Zerstörungen und Verwüstungen in Heidelberg, Worms, Mannheim und Speyer). Der Seesieg von La Hogue (1692, westlich Cherbourg) besiegelte das Schicksal der von Colbert aufgebauten französischen Flotte und schaltete Frankreich als Seemacht für das kommende Jahrhundert aus. Der französische Anspruch auf Seegeltung wurde im 18. Jahrhundert durch königlich lizensierte Piraten vertreten *(corsaires)*, von denen jedoch keiner das Format des 1694 geadelten Jean Bart besaß.

Die Überlegenheit der französischen Armeen, der Festungsgürtel Vaubans und die unvermeidlichen Sonderinteressen der Koalitionspartner führten 1697 zum Kompromißfrieden von Rijswijk. Frankreich mußte die während der Reunionen annektierten Gebiete mit Ausnahme des Elsaß und Straßburgs herausgeben und auf seine rechtsrheinischen Brückenköpfe verzichten, konnte aber durchsetzen, daß in allen restituierten Gebieten die katholische Religion erhalten blieb (Risjswijker Klausel). Das seit 1670 besetzte Lothringen wurde dem rechtmäßigen Herzog zurückgegeben, auch verzichtete Ludwig auf weitere Unterstützung der im französischen Exil lebenden Stuarts, die vergeblich versucht hatten, mit Hilfe der ›Jakobiten‹ von Irland aus den englischen Thron zurückzugewinnen (Niederlage am Boyne-Fluß 1690 und Kapitulation von Limerick 1692). Obwohl manche Kriegsziele der Verbündeten nicht erreicht wurden und der Großmachtstatus Frankreichs erhalten blieb, mußte Ludwig die Überspannung seiner Außenpolitik 1697 mit dem ersten Verlustfrieden bezahlen; die durch die Große Allianz repräsentierte Idee des europäischen Gleichgewichts konnte erstmals über die französischen Hegemonieansprüche triumphieren.

Einen besonderen Akzent erhielt der Konflikt durch die Einbeziehung der kolonialen Frage. Parallel zum Krieg in Europa begann der englisch-französische Kolonialdualismus im *King William's War* der nordamerikanischen Siedler, dem ersten internationalen Kolonialkrieg, konkrete Formen anzunehmen. Von nun an sind europäische und überseeische Konflikte nicht mehr isoliert zu betrachten; alle großen Kriege des 18. Jahrhunderts spielten sich auch in den Kolonien ab.

Das in Rijswijk mühsam zustandegebrachte Gleichgewicht wurde durch das Problem der spanischen Erbschaft von neuem in Frage gestellt. Seit dem Regierungsantritt des kränkelnden Karl II. (1665) war das habsburgische Weltreich wichtigstes Spekulationsobjekt der europäischen Diplomatie. In verschärfter Form stellte sich die Frage von Hegemonie und Gleichgewicht, als Ludwig XIV., ungeachtet der vorangegangenen Abmachungen über eine Teilung des spanischen Erbes, die testamentarische Einsetzung seines Enkels Philipp zum Universalerben annahm (1700). Die Antwort Europas war die Bildung der Haager Allianz zwischen den Seemächten und dem Kaiser, der sich bis 1703 Preußen, Portugal (Methuen-Vertrag), Hannover, das Reich und Savoyen anschlossen. Der Spanische Erbfolgekrieg

(1701–13/14), der erste Weltkrieg der Neuzeit, wurde auf vielen Kriegsschauplätzen ausgetragen; in Spanien, wo sich der als Gegenkönig eingesetzte Habsburger Karl III. nur schwer im Bürgerkrieg behaupten konnte, in Nord-Italien (Turin 1706), in Süd-Deutschland (Höchstädt 1704), in den Niederlanden (Oudenarde 1708, Malplaquet 1709: blutigste Schlacht des 18. Jahrhunderts), in der Nordsee (britische Seeblockade) und in den nordamerikanischen Kolonien *(Queen Ann's War)*.

Die Erfolge der alliierten Feldherrn, des Prinzen Eugen und des Herzogs von Marlborough, verleiteten zu einer Überspannung der Kriegsziele, so daß die Friedensgespräche mit dem erschöpften und kompromißbereiten französischen König an der Forderung scheiterten, Ludwig solle seinen Enkel mit Waffengewalt aus Spanien vertreiben helfen.

Kriegsentscheidend wurden zwei Ereignisse: Die Whigs, von der aus Rüstungsindustrie und Anleihegeschäften hohe Gewinne ziehenden City bisher unterstützt, verloren die Unterhauswahlen 1710. Die sich meist aus der Landaristokratie rekrutierenden, friedensbereiten Tories unter Bolingbroke kamen ans Ruder. Wenige Monate später starb unerwartet Kaiser Joseph, sein Nachfolger Karl VI. war der spanische Gegenkönig. Die drohende Wiederherstellung eines habsburgischen Weltreiches im Stil Karls V. entsprach den englischen Kriegszielen ebensowenig wie eine bourbonische Hegemoniestellung, so daß England aus dem »most businesslike of all our wars« (Seeley) ausschied und Friedensverhandlungen eröffnete. Kaiser und Reich, diplomatisch isoliert und militärisch geschwächt, mußten nach einem unglücklichen Feldzug nachgeben und die inzwischen ausgehandelte Neuordnung Europas anerkennen.

Der Friedenskongreß zu Utrecht (1713) beließ Spanien mit allen Kolonien dem Bourbonen Philipp V., verbot aber jede Personal- oder Realunion mit Frankreich. Der alte Plan der Teilung des spanischen Erbes wurde im Interesse des Gleichgewichts realisiert: die spanischen Niederlande, Mailand, Sardinien und das Königreich Neapel bekam Österreich, Sizilien fiel an Savoyen. Holland durfte in sieben Grenzfestungen der nunmehr österreichischen Niederlande zum Schutz gegen französische Angriffe Garnisonen stationieren (Barrière-Vertrag). Englands Gewinne kennzeichnen seine spezifischen Interessen: es behielt das 1704 eroberte Gibraltar sowie zur Kontrolle des westlichen Mittelmeerbeckens Menorca; aus französischem Kolonialbesitz bekam es Neufundland, Neuschottland und die Hudsonbay-Länder. Spanien gestand ihm in einem besonderen Vertrag (Asiento) das Monopol für den Sklavenhandel nach Spanisch-Amerika auf 30 Jahre zu. Auf das Kriegsziel der Whigs, die Entmachtung Frankreichs, kam man nicht zurück, nur die Befestigungen Dünkirchens mußten geschleift werden. Von den Angeboten Ludwigs XIV., die er

1709/10 hinsichtlich der Rheingrenze gemacht hatte (Rückgabe Straßburgs und des Elsaß), war nicht mehr die Rede.

Gerade wegen dieser Abstriche an den ursprünglich hochgespannten Zielen ist der Friede von Utrecht die erste klassische Demonstration des europäischen Gleichgewichts, mit dem sich eine im Spiel der diplomatisch-politischen Kräfte elastisch gehandhabte indirekte Hegemonie Englands verband. Das spanische Reich, der universale Anspruch der Habsburger und die Vorherrschaft Frankreichs waren gleichzeitig zertrümmert, doch blieb auf dem Kontinent dank der ausgewogenen Machtverhältnisse ein innerer Spannungszustand erhalten. Für den Aufbau der maritimen Weltstellung Englands wurde entscheidend, daß zwischen dem Gleichgewicht in Europa und dem überseeischen Kampf um die Weltherrschaft eine funktionale Verbindung bestand. Der Friede von Utrecht bedeutete den ersten Schritt auf dem Wege zur erdumspannenden Pax Britannica.

Die Praxis des Gleichgewichts: Konvenienzpolitik

Auf die Etablierung der ›balance of Europe‹ im Utrechter Frieden folgte eine Zeit, in der die außenpolitischen Zielsetzungen an der Aufrechterhaltung dieses Systems, das vornehmlich den politischen und wirtschaftlichen Interessen Englands diente, orientiert waren. Für Europa begann die klassische Zeit der Kabinettspolitik. Bestimmt von persönlichen, nationalen oder dynastischen Interessen, unberührt von den Wünschen und Sorgen der Bevölkerung, gleichgültig gegenüber historisch gewachsenen oder sprachlich verknüpften Lebensgemeinschaften, betrachtete man die europäische Landkarte als Schachbrett, auf dem Figuren hin- und hergeschoben, ausgetauscht oder weggenommen wurden. Grenzveränderungen, Ländertausch, Teilungen und dynastische und territoriale Kompensationen wurden durch Geheimdiplomatie vorbereitet und durch Übereinkunft der Kabinette (= Konvenienz, *droit de convenance,* 1730 von Jean Rousset entwickelter Begriff) geregelt. Die Aufgabe der zahlreichen Kongresse und Konferenzen bestand darin, die politische Gleichgewichtslage stets von neuem auszupendeln und aufbrechende Konflikte zu lokalisieren und zu neutralisieren.

Die Konvenienzpolitik war die Anwendung des rationalistischen Prinzips auf die zwischenstaatlichen Beziehungen. Sie entsprach zugleich einem dringenden Ruhebedürfnis der nach einem halben Jahrhundert fast ununterbrochener Kriege erschöpften europäischen Staatenwelt. Nur in einer längeren Friedenszeit konnten die Finanz- und Wirtschaftsverhältnisse wieder ins Lot gebracht werden. So erscheint die in Utrecht geschaffene Ordnung lediglich als ein »aus der Erschöpfung geborener Notbehelf« (Hartung). Dabei machte man freilich bald aus der Not eine Tugend und wollte im Gleichgewichtsprinzip Ansätze zu einer neuen, besseren Welt erblicken, in der die internationalen Beziehungen allein aufgrund vernünftiger Überlegungen und unter Ausschluß des Krieges geregelt würden (Abbé de Saint-Pierre: ›Projet de traité pour rendre la paix universelle entre les souverains chrétiens‹, 1713/14).

Die Wirklichkeit entsprach diesem Idealbild wenig, die Staatsräson diktierte die Wahl der politischen Mittel so skrupellos wie früher. Die Erhaltung des Gleichgewichts war im Grunde eine Folge der Erkenntnis, den Gegner nicht überwinden, sondern ihn nur in seiner Gefährlichkeit durch mechanistische Gewichtsverschiebungen einschränken zu können. Diese Ausbalancierung immer wieder erreicht zu haben, kann als ein Meisterstück der englischen Diplomatie gelten.

Auch das Fehlen expansionsfreudiger Persönlichkeiten von der Art Ludwigs XIV. oder Karls XII. hat zu dem Erfolg der Konvenienzpolitik beigetragen (denn daß es bis 1740 keinen größeren europäischen Krieg gab, sollte als Erfolgskriterium gewertet werden). Der biedere, dem raffinierten diplomatischen Spiel gegenüber hilflose Preußenkönig, nach dem Gewinn Stettins ohne große außenpolitische Ambitionen, spielte nicht mehr als die Rolle eines Bauern auf dem europäischen Schachbrett. Kaiser Karl VI. mußte sich Zurückhaltung auferlegen, wollte er die Anerkennung der Pragmatischen Sanktion erreichen. Schweden schied mit dem Tod Karls XII. aus der Reihe der Großmächte aus, Rußland hatte seine vorläufigen Expansionsziele erreicht.

Frankreich kam nach dem Tode Ludwigs XIV. unter die Regentschaft des großspurigen Herzogs von Orléans, geriet in das Schlepptau der englischen Politik und schied infolge seiner katastrophalen Wirtschaftslage, dem Finanzkrach um John Law und dem folgenden Staatsbankrott als ernst zu nehmende Großmacht aus. Der Kardinal Fleury, Minister seit 1726, sah seine Aufgabe in der inneren Wiederherstellung des Landes. Er stabilisierte die Autorität der Krone gegenüber den oppositionellen Kräften, förderte Handel und Gewerbe, brachte den Staatshaushalt ins Gleichgewicht und führte Frankreich zu einer neuen wirtschaftlichen Blüte, hinter deren glänzender Fassade aber alle höchst notwendigen sozialen Reformen unterblieben. Durch seine geschickte, auf Interessenausgleich gerichtete Diplomatie konnte er die Stellung Frankreichs im Konzert der europäischen Mächte wieder aufwerten und genoß als Friedensstifter Europas außerordentliches Ansehen. Nur einmal hat er sich – zurückhaltend, aber erfolgreich – aktiv an einer militärischen Auseinandersetzung beteiligt.

Auch Robert Walpole, leitender Minister Englands von 1721 bis 1742, war ein Mann des Ausgleichs, der Krone und Unterhaus, Kirche und Wirtschaft unter seinem Grundsatz ›Quieta non movere‹ zusammenschloß und das politische Gleichgewicht im Inneren, nicht zuletzt durch ein perfektes Bestechungs- und Patronagesystem, zu wahren wußte. Unter ihm bildete sich die moderne englische Regierungsform heraus (vgl. S. 222 f.). Außenpolitisch durch die Ordnung von Utrecht entlastet, konnte sich Walpole den handelspolitischen Aufgaben in Übersee zuwenden und Englands Stellung als erste See- und Handelsmacht ausbauen. Die Wareneinfuhr stieg von 1708 bis 1730 von 4,7 auf 7,8, die Ausfuhr im gleichen Zeitraum von 7 auf 12 Millionen Pfund. Wie Fleury scheiterte Walpole am Aufkommen einer nationalpatriotischen Kriegspartei, die Nachgiebigkeit um des Friedens willen je länger desto mehr als nationale Schmach ansah.

Mit dem Tode Friedrich Wilhelms I. und Karls VI. im Jahre 1740, dem Scheitern der Friedenspolitik Walpoles (1739) und dem Sieg der französischen Kriegspartei unter Belle-Isle (1740) ging die Zeit der Konvenienzpolitik, manchmal auch Kongreß-Zeit genannt, zu Ende. Ein Vierteljahrhundert lang war es gelungen, zahlreiche, das Gleichgewicht — und damit den europäischen Frieden — gefährdende Krisen zu neutralisieren. Unter Eliminierung zahlloser Einzelheiten handelte es sich dabei um folgende Probleme:

1. Der Versuch Spaniens einer Revision der Utrechter Regelung zielte auf die Wiedergewinnung italienischer Gebiete. Rein dynastische Interessen der Elisabeth Farnese, der (zweiten) Frau Philipps V., die ihre Söhne versorgen wollte, verleiteten den Kardinal Alberoni zur Besetzung Sardiniens und Siziliens. Eine englisch-französisch-holländisch-österreichische Koalition intervenierte, der Seesieg bei Kap Passaro (1718) machte den spanischen Plänen ein Ende. Im Haager Vertrag (1720) wurde das System von Utrecht in der für die Konvenienzzeit charakteristischen Weise verbessert: Der Kaiser erhielt die ersehnte Kornkammer Sizilien und gab Sardinien, das Königreich wurde, an Savoyen. Für die Söhne Elisabeths wurden Toskana und Parma-Piacenca in Aussicht gestellt, wo die regierenden Dynastien (Medici, Farnese) vor dem Erlöschen standen. England erzwang die Zusage, jährlich ein Schiff mit zollfreien Waren nach Puertobello (Panama) zu entsenden, um peruanische Silberbarren einzutauschen.

2. Österreichs politische Interessen bestimmten (abgesehen von der Türkenfrage, vgl. S. 260) zwei Faktoren, die ursprünglich nichts miteinander zu tun hatten. In der Pragmatischen Sanktion, einem Hausgesetz, hatte Karl VI. die Unteilbarkeit der habsburgischen Länder und die weibliche Erbfolge seiner Linie festgesetzt (1713/20). Sie besaß nur familienrechtliche Bedeutung und richtete sich gegen mögliche Ansprüche der Töchter Leopolds I. und Josephs I. * Auf die 1719/22 ausgesprochenen Verzichte der nach Bayern und Sachsen verheirateten Prinzessinnen war erfahrungsgemäß wenig Verlaß, so daß sich Karl bemühte, die Anerkennung Maria Theresias nicht nur durch die Stände der Erblande (1720–23), sondern auch durch die großen Mächte Europas zu erreichen.

Unabhängig davon gedachte der Kaiser die 1713 erworbenen Niederlande zum Ausgangspunkt eines österreichischen Überseehandels zu machen (bereits 1719 hatte er eine Orientkompanie in Triest gegründet) und die holländische Sperre der Scheldemündung zu sprengen. Die 1722 in Ostende gegründete Gesellschaft für den Indienhandel machte bald gute Geschäfte, störte aber die wirtschaftlichen Interessen der Seemächte. Ein Kongreß in Cambrai (1724) blieb ergebnislos, stattdessen kam es zu einer spanisch-österreichischen Annäherung, als der Regent Louis Henri de Bourbon (1723–26) die in Versailles als künftige Frau des Königs lebende spanische Prinzessin kurzerhand nach Madrid zurückschickte, weil sie erst neun Jahre alt war und den kränkelnden, 15jährigen Ludwig XV. mit der 22jährigen Tochter des landlosen Polenkönigs Maria Leszczynska verheiratete (1725), um einem möglichen Anfall des Thrones an das Haus Orléans vorzubeugen.

Spanien, tödlich beleidigt, lehnte sich an den Kaiser an, gewährte der Ostende-Kompanie Meistbegünstigung im Kolonialhandel und schwenkte – in der Hoffnung auf Rückgewinnung Gibraltars und Annullierung des Asientovertrages – auf englandfeindlichen Kurs. Heiratsprojekte und die spanische Anerkennung der Pragmatischen Sanktion schienen das Gleichgewicht durch die Entstehung eines spanisch-österreichischen Blockes zu gefährden.

Die englische Diplomatie erreichte einen völligen Umschwung (Kongreß von Soissons 1728), isolierte den Kaiser, der nur noch bei Rußland und Preußen (1728 Berliner Vertrag: Anerkennung der Pragmatischen Sanktion unter Vorbehalt) Unterstützung fand und zog Spanien wieder auf die Seite der Seemächte. Die Ostende-Kompanie hatte Karl schon 1727 auf sieben Jahre suspendiert. Neben anderen Fragen wurde dieses Problem in den Wiener Verträgen (1731) endgültig gelöst: Der Kaiser ließ die Kompanie fallen, erkannte die durch den Tod des letzten Farnese wie vereinbart zustandekommende spanische Sekundogenitur in Parma-Piacenca an und versprach, Maria Theresia nur mit einem Prinzen zu verheiraten, dessen Macht das europäische Gleichgewicht nicht gefährden könne. Die englische Ge-

---

* Genealogische Situation der Habsburger:

Leopold I.

Joseph I. | Maria Elisabeth | Maria Anna | Karl VI. | 11 weitere Kinder

- Joseph I.
  - Maria Josepha ⚭ (Polen – Sachsen)
  - Maria Amalia ⚭ (Bayern)
- Karl VI.
  - Leopold geb./gest. 1716
  - Maria Theresia geb. 1717

genleistung bestand in der Anerkennung der Pragmatischen Sanktion. Damit war ein neuer Anfang gemacht in der vom Prinzen Eugen immer angestrebten Gemeinschaft mit England, die sich als europäische Bündnisachse im Zeitalter Ludwigs XIV. herausgebildet hatte und deren vorübergehende Aufgabe Karl VI. teuer bezahlen mußte.

3. Es gibt kaum einen Krieg, der seine Bezeichnung so wenig verdient wie der Polnische Thronfolgekrieg (1733–35). Zwar bildete die Frage, ob der französische Kandidat Leszczynski oder der von Österreich und Rußland gestützte Sohn Augusts des Starken dessen Nachfolge antreten sollte, den eigentlichen Anlaß, doch war es wichtiger, daß Fleury die bevorstehende Verbindung Lothringens mit Habsburg durch die Verlobung Maria Theresias mit dem Herzog Franz Stephan in keinem Fall hinzunehmen bereit war. Er erneuerte die alte Freundschaft mit den spanischen Bourbonen (Erster bourbonischer Familientraktat, Escorialvertrag 1733), gewann Savoyen und mobilisierte Bayern und Sachsen gegen die Pragmatische Sanktion.

Der vorwiegend in Italien und am Rhein ausgetragene Krieg brachte für Karl VI., den Walpole durch seine reservierte Haltung enttäuschte (»Wir ernteten ... in dieser Situation die Früchte eines ununterbrochenen Handels ohne Konkurrenz für mehrere Jahre«), kaum Erfolge. Im Vorfrieden von Wien 1735 (Bestätigung 1738) erwies sich Fleury als überlegener, alle Risiken klug kalkulierender Diplomat; die Vereinbarungen, auf den ersten Blick ein reiner Länderschacher, entsprachen in Wirklichkeit »der Konvenienz des Zumutbaren im Interesse aller an der Neuordnung der Gewichte« (Wagner).

Polen wurde Friedrich August III. zugestanden. Der bereits gewählte, nun zum zweitenmal landlose Stanislaus Lesczcynski erhielt Lothringen. Nach seinem Tode sollte das Land an Frankreich fallen (1766 erfolgt). Franz Stephan bekam als Entschädigung die Toskana zugewiesen, wo die Medici 1737 ausstarben, und durfte Maria Theresia heiraten. Den kontinentalen Charakter Österreichs unterstrich Fleury dadurch, daß Neapel-Sizilien eine spanische Sekundogenitur unter Don Carlos wurde, der dafür auf Parma-Piacenca zugunsten Österreichs verzichtete. Der Abbau der maritimen Stellung Habsburg im Mittelmeerraum entsprach voll und ganz den englischen Vorstellungen.

Karl VI. war naiv genug, die französische Anerkennung der Pragmatischen Sanktion (»unbeschadet der Rechte Dritter«) als Erfolg zu buchen. Ob seine nahezu komplette Unterschriftensammlung die Nachfolge seiner Tochter tatsächlich sichern würde, mußte sich zeigen, doch waren die Aussichten wenig günstig: noch während die polnische Frage mit allen Konsequenzen den kontinentalen Kräfteausgleich belastete, bereiteten sich Entscheidungen vor, die weit über den bisherigen Rahmen der internationalen Beziehungen hinausreichten.

Alle Versuche Spaniens, die seit 1713/20 bestehenden englischen Handelsfesseln zu lockern, waren gescheitert. Darüberhinaus erweiterte England seinen Warenaustausch mit Spanisch-Amerika erheblich, nicht nur durch Schmuggelfahrten, sondern auch durch eine merkwürdige Interpretation der Puertobello-Konzession: das eine, vertraglich zugelassene Schiff wurde bald von einer stattlichen Flotte begleitet, die außerhalb der Hoheitsgewässer ankerte und das hin- und herfahrende Schiff mit immer neuen Waren belud. Gegenmaßnahmen der Spanier blieben nicht aus. Als ein englischer Schmuggelkapitän namens Jenkins, dem die Spanier bei einer Schiffsdurchsuchung ein Ohr abgeschnitten hatten, mit dem Beweisstück im Unterhaus erschien, erreichte die von den ›Kolonisten‹ unter Bolingbroke geschürte nationale Erregung gegen Walpoles Ausgleichspolitik ihren Höhepunkt. Die spanische Kündigung des Asientovertrages zwang Walpole schließlich zum Handeln: im Oktober 1739 begann der ›Krieg um Jenkins Ohr‹ zwischen England und Spanien. Fleury, durch den Escorialvertrag gebunden, sandte 1740 eine Hilfsflotte ins Karibische Meer.

Damit mündeten die latent vorhandenen Spannungen im kolonialen Bereich in einen militärischen Konflikt, der sich rasch ausdehnte *(King George's War)* und durch die akut werdende Frage der österreichischen Erbfolge auf Europa übergriff. Hier flammte der Krieg freilich an einer Stelle auf, an der ihn niemand erwartet hatte.

Der Österreichische Erbfolgekrieg (1740–48) begann mit dem Überfall des 28jährigen Friedrich II. von Preußen auf Schlesien (1. Schlesischer Krieg 1740–42). Der Einmarsch war ein elementarer machtpolitischer Entschluß. Friedrich bediente sich dabei mancher rechtlicher Argumente, doch waren sie – nach eigener Aussage – von sekundärer Bedeutung: »Die Rechtsangelegenheit ist Sache der Minister . . .; es ist Zeit, im geheimen daran zu arbeiten, denn die Befehle an die Truppen sind gegeben« (Brief an Podewils, 7. 11. 1740). Dynastischer Ehrgeiz, Ruhmsucht und Expansionsstreben unter Ausnutzung einer vorteilhaften Konstellation waren die ausschlaggebenden Motive.

Durch die Koinzidenz der antihabsburgischen Interessen kam es in kurzer Zeit zur Ausweitung des Krieges und zur Polarisierung der Kräfte in zwei militärische Blöcke. In einer doppelten geographischen Diagonale entwickelten sich die beiden Bündnissysteme und verknüpften sich die kolonialen und europäischen Auseinandersetzungen:

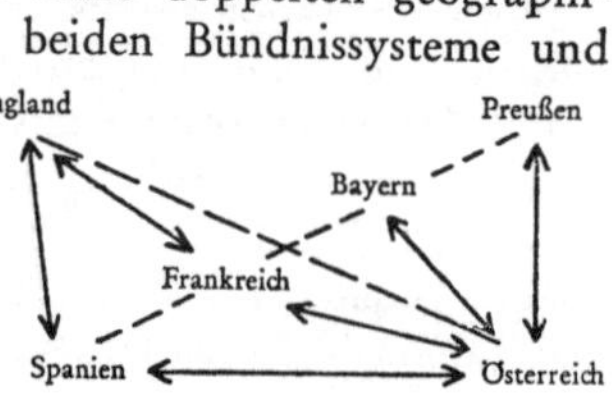

Der preußische Sieg bei Mollwitz (1741), die Besetzung Prags durch den bayerischen Kurfürsten Albert und seine Wahl zum Kaiser (1742) schienen einen raschen Sieg anzudeuten, doch konnten die Truppen Maria Theresias Bayern besetzten. Der Sonderfriede mit Preußen (Breslau 1742: Schlesien mit 1,5 Millionen Einwohnern wird preußisch) entlastete Österreich, das sich diplomatisch und militärisch (1743 englischer Sieg der ›Pragmatischen Armee‹ bei Dettingen) so große Vorteile verschaffen konnte, daß es Friedrich vorzog, von neuem eine zweite Front zu schaffen (2. Schlesischer Krieg 1744–45). Trotz der Siege von Hohenfriedberg, Soor und Kesselsdorf blieb er diplomatisch im Hintertreffen, da der Nachfolger des verstorbenen Bayern-Kaisers, Max Joseph, auf Österreich und die Kaiserkrone verzichtete (Füssen 1745) und der Gemahl Maria Theresias als Franz I. zum Kaiser gewählt wurde.

Es erübrigt sich, auf die militärischen Auseinandersetzungen näher einzugehen; erwähnenswert sind lediglich der englische Seesieg bei Kap Finisterre über die Franzosen (1747) und die Erfolge, die der französische Marschall Moritz von Sachsen, ein außerehelicher Sohn Augusts des Starken, bei Fontenoy und Roccourt über die Österreicher erzielte. Im Frieden von Aachen (1748) wurde der neue Besitzstand Preußens anerkannt, das damit in die Reihe der europäischen Großmächte eintrat. Österreich verzichtete auf Parma-Piacenca, das spanische Sekundogenitur wurde, und gab einige Teile der Lombardei an Savoyen.

Auch über die überseeischen Verhältnisse wurde in Aachen entschieden. In Amerika hatte sich der Krieg durch die Erneuerung des spanisch-französischen Bündnisses (2. Familientraktat 1743) und den Kriegseintritt Frankreichs (1744) ausgeweitet. 1745 konnten die englischen Siedler die stärkste Festung der Franzosen, Louisbourg auf der Kap-Breton-Insel, erobern. Auch in Indien war es zu Kämpfen zwischen den englischen und französischen Handelsgesellschaften gekommen. Madras ging an die unter der Führung des tüchtigen Dupleix stehenden Franzosen verloren (1745).

In Aachen wurde nun, gleichsam zum Zeichen, daß die weltpolitische Auseinandersetzung aufgeschoben sei, vereinbart, die eroberten Gebiete gegenseitig herauszugeben. Damit verärgerte man die Siedler und konnte die Spannungen nicht beseitigen. Sie verschärften sich im Gegenteil und bildeten einen entscheidenden Grund dafür, daß der Aachener Friede im Grunde nicht mehr als ein Waffenstillstand werden sollte.

1749 begann der englisch-französische Wettlauf um die noch unerschlossenen Gebiete im Bereich der Großen Seen und des Ohiotales. Als der Marquis Duquesne durch eine Kette von Forts die Verbindung von Kanada nach Louisiana zu sichern begann (Fort Duquesne 1753), sahen die Engländer den Weg ins Landesinnere versperrt. Ihre Expansionstendenz war durch den zunehmenden demographischen Druck bedingt: um 1750 lag die Einwohnerzahl der Neu-England-Kolonien bei 400 000; dagegen lebten in Kanada nur 26 000 Siedler, in Louisiana 3 200 Weiße und 2 000 Neger. Mit den ersten militärischen Zusammenstößen begann 1754 – zunächst ohne offizielle Kriegserklärung – der *Old French and Indian War.*

Auch in Indien ging die englisch-französische Rivalität in einen immer schärfer militärisch geprägten Konflikt über. Für Robert Clive, der als Angestellter der Ostindischen Kompanie die Methoden von Dupleix gegenüber den indischen Fürsten ebenso erfolgreich zu praktizieren begann (seit 1751), öffneten sich glänzende Aussichten, als der französische Gouverneur 1754 abberufen wurde.

So waren die überseeischen Dinge längst im Fluß, als sich auch in Europa die Gegensätze zuspitzten. Ausgangspunkte waren einmal der durch die Eroberung Schlesiens ausgelöste deutsche Dualismus und der feste Wille Maria Theresias, die Provinz zurückzugewinnen, zum anderen das englische Interesse, für den Fall eines Krieges mit Frankreich das gefährdete Hannover zu schützen. Beim Abschluß der Westminster-Konvention (Januar 1756) zum Schutz Hannovers unterschätzte Friedrich II. die französische Verstimmung über seine Anlehnung an den englischen Rivalen; außerdem gab er den Plänen des österreichischen Staatskanzlers Kaunitz, der an einer Überwindung des habsburgisch-bourbonischen Säkulargegensatzes arbeitete, keine Chance. Kaunitz' Bemühungen führten jedoch, nicht zuletzt durch den Einfluß der Marquise de Pompadour, zum Erfolg: Mit der am 1. Mai 1756 geschlossenen französisch-österreichischen Defensivallianz war der erste Schritt zu dem berühmten ›Umschwung der Bündnisse‹ *(renversement des alliances)* getan. Als Friedrich erfuhr, daß die Verhandlungen über einen Offensivpakt mit deutlicher Zielsetzung (›destruction totale de la Prusse‹) Fortschritte machten, der Angriff aber auf das Jahr 1757 verschoben werden sollte, wählte er die Flucht nach vorn; mit dem Einmarsch in Sachsen zur Gewinnung einer Operationsbasis (3. Schlesischer Krieg 1756–63) eröffnete er den Siebenjährigen Krieg in Europa.

In England kam 1757 der für eine aktivere Kolonialpolitik eintretende William Pitt d. Ä. ans Ruder. Etwa gleichzeitig erfolgte der Abschluß der russisch-französisch-österreichischen Offensivallianz (Februar/Mai 1757). Das ›Neue System‹ der europäischen Koalitionen, durch den englisch-preußischen Subsidienvertrag von Westminster (1758) ergänzt, war perfekt:

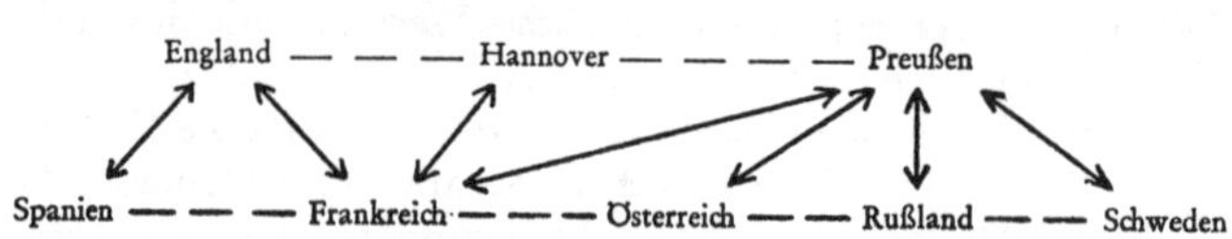

In dem siebenjährigen Doppelkrieg ging es für England um die Weltherrschaft, für Preußen um die Existenz als Großmacht. Über seine Zerstückelung gab es sehr detaillierte Vorstellungen. Durch die Bindung der französischen Streitkräfte auf dem Kontinent trifft Pitts Ausspruch, Kanada sei in Deutschland erobert worden, in hohem Grade zu, auch wenn eine wirkliche englisch-preußische Waffengemeinschaft kaum zustandekam.

Wenn Preußen am Ende des Krieges den Status quo behaupten konnte (Hubertusburg 1763), verdankte es diesen Erfolg zwar auch den Siegen, dem taktischen Geschick und der Zähigkeit Friedrichs II. sowie dem Ausscheiden Rußlands (1762). Mindestens ebenso wichtig waren aber die in Übersee errungenen Erfolge der Engländer. Ohne auf den Kriegsverlauf im einzelnen einzugehen, verdeutlicht die nachstehende Übersicht, wie sich die Erfolgsbilanz in weltpolitischem Rahmen entwickelte *(englische und preußische Siege bzw. Eroberungen kursiv):*

	Europa	Nordamerika Westindien	Ostindien	Weltmeer
1756	*Lobositz,* Menorca, Korsika		Kalkutta	
1757	*Prag,* Kolin, Hastenbeck, Kloster Zeven, *Rossbach, Leuthen*		*Plassey,* *Kalkutta,* *Chandernagor*	
1758	*Zorndorf,* Hochkirch, *Krefeld*	*Louisbourg,* *Ft. Duquesne* (= Pittsburgh)		
1759	Bergen, Kunersdorf, Maxen, *Minden*	*Quebec,* *Guadeloupe* *u. a. Inseln*		*Lagos,* *Quiberon*
1760	*Torgau, Liegnitz*	*Montreal*	*Madras*	
1761			*Pondichéry*	
1762		*Martinique,* *Kuba*		

Am Ende des Krieges konnte England, wie ein halbes Jahrhundert zuvor in Utrecht, den Frieden diktieren, der nur infolge der Abberufung Pitts (1761) relativ glimpflich ausfiel. Im Vertrag von Paris (1763) trat Spanien Florida an England ab (1783 an Spanien zurückgegeben, 1819/21 von den USA gekauft). Von Frankreich erhielt es Neuschottland, Kanada und Louisiana östlich des Mississippi. Da das Gebiet westlich des Flusses an Spanien kam, blieben Frankreich von seinem nordamerikanischen Kolonialreich nur einige westindische Inseln und die Fischereistützpunkte St. Pierre und Miquelon (bis heute). Die verlorenen Gebiete in Afrika (Senegambien) blieben englisch, nur in Indien gab man den Franzosen die fünf traditionellen ›Comptoirs‹ zurück (bis 1949/56). Der Frieden von Paris besiegelte den glänzendsten britischen Sieg der Neuzeit. Das erste französische Kolonialreich war fast vollständig zerschlagen, die Frage nach der Weltherrschaft in eindeutiger Weise entschieden.

Die Krise des Ancien Régime

Seit Alexis de Tocqueville in seinem berühmten Buch ›L'Ancien Régime et la Révolution‹ (1856) erstmals die wirtschaftlich-sozialen Ursachen der Französischen Revolution näher untersuchte, hat sich die Forschung der administrativen, politischen, ökonomischen und gesellschaftlichen Zustände des vorrevolutionären Frankreich in immer stärkerem Maße angenommen. Zahllose Arbeiten brachten inzwischen im einzelnen Korrekturen und Modifizierungen der Analyse Tocquevilles, erhellten neue Sachverhalte und lieferten wichtige Ergänzungen. An der grundsätzlichen Konzeption änderten sie jedoch nichts: Ohne eine gründliche Auseinandersetzung mit den strukturellen Problemen des Ancien Régime kann seit Tocqueville eine Geschichte der Revolution nicht geschrieben werden.

Eine ausführliche Darstellung der Krise des Ancien Régime erscheint deshalb im Rahmen dieses Buches unzweckmäßig. Sie müßte nicht nur die Beschreibung unzerreißbarer Zusammenhänge doch an irgendeiner Stelle (und an welcher?) abbrechen, sondern stände auch vor der Frage, inwieweit die revolutionären Ereignisse einzubeziehen seien, die außerhalb Frankreichs stattfanden und von manchen Gelehrten (Palmer, Godechot u. a.) in einem Gesamtkomplex ›atlantischer Revolutionen‹ zwischen 1770 und 1800 gesehen werden. Diese Gründe verweisen die detaillierte Darstellung der Krise des Ancien Régime eher in ein Buch, das eine Weiterführung des vorliegenden sein könnte. Infolgedessen beschränkt sich dieses abschließende Kapitel darauf, lediglich einige Aspekte der Krise zu erwähnen, die für die Erklärung der revolutionären Situation von zentraler Bedeutung sind.

Die mit der neuen Verhärtung des sozialen Gefüges seit dem 17. Jahrhundert (vgl. S. 155 ff.) einhergehende Aristokratisierung hatte sich nicht auf Frankreich beschränkt:

»In ganz Europa setzt sich das soziale und kulturelle Vorbild des Adels durch: sein Lebensstil beruht auf der Verschwendung der Einkünfte aus der Grundrente für einen Luxus, der in den Zierden des Geistes und dem Kosmopolitismus der Sprache, der Sitten oder der Ideen nur seine vornehme Fassade findet« (Bergeron).

Durch mehrere autonome, gleichzeitig auftretende Faktoren gerieten die Gesellschaftsstrukturen ungefähr seit der Mitte des 18. Jahrhunderts allenthalben in Bewegung. Sie begünstigten das Wiederaufleben der lange verschütteten oder unterdrückten Konfrontation von Privilegierten und Nichtprivilegierten auf vielen Ebenen und führten schließlich zur Revolution.

1. Ein stimulierender Faktor von größter Bedeutung muß in der *demographischen Entwicklung* gesehen werden. Nach der langen Periode eines sehr allmählichen, von vielen Rückschlägen unterbrochenen Wachstums der Bevölkerung, setzte im frühen 18. Jahrhundert ein deutlicher Aufschwung ein (vgl. Abb. 5, S. 145). Seine Ursachen sind noch wenig erforscht (und entsprechend kontrovers), doch bestehen zweifellos enge Wechselbeziehungen zwischen dieser ›demographischen Revolution‹ und der landwirtschaftlichen Entwicklung. Obwohl es für eine befriedigende Gesamtstatistik noch zu wenig Vorarbeiten gibt, können einige ziemlich zuverlässige Zahlen genannt werden:

In England stieg die Bevölkerungszahl von 5,8 (1700) über 6,1 (1750) und 7 (1770) auf 9,1 Millionen (1800), in Frankreich von 18 (1715) auf 26 Millionen (1789). Daß sich auch hier die Wachstumsrate seit etwa 1720 deutlich verstärkte, zeigt die Tatsache, daß am Vorabend der Revolution 76 Prozent der Gesamtbevölkerung unter 40 Jahre alt waren (unter 20 Jahre: 36 Prozent). Für Europa schätzt man ein Ansteigen der Bevölkerung während des 18. Jahrhunderts von 118 auf 187 Millionen.

Als unmittelbare Konsequenz dieser Entwicklung stellten sich zwei Aufgaben: die Lebensmittelversorgung und die Schaffung neuer Arbeitsplätze. Einen Ausweg, der für Frankreich seit 1763 so gut wie verschlossen war, bot die Auswanderung in die Kolonien. Für Mittel- und Osteuropa ließ sich das Problem, das hier allerdings in geringerer Intensität auftrat, durch Binnenkolonisation und Besiedlung neuer Räume (vgl. S. 261 f.) lösen.

2. Die *landwirtschaftliche Produktion* war zwar seit dem 16. Jahrhundert soweit gestiegen, daß sie die Ernährung der allmählich anwachsenden Bevölkerung sichern konnte, vollzog sich aber noch überwiegend in den traditionellen Bahnen. Nur in wenigen Gebieten (England, Niederlande, Nordfrankreich) bereitete sich schon im zweiten Viertel des 18. Jahrhunderts der Aufschwung vor, den man etwas übertreibend die ›landwirtschaftliche Revolution‹ genannt hat. Dazu gehörten: Natürliche Stickstoffanreicherung des Bodens durch Anbau von Hülsenfrüchten und Gemüse, Vermehrung und Verbesserung der jährlichen Heuernten im Zusammenhang mit Klee- und Luzernenanbau, Ausbreitung des künstlichen Futterbaus (Futterrüben) sowie eine Systematisierung und Verbesserung der Viehzucht. All dies war nicht grundlegend neu, doch bestand das eigentlich Revolutionierende darin, daß es der sich ausbildende Agrarkapitalismus ermöglichte, bereits bekannte Methoden und Praktiken zu verallgemeinern.

Dieser tiefgreifende Wandel der Agrarwirtschaft breitete sich jedoch auch in der zweiten Hälfte des 18. Jahrhunderts sehr zögernd aus. In Dreifelderwirtschaft und gemeinsamen Weideflächen stellten sich dem landwirtschaftlichen Fortschritt Hindernisse entgegen, die nur langsam überwunden werden konnten. Immerhin genügten die bescheidenen Anfänge zunächst, den Ertrag etwa entsprechend dem Bevölkerungswachstum zu steigern und ermöglichten die ›poussée démographique‹. Mit der sprunghaften Steigerung der Bevölkerungszahlen seit der Jahrhundertmitte änderte sich das. Die landwirtschaftliche Revolution wurde von der demographischen überholt, der Bedarf konnte von der Landwirtschaft nicht mehr gedeckt werden.

3. Die Spanne zwischen dem nur wenig steigenden Angebot und der stark wachsenden Nachfrage führte zu einem *Anziehen der Lebensmittelpreise*, denen die meisten anderen folgten. Die inflationäre Tendenz, seit 1730 deutlich erkennbar, verstärkte sich zwischen 1758 und 1770 und erreichte, mitbedingt durch eine Reihe von Mißernten und die allgemeine Wirtschaftskrise am Vorabend der Revolution ihren Höhepunkt. Nach den Berechnungen von E. Labrousse stiegen die Lebenshaltungskosten, verglichen mit der Periode 1726–41, in den Jahren 1771–89 um 45 %, und sogar um 65 % für die Zeit 1785–89. In dieser letzten Phase war der durchschnittliche Preisauftrieb am größten bei Brennholz (91 %), Roggen (71 %), Fleisch (67 %) und Weizen (66 %). Das absolute Maximum fiel in das Jahr 1789, als der Weizenpreis auf 150 %, der Roggenpreis – am 14. Juli 1789! – auf 165 % stieg.

Unmittelbare Antwort auf diese Preisentwicklung waren zahlreiche Hungerrevolten, einmal weil die Löhne nicht mit den Preisen Schritt hielten, zum andern weil das Problem der *Arbeitslosigkeit* immer größere Dimensionen annahm. Tausende von vagabundierenden Arbeitslosen durchstreiften das Land, lebten im günstigsten Fall von Saison- oder Gelegenheitsarbeiten, meist aber von Bettelei und Straßenraub.

Schleichende Inflation und Wirtschaftswachstum gehören immer zusammen. Die Hausse-Periode seit etwa 1730 war – abgesehen von der Belebung des Binnenmarktes – bedingt durch einen andauernden Zustrom amerikanischer Edelmetalle und durch den allgemeinen Aufschwung der Investitionen, des Wechselgeschäfts, der Spekulation, der Banktechnik, später der Aktiengesellschaften und des Wertpapierhandels. Dadurch wurden auch in Frankreich die finanziellen Grundlagen für den Ausbau der Frühindustrie geschaffen. Die Ansätze dazu waren in der vorrevolutionären Zeit allerdings noch zu bescheiden, um eine fühlbare Verringerung der Arbeitslosenzahl erreichen zu können. Bezeichnend für die noch relativ geringe Bedeutung der Industriegüter gegenüber den Agrarprodukten ist auch die Tatsache, daß die Preissteigerungen bei Wollstoffen und Eisen mit 29 bzw. 30 % weit unter dem Durchschnitt lagen.

4. Auf dem Gebiet der *Industrialisierung* besaß England gegenüber dem Kontinent einen Vorsprung von rund zwei Jahrzehnten. Er beruhte auf dem dort durch den Überseehandel schon früher angesammelten Kapital und der Bereitschaft der wirtschaftlich-finanziell führenden Kreise, den Schritt vom Handels- zum Industriekapitalismus zu vollziehen und Investitionen in erfolgversprechende industrielle Projekte vorzunehmen.

Dazu gehörte vor allem das von Darby erstmals im großen praktizierte Verfahren der Metallgewinnung mit Hilfe von Koks (1709), womit das leidige Brennstoffproblem endlich gelöst wurde (vgl. S. 153 f.). Um 1750 begann der Aufstieg der Midlands, wo auf engstem Raum alle für die Eisenproduktion notwendigen Rohstoffe vorhanden waren. In großem Stil setzte sich die industrielle Revolution aber zuerst in der Textilindustrie durch, ausgelöst durch die Erfindung des Schnellschützen (John Kay 1733), der Tuchschermaschine und der Spinnmaschine (Hargreaves' *spinning jenny*), die durch die automatische Garnzuführung wesentlich verbessert wurde (Arkwright). Der Maschinenwebstuhl (Cartwright) und besonders die Entwicklung einer leistungsfähigen Antriebsmaschine (Watt, Boulton und Wilkinson seit 1769) haben die Industrialisierung entscheidend vorangetrieben.

Die einschneidenden Konsequenzen des neuen Fabriksystems in arbeitstechnischer, allgemein-wirtschaftlicher und sozialer Hinsicht sind bekannt. Im Frankreich des Ancien Régime haben sie noch keine große Rolle gespielt (erster Hochofen 1785; wenig Betriebe mit über hundert Arbeitern; gegenüber 20 000 *jennies* in England liefen hier 1789 nur 7 000).

Umso störender mußte die *englische Konkurrenz* werden, als sie sich neue Exportmärkte zu erschließen suchte und Frankreich beispielsweise aus seiner dominierenden Rolle im Levantehandel verdrängen konnte. Auch die Einführung einer liberaleren, an physiokratischen Gedanken orientierten Wirtschaftspolitik im Interesse eines freien Warenaustausches erfolgte zu einem ungünstigen Zeitpunkt (Freigabe der Getreideausfuhr 1787, zahlreiche Handelsverträge). Es ist zwar richtig, daß der Handelsvertrag mit England (1786) die französische Industrie, wollte sie konkurrenzfähig werden, zum Ausbau und zur Modernisierung zwang, doch bestand sein primärer Effekt darin, daß die ins Land einströmenden englischen Waren die französische Industrie in eine Krise stürzten, die zu einer Erhöhung der Arbeitslosenzahl führte.

5. Neben diesen demographisch-wirtschaftlichen Krisenerscheinungen mit ihren schwerwiegenden Konsequenzen im sozialen Bereich spielte die *fiskalisch-administrative Krise* des Ancien Régime eine wichtige Rolle. Als ein herausragendes Symptom kann die Entwicklung der Staatsfinanzen genannt werden. Es hing nicht nur mit dem teuer bezahlten Engagement im Siebenjährigen Krieg (vgl. S. 286 f.)

und der Unterstützung der amerikanischen Unabhängigkeitsbewegung zusammen, daß das Defizit im Staatshaushalt ständig stieg, sondern es war vor allem ein Zeichen der strukturellen Schwäche des Systems, die sich ohne eine Liquidierung des Privilegienstaates nicht beheben ließ. Da alle unter Ludwig XVI. unternommenen Versuche scheiterten, entweder gegen die Privilegierten oder mit ihrer Zustimmung die Finanzreform durchzuführen, blieb nur die Möglichkeit, über höhere Steuerforderungen und Anleihen die Einnahmen zu steigern. Weil der erste Weg seit langem beschritten wurde und infolge der Ineffektivität der Steuereintreibung (vom Aufkommen der *gabelle*, der Salzsteuer, flossen nur etwa 50 Prozent in die Staatskasse) kaum noch ausbaufähig war, verlegte man sich mehr und mehr auf den zweiten. Binnen weniger Jahre stieg die Staatsschuld enorm an; Rückzahlungsverpflichtungen wurden durch neue Anleihen gedeckt, und der Zinsendienst verschlang bereits 1774 fast ein Drittel der Einnahmen – dennoch wurden in den nächsten zwölf Jahren weitere 1 250 Millionen livres durch Anleihen aufgebracht. 1788 entfielen 50 Prozent der Staatsausgaben auf den Schuldendienst, 23 Prozent verbrauchte der Hof. Das jährliche Defizit betrug 20 Prozent (Einnahmen: 504, Ausgaben: 710 Millionen livres).

Der Staatsbankrott vom August 1788 war der spektakuläre Beweis für die Unfähigkeit der absoluten Monarchie des Ancien Régime, ein Finanz- und Verwaltungssystem aufzubauen, das den steigenden Ansprüchen des modernen Staates entsprach. In gewisser Hinsicht scheiterte der Absolutismus an seiner eigenen Inkonsequenz, an der wachsenden Diskrepanz zwischen dem theoretischen Modell und seiner praktischen Realisierung (vgl. S. 175). Das betrifft nicht nur die Konservierung der rechtlichen, ökonomischen und sozialen Privilegienstellung von Adel und Klerus, sondern auch den gesamten Bereich der Staatsverwaltung. Sie bot ein Bild fast unvorstellbarer Zersplitterung: Frankreich war weder ein einheitliches Wirtschaftsgebiet mit einer einzigen Außenzollgrenze noch ein geschlossenes Rechtsgebiet. Provinzen, Verwaltungs-, Gerichts- und Steuerbezirke überlagerten sich vielfach, altständische Institutionen konkurrierten mit königlichen Exekutivorganen, und eine aufgeblähte, träge und korrupte Bürokratie entwickelte die bekannten Formen eines selbstherrlichen, die Untertanen schikanierenden Eigenlebens. »Le désordre et la confusion demeuraient le trait caractéristique de l'organisation administrative« (Soboul).

Besonders verhaßt war das ungerechte, drückende und außerordentlich komplizierte Steuerwesen, das fast ausschließlich den Dritten Stand traf, vor allem die Bauern, die neben den staatlichen Forderungen – und den kirchlichen – auch noch den seigneurialen Ansprüchen ausgeliefert waren (vgl. S. 148).

6. Nur vor dem Hintergrund der demographischen, landwirtschaft-

lichen, handelspolitischen, industriellen, fiskalischen, administrativen und allgemein-sozialen Krisenerscheinungen ist die *politische Krise* des Ancien Régime zu verstehen.

»In den Städten in Bürgertum, Handwerk und Arbeiterschaft, auf dem Land unter den mittleren und kleineren Bauern und den Tagelöhnern stand ein Heer der Hungernden, Notleidenden und Unzufriedenen bereit; es fehlten nur noch die Führer, die es in einer bestimmten Richtung in Bewegung setzten« (Weis).

Die theoretische Auseinandersetzung war längst eröffnet. Die *Publizistik der Aufklärung* (vgl. S. 202), die oft brillant formulierte und propagandistisch höchst effektvolle Kritik der ›Philosophen‹ an den bestehenden Verhältnissen hat wesentlich zur moralischen Schwächung der traditionellen Autoritäten Krone, Klerus und Adel – und damit zur Unterminierung des Ancien Régime – beigetragen.

Die Ideen der Aufklärung waren vor allem – aber nicht ausschließlich – im Bürgertum verbreitet, jener oberen Schicht des sozial sehr differenzierten Dritten Standes, der einerseits das wirtschaftliche und kulturelle Leben Frankreichs beherrschte und den Staat zum großen Teil finanzierte, der aber andererseits den Aufstieg zu den leitenden Positionen in Verwaltung, Justiz, Armee und Kirche immer mehr versperrt sah (vgl. S. 157 f.). Diese *Bourgeoisie* war das Reservoir, aus dem sich die geistige Führungsschicht vor und während der Revolution rekrutierte.

Es erscheint deshalb auf den ersten Blick paradox, daß die ersten Anstöße zur revolutionären Erschütterung ausgerechnet von den Privilegierten ausgingen, doch ist der Widerspruch nur scheinbar. Einmal waren auch in diesen Kreisen die Ideen der Aufklärung auf fruchtbaren Boden gefallen, zum zweiten kam besonders die Staatslehre Montesquieus (vgl. S. 221 f.) ihren spezifischen Interessen entgegen. Sie bot die theoretische Legitimierung für das handfeste Ziel, zur rechtlich-wirtschaftlich-sozialen Privilegierung die politische hinzuzugewinnen. Gleichzeitig attackierte man (Mirabeau!) die völlig willkürliche königliche Justizpraxis, durch eine *lettre de cachet*, einen ohne Verhandlung und unbefristet ausgefertigten Haftbefehl, Mißliebige aus politischen, persönlichen oder Gefälligkeitsgründen ins Gefängnis oder in die Verbannung zu schicken.

Diese aristokratische Opposition stieß auf den Widerstand des absoluten Königtums. Seine Verfechter waren zwar zu einer Modifizierung etwa im Sinne des aufgeklärten Absolutismus bereit, aber fest entschlossen, zur Lösung der Finanzkrise die steuerlichen Privilegien von Adel und Klerus nicht länger unangetastet zu lassen. In merkwürdiger Verkennung der wahren Interessenlage unterstützten Nichtprivilegierte und Öffentliche Meinung zunächst die aristokratische Opposition, der es tatsächlich gelang, fast jede Reform zu blockieren und parallel dazu die soziale Abschließung nach unten sowie den Druck auf die abhängigen Bauern zu verschärfen.

In der Rebellion des Pariser Parlamentes und des Adels gegen einen letzten Versuch der Krone, die Finanzreform durchzusetzen (1787/88), erreichte die *révolte nobiliaire* schließlich ihren Höhepunkt. Als auslösender Faktor ist diese ›prérévolution française‹ (Egret) von großer Bedeutung, obwohl sie selbst nach kurzer Zeit von der Revolution überrollt wurde, zu der sich die verschiedenen oppositionellen Bewegungen teils simultan, teils in aufeinander folgenden Phasen verknüpften: die feindliche Haltung des Adels gegenüber dem absoluten Königtum, das Streben des Bürgertums nach rechtlicher und politischer Emanzipation und die mächtigen Strömungen in den städtischen Unterschichten und der bäuerlichen Gesellschaft.

Das momentane Zusammenwirken dieser oppositionellen Faktoren im Sommer 1789 verlieh der revolutionären Bewegung eine alle Interessendivergenzen überspielende Stoßkraft von elementarer Gewalt. Sie brachte das aufgrund seiner strukturellen Schwächen kaum noch widerstandsfähige Ancien Régime zum Einsturz, liquidierte die feudale Ständegesellschaft und proklamierte die Prinzipien von Freiheit und Gleichheit. Als Postulate künftiger Staats- und Gesellschaftsordnungen leiteten sie ein neues Zeitalter der europäischen Geschichte ein.

Zur Bibliographie (Stand: Januar 1994)

Die folgende Übersicht beschränkt sich darauf, für eine intensivere Beschäftigung mit der Geschichte der Frühen Neuzeit einige Hinweise zu geben. Sie nennt zuerst *Einführungen, Handbücher* und *Gesamtdarstellungen;* alle diese Werke enthalten weiterführende Literaturangaben und spiegeln im allgemeinen den Stand der Forschung zum Zeitpunkt ihres Erscheinens. Ältere Literatur (vor 1970), die in den früheren Auflagen Erwähnung fand, wird nur in Ausnahmefällen noch einmal genannt. Um die wissenschaftliche Erschließung einzelner Themenbereiche bis in die jüngste Zeit verfolgen zu können, wird anschließend eine Zusammenstellung neuerer *Literatur- und Forschungsberichte* abgedruckt.

Eine vorzügliche Einführung in die Periodisierungsdiskussion über die Abgrenzung von Mittelalter und Neuzeit bietet S. Skalweit, *Der Beginn der Neuzeit. Epochengrenze und Epochenbegriff,* 1982 (= Erträge der Forschung 178). Über Einzelfragen der aktuellen Forschung unterrichten H. E. Bödeker/E. Hinrichs (Hg.), *Alteuropa – Ancien Régime – Frühe Neuzeit. Probleme und Methoden der Forschung,* 1991, und R. Vierhaus (Hg.), *Frühe Neuzeit – Frühe Moderne? Forschungen zur Vielschichtigkeit von Übergangsepochen,* 1992. Den Einstieg in die frühneuzeitliche Geschichte erleichtern zwei unterschiedlich konzipierte Darstellungen: E. Hinrichs, *Einführung in die Geschichte der frühen Neuzeit,* 1980, geht stärker von struktur- und mentalitätsgeschichtlichen Fragestellungen aus, während das Buch von J. Burkhardt, *Frühe Neuzeit. 16.–18. Jahrhundert,* 1985 (= Grundkurs Geschichte, Bd. 3), auf die deutsche Geschichte konzentriert und im ganzen traditioneller angelegt ist. Vom gleichen Verfasser stammt der Abschnitt *Frühe Neuzeit* im Fischer-Lexikon *Geschichte,* hg. v. R. v. Dülmen, 1990. Über die Frühe Neuzeit hinausgreifend, aber insgesamt unkonventionell und anregend: W. Schulze, *Einführung in die Neuere Geschichte,* 1987. Zur Examensvorbereitung geeignet sind die beiden Bände von E. Büssem/M. Neher (Hg.), *Arbeitsbuch Geschichte. Neuzeit 1 (16.–18. Jahrhundert). Repetitorium,* [6]1991, und *Arbeitsbuch Geschichte. Neuzeit 1. Quellen,* 1977.

Das *Handbuch der europäischen Geschichte,* hg. v. Th. Schieder, behandelt die Frühe Neuzeit in den Bdn. 3 (*Die Entstehung des neuzeitlichen Europa,* hg. v. J. Engel, 1971) und 4 (*Europa im Zeitalter des Absolutismus und der Aufklärung,* hg. v. F. Wagner, 1968). Breiter angelegt ist die *New Cambridge Modern History;* für die Zeit bis zur Revolution liegen die Bde. 1–8 (1957–70) vor. Sehr materialreich sind auch die Bde. 7–12 ([3]1946–77) des französischen Handbuches *Peuples et Civilisations. Histoire générale,* hg. v. Halphen und Sagnac.

Nicht nur an den Historiker wendet sich die auch in einer Taschenbuchausgabe vorliegende und 1986 nachgedruckte *Propyläen-Weltgeschichte,* hg. v. G. Mann und A. Nitschke, deren Bde. 6 (*Weltkulturen. Renaissance in Europa,* 1964) und 7 (*Von der Reformation zur Revolution,* 1964) ausgezeichnete Beiträge zur Geschichte der Frühen Neuzeit enthalten. Die jedem Band beigegebene »Universalgeschichte in Stichworten« teilt zu jedem Jahr eine knappe Auswahl wichtiger Ereignisse aus Politik, Kultur, Kunst, Wissenschaft und Wirtschaft mit. Von der ebenfalls weltgeschichtlich orientierten *Histoire économique et sociale du monde,* hg. v. P. Léon, behandeln die Bde. 2 (*1580 bis 1730,* 1979) und 3 (*1730 bis 1840,* 1979) die Frühe Neuzeit.

Im Rahmen der *Fischer Weltgeschichte,* die auch der außereuropäischen Geschichte breiten Raum gibt, behandeln die Bde. 12 (*Die Grundlegung der modernen Welt. Spätmittelalter, Renaissance, Reformation,* 1967), 24 (*Entstehung des frühneuzeitlichen Europa,* 1982) und 25 (*Das Zeitalter des Absolutismus und der Aufklärung*

1648–1779, 1981) die Frühe Neuzeit. In Methodik und Fragestellung weitgehend an der französischen Historikergruppe um die »Annales« orientiert, liegt der Schwerpunkt dieser Darstellungen auf der Herausarbeitung wirtschaftlich-sozialer Strukturen in ihren politischen, kulturellen und gesellschaftlichen Bezügen. Stark kultur- und sozialgeschichtlich ausgerichtet sind die Werke von R. v. Dülmen, *Kultur und Alltag in der Frühen Neuzeit,* 2 Bde., 1990/92, und P. Münch, *Lebensformen in der frühen Neuzeit,* 1992. Eine besondere Fragestellung untersucht H. Wunder, *»Er ist die Sonn', sie ist der Mond«. Frauen in der Frühen Neuzeit,* 1992. Sehr instruktiv ist die Darstellung von F. Braudel, *Sozialgeschichte des 15.–18. Jahrhunderts,* Bd. 1: *Der Alltag* (1985), Bd. 2: *Der Handel* (1986) und Bd. 3: *Aufbruch zur Weltwirtschaft* (1986).

In jeder Hinsicht gewichtig sind die in der *Propyläen Geschichte Europas* erschienenen Bände von H. Diwald (*Anspruch auf Mündigkeit, um 1400–1555,* 1975), E. W. Zeeden (*Hegemonialkriege und Glaubenskämpfe, 1556–1648,* 1977) und R. Mandrou (*Staatsräson und Vernunft, 1649–1775,* 1976). Über die Kolonialgeschichte informiert umfassend W. Reinhard, *Geschichte der europäischen Expansion,* 4 Bde., 1983–1990.

Einen wichtigen Teilbereich behandelt W. Näf, *Die Epochen der neueren Geschichte. Staat und Staatengemeinschaft vom Ausgang des Mittelalters bis zur Gegenwart,* Bd. 1, ²1959 [als Taschenbuch 1970]. Ganz anders konzipiert ist das weitgefaßte, materialreiche Werk von E. Hassinger, *Das Werden des neuzeitlichen Europa 1300–1600,* ²1966 (= *Geschichte der Neuzeit,* hg. v. G. Ritter, Bd. 1) [ND 1976]. Eine spezielle Fragestellung behandelt P. Kennedy, *Aufstieg und Fall der großen Mächte. Ökonomischer Wandel und militärischer Konflikt von 1500 bis 2000,* 1989.

Für die politische Geschichte des 17. und 18. Jahrhunderts immer noch nützlich ist die konzentrierte Darstellung von F. Hartung, *Neuzeit von der Mitte des 17. Jahrhunderts bis zur Französischen Revolution 1789,* 1932 [ND 1965]. Eine gute Einführung bietet auch E. N. Williams, *The Ancien Regime in Europe 1648–1789,* 1970. Etwa den gleichen Zeitraum behandeln W. Hubatsch, *Das Zeitalter des Absolutismus 1600–1789,* ⁴1975 (= *Geschichte der Neuzeit,* hg. von G. Ritter, Bd. 2) und J. Kunisch, *Absolutismus. Europäische Geschichte vom Westfälischen Frieden bis zur Krise des Ancien Régime,* 1986 [mit einem Forschungsüberblick S. 179–202].

Als Standardwerk gilt das *Handbuch der europäischen Wirtschafts- und Sozialgeschichte,* dessen Bde. 3 (*Vom ausgehenden Mittelalter bis zur Mitte des 17. Jahrhunderts,* 1986) und 4 (*Von der Mitte des 17. Jahrhunderts bis zur Mitte des 19. Jahrhunderts,* 1993) der Frühen Neuzeit gewidmet sind. Zur Ergänzung bieten sich weiterhin an: Die *Cambridge Economic History of Europe* (Bd. 4, 1967; Bd. 5, 1977); der Überblick von H. Haussherr, *Wirtschaftsgeschichte der Neuzeit vom Ende des 14. Jahrhunderts bis zur Höhe des 19. Jahrhunderts,* ⁵1981; die *Fontana Economic History of Europe* (Bd. 2, 1974; Bd. 3, 1973), dt. u. d. T. *Europäische Wirtschaftsgeschichte,* hg. v. K. Borchardt, 1976/79 [UTB-Ausgabe 1985].

Immer neue Auflagen erfährt der »Klassiker« von J. Kulischer, *Allgemeine Wirtschaftsgeschichte des Mittelalters und der Neuzeit,* 2 Bde., 1929, ⁶1988. Eine speziellere Perspektive verfolgt E. L. Jones, *The European Miracle. Environments, Economies and Geopolitics in the History of Europe,* 2 Bde., ²1987. Lebhaft diskutiert werden auch die Thesen von I. M. Wallerstein, *The Modern World System,* 2 Bde., 1974/80. Für einzelne Länder: *Handbuch der dt. Wirtschafts- und Sozialgeschichte,* hg. v. H. Aubin/W. Zorn, Bd. 1, 1971; F.-W. Henning, *Handbuch der Wirtschafts- und Sozialgeschichte Deutschlands,* Bd. 1: *Deutsche Wirtschafts- und Sozialgeschichte im Mittelalter und in der frühen Neuzeit,* 1991; *Histoire économique et sociale de la France*, hg. v. F. Braudel/E. Labrousse, Bd. 1 (in zwei Teilen): *De 1450 à 1660*, 1977; Bd. 2: *De 1660 à 1789*, 1970.

Für einige Länder soll noch auf wichtige Standardwerke hingewiesen werden. Das *Handbuch der deutschen Geschichte* (begr. v. B. Gebhardt, hg. v. H. Grundmann), Bd. 2 (⁹1970), das auch als Taschenbuchausgabe vorliegt, enthält grundlegende Beiträge (Zeeden, Braubach, Oestreich u. a.). Von der Nachkriegsauflage des *Handbuches der deutschen Geschichte* (begr. v. O. Brandt, fortgeführt v. A. O. Meyer, neu hg. v. L. Just) ist der 2. Band 1956 erschienen. Ausgezeichnete Darstellungen zur Geschichte der Frühen Neuzeit (Rassow, Brunner, Hinrichs) enthält die *Deutsche Geschichte im Überblick* (hg. v. P. Rassow, ³1973). Die einschlägigen Beiträge in der völlig neu konzipierten Zweitausgabe dieses Werkes, hg. v. M. Vogt (²1991), stammen von U. Lange und H. Schmidt.

In der zuerst als Taschenbuch-Reihe publizierten *Deutschen Geschichte* behandeln die Frühe Neuzeit die Bde. 4 (B. Moeller, *Deutschland im Zeitalter der Reformation*, ²1981), 5 (M. Heckel, *Deutschland im konfessionellen Zeitalter*, 1983) und 6 (R. Vierhaus, *Deutschland im Zeitalter des Absolutismus*, ²1984); diese Beiträge sind, allerdings ohne Nachweise, in der gebundenen Ausgabe (1985) in Bd. 2 zusammengefaßt. Da die Mitte des 17. Jahrhunderts als wichtiger Epocheneinschnitt gilt, konzentrieren viele Historiker ihre Darstellungen in unterschiedlicher Schwerpunktsetzung entweder auf die erste (J. Burkhardt, H. Klueting, H. Lutz, H. Schilling, W. Schulze) oder die zweite Phase (J. Black, C. Dipper, M. Erbe, H. Schilling, R. Vierhaus) der Frühen Neuzeit. Dabei zeichnen sich die Bde. der *Neuen Historischen Bibliothek* meist durch einen originelleren Zugriff aus (W. Schulze, C. Dipper). Eine spezifische Fragestellung verfolgt über die Gesamtepoche H. Duchhardt, *Deutsche Verfassungsgeschichte 1495–1806*, 1991. Im Erscheinen begriffen ist die *Enzyklopädie deutscher Geschichte;* frühneuzeitlichen Themen sollen rund 30 Bände gewidmet sein, 13 liegen bisher vor.

Das Standardwerk für die englische Geschichte ist die *Oxford History of England* (hg. v. G. Clark). Die Frühe Neuzeit wird in den Bdn. 7 (²1957) bis 12 (1960) behandelt. Eine konzentrierte Darstellung dieser Epoche enthält das Buch von P. Wende, *Geschichte Englands*, 1985. Noch unentbehrlich sind die Bde. 5–9 (1904–1911) der *Histoire de France depuis les origines jusqu'à la Révolution* . . ., hg. v. E. Lavisse. In der Anlage moderner: G. Duby (Hg.), *Histoire de la France*, Bd. 2: *1348–1852*, ²1982. In deutscher Sprache liegen die Bände von I. Mieck (*Die Entstehung des modernen Frankreich, 1450–1610*, 1982) und W. Mager (*Frankreich vom Ancien Régime zur Moderne, 1630–1830*, 1980) vor. Die neueste Darstellung der Frühen Neuzeit aus französischer Feder stammt aus der sechsbändigen *Histoire de France*, hg. v. J. Favier, die inzwischen auch übersetzt wurde: J. Meyer, *Frankreich im Zeitalter des Absolutismus 1515–1789*, 1990. Zwei seit langem bestehende Lücken in der deutschsprachigen Historiographie sind kürzlich geschlossen worden: W. L. Bernecker/H. Pietschmann, *Geschichte Spaniens. Von der frühen Neuzeit bis zur Gegenwart*, 1993; M. Erbe, *Belgien, Niederlande, Luxemburg. Geschichte des niederländischen Raumes*, 1993.

Besondere Erwähnung verdient die Reihe *Nouvelle Clio. L'Histoire et ses problèmes.* Die in Frage kommenden 9 Bände behandeln die europäische Frühe Neuzeit in ihren weltgeschichtlichen Dimensionen. Sie bieten eine knappe Einführung in die jeweilige Thematik, enthalten eine gute Auswahl neuerer Literatur, skizzieren den Stand der Forschung, erörtern methodische und sachliche Probleme, berichten über gegenwärtige Forschungsrichtungen und diskutieren kontroverse Lehrmeinungen. Ähnlich aufgebaut ist die Reihe *Grundriß der Geschichte*. Für die Frühe Neuzeit liegen die Bde. 10 (H. Lutz, *Reformation und Gegenreformation,* [3]1991) und 11 (H. Duchhardt, *Das Zeitalter des Absolutismus,* [2]1992) vor.

Einige hervorragende Arbeiten zur Geschichte der Frühen Neuzeit sind in deutscher Übersetzung in *Knaurs Großer Kulturgeschichte* (Chaunu) und *Kindlers Kulturgeschichte* (Ashley, Parry, Thomson) erschienen.

In der folgenden Auswahl neuerer Sammelbesprechungen und Forschungsberichte werden die Zeitschriftentitel durch die üblichen Siglen wiedergegeben. Siglenverzeichnisse finden sich im Dahlmann-Waitz ([10]1969 ff.) und in den meisten Handbüchern. Ältere Literaturberichte (vor 1988) enthalten die früheren Auflagen des vorliegenden Buches.

A. Regionen:

Mitteleuropa: BlDtLG 124–127 (1988–91), GWU 41 (1990), HZ 251 (1990).
West- und Südeuropa: AnnESC 45–47 (1990–92), GG 15 (1989), GWU 43 (1992).
Ost- und Südosteuropa: GWU 41–42 (1990–91).
Nordamerika: GWU 43 (1992).
Asien: AnnESC 46 (1991).

B. Epochen:

Reformation und Glaubenskämpfe: GWU 39 (1988) u. 42 (1991), ZHF 15 (1988).
Absolutismus und Aufklärung: ZHF 18 (1991).

C. Spezialdisziplinen:

Bevölkerungsgeschichte: AnnESC 44 (1989), BlDtLG 125 (1989).
Historische Geographie und Kartographie: BlDtLG 125 (1989) u. 127 (1991), GWU 43 (1992).
Ideengeschichte: AnnESC 45 (1990).
Kolonialgeschichte: GWU 40 (1989).
Militärgeschichte: MGM 43/44 (1988).
Rechtsgeschichte: AnnESC 45 (1990), BlDtLG 125 (1989).
Religions-, Kirchengeschichte: AnnESC 44 (1989) u. 47 (1992), HJB 110 (1990).
Wirtschafts- und Sozialgeschichte: AnnESC 44 (1989), 45 (1990) u. 47 (1992), BlDtLG 126 (1990) u. 127 (1991), GWU 39 (1988), HZ 253 (1991), VSWG 79 (1992).
Wissenschafts-, Universitäts-, Bildungsgeschichte: BlDtLG 126 (1990), GWU 43 (1992), ZHF 15 (1988).

Vergleichende Zeittafel

A. Regierungszeiten (vereinfachte Übersicht)

	Frankreich	England	Deutsches Reich	Spanien	Brandenburg	Schweden/Rußland
1450	Karl VII.					
60	1461	1461				
	Ludwig XI.	Eduard IV.	Friedrich III.	1479 – 1474		
80	1483	1483				
		1485				
	Karl VIII.		1493	Ferdinand und Isabella		
1500	1498	Heinrich VII.			1499	
	Ludwig XII.	1509	Maximilian I.			
	1515			1516	Joachim I.	
20			1519			1523
	Franz I.	Heinrich VIII.			1535	
40			Karl V. (I.)	Karl V. (I.)		Gustav I.
	1547	1547				
	Heinrich II.	1553	1556	1556	Joachim II.	
	1559	1558				
60	Karl IX.		1564			1560
	1574		Maximilian II.		1571	1568
80	Heinrich III.	Elisabeth I.	1576	Philipp II.		Johann III.
	1589				Johann Georg	
			Rudolf II.			1592
1600	Heinrich IV.	1603		1598	1598	1599
					1608	Karl IX.

20	1610	Jakob I.	1612	Philipp III.	1619	1611	
40	Ludwig XIII.	1625	1619	1621	Georg Wilhelm	Gustav II. Adolf	
60	1643	Karl I.	Ferdinand II.	Philipp IV.	1640	1632	
80	Ludwig XIV.	1649	1637	1665	Friedr. Wilhelm (Gr. Kurfürst)	Christine	
1700	1715	(Republik)	Ferdinand III.	Karl II.	1688	1654	
20	Ludwig XV.	1660	1657	1700	Friedrich III./I.	1660	Rußland
40	1774	Karl II.	Leopold I.	Philipp V.	1713	Karl XI.	1689
60	Ludwig XVI.	1685	1705	1746	Fr. Wilhelm I.	1697	Peter I.
80	1792	1688	1711	1759	1740	Karl XII.	
1800		Wilhelm III.	Karl VI.	Karl III.	Friedrich II.	1718	
		1702	1740	1788	1786	1725	
		Anna	1745			1740	
		1714	Franz I.			Elisabeth	
		Georg I.	1765			1762	
		1727	Joseph II.			Katharina II.	
		Georg II.	1790			1796	
		1760					
		Georg III.					

B. Ereignisse

Kirche, Gesellschaft Wirtschaft, Wissenschaft	Mitteleuropa	Westeuropa, Italien	Übriges Europa, Türken	Übersee
1474 Toscanelli-Karte		1474 Verbindung von Kastil. u. Aragon		
	1477 Karl d. Kühne † Maximilian ⚭ Maria v. Burgund			
			1478 Nowgorod russ.	
		1479 Alcaçovas		
1480 Beginn des allgemeinen Preisanstiegs		1485 Ende der Rosenkriege. Haus Tudor		1487 Bart. Diaz
1492 Behaim-Globus		1492 Granada	1490 Matt. Corvinus †	1492—1502 Vier Reisen des Columbus
	1493 Senlis			
	1494—1516 Kämpfe um Italien			1494 Tordesillas
	1495 RT Worms			
1498 Savonarola †				1497 Caboto
	1499 Basel			
1502 Univ. Wittenberg				1500 Cabral
1503 Vespucci: Mundus Novus	1504 Verträge von Blois			
				1505—15 Aufbau des port. Kol.-Reiches in Asien
	1512 RT Köln			1510 Erste Negersklaven nach Amerika
1513 Machiavelli: Il Principe (1. Entw.)				1513 Balboa
	1514 Armer Konrad			

		1515 Marignano		
1516 Erasmus-Edition des Neuen Test.		1516 Konk. v. Bologna		
		1516 Karl v. Burgund span. König		
1516 Morus: Utopia				
1517 Luthers Thesen				
1519 Leipziger Disputation				1519—21 Cortez
	1519—56 Karl V.			1519—22 Magellan/ Elcano
		1520—22 Communeros	1520—66 Soliman II.	
	1521 RT Worms		1521 Belgrad türkisch	
1522—23 Ritterfehde				
1523 Zwingli: 67 Schlußreden			1523—1654 Haus Wasa in Schweden	
				1524—38 Aden portugies.
1525 Großer Bauernkrieg		1525 Pavia	1525 Ordensstaat säk.	
	1526 RT Speyer I	1526 Madrid	1526 Mohacz	
1527 Univ. Marburg		1527 Sacco di Roma	1526/27 Beginn der Reformation in Skandinavien	
				1528—46 Welser in Venezuela
1529 Marburger Rel.-Gespräch	1529 RT Speyer II	1529 Cambrai	1529 Türken vor Wien	1529 Saragossa
1530 Confessio Augustana	1530 RT Augsburg			
				1531—34 Pizarro
1531 Zwingli †	1531 Schmalkald. Bund	1531 Lösung Englands von Rom		
1532 Const. Criminalis Carolina	1532 RT Nürnberg			
1534—35 Münster		1534 Suprematsakte		1534—41 Cartier
1536 Calvin: Institutio rel. christianae				
		1538 Prevesa		
		1539 6 Artikel		1539—42 de Soto
1540 Ges. Jesu bestätigt	1540—41 Religions-Gespräche			1540—42 Coronado
1541 Genfer Kirchenordnung			1541 fast ganz Ungarn türkisch	
				1542—52 Franz Xaver
				1542—45 Neue Gesetze
1543 Kopernikus: De revolutionibus. . .				
		1544 Crépy		1544 Orellana
1545—49 Tridentinum I				1545 Silberberg in Peru entdeckt
1546 Luther †				

Kirche, Gesellschaft Wirtschaft, Wissenschaft	Mitteleuropa	Westeuropa, Italien	Übriges Europa, Türken	Übersee
	1547 Mühlberg. Wittenberger Kapitulation			
	1548 Interim			
1549 Consensus Tigurinus		1549/52 Common Prayer Book		
1551—52 Tridentinum II	1552 Fürstenrebellion			
1552 Coll. Germanicum	1552 Passau			
	1552 Chambord			
	1555 RT Augsburg			
	1556 Abdankung Karls V.			
1559 Erster Index				1557 Macao portugies.
			1558 Beginn der Kämpfe ums Baltikum	
1559 Genfer Akademie		1559 Cateau-Cambrésis		
1562—63 Tridentin. III		1562—98 Hugenottenkriege		
1563 Beginn der Gegenreformation				
		1566 Beginn des niederländ. Aufstands		
		1568 Egmont †		
		1568 Morisko-Aufstand		
			1569 Lubliner Union	
		1571 Lepanto		
		1572 Bartholom.-Nacht		
1575 Univ. Leiden				
1576 Bodin: Six livres de la république				1577—80 Drake (Weltumsegel.)
		1580—1640 span.-portugiesische Pers.-Union		
1582 Kalenderreform		1581 Unabhängigkeitserklär. d. Niederlande	1581 Beginn der Eroberung Sibiriens	

	1583 Kölner Krieg			
		1584 Oranien †		
		1587 Maria Stuart †		
		1588 Armada		
		1589—1793 Haus Bourbon in Frankreich		
1598 Edikt von Nantes		1598 Vervins	1598 Stangebro	
				1600 Engl. Ostind. Kompanie
				1602 Holl. Ostind. Kompanie
		1605 Pulververschwör.		
	1607 Donauwörth			
	1608 Prot. Union			1608 Quebec gegr.
1609 Grotius: Mare liberum	1609 Kath. Liga	1609—14 Morisko-Vertreibung		1609 Jesuiten-Reduktion im La-Plata-Gebiet
1609 Bank von Amsterdam gegr.	1609 Majestätsbrief	1609—21 span.-niederl. Waffenstillstand		
	1609—14 Krise um Jülich-Cleve			
		1610 Heinrich IV. erm.		
				1612 Neu-Amsterdam gegr.
			1613 Haus Romanow in Rußland	
1614 Logarithmen von Napier				
	1618 Aufstand in Böhmen			1619 Batavia gegr.
	1620 Weißer Berg			1620 Pilgerväter
		1621—48 span.-niederl. Krieg	1621—29 schwedisch-polnischer Krieg	
		1624—42 Richelieu		
1625 Grotius: De iure belli ac pacis	1625 Wallenstein			
		1628 Petition of Rights		
		1628 La Rochelle		
	1629 Lübeck	1629—40 Parlament aufgelöst	1629 Altmark	
1629 Restitutionsedikt				

Kirche, Gesellschaft Wirtschaft, Wissenschaft	Mitteleuropa	Westeuropa, Italien	Übriges Europa, Türken	Übersee
	1630 Regensburg		1630 Eingreifen Schwedens i. d. 30jähr. Krieg	1630—54 Holländer in Bras.
	1631 Breitenfeld	1631 Bärwalde		
	1632 Lützen			1632 Maryland gegr.
	1634 Wallenstein †			
1635 Académie Franç.	1635 Prag			
1635 Selden: Mare clausum	1635 Eintritt Frankreichs i. d. Krieg			
1637 Descartes: Discours de la méthode				1637 Russen am Pazifik
		1638 Schott. Aufstand	1638 Kosaken-Aufstnd	
				1639 Madras englisch
		1640 Abfall Portugals		
		1640 Long Parliament		
				1641 Malakka holl.
1642 Hobbes: De cive		1642—49 Bürgerkrieg		
		1642—61 Mazarin		
				1643 Montreal gegr.
	1648 Westfälische Friedensverträge			1648 Deschnew (Beringstraße)
		1649 Karl I. hinger.		
		1649—53 Fronde		
1651 Hobbes: Leviathan		1651 Navigationsakte		1651 Kapstadt holl.
			1652 Liberum veto	
			1654—60 1. Nord. Krieg	
1656 Huygens: Pendeluhr				
		1659 Pyrenäenfriede		
	1660 Oliva	1660 Restauration der Stuarts		1660 Buren nach Südafrika
	1663 Immerwährender RT in Regensburg			
			1665 Lex Regia	
		1667—68 Devolut.-Krieg		1667 Breda
		1672—78 Holl. Krieg		
	1675 Fehrbellin			

	1678/79 Nimwegen, St. Germain			
	1679 Beginn der Reunionen			
1681 Bossuet: Discours	1681 Straßburg			
				1682 Franzosen nach Louisiana
			1683 Türken vor Wien	
1684 Canal du Midi				
	1685 Edikt von Potsdam	1685 Aufhebung des Edikts von Nantes		
			1687 öst.-ung. Doppelmonarchie	
		1688 Glorreiche Revolution		
	1688—97 Pfälzischer Krieg			
1690 Locke: Two treatises on governm.				
	1697 Rijswijk		1697—1763 sächsisch-poln. Personalunion	
			1699 Karlowitz	
			1700—21 Gr. Nord. Krieg	
	1701—13/14 Span. Erbfolgekrieg			
			1703 Petersburg gegr.	
		1704 Gibraltar engl.		
			1709 Poltawa	
	1713 Utrecht			1713 Utrecht
	1713 Pragmat. Sanktion			
		1714—1837 engl.-hannoversche Pers.-Union		
1715—20 John Law				
			1718 Passarowitz	1718 Nouvelle Orléans gegr.
		1721—42 Walpole	1721 Nystad	
	1732 Salzburger			
1733 Kay erfindet den Schnellschützen	1733—35 Polnischer Thronfolgekrieg			
			1739 Belgrad	1739 engl.-span. Kol.-Krieg
	1740—48 Österr. Erbfolgekrieg			
	1740—42 1. Schles. Krieg			
				1742 Dupleix in Indien
				1746—63 engl.-frz. Kolon.-Krieg in Indien
1748 Montesquieu: De l'esprit des lois				

Kirche, Gesellschaft Wirtschaft, Wissenschaft	Mitteleuropa	Westeuropa, Italien	Übriges Europa, Türken	Übersee
1750—53 Voltaire in Preußen				
1751—80 Encyclopédie				1755 Clive nach Indien
1755 Univ. Moskau				1755 engl.-franz. Kol.-Krieg (Amerika)
		1756 Umsturz der Bündnisse		
		1756—63 Siebenjähriger Krieg		
	1756—63 3. Schles. Krieg	1757—61 Pitt d. Ä.		1757 Plassey
1758 Quesnay: Tableau économique				
1762 Rousseau: Contr. social			1761 Elisabeth I. †	
	1763 Hubertusburg	1763 Paris		1763 Paris
		1766 Lothringen franz.		
1769 Watt: Dampfmaschine				
			1770 Tschesme	
			1772 1. Poln. Teilung	
1773 Aufhebung des Jesuitenordens			1773—75 Kosakenaufst.	1773 Boston Tea Party
		1774 Turgot Minister	1774 Kütschük-Kainardschi	
1776 Smith: Wealth of Nations		1775—83 engl.-amerik. Krieg		1776 amerik. Unabh.-Erkl.
	1781 Toleranzedikt	1781 Compte rendu		
		1783 Versailles	1783 Krim russisch	1783 Versailles
			1784 Sewastopol gegr.	
		1786 engl.-frz. Handelsvertrag		
		1787 Beginn der Revolution		1787 USA-Verfassung
		1790 Abfall der österr. Niederlande		
			1791 Sistowa	
			1792 Jassy	
			1793 2. Poln. Teilung	
			1795 3. Poln. Teilung	

Namen- und Sachregister

Zahlreiche, nur beiläufig erwähnte Personen- und Ortsnamen (vor allem aus dem kolonialen Bereich) konnten nicht aufgenommen werden, ebenso einige Sammelbegriffe (Entdeckungen, Reformation, europäisches Gleichgewicht u. a.), die sich jedoch aus dem Inhaltsverzeichnis leicht erschließen lassen.

Kursiv gesetzte Seitenzahlen bei Ortsnamen verweisen auf Vertragsschlüsse, Reichstage, Edikte u. ä.

Die bei regierenden Fürsten in Klammern stehenden Buchstaben bedeuten:

B = Brandenburg	D = Dänemark	P = Preußen	S = Sachsen
Bö = Böhmen	E = England	Po = Polen	Sch = Schweden
Bg = Burgund	F = Frankreich	Pr = Portugal	Sp = Spanien
DR = Dt. Reich	Os = Osman. Reich	R = Rußland	U = Ungarn